Die Schutzfähigkeit von Zeichen nach dem neuen Markengesetz

Europäische Hochschulschriften
Publications Universitaires Européennes
European University Studies

Reihe II
Rechtswissenschaft

Série II Series II
Droit
Law

Bd./Vol. 4024

PETER LANG
Frankfurt am Main · Berlin · Bern · Bruxelles · New York · Oxford · Wien

Joachim Hofmann

Die Schutzfähigkeit von Zeichen nach dem neuen Markengesetz

PETER LANG
Europäischer Verlag der Wissenschaften

Bibliografische Information Der Deutschen Bibliothek
Die Deutsche Bibliothek verzeichnet diese Publikation in der Deutschen Nationalbibliografie; detaillierte bibliografische Daten sind im Internet über <http://dnb.ddb.de> abrufbar.

Zugl.: Mannheim, Univ., Diss., 2004

D 180
ISSN 0531-7312
ISBN 3-631-52738-1

www.peterlang.de

Für Annette

Vorwort

Mein besonderer Dank gilt meiner Frau, unseren Kindern, meinen Eltern und meiner Schwiegermutter für Ihre Unterstützung und Geduld während der Doktorarbeit.

Herzlich bedanken möchte ich mich auch für die Promotionsförderung des „Arbeitskreises Wirtschaft und Recht" im Stifterverband für die Deutsche Wissenschaft und des Graduiertenkollegs „Internationalisierung des Privatrechts" der Universität Freiburg, sowie für die wissenschaftliche Betreuung und Anregungen meines Doktorvaters Professor Dr. Rolf Sack.

Lörrach, im Juni 2004

Joachim Hofmann

A. Einleitung

Dass ein Federstrich des Gesetzgebers die Judikatur von Jahren obsolet machen kann, ist nicht ungewöhnlich. Als Konsequenz einer dynamischen Rechtsentwicklung, die sich gesellschaftlichem, wirtschaftspolitischem oder internationalem Wandel anpassen muss, bzw. einen solchen Wandel prägen will, sind solche Veränderungen aber notwendig und wünschenswert, mögen sie auch zunächst zu einer beschwerlichen Phase der Umorientierung führen.

Nach Einführung des neuen Markenrechts im Jahre 1995 –inzwischen ist es wohl nicht mehr "neu" zu nennen– gilt der eingangs genannte Satz wohl für keinen anderen Bereich so sehr wie für die Schutzfähigkeit, namentlich die Markenfähigkeit und Eintragbarkeit von Zeichen. Mit dem Markengesetz wurde die europäische Markenrechtsrichtlinie umgesetzt[1] und fast parallel wurde ab dem 1.4.1996 die europäische Gemeinschaftsmarke geschaffen[2]. Seit dem hat das Markenrecht eine unglaublich dynamische Entwicklung erlebt. Denn der neue Katalog des nach dem Markengesetz als Marke Schutzfähigen geht mit „Formen der Ware", „Hörzeichen", „Farben", etc. weit über das hinaus, was noch unter Geltung des Warenzeichengesetzes zugestanden worden war, wodurch die Phantasie der Markenschöpfer und Anmelder in nie gekanntem Ausmaß belebt und angeregt wurde. Der bewusst offen gestaltete Markenbegriff des § 3 Abs. 1 MarkenG und Art. 2 der Markenrechtsrichtlinie lässt mit seiner abstrakten Begrifflichkeit ("alle Zeichen, die..") die Grenzen der grundsätzlich schutzfähigen Markenformen kaum erahnen und grundsätzlich (oder scheinbar?) auch "Markenorchideen" wie die Bewegungs–, Positions– oder Geruchsmarken, etc. zu. Nach der Zulassung der Wortmarke durch das WZG im Jahre 1894, erlebt das Markenrecht nunmehr gewissermaßen erneut eine Phase des Aufbruchs und Umbruchs, deren Impuls die Markenrechtsrichtlinie mit der Zulassung neuer Markenformen und der europäischen Harmonisierung des Markenrechts gab.

Es ist aber auch kein Wunder, dass das Streben nach nicht–traditionellen Markenformen im Steigen ist. Denn die Grenzen der Vermarktung von Produkten oder Dienstleistungen mit herkömmlichen Mitteln sind vielfach ausgereizt und vermögen u.U. die Aufmerksamkeit der Verbraucher nicht mehr im gewünschten Umfang auf die Ware bzw. den Hersteller zu lenken. Darüber hinaus scheint die Verwendung von Farbe, Klang oder Geruch zur Unterscheidung auf dem Markt in die heutige Welt der Technik zu passen.

Die Übernahme der europäischen Regelungen führte nicht nur zu wesentlichen Änderungen des geltenden Rechts, sondern zukünftig auch zu einer zum Teil grundlegenden Neuorientierung des deutschen Markenrechts, insbesondere im Hinblick auf die Schutzfähigkeit von Zeichen als Marke und ihre Grenzen. Bis zur endgültigen Klärung durch den EuGH bleiben bzw. blieben viele Fragen insbesondere im Hinblick auf mögliche neue Markenformen weitgehend ungeklärt. Denn trotz europäi-

---

[1] Erste Richtlinie 89/104/EWG des Rates vom 21. Dezember 1988 zur Angleichung der Rechtsvorschriften der Mitgliedstaaten über die Marken, Abl. EG 1989 L 40, S. 1 ff.

[2] Verordnung Nr. 40/94/EG des Rates über die Gemeinschaftsmarke vom 20.12.1993 (Gemeinschaftsmarkenverordnung / GMV), Abl. EG 1994 L 11, S. 1 ff.; geändert durch Verordnung Nr. 3288/94/EG, Abl. EG 1994 L 349, S. 83 ff.

scher Markenrechtsharmonisierung treten weiterhin viele Widersprüche und Spannungen durch das Zusammenspiel von Gemeinschaftsmarkenverordnung, Markenrechtsrichtlinie und angeglichenem nationalem Recht auf. Sie beruhen zum Teil darauf, dass es sich bei dem neuen Markenrecht um eine begrifflich neue Welt mit neuen Regelungskonzepten und Strukturen handelt, die aber doch auf alten Traditionen aufbauen muss und das gewachsene nationale Markenrecht nicht ohne weiteres beiseite schieben kann. Die Gefahr ist jedoch, dass sich diese alten Traditionen perpetuieren und am Ende alter Wein in neuen Schläuchen angeboten wird. So ist bisweilen in Literatur und Rechtsprechung die Tendenz festzustellen, das bisher geltende Recht im Mantel des neuen Gesetzes weiter anzuwenden und den Zugang neuer Markenformen –möglicherweise– unberechtigt zu erschweren.

Ein Schwerpunkt der vorliegenden Arbeit ist mithin die Markenfähigkeit von Zeichen und insbesondere neuer Markenformen nach dem erweiterten Markenbegriff des § 3 Abs. 1 MarkenG. Andererseits sollen auch die durch § 3 Abs. 2 MarkenG eingeführten Ausnahmen vom Markenschutz für bestimmte funktionale Warenformen untersucht und ausgelegt werden. Obwohl die Markenfähigkeit dreidimensionaler Zeichen in vielen Mitgliedstaaten von Industrie und Handel willkommen geheißen wurden, herrscht bei Anmeldern und Wettbewerbern noch Ungewissheit hinsichtlich der genauen Bedeutung, die in der Praxis den Ausnahmen von diesem Prinzip gegeben werden. Die Auslegung dieser neuen Schutzbeschränkungen hat große Bedeutung für das Verhältnis des Markenschutzes zum Leistungsschutz, weil die Sonderschutzrechte des UrhG, GeschmMG, GebrMG und PatG nur einen zeitlich befristeten Schutz für bestimmte Formen gewähren, während sich der markenrechtliche Formenschutz auf Dauer monopolisieren lässt.

Anzusprechen sind aber nicht nur mögliche Freihalteinteressen von Wettbewerbern an der freien Verfügbarkeit bestimmter dreidimensionaler Marken, sondern auch an anderen Zeichenformen. Mithin sind auch die Grenzen der Schutzfähigkeit möglicher neuer Markenformen zu erörtern. In diesem Zusammenhang sind die grafischen Darstellbarkeit, die Eintragungshindernisse nach § 8 MarkenG und die Schutzbedürftigkeit des Anmelders/Verwenders zu untersuchen. Denn wesentliche Probleme neuer Zeichenformen, wie z.B. der Farb–, Hör–, Form– oder Geruchsmarke, liegen in den Bereichen der grafischen Wiedergabe, dem registerrechtlichen Bestimmtheitsgrundsatz, oder der Eintragungsbeschränkungen. Gerade das Erfordernis der grafischen Darstellbarkeit verwirklicht für das Registerrecht wichtige Funktionen im Hinblick auf Rechtssicherheit, Recherchierbarkeit und odnungsgemässer Verwaltung.

Zur umfassenden Prüfung ihrer Schutzfähigkeit bedarf es aber auch der grundsätzlichen Beurteilung ihrer konkreten Unterscheidungskraft im Hinblick auf bestimmte Waren oder Dienstleistungen. Ebenso können Freihaltebedürfnisse und die Frage der Allokation ihrer Prüfung eine Rolle spielen. Gerade Ort oder Zeitpunkt dieser Prüfung hat Bedeutung für die Möglichkeit einer Überwindung von Schutzausschlüssen durch Verkehrsdurchsetzung oder deren Behandlung als absolute oder bloße relative Schutzhindernisse. Schutzschranken können sich in diesem Zusammenhang letztlich aber auch aus § 8 Abs. 2 Nr. 2 MarkenG oder infolge einer Beschränkung des Schutzumfangs im Verletzungsfall ergeben. Lösungen sollen jeweils im

Wege einer richtlinien–, gemeinschaftskonformen und rechtsvergleichenden Auslegung ermittelt werden.

Der EuGH hatte gerade in jüngster Zeit vermehrt Gelegenheit, über einige dieser Punkte auch mit Geltung für das deutsche Markenrecht zu entscheiden. Viele Problemschwerpunkte bleiben jedoch offen oder verlagern sich auf andere Bereiche der Prüfung, da der EuGH traditionell nur zu einzelnen im Vorlageverfahren vorgelegten Fragen nationaler Gerichte Stellung nimmt und weitere Entscheidungen anhängig oder zu erwarten sind. Die Rechtsentwicklung zu Schutzfähigkeit und Schutzumfang neuer Markenformen befindet sich daher aktuell noch im Fluss, so dass manche der nachfolgend aufgestellten Thesen mittelfristig wieder zu verwerfen sein mögen. In Teilbereichen kann vorliegende Arbeit daher nur bewertende Momentaufnahme mit analysierendem Ausblick auf die Zukunft darstellen.

B. Maßstäbe zur Auslegung des § 3 MarkenG

Das Markengesetz regelt unter § 3 die nach neuem Recht "als Marke schutzfähigen Zeichen"[3]. Danach können gemäß Abs. 1 als "Marke alle Zeichen, insbesondere Wörter einschließlich Personennamen, Abbildungen, Buchstaben, Zahlen, Hörzeichen, dreidimensionale Gestaltungen einschließlich der Form einer Ware oder ihrer Verpackung sowie sonstige Aufmachungen einschließlich Farben und Farbzusammenstellungen geschützt werden, die geeignet sind, Waren oder Dienstleistungen eines Unternehmens von denjenigen anderer Unternehmen zu unterscheiden".

Von diesem Grundsatz normiert Abs. 2 Ausschlussgründe für gewisse Formen, wonach "Zeichen dem Schutz als Marke nicht zugänglich sind, die ausschließlich aus einer Form bestehen,
1. die durch die Art der Ware selbst bedingt ist,
2. die zur Erreichung einer technischen Wirkung erforderlich ist oder
3. die der Ware einen wesentlichen Wert verleiht".

Bei der Auslegung dieser Vorschrift kommt rechtsvereinheitlichenden und rechtsvergleichenden Aspekten eine besondere Bedeutung zu. Denn die Einbettung des neuen Markengesetzes in das europäische und internationale Markenrecht bildet einen entscheidenden Auslegungsmaßstab.

I. Gebot der richtlinienkonformen Auslegung

Die Vorschrift des § 3 Markengesetz ist "richtlinienkonform" auszulegen.

Ein Gebot richtlinienkonformer Auslegung gilt aufgrund EU–Recht grundsätzlich für nationale Gesetze zur Umsetzung von europäischen Richtlinien[4] und damit auch für das die Richtlinie 89/104/EWG vom 21. Dezember 1988 umsetzende neue deutsche Markengesetz[5].
Zwar scheidet eine richtlinienkonforme Auslegung nationalen Rechts aus, soweit eine Richtlinie den Mitgliedstaaten bei der Umsetzung einen „Gestaltungsspielraum" einräumt[6]. Die Bereiche des Schutzumfangs und der Schutzvoraussetzungen

---

[3] Markenrechtsreformgesetz (Markengesetz / MarkenG) vom 24.10.1994, in Kraft getreten seit 1.1.1995; geändert durch Markenrechtsänderungsgesetz 1996 vom 19.7.1996, BGB-BL. 1994 I 3082; 1995 I 156; 1996 I 1014; 1996 I 1546.

[4] EuGH Slg. 1974, 1207 – Haaga; EuGH Slg. 1977, 747 – Marshal; EuGH Slg. 1984, 1891, 1909, Rdn. 26 – von Colson und Kamann; EuGH Slg. 1984, 1942 –Harz; EUGH Slg. 87, 3969 – Kolpinghuis Nijmegen – BE 12; EuGH, Slg. 1988, 4662 – Beentjes; EuGH Slg. 89, 3533, 3546 – Nijman – BE 6; EuGH Slg. 1990, I 4135, 4159, Rdn. 8 – Marleasing; EuGH Slg. 1994 I, 3325, 3357, Rdn. 26 – Faccini Dori; Geiger, Art. 189, Rn. 2 ff.; Schricker, in Jacobs/Lindacher/Teplitzky, Einl., Rdn. F 319; Taschner, in von der Groeben/Thiesing/Ehlermann, Art. 100, Rdn. 48; Brandi–Dohrn, BB 1994, Beilage 16, 10; Sack, VersR 1994, 1383, 1384; Lutter, JZ 1992, 593, 596/598 ff.; Weberndörfer, 1997, 52 f. m.w.N.

[5] EUGH GRUR Int. 1996, 1144 Rdn. 25 – Bristol–Myers–Squibb; EUGH GRUR Int. 1996, 1151, Rdn. 11 – MPA Pharma; EUGH GRUR Int. 1996, 1150, Rdn. 26 – Eurim–Pharm; Amtliche Begründung zum Markengesetz, BT–Drs. 12/6581, A IV, abgedruckt in v. Mühlendahl, Deutsches Markenrecht, 119; BGH GRUR 1993, 825, 826 – Dos; Berlit, Rdn. E–16; Meyer, GRUR 1996, 592, 592; Eichmann, FS Vieregge, 125, 146; Kunz–Hallstein, GRUR Int. 1992, 81, 82; Brandi – Dohrn, Beilage 16 zu BB 25 / 1994, S. 10; v. Gamm, GRUR 1994, 775, 776/781; Sack, GRUR 1997, 1; ders., GRUR 1995, 81; Lehmann/Schönfeld, GRUR 1994, 481, 482.

[6] Vgl. Sack, GRUR 1995, 81; Weberndörfer, 53 ff. (56); a.A. Pöchhacker, Kap. 3.1.

von Marken wurden in der Markenrechtsrichtlinie jedoch überwiegend durch abschließende Regelungen ausgestaltet, über welche das nationale Recht nicht hinausgehen und hinter denen es auch nicht zurückbleiben kann[7]. Hierzu gehören auch die für die vorliegende Arbeit relevanten Vorschriften über die Markenfähigkeit nach Art. 2 der Richtlinie und die Eintragungshindernisse nach Art. 3 Abs. 1 lit. e der Richtlinie, bei denen es sich um bindende Vorgaben der Richtlinie handelt[8], die mit § 3 MarkenG fast wörtlich übernommen wurden. Mithin kommt bei deren Umsetzung kein Gestaltungsspielraum zu, so dass eine Pflicht zur „richtlinienkonformen" Auslegung besteht.

Da die harmonisierten nationalen Vorschriften „im Lichte des Wortlauts und des Zwecks der Richtlinie"[9] auszulegen sind, müssen die „Maßstäbe, die für die Richtlinie gelten", hierbei in die Auslegung der entsprechenden nationalen Normen „inkorporiert" werden[10]. Der EUGH, verbindliche Auslegungsinstanz für Richtlinien nach Art. 177 EGV, greift dafür auf die aus den kontinentaleuropäischen Rechtsordnungen bekannten Auslegungsmethoden (grammatikalische, systematische und teleologische Interpretationsmethode) zurück, und bemüht darüber hinaus in breitem Umfang eine historische Auslegung, Prinzipien der europarechts- bzw. gemeinschaftskonformen Interpretation, weitere europaspezifische Kriterien und die Rechtsvergleichung[11]. Besondere Bedeutung kommt dabei aber der teleologischen Auslegung zu[12].

Unter der „gemeinschaftskonformen" Auslegung versteht man neben der Konformität mit den Zielen des Rechtsakts insbesondere die Konformität mit dem Primärrecht und Sekundärrecht der EG/EU[13]. Im Hinblick auf den notwendigen Einklang der Auslegung der Markenrechtsrichtlinie mit übrigem Sekundärrecht ist hier insbesondere auf eine einheitliche Auslegung mit Normen der Gemeinschaftsmarkenverordnung (GMV) zu achten. Denn hinter der Gemeinschaftsmarkenverordnung und der Markenrechtsrichtlinie stehen einheitliche Markenrechtskonzeptionen, und es ist im Interesse eines einheitlichen Markenschutzes erforderlich, übereinstimmende Begriffe übereinstimmend zu interpretieren und übereinstimmende Zielsetzungen möglichst übereinstimmend zu verwirklichen[14]. Dies gilt insbesondere für den Bereich der Markenfähigkeit nach Art. 4 GMV und der Schutzausschlüsse für Formen nach Art. 7 Abs. 1 lit. e GMV, die nahezu identische Regelungen wie die Richtlinie enthalten. Aus der Identität dieser europäischen Vorschriften kann auf den Willen des Gemeinschaftsgesetzgebers geschlossen werden, dass die Legaldefinition für alle eingetragenen Marken in der Gemeinschaft, ob Gemeinschaftsmarken oder nationale Marken einheitlich gelten soll. Entsprechend fordert auch die Richtlinie, „dass für

---

[7] Kunz-Hallstein, FS DPA 100 Jahre Markenamt, 147, 148.
[8] Althammer/Ströbele/Klaka, § 3, Rdn. 4 und Rdn. 29; Strowel, EIPR 1995, 154, 156.
[9] EuGH, Slg. 1984, 1891 ff., 1909 – von Colson und Kamann
[10] Ähnlich Brandi-Dohrn, BB 1994, Beilage 16, S. 10
[11] Vgl. Lutter, JZ 1992, 593, 598/599; Bleckmann, NJW 1982, 1177, 1178 ff. ; ders., RIW 1987, 929, 930, jeweils m.w.N. aus der EUGH – Rspr.
[12] Vgl. z.B. EuGH Slg. 1982 S. 3415 ff., 3430 – C.I.L.F.I.T.; Lutter, JZ 1992, 593, 602, Fn. 114; Bleckmann, NJW 1982, 1178, Fn. 12; ders., RIW 1987, 929, 930; jeweils m.w.N.
[13] Lutter, JZ 1992, 593, 603.
[14] Vgl. insoweit Sack, GRUR 1995, 81, 82 m.w.N.

den Erwerb und die Aufrechterhaltung einer eingetragenen Marke in allen Mitgliedstaaten grundsätzlich gleiche Bedingungen gelten“[15].

II. Rechtsvergleichung

Bei der Auslegung von Richtlinien und des harmonisierten Rechts ist auch eine Rechtsvergleichung innerhalb der Mitgliedstaaten zu berücksichtigen[16]. Diese ist bedeutsam zur Erfassung des „Verständnisses“ einer Richtliniennorm, sichert die erstrebte Rechtseinheitlichkeit und verhindert nationale Auslegungs-Alleingänge. Die Rechtsvergleichung ist daher nicht nur geschuldeter Teil der Auslegung der Richtlinie, sondern auch Teil der richtlinienkonformen Auslegung und Anwendung des angeglichenen Rechts und der Formulierung erforderlicher Auslegungsfragen an den EuGH[17]. Dies gilt auch für die Auslegung von Normen der Markenrichtlinie. Da diese das Recht der Mitgliedstaaten harmonisieren will, ist es gerechtfertigt und auch geboten, bei ihrer Auslegung sowie bei der Auslegung der nationalen Markengesetze die Rechtsentwicklung in den Mitgliedstaaten rechtsvergleichend zu berücksichtigen[18].
Daneben kann aber auch eine Rechtsvergleichung mit Rechtsordnungen außerhalb der Gemeinschaft hilfreich für das Verständnis vergleichbarer Richtliniennormen sein. Bei vergleichbaren Sachverhalten kann sie nicht nur dazu dienen, eigene Auslegungsergebnisse zu bekräftigen, abzusichern oder in Frage zu stellen, sondern ist auch hilfreich für eine möglichst einheitliche Auslegung von internationalem Markenrecht außerhalb der EU, etwa im Geltungsbereich der PVÜ[19] oder des Madrider Abkommens (inkl. Protokoll)[20]. In Frage kommt hier insbesondere ein Rechtsvergleich mit Staaten, die entweder ein modernes Markenrecht haben und in denen z. B. der Farbenschutz, der Formalschutz dreidimensionaler Marken und die Ermittlung deren Schutzschranken bereits eine gewisse Tradition besitzen, oder die im Wege der „Autoharmonisation“[21] aus wirtschaftlichen Gründen ihr Markenrecht den Richtlinienvorgaben angeglichen haben. Beispiele hierfür sind etwa die Markenrechtsordnungen der USA und der Schweiz.

---

[15] 7. Erwägungsgrund der Richtlinie.

[16] Bleckmann, Europarecht, Rd. 309; Lutter, JZ 1992, 593, 603 ff.; Mansel, JZ 1991, 529, 531; unter „Mitgliedstaaten“ sind neben den EU–Mitgliedstaaten nach erfolgter Ratifizierung des EWR–Abkommens (1994) auch die am EWR teilnehmenden EFTA–Staaten gemeint.

[17] Lutter, JZ 1992, 593, 604; EuGH Slg. 1982, 3415 – C.I.L.F.I.T.

[18] Sack, GRUR 1995, 81, 82.

[19] Pariser Verbandsübereinkunft zum Schutz des gewerblichen Eigentums (PVÜ) von 1883, BGBl. 1970 II, S. 391; geändert am 2. Okt. 1979, BGBl. 1984 II S. 799.

[20] Madrider Abkommen über die internationale Registrierung von Marken vom 14. April 1891, BGBl. 1970 II S. 418, geändert am 2. Okt. 1979, BGBl. 1979, BGBl. 1984 II S. 799; Protokoll zum Madrider Abkommen über die internationale Registrierung von Marken v. 27. Juni 1989, BGBl. 1995 II S. 1017.

[21] Vgl. Mansel, JZ 1991, 529, 533.

C. Allgemeine Voraussetzungen der Markenfähigkeit/Verhältnis zur Eintragungsfähigkeit

I. Markenfähigkeit

Die Vorschrift des § 3 Abs. 1 MarkenG enthält –wie auch Art. 2 der Richtlinie, Art. 4 GMV sowie sämtliche nationalen Harmonisierungsgesetze der Richtlinienvorschrift[22]– neben einer beispielhaften, nicht abschließenden Aufzählung von Zeichenformen, die dem Markenschutz zugänglich sind, eine Definition der „Markenfähigkeit". Nur zur Klarstellung werden ausdrücklich Hörzeichen, dreidimensionale Gestaltungen, Verpackungen und auch Farben genannt[23]. Die in der Gesetzesüberschrift angesprochene „Schutzfähigkeit" von Zeichen bezieht sich –im Gegensatz zur früheren Terminologie– mithin nicht auch auf die Entragungsfähigkeit von Marken.

1. „Weiter" Markenbegriff

Das Markengesetz enthält jedoch keine einheitliche und umfassende Definition der Marke[24]. Nach § 3 Abs. 1 können als Marke „alle Zeichen, .. geschützt werden, die geeignet sind, Waren oder Dienstleistungen eines Unternehmens von denjenigen anderer Unternehmen zu unterscheiden", mithin alle zur Unterscheidung geeigneten Zeichen. Die Marke ist somit ein produktidentifizierendes Unterscheidungszeichen[25]. Sie bezieht sich auf Waren oder Dienstleistungen. Eine vergleichbare Legaldefinition gab es unter Geltung des WZG nicht, welches auch noch von einem anderen Schutzgegenstand ausging. Das Markengesetz spricht nicht mehr von „Warenzeichen", sondern von „Marken". Dieser Begriff gilt nunmehr einheitlich für alle Marken, also für Warenmarken, Dienstleistungsmarken, Kollektivmarken, Benutzungsmarken und notorisch bekannte Marken, während das WZG in § 1 Abs. 2 WZG noch von einer bloß entsprechenden Anwendung der Vorschriften über Warenzeichen für Dienstleistungsmarken ausging. Der begrenzte Marken– bzw. Warenzeichenbegriff des bisherigen Rechts, nach dem nur flächenhafte zweidimensionale Zeichen (Wort– und/oder Bildzeichen)[26] eintragbar waren, wurde aufgegeben. Unter den Begriff „Marke" fällt nunmehr auch der im früheren Recht (§ 25 WZG) verwendete Begriff der Ausstattung[27].

Damit übernahm das deutsche Markenrecht den „weiten" Markenbegriff des europäischen Rechts des Art. 2 der Markenrechtsrichtlinie. Da § 3 MarkenG sowohl für die durch Eintragung, als auch für die durch Benutzung erworbenen Markenrechte gelten soll, weicht er –ohne inhaltliche Änderung– im Aufbau etwas von Art. 2 der Richtlinie ab, der gem. Art. 1 nur für eingetragene und angemeldete Marken gilt. Die

---

[22] Vgl. unten Annex L.I.1.
[23] Vgl. z.B. Ingerl/Rohnke, § 3, Rdn. 8.
[24] Ingerl/Rohnke, § 1, Rdn. 5; Fezer, § 3, Rdn. 9.
[25] Fezer, § 3, Rdn. 11.
[26] Vgl. z.B. BGH GRUR 1964, 454 ff. (455) – Palmolive; RGZ 115, 237 = GRUR 1927, 187 – Mundharmonikadecke.
[27] Vgl. Ingerl/Rohnke, § 1, Rdn. 5

Richtlinie beließ den Mitgliedstaaten aber das Recht, die durch Benutzung erworbenen Marken weiterhin, bzw. bekannte Marken weitergehend zu schützen[28]. Auch im übrigen weitgehend identisch enthält § 3 Abs. 1 MarkenG aber eine etwas ausführlichere Aufzählung von Regelbeispielen eintragbarer Zeichenformen. So wurde in den europäischen Regelungen auf die beispielhafte Nennung von Hörzeichen und Farben/Farbzusammenstellungen verzichtet, ohne dass dies jedoch ein Indiz für deren Markenunfähigkeit ist.

Entsprechend betonte bereits 1976 die Kommission in der Denkschrift zur Schaffung einer EWG–Marke, dass es keinen hinreichenden Grund gebe, einzelne Markenkategorien generell von der Eintragung auszuschließen oder ihre Eintragung von besonderen Voraussetzungen abhängig zu machen. Dem Bedürfnis des Verkehrs könne durch Prüfung der Unterscheidungskraft im Einzelfall Genüge getan werden. Für eine solche Lösung spräche nicht nur die neuere internationale Entwicklung auf dem Gebiet des Markenrechts und die übereinstimmende Auffassung der interessierten Kreise, sondern auch die für Anmelder erforderliche Anziehungskraft des Gemeinschaftsmarkenrecht und Aspekte der Rechtssicherheit[29]. Diesen Standpunkt vertrat die Kommission wiederholt 1980 in der Begründung zum damaligen Art. 3 (heute Art. 4 GMV), als sie dem Rat den „Vorschlag einer Verordnung des Rates über die Gemeinschaftsmarke" vorlegte. Insbesondere sei die Aufzählung der Arten von Zeichen in dieser Vorschrift nicht erschöpfend. Es obliege letztlich den Patentämtern, nationalen Gerichten und dem Europäischen Gerichtshof „im Einzelfall zu beurteilen", ob einheitliche Farben oder Farbzusammenstellungen oder Zeichen, die den Gehörs–, Geruchs– oder Geschmackssinn ansprechen, Gemeinschaftsmarken sein können[30].

Der „weite" oder "offene" Markenbegriff wurde damit Bestandteil der Gemeinschaftsmarkenverordnung[31] und der Richtlinie und fand auf diesem Wege auch Eingang in § 3 Abs. 1 MarkenG, da die Harmonisierungsrichtlinie seine Übernahme in den Mitgliedstaaten zur Pflicht machte. Er ist eines der kennzeichnenden Elemente des europäischen Markenrechts[32].

2. Zeichen

Der Begriff des „Zeichens" wird weder in § 3 Abs. 1 MarkenG noch in Art. 2 der Richtlinie oder Art. 4 GMV definiert, sondern nur durch Beispiele illustriert und im übrigen vorausgesetzt. Ein „Zeichen" ist zunächst einmal ein Kommunikations– und Orientierungsmittel. Es beinhaltet jede Erscheinung, die neben ihrer Eigenmanifestation -mehr oder weniger direkt- auch etwas anderes repräsentiert[33]. Eindeutig kann dem Begriff nur das Kriterium der sinnlichen Wahrnehmbarkeit (ggf. auch erst

[28] Präambel der Richtlinie, in v. Mühlendahl, Deutsches Markenrecht, S. 305.
[29] Kommission der Europäischen Gemeinschaften, Denkschrift über die Schaffung einer EWG – Marke, verabschiedet am 6. Juli 1976, abgedruckt in GRUR Int. 1976, 481 ff. (489).
[30] EG–Kommission, Vorschlag für eine Verordnung des Rates über die Gemeinschaftsmarke, Begründung, Erläuterung zu Art. 3 GMV (heute Art. 4 GMV).
[31] v. Mühlendahl/Ohlgart/v. Bomhard, § 3, Rdn. 2.
[32] Vgl. etwa v. Mühlendahl, GRUR Int. 1989, 353, 355.
[33] Sandri/Rizzo, 5.

mit Hilfsmitteln) entnommen werden[34]. Eine Beschränkung auf bloß optisch[35] oder akustisch wahrnehmbare Merkmale enthält der offene, weite Zeichenbegriff der genannten Regelungen jedenfalls nicht. Denn, wie gesagt, stellen die in diese Kategorie fallenden Zeichenformen des § 3 Abs. 1 MarkenG eine unvollständige Beispielsliste dar, die keine Markenform von vornherein vom Markenschutz ausschließt[36]. Der Zeichenbegriff des europäischen und deutschen Markenrechts ist mithin entsprechend weit zu verstehen. Er umfasst zunächst einmal alle Kommunikationsmittel, die sinnlich unterscheidbar sind[37]. Im übrigen ist bei Bestimmung der die Zeicheneigenschaft ausschließenden Kriterien insbesondere im Hinblick auf mögliche neue Markenformen Zurückhaltung angebracht. Schon aus systematischen Gründen sollten in diesen vorgelagerten Begriff grundsätzlich keine Voraussetzungen hineininterpretiert werden, die in den nachfolgenden Gesetzesbestimmungen entweder ausdrücklich geregelt werden oder aber gar keine Grundlage finden[38].

Fraglich ist daher zum Beispiel, ob für die Zeicheneigenschaft eine „Selbständigkeit" des Zeichens gegenüber der Ware, eine „Einheitlichkeit" oder ein Erfordernis der "grafischen Darstellbarkeit" des Zeichens zu verlangen ist.

a. Erfordernis der Selbständigkeit?

Unter der „Selbständigkeit der Marke gegenüber der Ware" versteht man herkömmlicherweise, dass die Marke, die als Unterscheidungszeichen Produkte des Markeninhabers auf dem Markt identifizieren soll, nicht mit der Ware identisch sein darf, zu deren Kennzeichnung sie eingesetzt wird[39]. Eine ausdrückliche Normierung dieses Postulats in seiner Allgemeinheit sucht man im europäischen Markenrecht allerdings vergebens. Auch im neuen deutschen Markengesetz findet sich keine entsprechende Regelung.

Gleichwohl wird in der deutschen Literatur die Ansicht vertreten, dass dieses Erfordernis als notwendiges Kriterium der Markenfähigkeit anzusehen ist. Denn ein „Zeichen" stehe für das damit Bezeichnete[40]. Die Selbständigkeit der Marke gegenüber der Ware sei also zwingende Folge der Identifizierungsfunktion der Marke[41]. Mithin dürfe eine Marke mit der Ware, zu deren Kennzeichnung eingesetzt wird, nicht übereinstimmen, wobei allerdings eine körperliche Einheit unschädlich sei, solange sich die Marke –aus der Sicht der angesprochenen Verkehrskreise– jedenfalls „begrifflich" bzw. „funktional" von der Ware unterscheide[42].

---

[34] Ingerl, 53; Bünting, Deutsches Rechtswörterbuch, 1996, S. 1334, wonach ein „Zeichen" ein „sinnlich wahrnehmbarer Hinweis" ist; Sandri/Rizzo, 11.
[35] Entsprechend noch die Rechtslage unter Geltung des WZG, wo nach Rechtsprechung nur optisch wahrnehmbare, zweidimensionale Darstellungen als „Zeichen" galten, vgl. insoweit Lüdecke, 33 ff.
[36] Vgl. zur GMV: v. Mühlendahl/Ohlgart/v. Bomhard, § 3, Rdn. 2.
[37] Albert/Henning–Bodewig, GRUR Int. 1997, 449 ff. (460).
[38] Ingerl, 53.
[39] Vgl. z.B. Althammer/Ströbele/Klaka, § 3, Rdn. 9.
[40] Ingerl/Rohnke, § 3, Rdn.6.
[41] Fezer, § 3, Rdn. 211.
[42] Fezer, § 3, Rdn. 197 ff., 210 ff.; ders., FS Piper, 525, 531 ff; Althammer/Ströbele/Klaka, § 3, Rdn. 9, 13 und 14; Ingerl/Rohnke, § 3, Rdn. 6.

Dies entspricht weitgehend dem traditionellem Verständnis unter Geltung des WZG. Schon damals war die Markenfähigkeit einer Bezeichnung oder eines sonstigen Zeichens von der „Selbständigkeit“ einer Marke abhängig, wobei insbesondere das Warenzeichen bzw. die Marke nicht funktionell unentbehrlicher Bestandteil der Ware sein durfte[43]. Gerade der Schwerpunkt der früheren Rechtsprechung zum Ausstattungsrecht, die „begriffliche“ Trennung von Unternehmensprodukt und Zeichen bzw. die Lehre vom "Wesensgehalt"[44], betraf im wesentlichen diesen Problembereich, allerdings auf dem Gebiet des sachlichen, nicht formellen Markenschutzes.

Diese ehemals richterrechtlich erarbeiteten Grundsätze sollen sich teilweise mit den Ausschlußgründen des § 3 Abs. 2 MarkenG überschneiden, welche schon im Warenzeichenrecht entwickelten Kriterien zur Ausstattungsfähigkeit namentlich dreidimensionaler Gestaltungen umschrieben[45]. Letztere enthielten insoweit zwangsläufig auch Eigenschaften der „Selbständigkeit“ einer Marke, genauer gesagt seien sie Konkretisierungen des Erfordernisses der Selbständigkeit der Marke von der Ware, soweit es um Zeichen gehe, die ausschließlich aus einer Form bestehen[46].

Dem kann nicht gefolgt werden. Denn das Erfordernis einer *begrifflichen* Selbständigkeit bietet „für sich allein“ im Streitfall kaum brauchbare Abgrenzungskriterien[47]. Auch im Zusammenhang mit den Ausschlußgründen für Formmarken gelten letztlich andere, speziellere Kriterien. Für weitergehende Einschränkungen des Markenbegriffs, der im wesentlichen durch das Merkmal der Unterscheidungseignung geprägt ist, ist daher keine Notwendigkeit ersichtlich, zumal es dafür an einer gesetzlichen Grundlage fehlt. Dem entspricht auch eine rechtsvergleichende Betrachtung. Neben den Ausschlußgründen für funktionale Formen findet sich im europäischen Ausland keine Normierung, die einem Selbständigkeitserfordernis gleichkäme.

b. Erfordernis der Einheitlichkeit?

Der Begriff der „Einheitlichkeit“ beschreibt das Postulat der Erkennbarkeit der Marke als eine Einheit[48]. Unter Geltung des WZG war die Warenzeichenfähigkeit von der „Einheitlichkeit“ des Warenzeichens abhängig. Danach musste das Zeichen ohne weiteres als eine Einheit erkennbar sein[49]. Es fragt sich, ob dieses Erfordernis auch unter dem neuen Markengesetz gilt.

Zum Teil wird die Ansicht vertreten, dass das Merkmal der „Einheitlichkeit“ auch unter Geltung des MarkenG als notwendiges Kriterium der Markenfähigkeit anzusehen sei[50], wobei es mitunter auch als Erfordernis einer „gewissen Geschlossenheit“[51], bzw. der „gedanklichen Erfassbarkeit des Wahrgenommenen als Einheit“ umformu-

---

[43] Vgl. etwa Fezer, § 3, Rdn. 198 zum WZG.
[44] Vgl. z.B. BGHZ 5, 1 – Hummelfiguren I.
[45] Fezer, § 4, Rdn. 56.
[46] Fezer, § 3, Rdn. 199, 214, 222 ff., § 4, Rdn. 28 und 57; Fritz, 95.
[47] So auch schon Lüdecke, 22.
[48] Fezer, § 3, Rdn. 216.
[49] Vgl. z.B. BPatGE 18, 65/67 – Streifenabschnitte mit Kreis; Baumbach/Hefermehl, § 1 WZG, Rdn. 58.
[50] Fezer, FS Piper, 525, 533 ff.; ders., § 3, Rdn. 216.
[51] Ähnlich Albert/Henning-Bodewig, GRUR Int. 1997, 449 ff. (460).

liert wird, weil der Begriff der „Einheitlichkeit“ im Hinblick auf das Gemeinschaftsmarkenrecht terminologisch ungeeignet und auch bereits anderweitig belegt sei[52]. Begründet wird dies damit, dass zum Zeichenbegriff die gedankliche Erfassbarkeit des Wahrgenommenen als Einheit hinzutreten müsse, weil hiervon die Merkbarkeit des Zeichens abhänge[53]. Demnach müsse die Marke mit einem Blick überschaubar, bzw. –im Hinblick auf den erweiterten Markenbegriff– mit einem „Gehöreindruck“ erfassbar sein[54]. Die visuellen oder auditiven Merkmale dürften nicht erst aufgrund eines längeren Denkvorganges des Verbrauchers als zusammengehörend erfasst werden. Einem aus mehreren Sätzen bestehenden Text (oder einer längeren Melodie oder Bildfolge[55]) fehle daher die Einheitlichkeit einer erkennbaren Marke[56].

Nach anderer Ansicht ist kein selbständiges Erfordernis der „Einheitlichkeit“ der Marke zu verlangen, sondern nur noch im Zusammenhang mit dem Erfordernis der „grafischen Darstellbarkeit“ (eingetragener Marken)[57] oder allenfalls mit dem der Unterscheidungseignung[58] zu sehen. Denn soweit die frühere Praxis einen geschlossenen, einheitlichen Gesamteindruck der Kennzeichnung[59] und eine allseitig umgrenzte Gestaltung der Marke[60] als erforderlich erachtet hatte, sei dies im Hinblick auf die neuen Markenformen nicht mehr ohne weiteres beizubehalten. Ausreichend sei vielmehr eine grafische Wiedergabe der Marke, die den Gegenstand des Markenschutzes eindeutig festlege, was auch für dreidimensionale Darstellungen oder nicht umgrenzte Musterungen oder Farben gelte[61]. Darüber hinaus seien Einschränkungen durch das Merkmal der „Einheitlichkeit“ zur Abgrenzung der Zeichenfähigkeit aber auch „nicht gewinnbringend“. Denn es sei ohnehin selbstverständlich, dass mehrgliedrige Zeichen zulässig seien. Im übrigen komme es nur darauf an, ob der Verkehr die Kennzeichnung noch als geeignet ansehe, um die Herkunft der Waren oder Dienstleistungen aus einem bestimmten Betrieb zu kennzeichnen. Das setze naturgemäß voraus, dass der Verkehr die verschiedenen Zeichenelemente überhaupt in Beziehung zueinander und zu den Waren oder Dienstleistungen setze. Tue er dies, so sei eine weitere Einschränkung aufgrund von im Gesetz nicht enthaltener Kriterien aber weder erforderlich noch zulässig[62].

Eine Lösung dieser unterschiedlichen Einordnung ist im Wege richtlinienkonformer und rechtsvergleichender Kriterien zu ermitteln.
Ausgehend vom Gesetzeswortlaut ist zunächst einmal festzustellen, dass ein Erfordernis der „Einheitlichkeit“ weder vom Text des deutschen Markengesetzes, noch von dem der Richtlinie oder der GMV verlangt wird. Darüber ist ein solches Postulat aber auch nicht ohne weiteres mit dem den § 3 Abs. 1 MarkenG bzw. Art 2 der Richtlinie zugrundeliegenden „weiten Markenbegriff“ zu vereinbaren, wonach grund-

---

[52] Ingerl, 53/54.
[53] Ingerl, 53/54.
[54] Fezer, § 3, Rdn. 216.
[55] Fezer, § 3, Rdn. 272 und 290.
[56] Fezer, § 3, Rdn. 216; Ingerl, 54 zum Gemeinschaftsmarkenrecht; Meister, WRP 2000, 967 (971), mit dem Beispiel der Abbildung einer Tankstelle.
[57] Althammer/Ströbele/Klaka, § 3, Rdn. 14.
[58] Ingerl/Rohnke, § 3, Rdn. 7.
[59] Vgl. BPatGE 18, 65, 67.
[60] Vgl. BGH GRUR 70, 75 – Streifenmuster.
[61] Althammer/Ströbele/Klaka, § 3, Rdn. 14.
[62] Ingerl/Rohnke, § 3, Rdn. 7.

sätzlich alle Zeichen mit Unterscheidungseignung markenfähig sind. Denn wie wollte beispielsweise ein Anmelder die „Einheitlichkeit" einer Geruchsmarke zweifelsfrei belegen? Ernsthafte und nachprüfbare Ergebnisse dürften hier wohl kaum durch Fordern einer „Erfassbarkeit durch einmaliges Riechen" zu erlangen sein. Davon abgesehen ist eine solche Überdehnung der Schutzvoraussetzungen aber auch aus systematischen Gründen nicht erforderlich. Denn dem Erfordernis einer „gewissen Geschlossenheit" müssen zwangsläufig schon die anderweitig geregelten Kriterien der „grafischen Darstellbarkeit" und der „Unterscheidungseignung/-kraft" gerecht werden, so dass bereits durch diese das notwendige Erscheinungsbild der Marke ausreichend beschränkt wird und ein Erfordernis der „Einheitlichkeit" der Marke über den Wortlaut des Gesetzes nicht zusätzlich in das Gesetz hineininterpretiert werden muss. Gerade die von der Gegenansicht angesprochene „Merkbarkeit des Zeichens", also die Eignung, beim Betrachter eine gewisse Erinnerung zurückzulassen, stellt bereits ein Element der Unterscheidungseignung dar[63], mit welcher sich Wortmarken in „Romanlänge" oder längere Melodien als Marke ausschließen lassen. Gesetzeshistorisch bzw. gemeinschaftsrechtlich stützt dies auch die Denkschrift der Kommission zur Schaffung einer Gemeinschaftsmarke von 1976, welche einen möglichst weiten Markenbegriff zugrunde legt und nicht nur die generelle Ausschließung einzelner Markenkategorien, sondern auch die Abhängigkeit ihrer Eintragung von besonderen Voraussetzungen ablehnt. Stattdessen soll in erster Linie das Vorliegen von Unterscheidungskraft maßgebliches Prüfungskriterium sein[64].

In diese Richtung weist auch eine rechtsvergleichende Betrachtung. Eine formelle Regelung eines Erfordernisses der „Einheitlichkeit" findet sich in keiner der untersuchten Rechtsordnungen. Stattdessen wird beispielsweise im amerikanischen Recht davon ausgegangen, dass einer unüberschaubare Menge von Zeichen auf einer Ware die „trademark significance" fehlt, also keinen „bedeutenden Markeneindruck" (significant trademark impression) auf den Verbraucher macht[65], was am ehesten einer fehlenden Kennzeichnungswirkung gleichkommen dürfte. Vor der Revision des schweizerischen MSchG war die Frage der dogmatischen Herleitung des zumindest in der Literatur[66] anerkannten Erfordernisses der „gewissen Geschlossenheit" weitgehend unklar und vage[67]. Troller wies jedoch bereits damals darauf hin, dass es als Element der Unterscheidungseignung zu betrachten sei[68]. Auch im österreichischen Recht wird zwar eine gewisse Geschlossenheit des Zeichens verlangt[69], tatsächlich begrenzend soll neben dem Erfordernis der grafischen Darstellbarkeit aber nur das Erfordernis der Unterscheidungskraft wirken[70].

---

[63] v. Mühlendahl/Ohlgart/v. Bomhard, § 3, Rdn. 6; ebenso für das schweizerische Recht David, Art. 1, Rdn. 12 und 16.
[64] Kommission der Europäischen Gemeinschaften, Denkschrift über die Schaffung einer EWG-Marke, GRUR Int. 1976, 481 ff. (489/490).
[65] In diesem Sinne auch McCarthy, § 7:7.
[66] Marbach, Die eintragungsfähige Marke, 31 ff.; Schluep, 29; Troller, Immaterialgüterrecht, 255 f.; BGE, PMMBl 75 I 71.
[67] Marbach, Die eintragungsfähige Marke, 31 ff.
[68] Troller, Immaterialgüterrecht, 256.
[69] Koppensteiner, § 38, Rdn. 4; bereits früher Schönherr/Thaler, Nr. 63 zu § 1.
[70] Pöchhacker, Kap. 5.2.3.

Im Ergebnis ist daher festzustellen, dass –nach richtlinienkonformer Auslegung– außerhalb der Kriterien der Unterscheidungseignung und der grafischen Darstellbarkeit kein selbständiges Erfordernis der „Einheitlichkeit" zu verlangen ist.

c. *Grafische Darstellbarkeit*

§ 8 Abs. 1 MarkenG sieht vor, dass als Marke schutzfähige Zeichen i.S.d. § 3 MarkenG von der Eintragung ausgeschlossen sind, wenn sie sich „nicht grafisch darstellen lassen". Dieses Erfordernis ist insbesondere für mögliche neue Markenformen wie zum Beispiel dreidimensionale Marken, Hörmarken, Geruchs–, Geschmacks–, Tast– oder Bewegungsmarken von Bedeutung. Obwohl es damit bei den Voraussetzungen für die Eintragbarkeit von Marken geregelt ist, besteht in der deutschen Literatur Uneinigkeit darüber, ob das Erfordernis grafischer Darstellbarkeit nach richtlinienkonformer Auslegung nicht schon ein allgemeines Kriterium der Markenfähigkeit darstellt. Dann träfe es nämlich auch reine Benutzermarken nach § 4 Ziff. 2 MarkenG oder notorisch bekannte Marken nach § 4 Ziff. 3 MarkenG.

aa. Theorie der grafischen Darstellbarkeit als Element der Markenfähigkeit

Nach einer Ansicht ist auch die „grafische Darstellbarkeit" der Marke ein Kriterium der allgemeinen Markenfähigkeit und gilt damit auch für Benutzungsmarken nach § 4 Nr. 2 MarkenG[71]. Art. 2 der Richtlinie gebe den Begriff der Marke für alle nach der Entstehung des Markenschutzes zu unterscheidenden Markenkategorien verbindlich vor, obwohl Richtlinie und Gemeinschaftsmarkenverordnung nur eingetragene Marken regeln. Fallgestaltungen eines sachlichen Markenschutzes (Benutzung und Verkehrsgeltung) ohne grafische Darstellbarkeit der Marke seien aber kaum denkbar. Dagegen würde eine nationale Anerkennung grafisch nicht darstellbarer Marken zu einer Rechtszersplitterung im Markenrecht der EU führen und der Zielsetzung des MarkenG widerstreiten, wonach die nach der Entstehung des Markenschutzes kategorisierten Markenrechte nach § 3 MarkenG „einheitlich" zu behandeln seien. Auch bestünde eine Gefahr unterschiedlicher Rechtsfolgen bei „sensorischen" Marken, falls nach dem gegenwärtigen Stand der Technik kein Eintragungsschutz, wohl aber Schutz durch Benutzung gewährt werden könnte[72].

bb. Theorie der grafischen Darstellbarkeit als Element der Eintragbarkeit

Nach anderer Ansicht ist das Erfordernis der „grafischen Darstellbarkeit" kein Selbstzweck, sondern nur nach Maßgabe der technischen Notwendigkeiten eines „förmlichen Registrierungsverfahrens" gerechtfertigt. Die Zulassung eines Markenerwerbs kraft Verkehrsgeltung belege, dass es sich hierbei nicht um eine dem Mar-

---

[71] Fezer, § 3, Rdn. 201/202, 217ff., § 8, Rdn. 11 ff.; ders., in FS Piper, 525, 534; wohl auch Schmieder, NJW 1994, 1241ff. (1242).
[72] Fezer, § 3, Rdn. 201/202, 217ff., § 8, Rdn. 11 ff.; ders., in FS Piper, 525, 534.

kenbegriff als solchen immanente Voraussetzung handele[73]. Die grafische Darstellbarkeit sei nach der eindeutigen Systematik des Gesetzes nur ein Erfordernis der durch Anmeldung und Eintragung geschützten Marken des § 4 Nr. 1 MarkenG, nicht der Markenfähigkeit allgemein. Auch wenn Zeichen, die nicht grafisch darstellbar sind, „kaum denkbar" seien, könne daraus nicht ein ungeschriebenes Erfordernis der Markenfähigkeit abgeleitet werden. Vielmehr bliebe im Einzelfall abzuwarten, ob im Verkehr Zeichen Verkehrsgeltung erlangen können, die nicht grafisch darstellbar sind, was grundsätzlich nicht ausgeschlossen sei[74].

cc. Richtlinienkonforme Auslegung

Die entsprechenden europäischen Vorschriften sehen in Art. 2 der Richtlinie und 4 GMV ein Erfordernis der *grafischen* Darstellbarkeit als Voraussetzung der Markenfähigkeit (.. alle Zeichen..) vor. Richtlinie und Verordnung unterscheiden weiterhin zwischen „Zeichen" und „Marken", wie Art. 3 Abs. 1 der Richtlinie und Art. 7 Abs. 1 GMV zeigen. Aus dieser Unterscheidung könnte geschlossen werden, dass die dort unter lit. a und e genannten „Zeichen" nicht markenfähig sind, was für eine Behandlung der grafischen Darstellbarkeit als ungeschriebenes Element der „Markenfähigkeit" spräche.

Vergessen werden darf hierbei aber nicht, dass das europäische Markenrecht auf einem reinen Registersystem basiert[75] und nur für angemeldete und eingetragene Marken gilt[76], während dem MarkenG systematisch der umfassende Markenbegriff zugrunde liegt. Aus diesem Grund kann das gem. Art. 2 der Richtlinie bindend vorgeschriebene und in § 8 Abs. 1 MarkenG verwirklichte Erfordernis der grafischen Darstellbarkeit auch nur für „registrierte" Marken nach deutschem Recht gelten und stellt daher kein „allgemeines" Kriterium der Markenfähigkeit dar, welches auch für sog. „Benutzungsmarken" (§ 4 Nr. 2 MarkenG) Voraussetzung wäre.

Für angemeldete und/oder eingetragene Marken ist die Streitfrage der systematischen Einordnung der grafischen Darstellbarkeit als Element der Marken- oder aber Eintragungsfähigkeit daher wenig relevant. Denn ihr Fehlen kann auch nicht durch Verkehrsdurchsetzung nach § 8 Abs. 3 MarkenG überwunden werden. Es bleibt daher gleich, ob man bei Marken, deren Schutz durch „Eintragung" entsteht, die grafische Darstellbarkeit unter dem Gesichtspunkt der „Markenfähigkeit von Registermarken"[77] oder als Eintragungshindernis prüft. Bei nicht-eingetragenen Marken (Benutzungsmarken) kann jedenfalls auf das Erfordernis der grafischen Darstellbarkeit verzichtet werden.
Die Gefahr einer Rechtszersplitterung ist mithin bereits in der Beschränkung des Anwendungsbereichs der europäischen Regelungen zu suchen.

---

[73] Ingerl, 56.
[74] Ingerl/Rohnke, § 3, Rdn. 8.
[75] Fritz, 92; Albert/Henning–Bodewig GRUR Int. 1997,449 ff. (460).
[76] Art. 1 i.V.m. Erwägungsgrund Nr. 4 der Richtlinie bzw. Art. 1 und 6 GMV; vgl. auch Kur, MarkenR 2000, 1 ff. (2) zur GMV.
[77] Althammer/Ströbele/Klaka, § 3, Rdn. 11 und § 8, Rdn. 13; Fritz, 92 ff.

Auch gesetzeshistorisch kommt diese Beschränkung auf Registermarken in der Gesetzesbegründung zu § 8 MarkenG zum Ausdruck[78]. Der deutsche Gesetzgeber hat in dem Bestreben, eine auch für die Benutzungsmarke gültige Definition der Markenfähigkeit in § 3 Abs. 1 MarkenG zu entwickeln, dieses nur für registrierte Marken geltende Erfordernis in § 8 Abs. 1 MarkenG geregelt und damit in den Bereich der absoluten Schutzhindernisse verlagert[79]. Er sah sich zu dieser Regelung veranlasst, weil er der Auffassung war, das Erfordernis der grafischen Darstellbarkeit einer Marke passe nur für die eingetragene oder angemeldete Marke, nicht auch für die benutzte oder notorisch bekannte Marke[80]. Dagegen spricht auch nicht, dass dem MarkenG grundsätzlich der einheitliche oder umfassende Markenbegriff des § 3 zugrunde liegt. Denn der deutsche Gesetzgeber ging nicht von einer absolut gestalteten „Einheitlichkeit des Markenschutzes" aus, was sich gerade im Gesetzeswortlaut und der Gesetzessystematik niederschlug. Die amtliche Begründung führt insoweit aus, dass das Erfordernis der grafischen Darstellbarkeit, welches Art. 2 der Richtlinie nur für Registermarken bindend vorschreibe, „nicht auf alle unter den umfassenden Markenbegriff des § 3 MarkenG fallenden Zeichenformen passt" und daher nicht in § 3 MarkenG, sondern in die Vorschrift des § 8 MarkenG aufgenommen werde[81]. Diese im Vergleich zur Richtlinie „systemwidrige" Positionierung in § 8 MarkenG ändert aber nichts daran, dass die Frage der grafischen Darstellbarkeit nur für angemeldete und eingetragene Marken gilt.

Eine entsprechend unterschiedliche Behandlung von Register- und Benutzungsmarken entspricht auch der Teleologie. Denn das Gebot der grafischen Darstellbarkeit trägt seinem Sinn und Zweck nach lediglich dem zentralen Erfordernis jedes Registerrechts Rechnung, im Eintragungsverfahren der Beurteilung der Marke eine festgelegte Form zugrunde legen zu können und die Eintragung im Interesse der Allgemeinheit zur Unterrichtung über in Kraft stehenden Marken und ihren Schutzbereich zu veröffentlichen[82]. Der EuGH konkretisierte dies in „Siekmann" dahingehend, dass die Richtlinie nur auf eingetragene oder angemeldete Marken anwendbar sei und das System der Eintragung insoweit zur Rechtssicherheit und zur ordnungsgemäßen Verwaltung beitrage[83]. Das Erfordernis der grafischen Darstellbarkeit liegt daher allein im Eintragungssystem der Richtlinie begründet, wonach Markenrechte nur durch Registereintragung erworben werden, wie Generalanwalt Ruiz-Jarabo Colomer in „Shield vs. Kist" treffend ausführte[84]. Art. 2 der Richtlinie setzt daher nur in diesem Zusammenhang eine grafische Darstellbarkeit voraus. Insofern kann und muss die notwendige „Bestimmung" des Gegenstands des beanspruchten und erteilten Rechts ausschließlich durch das Register erfolgen, während bei der benutz-

---

[78] Amtl. Begr. zu § 8, in v. Mühlendahl, Deutsches Markenrecht, 142 ff.
[79] Ströbele, GRUR 1999, 1041 unter Hinweis auf die Regierungsbegründung zum Entwurf des Markenrechtsreformgesetzes (BlPMZ 1994 –Sonderheft–, 45, 59).
[80] Fezer, § 3, Rdn. 200.
[81] Amtl. Begr. zu § 3, in v. Mühlendahl, Deutsches Markenrecht, S. 132.
[82] BGH MarkenR 2002, 118, 120 – Farbmarke gelb/grün; Mitt. 1999, 231/232 – Farbmarke magenta/grau.
[83] EuGH, Urteil vom 12.12.2002, Case C-273/00, Siekmann vs. DPMA, Erwägungsgründe 37 f., GRUR 2003, 145 (147).
[84] Schlussanträge des Generalanwalt Ruiz-Jarabo Colomer v. 3.4.2003, Shield Mark BV vs. Joost Kist, Erwägungsgrund Nr. 28, Case C-283/01, online abrufbar unter http://curia.eu.int./jurisp/...

ten Marke mit Verkehrsgeltung deren Gegenstand schon automatisch durch die jeweilige Benutzungsform genau konkretisiert wurde[85].

Dies widerspricht auch nicht dem Wunsch nach einem möglichst einheitlichen Markenbegriff in Richtlinie, GMV und MarkenG. Ein solcher ist auf dem Gebiet der Registermarken zum Zwecke der Rechtsvereinheitlichung zwar erforderlich, kann sich aber nicht auch auf Benutzermarken erstrecken, die von den europäischen Regelungen nicht erfasst werden. Aus diesem Grund belässt die Richtlinie den einzelnen Mitgliedstaaten im vierten Erwägungsgrund ausdrücklich das Recht, diese weiterhin zu schützen[86]. Die Gefahr einer Rechtszersplitterung innerhalb der Gemeinschaftsstaaten ist hierbei verhältnismäßig gering, weil nur die wenigsten Mitgliedstaaten die Erlangung eines Markenrechts durch Benutzung vorsehen.

Dieses Ergebnis entspricht auch dem Erfordernis einer einheitlichen Auslegung von Richtlinie und Gemeinschaftsmarkenverordnung. So stellte die zweite Beschwerdekammer des HABM in „Vakuumverpackung" fest, es sei ein „Grundprinzip" des Gemeinschaftsmarkensystems, dass das zu beurteilende Zeichen „zum Zwecke der Prüfung, Veröffentlichung und Akteneinsicht" grafisch darstellbar sein muss[87]. Auch die Kommentierungen zur GMV betonen bislang einhellig, das Verlangen der grafischen Darstellbarkeit in Art. 4 GMV sei dadurch „vorgegeben", dass die Gemeinschaftsmarke gem. Art. 6 GMV nur durch Eintragung erlangt werden könne[88]. Es handele sich um ein Erfordernis, welches dem Bedürfnis entspringe, die Marke registrieren und veröffentlichen, sowie das Register durchsuchen zu können[89].

Gegenteiliges ergibt auch keine rechtsvergleichende Betrachtung. So wird in Rechtsordnungen mit reinem Registersystem das Gebot der grafischen Darstellbarkeit zwar i.d.R. verlangt[90], vielfach aber –wie z.B. in Großbritannien[91]– eher als Mittel der genauen Bestimmung des Gegenstands der Anmeldung angesehen. Dies dürfte erst recht für Rechtsordnungen gelten, in denen Benutzungsmarken erlaubt sind. So beinhaltet beispielsweise im amerikanischen Markenrecht die Markendefinition des 1988 ergänzten Lanham Act kein allgemeines Erfordernis grafischer Darstellbarkeit zur Begründung der Markenfähigkeit[92]. Trotz gegebenem Anlass wurde diese Frage auch nicht bei der Bejahung der Markenfähigkeit einer Duftmarke durch das amerikanische Trademark Board problematisiert[93]. Aus österreichischer Sicht gilt, dass grafisch nicht darstellbare Zeichen nicht zwingend vom nationalem Schutz ausgeschlossen, sondern diese nur nicht von der Richtlinie geregelt würden und Mitgliedstaaten nicht grafisch darstellbare Zeichen als durch Benutzung erworbene

---

[85] Ströbele, GRUR 1999, 1041.
[86] 4. Erwägungsrund der Richtlinie.
[87] HABM (2. BK), GRUR Int. 1998, 611 – Vakuumverpackung.
[88] v. Mühlendahl/Ohlgart/v. Bomhard, § 3, Rdn. 4; Ingerl, 56.
[89] Gyngell/Poulter, I.17.
[90] Art. 1 und 5 des französisches Gesetzes Nr. 91–7 v. 4.1.1991 betreffend die Fabrik–, Handels und Dienstleistungsmarken, GRUR Int. 1991, 630 ff.; Casado Cervino, GRUR Int. 1992, 107 ff. (110) zum spanischen Recht; David, Art. 1 Rdn. 8 zum schweizerischen Recht; Fritz, 103 zum Benelux-Recht.
[91] Vgl. Swizzels Matlow Ltd's Application for a Three–Dimensional Mark [1999] R.P.C. 879, 885 / Ty Nant Spring Water Ltd's Trade Mark Application, [2000] R.P.C. 55, 58.
[92] Lanham Act § 45, 15 U.S.C.A. § 1127.
[93] In re Clarke, 17 U.S.P.Q.2d 1238 (T.T.A.B. 1990).

Marken schützen können[94]. Etwas unklar erscheint dagegen die Rechtslage in Dänemark, wo das Erfordernis der grafischen Darstellbarkeit in der Markendefinition des § 2 rein systematisch auch für den Entstehungstatbestand der Ingebrauchnahme nach § 3 Abs. 2 des dänischen Markengesetzes zu gelten scheint[95].

Als Ergebnis kann daher festgehalten werden, dass das Element der grafischen Darstellbarkeit kein allgemeines Erfordernis der Markenfähigkeit ist und damit nicht auch für Benutzungsmarken gilt.

dd. Zweck und Anforderungen des Erfordernisses der grafischen Darstellbarkeit

Die Frage, welche Anforderungen an die „grafische Darstellbarkeit" von Marken i.S.d. § 8 Abs. 1 Marken, bzw. Art. 2 der Richtlinie zu stellen sind, hängt nicht zuletzt davon ab, welchem Zweck das Erfordernis der grafischen Darstellbarkeit dient. Hierbei ist zunächst einmal davon auszugehen, dass ein Amt, welches Anmeldungen, Widersprüche und Löschungsbegehren zu bearbeiten und zu dokumentieren hat, zur Durchführung seiner Aufgaben ein materielles Substrat in fixierter Form benötigt, das die erforderlichen Informationen in umfassender und verlässlicher Form enthält und eine Beurteilung durch den Prüfer erlaubt. Darüber hinaus liegt das Erfordernis grafischer Darstellbarkeit aber auch im Interesse der Allgemeinheit, bzw. etwaiger Mitbewerber, um durch die Veröffentlichung eindeutig über die in Kraft stehende Marke und ihren Schutzbereich informiert zu werden[96].
Davon geht auch der EuGH in "Siekmann" aus, wonach das System der Eintragung von Marken eine wesentliches Element ihres Schutzes darstelle, das sowohl in Bezug auf das Gemeinschaftsrecht als auch hinsichtlich der verschiedenen nationalen Rechte zur Rechtssicherheit und zur ordnungsgemäßen Verwaltung beitrage. Insoweit habe das Erfordernis der grafischen Darstellung insbesondere den Zweck, die Marke selbst festzulegen, um den genauen Gegenstand ihres Schutzes zu bestimmen. Weiterhin werde die Marke durch ihre Eintragung in ein öffentliches Register den zuständigen Behörden und der Öffentlichkeit, insbesondere den Wirtschaftsteilnehmern zugänglich gemacht. Denn einerseits müssten die zuständigen Behörden klar und eindeutig die Ausgestaltung des Zeichens erkennen können, aus denen eine Marke besteht, damit sie in der Lage sind, ihren Verpflichtungen in Bezug auf die Vorprüfung der Markenanmeldungen sowie auf die Veröffentlichung und den Fortbestand eines zweckdienlichen und genauen Markenregisters nachkommen. Andererseits müssten auch die Wirtschaftsteilnehmer klar und eindeutig in Erfahrung bringen können, welche Eintragungen oder Anmeldungen ihre gegenwärtigen oder potentiellen Wettbewerber veranlasst haben (Stichwort: „Recherchierbarkeit") und auf diese Weise einschlägige Informationen über die Rechte Dritter erlangen können[97].

[94] Pöchhacker, Kap. 5.2.1.
[95] Vgl. § 2 und 3 des dänischen Markengesetzes Nr. 341 vom 6. 6. 1991, GRUR Int. 1994, 1004 ff.
[96] Kur, MarkenR 2000, 1 ff. (2), vgl. auch Ingerl/Rohnke, § 8, Rdn. 12; Sandri/Rizzo, 37.
[97] EuGH, Urteil vom 12.12.2002, Case C-273/00, Siekmann vs. DPMA, Erwägungsgründe 37 f., 48-51, GRUR 2003, 145 (147/148); in diesem Sinne auch Generalanwalt Ruiz-Jarabo Colomer, Schlussanträge v. 3.4.2003, Shield Mark BV vs. Joost Kist, Case C-283/01, Rdn. 28/29, online abrufbar über http://curia.eu.int./jurisp/...

Die insoweit an eine ausreichende grafische Darstellbarkeit zu stellenden Anforderungen können insbesondere bei den neuen Markenformen Probleme aufwerfen[98]. Zwar sind für einige Markenformen wie Wort-, Bild-, dreidimensionale und Hörmarken die Arten der grafischen Darstellung in der MarkenV bzw. zum Teil auch in der Durchführungsordnung zur GMV geregelt[99]. Bei diesen Verordnungen handelt es sich aber um nachrangige Formvorschriften, weil die Erfordernisse für die Zuerkennung eines Anmeldetages (§ 32 II MarkenG) mangels Ermächtigungsgrundlage der Disposition des Verordnungsgebers entzogen sind[100]. Danach bleibt es hauptsächlich im Hinblick auf mögliche neue Markenformen unklar, wie konkret und inhaltlich bestimmt die Dokumentation sein muss, um als eine den gesetzlichen Erfordernissen genügende „grafische Darstellung“ anerkannt zu werden[101], bzw. ob der Begriff der „grafischen Darstellung“ weit ausgelegt werden kann[102]. So fragt es sich, ob beispielsweise für Geruchs–, Tast–, Hör- oder Farbmarken allein eine „Beschreibung“ der Marke ausreichen kann, oder eine „mittelbare“ oder sogar „unmittelbare“ grafische Darstellung der Marke zu verlangen ist[103].

In einigen Entscheidungen zu neuen Markenformen hatte der EuGH nunmehr Gelegenheit, entsprechende Vorlagefragen zu beantworten: Danach muss eine grafische Darstellung i.S.d. Art. 2 der Richtlinie es ermöglichen, das Zeichen „insbesondere mit Hilfe von Figuren, Linien oder Schriftzeichen“ sichtbar so wiederzugeben, dass es genau identifiziert werden kann. Damit die Benutzer des Markenregisters auf Grund der Eintragung einer Marke deren genaue Ausgestaltung bestimmen können, muss die grafische Darstellung der Marke „klar, eindeutig, in sich abgeschlossen, leicht zugänglich, verständlich, dauerhaft und objektiv“ sein[104]. Darüber hinaus entschied der EuGH aber auch, dass selbst „visuell nicht wahrnehmbare Zeichen“ Marken sein können, sofern sie grafisch dargestellt werden können[105].
Es fragt sich, ob bzw. wie nicht-visuelle Marken der vom EuGH gestellten strengen Anforderungen an die grafische Darstellbarkeit gerecht werden können. Denn das mit diesen Kriterien bezweckte Ziel der Rechtsicherheit und ordnungsgemäßer Verwaltung ist nicht mit jeder durch den Gesichtssinn wahrnehmbaren Darstellung zu erreichen, was gegebenenfalls Auswirkungen auf die Anerkennung von Farb-, Hör- und sensorischen Marken haben könnte[106].

Sessinghaus schlägt deshalb vor, entweder den Begriff der „grafischen“ Darstellung dahingehend teleologisch so zu reduzieren, dass er auch unmittelbare Wiedergabe

---

[98] Vgl. Althammer/Ströbele/Klaka, § 3, Rdn. 12.
[99] Vgl. §§ 7 – 12 MarkenV, abgedruckt in BGBl I 1994, 3555 ff. (3557/3558); vgl. für deutsche Hörmarken die ergangene Ausführungsbestimmung des DPA –Präsidenten, Mitteilung Nr. 16/94 vom 16.12.1994, abgedruckt in Fezer, S. 2514 ff.
[100] BPatG GRUR 1997, 134 (135) – Anmeldetag; BPatG GRUR 1997, 60 (61) – SWF–3 Nachrichten; BPatG GRUR 1997, 62 –INDIKATIV SWF–3.
[101] Kur, MarkenR 2000, 1 ff. (2).
[102] Sandri/Rizzo, 36.
[103] Vgl. Siekmann, MarkenR 2001, 236 ff., ders., MarkenR 2002, 149 und Sandri/Rizzo, 40 ff.
[104] EuGH, Urteil vom 12.12.2002 – Rs. C-273/00, Ralf Sieckmann/Deutsches Patent- und Markenamt, GRUR 2003, 145 (147), Erwägungsgründe 46, 52-55; EuGH, WRP 2003, 735, Urteil vom 6.5.2003 in Sachen Libertel Groep BV gegen Benelux-Merkenbureau, Case C-104/01, Erwägungsgründe 28 und 29.
[105] EuGH, Urteil vom 12.12.2002 – Rs. C-273/00, Ralf Sieckmann/Deutsches Patent- und Markenamt, GRUR 2003, 145 (147), Erwägungsgrund 45; so auch Generalanwalt Ruiz-Jarabo Colomer, Schlussanträge v. 3.4.2003 zu Shield Mark BV vs. Joost Kist, Case C-283/01, Erwägungsgrund 17 f., online abrufbar über http://curia.eu.int./
[106] Wood, 14.

sensorischer Marken durch elektronische Register mit Hilfe spezieller Datenwiedergabegeräten beinhaltet oder die mit der grafischen Wiedergabe vom EuGH beabsichtigte „Identifizierbarkeit“ durch „Reproduzierbarkeit“ zu ersetzen[107]. Ob dies noch dem (Wort-)Sinn und Zweck der grafischen Wiedergabe entspricht, erscheint fraglich. Jedenfalls erfordert die Anerkennung nicht-visueller Marken aber eine gewisse Anpassung der Darstellungsweise an die spezielle Art der Kennzeichen[108]. Denn die Eintragung eines Zeichens kann nun nicht mehr pauschal mit der Begründung abgelehnt werden, ein Zeichen sei nicht visuell wahrnehmbar bzw. nur mittelbar darstellbar[109]. Um aber nicht bereits an dieser Stelle auf die Schutzfähigkeit der neuen Markenformen im Einzelnen vorauszugreifen, wird auf die Behandlung dieser Frage im Rahmen der einzelnen Markenformen verwiesen.

3. Ware oder Dienstleistung

Nach § 3 Abs. 1 MarkenG, Art. 2 der Richtlinie und Art. 4 GMV können alle Zeichen, die geeignet sind, Waren oder Dienstleistungen von Unternehmen zu unterscheiden, Marken sein. Die Gesetzestexte erwähnen damit als Kennzeichnungsobjekte zum einen „Waren“ und zum anderen „Dienstleistungen“, was der Aufteilung der internationalen Klassifizierung von Nizza[110] entspricht. Sie gehen aber grundsätzlich von einer rechtlichen Gleichbehandlung der Kennzeichnung als „Marke“ aus, ohne hierbei im Einzelnen zwischen Warenmarken oder Dienstleistungsmarken zu unterscheiden[111]. Die Formulierungen sind so zu verstehen, dass für jede wirtschaftliche Tätigkeit Marken angemeldet werden können[112].

Aus der rechtlichen Gleichbehandlung von Warenmarke und Dienstleistungsmarke folgt, dass sich beide Markenarten allein aus Sicht der Klasseneinteilung durch die Verschiedenheit der Klassen, für die sie angemeldet und eingetragen werden, unterscheiden. Die Abgrenzung zwischen Ware und Dienstleistung ist damit von Bedeutung für die Anmeldung der Marke, die ein Verzeichnis der beanspruchten Waren und Dienstleistungen enthalten muss (§ 32 Abs. 2 Nr. 3 MarkenG), den Schutzumfang der Marke, der für Waren oder Dienstleistungen besteht (§ 14 MarkenG), die rechtserhaltende Benutzung der Marke, die sich auf Waren oder Dienstleistungen bezieht (§ 26 Abs. 1 MarkenG), die Erschöpfung und die Beurteilung der Ähnlichkeit von Waren und Dienstleistungen im Kollisionsfall[113].

Eine Definition der Begriffe „Waren“ und „Dienstleistungen“ enthält aber weder das MarkenG noch die Richtlinie oder die GMV. Dem Wortsinn nach ist eine „Ware“ je-

---

[107] Sessinghaus, WRP 2003, 478, 479 f.
[108] Generalanwalt Ruiz-Jarabo Colomer, Schlussanträge v. 3.4.2003 zu Shield Mark BV vs. Joost Kist, Case C-283/01, Erwägungsgrund 32, online abrufbar über http://curia.eu.int./jurisp/..
[109] So noch BPatG GRUR 2000, 1044, 1047 ff. - Riechmarke.
[110] Abkommen von Nizza über die internationale Klassifikation von Waren und Dienstleistungen für die Eintragung von Marken vom 15. Juni 1957 (mehrfach revidiert), BGBl. 1981 II S. 359, geändert am 2. Okt. 1979, BGBl.1984 II S. 799.
[111] Vgl. Fezer, § 3, Rdn. 15; Ingerl/Rohnke, § 3, Rdn. 17.
[112] Ingerl/Rohnke, § 3, Rdn. 17; Ingerl, 56.
[113] Fezer, § 3, Rdn. 15 ff.; ders., GRUR Int. 1996, 445 ff.; Ingerl/Rohnke, § 3, Rdn. 17; BPatG, GRUR 1998, 397 ff. (398) – Summit.

denfalls ein Artikel, ein Erzeugnis oder ein materielles Gut, das gehandelt, gekauft und verkauft oder getauscht wird und eine „Dienstleistung“ eine Arbeit, die nicht der Güterproduktion dient (und die man für jemand anderen erledigt)[114]. Zur Unterscheidung ist damit entscheidend, ob aus Sicht des Verbrauchers eine Ware als „verkörpertes“ Gut (materielles Wirtschaftsgut) oder ein Dienst als „nicht verkörperte“ Leistung (immaterielles Wirtschaftsgut) angeboten wird[115].
Allerdings kommt es auch in den genannten Fällen nicht mehr zentral auf die Abgrenzung zwischen Waren und Dienstleistungen an, da mittlerweile anerkannt ist, dass diese ähnlich sein können[116]. Auch sind die zum früheren deutschen WZG vertretenen Einschränkungen (Grundstücke, Rechte, Wertpapiere) heute dem Schutz als Dienstleistung zugänglich[117]. Festzuhalten ist aber an der Systematik, dass der Handel mit Waren markenrechtlich keine eigenständige Dienstleistung ist, sondern über die Markeneintragung für die gehandelten Waren erfasst wird. Die traditionelle Ausklammerung derartiger „Hilfsdienstleistungen“ ist mangels Geschäftsbetriebserfordernis aber i.d.R. nur noch im Rahmen des Benutzungszwangs von Bedeutung[118].

Ähnliches gilt rechtsvergleichend für das ausländische Markenrecht. Auch hier findet sich im wesentlichen eine Gleichbehandlung von Waren und Dienstleistungen, während gewisse Unterscheidungen durch die unterschiedliche Klasseneinteilung bedingt ist, da in den meisten Ländern die internationale Klassifizierung von Nizza mit der Einteilung in Waren oder Dienstleistungen gilt. Dies gilt insbesondere für die europäischen Mitgliedsländer nach Umsetzung der Markenrechtsrichtlinie[119]. Aber auch im schweizerischen Recht kann nach Art. 1 MSchG eine Marke sowohl Waren als auch Dienstleistungen unterscheiden[120]. Das revidierte schweizerische Gesetz stellt die neu eingeführten Dienstleistungsmarken den Warenmarken weitgehend gleich[121]. Dagegen differenziert in den USA der Lanham Act ausdrücklich zwischen „trademarks“ und „service marks“[122], wobei eine „service mark“ Dinge von nicht-körperlicher (intangible) Natur, wie beispielsweise Dienstleistungen identifizieren und unterscheiden soll, während eine „trademark“ körperliche Sachen, wie z.B. Waren und Produkte bezeichnet[123]. Beide Markenarten sind aber grundsätzlich gleichen Regeln unterworfen[124] und auch im Hinblick auf Verletzungen gibt es keinen praktischen Unterschied zwischen ihnen[125].

---

[114] Bünting, Deutsches Wörterbuch, 1996, 248 bzw. 1288.
[115] Fezer, § 3, Rdn. 15 ff.; ders., GRUR 1996, 445 ff., BPatG, GRUR 1998, 397 ff. (398) – Summit (Abgrenzung nach dem wirtschaftlichen Schwerpunkt Leistung/Waren).
[116] Ingerl/Rohnke, § 3, Rdn.17, vgl. auch die Gem. Erklärung des Rates und der Kommission im Protokoll der Annahme der Richtlinie Nr. 5 b), Abl.HABM 1996, 606.
[117] Ingerl, 56 unter Verweis auf Baumbach/Hefermehl, § 1, Rdn. 20 ff.
[118] Ingerl, 56; im Ergebnis auch BPatG, GRUR 1998, 397 ff. (398 f.) – Summit; weitergehend Ingerl/Rohnke, § 3 Rdn. 17.
[119] Vgl. beispielsweise Sect. 6 (1) des irischen Trade Marks Act 1996 und Art. L. 711–1 des französischen Markengesetzes, abgedruckt in Schricker/Bastian/Albert, 364, 367 und 329.
[120] Art. 1 Bundesgesetz über den Schutz von Marken und Herkunftsangaben v. 28.08.1992 (MSchG, SR 232.11), AS 1993, 1 ff.
[121] David, Art. 1, Rdn. 25.
[122] Vgl. Lanham Act § 45, 15 U.S.C.A. § 1127.
[123] McCarthy, § 19:81 m.w.N. aus der Rspr.; In re Advertising & Marketing Dev., Inc., 821 F.2d 614, 2 USPQ2d 2010, 2014 (Fed. Cir. 1987).
[124] Lanham Act § 3, 15 U.S.C.A. § 1053; Restatement (Third) of Unfair Competition , § 9, comment f.
[125] McCarthy, § 19:81 m.w.N. aus der Rspr.

4. **Unterscheidungseignung**

a. Abstrakte Unterscheidungseignung, § 3 Abs. 1 MarkenG

Nach § 3 Abs. 1 MarkenG ist eine Marke ein Zeichen, das „geeignet“ ist, Waren und Dienstleistungen von Unternehmen zu „unterscheiden“. Dem entspricht wörtlich Art. 2 der Richtlinie[126] und Art. 4 GMV. Die Trennung dieses Merkmals von der konkreten Unterscheidungskraft, die in Art. 3 Abs. 1 lit. b der Richtlinie ihren Niederschlag fand, wurde ebenfalls mit der Regelung des § 8 Abs. 2 Nr. 1 MarkenG beibehalten.

Dem Wortsinn nach ist eine Marke damit durch ihre Unterscheidungsfähigkeit gekennzeichnet. Entsprechend der Begründung zum Verordnungsvorschlag von 1980, bezweckt diese Formulierung die Aufmerksamkeit auf die Frage zu lenken, ob das betreffende Zeichen fähig ist, die hauptsächliche Funktion einer Marke zu erfüllen, die sowohl wirtschaftlich als auch juristisch darin besteht, auf die „Herkunft“ einer Ware oder Dienstleistung hinzuweisen und sie auf diese Weise von Waren oder Dienstleistungen anderer Unternehmen zu „unterscheiden“[127]. Diese „Unterscheidungsfunktion“ ist allgemeines Merkmal jedes Kennzeichens[128] und das entscheidende Kriterium der Markenfähigkeit eines Zeichens, welches zur Unterscheidung von Unternehmensprodukten oder –dienstleistungen dienen soll. Sie entspricht der „Herkunftsfunktion“[129], die weiterhin wesentliche Funktion der Marke bleibt[130], wenngleich unter Geltung des neuen MarkenG und der Markenrichtlinie weitere Funktionen der Marke, wie z.B. die "Identitätsgarantie" anzuerkennen sind.
In der Literatur zum früheren Warenzeichenrecht wurde in diesem Zusammenhang der Begriff der „Unterscheidungskraft“ geprägt[131]. Da jedoch der Gesetzgeber in Übernahme des Wortlauts von Art. 2 der Richtlinie die Formulierung „geeignet .. zu unterscheiden“ wählte und bereits in § 8 Abs. 2 Nr. 1 den Begriff der „Unterscheidungskraft“ verwendet, ist es nicht nur sachgerecht, sondern auch allgemein anerkannt, im Rahmen des § 3 MarkenG in Abkehr vom herkömmlichen Sprachgebrauch von „Unterscheidungseignung“ zu sprechen.

Die Unterscheidungseignung muss „der Marke als Ganzes“ zukommen. Einzelne, nicht abstrakt unterscheidungsgeeignete Bestandteile der Marke sind regelmäßig nicht zu berücksichtigen[132]. Weiterhin ist die Unterscheidungseignung einer Marke „abstrakt“, also ohne Bezugnahme auf bestimmte Waren oder Dienstleistungen zu

---

[126] Dies gilt auch für die entsprechenden Fassungen des Art. 2 der Richtlinie in den anderen (Amts–) Sprachen: „.. *capable of distinguishing ...*“, „.. *propres à distinguer..*“, „.. *apropiados para distinguir ...*“, etc. (Official Journal EC NO L 040, 11/02/1989 P. 0001 – 0007).
[126] Ingerl/Rohnke, § 8, Rdn. 12, 13.
[127] Vorschlag für eine Verordnung des Rates über die Gemeinschaftsmarke, Begründung zu Art. 3, Bulletin der EG, Beilage 5/80, S. 58; vgl. auch Gyngell/Poulter, I.18, V.5.
[128] Fezer, § 3, Rdn. 203; ders., FS Piper, 525 ff. (527); Althammer/Ströbele/Klaka, § 3, Rdn. 7.
[129] Althammer/Ströbele/Klaka, § 3, Rdn. 7.
[130] Vgl. etwa EuGH, MarkenR 1999, 22 – Canon; EuGH GRUR Int. 1996, 1151 – MPA Pharma/Rhône–Poulenc Pharma, Rdn. 20; 1150 – Eurim–Pharm/Beiersdorf, Rn. 34; 1144 – Bristol–Myers Squib/Paranova, Rdn. 47; Fezer, Einl. MarkenG, Rdn. 30 ff.
[131] Vgl. z.B. Baumbach/Hefermehl, § 1, Rdn. 19; Busse/Starck, § 1, Rdn. 16.
[132] Fezer, § 3, Rdn. 208.

beurteilen[133], was sich nicht nur aus der Gesetzesbegründung[134], sondern auch aus Wortlaut und Systematik der §§ 3 Abs. 1 und 8 Abs. 2 Nr. 1 MarkenG ergibt. Danach verlangt § 3 MarkenG eine Eignung des Zeichens, „Waren und Dienstleistungen" schlechthin unterscheiden zu können, während § 8 Abs. 2 Nr. 1 Unterscheidungskraft der Marke für „die" Waren und Dienstleistungen, also für die jeweils angemeldeten Produkte, voraussetzt. Dies gilt auch für die in Richtlinie (Art. 2)[135] und Gemeinschaftsmarkenverordnung (Art. 4) geregelten Kriterien gleichen Wortlauts[136], auch wenn die europäischen Vorschriften von einem reinen Registerrecht ausgehen. Es kommt also nur darauf an, ob dem Zeichen in einem beliebigen, theoretisch vorstellbaren Fall Unterscheidungseignung zukommt[137], sprich es die potentielle Eignung zur Identifikation (irgendwelcher) Unternehmensprodukte hat[138]. Irrelevant ist hierbei die Tatsache, ob das Zeichen tatsächlich zur Unterscheidung eingesetzt oder dies beabsichtigt wird.

Umstritten ist allerdings, ob eine Unterscheidungseignung zur bloßen "Produktidentifikation" ausreicht[139], oder ob das Zeichen in der Lage sein muss, als Hinweis auf die „betriebliche" bzw. „kommerzielle Herkunft" der Produkte zu dienen[140]. Ausgehend vom Wortlaut in Art. 2 der Richtlinie und § 3 Abs. 1 MarkenG dürfte dies in letzterem Sinne zu entscheiden sein. Denn danach muss das Zeichen die Eignung haben, Waren oder Dienstleistungen „eines Unternehmens" von denjenigen „anderer Unternehmen" zu unterscheiden. Auch die englische, französische oder spanische Fassung der Richtlinie sprechen insoweit von „goods or services of an undertaking"[141], „les produits ou les services d'une entreprise"[142] bzw. „los productos o los servicios de una empresa"[143]. Darüber hinaus gehen auch der EuGH[144], das HABM[145] und die Literatur zur Gemeinschaftsmarke[146] davon aus, dass eine Marke Waren nach ihrer „betrieblichen Herkunft" und nicht nach ihren Eigenschaften, Merkmalen oder ihrer Beschaffenheit unterscheidbar machen muss. Es ist daher weder erforderlich noch ausreichend, wenn durch die Marke lediglich die Identifizierung des bestimmten Produkts ermöglicht wird[147]. Ein Zeichen muss daher nur die potentielle Eignung haben, darauf hinzuweisen, dass ein Produkt einem Unternehmen entstammt. Es besitzt daher bereits „Unterscheidungseignung", wenn es möglicherweise in der Lage ist, „irgendein" Unternehmensprodukt (oder "irgendeine"

---

133 Ingerl/Rohnke, § 3, Rdn. 16; Fezer, § 3 Rdn. 203; ders., FS Piper, 525 ff. (528); Althammer/Ströbele/Klaka, § 3, Rdn. 7; Kur, FS DPA – 100 Jahre Markenamt, 175 ff. (183); Meister, WRP 1995, 1005 ff. (1008).
134 Amtl. Begründung zu § 3 MarkenG, abgedruckt in v. Mühlendahl, a.a.O., S. 132.
135 Albert/Henning-Bodewig, GRUR Int., 449 ff. (460/461); Kur, GRUR 1997, 241ff. (242).
136 Ingerl, 55; v. Mühlendahl/Ohlgart/v. Bomhard, § 3, Rdn. 5; Klaka/Schulz, 19; Bender, MarkenR 2000, 118 ff. (119); ders., MarkenR 2000, 37 (40); HABM (3.BK) MarkenR 1999, 108 ff. (110) – Light Green.
137 Ingerl/Rohnke, § 3, Rdn. 16.
138 Vgl. Fezer, § 3 Rdn. 203; ders., FS Piper, 525 ff. (528); Althammer/Ströbele/Klaka, § 3, Rdn. 7; Kur, FS DPA – 100 Jahre Markenamt, 175 ff. (183); Meister, WRP 1995, 1005 ff. (1008).
139 So Fezer, § 3, Rdn. 203; ders., FS Piper, 525, 528.
140 Kur, FS DPA, 175 ff. (183); Althammer/Ströbele/Klaka, § 3, Rdn. 7; Marz, 33.
141 Official Journal EC NO L 040, 11/02/1989 P. 0001 – 0007.
142 Journal Officiel CE n° L 040 du 11/02/1989 p. 0001 – 0007.
143 Diario Oficial CE n° L 040 de 11/02/1989 P. 0001 – 0007.
144 EuGH Urt. v. 26.10.2000, Rs. T-360/99 – Investorworld; GRUR Int. 1990, 960 ff. (961/962) – HAG II.
145 HABM (1.BK) MarkenR 1999, 366 ff. (367) – Granini-Flasche.
146 Bender, MarkenR 2000, 118 (120).
147 Im Ergebnis auch Thewes, 42 ff.; Sambuc, WRP 2000, 985, 988.

Dienstleistung) von denen anderer zu unterscheiden, ohne diese(s) schon gleichzeitig einer „bestimmten" Herkunftsstätte zuordnen können zu müssen[148].

b. Abgrenzung zur „konkreten Unterscheidungskraft", § 8 Abs. 2 Nr. 1 MarkenG

Von der abstrakten Unterscheidungseignung ist –wie bereits angedeutet– die „Unterscheidungskraft" nach § 8 Abs. 2 Nr. 1 MarkenG zu unterscheiden. Danach sind in Umsetzung der obligatorischen Regelung des Art. 3 Abs. 1 lit. b der Richtlinie solche Marken von der Eintragung ausgeschlossen, „denen für die Waren oder Dienstleistungen jegliche Unterscheidungskraft fehlt". Auch die anderen Mitgliedstaaten haben diese Regelung im Wesentlichen übernommen[149].

Nach allgemein anerkannter Definition besitzt eine Marke „Unterscheidungskraft", wenn sie geeignet ist, Waren und Dienstleistungen eines Unternehmens von denjenigen anderer Unternehmen zu unterscheiden[150], was bereits in § 3 Abs. 1 MarkenG gefordert wird. Die Prüfung des absoluten Schutzhindernisses in § 8 Abs. 2 Nr. 1 MarkenG setzt jedoch schon die Markenfähigkeit des Zeichens nach § 3 MarkenG voraus. Dies ergibt sich bereits aus dem Wortlaut: „..Marken, denen für *die* Waren und Dienstleistungen ..". Folgerichtig fehlt in § 3 Abs. 1 MarkenG ebenso wie in Art. 2 der Richtlinie der Bezug des dortigen Begriffs der Unterscheidungseignung zu den Waren und Dienstleistungen, für die das Zeichen bestimmt ist[151]. Darüber hinaus werden nach § 8 Abs. 1 MarkenG nur solche Zeichen auf das Vorliegen absoluter Schutzhindernisse geprüft, die „als Marke schutzfähige Zeichen im Sinne des § 3" darstellen. Systematisch ist die Prüfung der „Unterscheidungskraft" damit der zweite Prüfungsschritt im „Zwei-Schritt-Modell"[152] für Registermarken: Während in einem ersten Schritt das Merkmal der „Unterscheidungseignung" nur „abstrakt" als Voraussetzung der Markenfähigkeit zu prüfen ist, ist in einem zweiten Schritt die „Unterscheidungskraft" des markenfähigen Zeichens nach § 8 Abs. 2 Nr. 1 MarkenG „konkret" in Bezug auf die angemeldeten Waren und Dienstleistungen zu beurteilen[153]. Diese Konzeption entspricht der amtlichen Begründung zum Markengesetz[154] und der Markenrechtsrichtlinie[155].

Darüber hinaus bezieht sich auch der gemeinschaftsrechtliche Begriff der Unterscheidungskraft i.S.v. Art. 7 Abs. 1 lit. b GMV auf die abstrakt schon in Art. 4 GMV geforderte Unterscheidung von Waren und Dienstleistungen eines Unternehmens von denjenigen eines anderen Unternehmens, was ebenfalls konkret in Bezug auf

---

[148] Vgl. insoweit auch Marz, 36.
[149] Vgl. Kur, in Schricker/Bastian/Albert, 17 ff.
[150] Althammer/Ströbele/Klaka, § 8, Rdn. 17; Ingerl/Rohnke, § 8, Rdn. 15, 25; BGH GRUR 1995, 408 ff. (409) – PROTECH.
[151] Vgl. auch BPatG GRUR 1998, 572 ff. (573) – Zahl 9000.
[152] Meister, WRP 1995, 1005 ff. (1008); vgl. auch Fezer, § 3, Rdn. 204; ders., FS Piper, 525 ff. (528).
[153] Fezer, § 3 Rdn. 204; ders., FS Piper, 525 ff. (528); Marz, 31 ff., 104 ff.; Meister, WRP 1995, 1005 ff (1008); vgl. auch bereits Amtl. Begründung zu § 3, in v. Mühlendahl, S. 132 und Eisenführ, FS DPA 100 Jahre Markenamt, 69 ff (71 f.); Ingerl/Rohnke, § 3, Rdn. 16.
[154] Vgl. die amtliche Begründung zum MarkenG, in v. Mühlendahl, a.a.O., S. 132, 143.
[155] Vgl. Art. 2 und Art. 3 Abs. 1 b) der Richtlinie.

die Waren und Dienstleistungen, für welche die Eintragung begehrt wird, geprüft wird[156]. Dies lässt sich –anders als im deutschen Recht– zwar nicht dem Wortlaut des Art. 7 Abs. 1 lit. b GMV entnehmen, kann jedoch aus dem systematischen Zusammenhang zu Art. 3 GMV, der Zulassung partieller Zurückweisung bzw. Nichtigerklärung (Art. 38 Abs. 1, 51 Abs. 3 GMV) und besonders zweifelsfrei aus der auf „die Waren oder Dienstleistungen, für die Eintragung beantragt wird", abstellenden Formulierung des Art. 7 Abs. 3 GMV über die Erlangung von Unterscheidungskraft durch Benutzung abgeleitet werden[157]. Auch das EuG (Gericht Erster Instanz der Europäischen Gemeinschaften) geht von einer entsprechenden Unterscheidung im Rahmen des Art. 4 GMV und Art. 7 Abs. 1 lit. b GMV aus[158]. Folgerichtig bestätigte der EuGH in „Philips vs. Remington", dass eine Marke, die keine Unterscheidungseignung besitzt, auch keine (konkrete) Unterscheidungskraft haben bzw. erlangen kann.[159].

Die „Unterscheidungskraft" einer Marke bestimmt sich nach der „branchenüblichen Verwendung der Marken als Herkunftshinweis" und der „Verkehrsauffassung", wobei es auf die Auffassung aller beteiligten Verkehrskreise im Inland ankommt, auch wenn es sich um ein fremdsprachiges Zeichen handelt[160]. Insbesondere mit Blick auf die neuartigen Markenformen ist aber auch nach Ansicht des EuG (Gericht Erster Instanz der Europäischen Gemeinschaften) im Wege einer Prognose und unabhängig von der tatsächlichen Benutzung des Zeichens im Markt zu beurteilen, ob es ausgeschlossen erscheint, dass das fragliche Zeichen geeignet ist, in den Augen der angesprochenen Verkehrskreise die betreffenden Waren von denen anderer Herkunft zu unterscheiden[161]. Denn die deutschen oder europäischen Markengesetze sehen nicht vor, dass Marken bereits vor ihrer Anmeldung benutzt werden müssen. Bei der Tatsachenfeststellung können DPMA und BPatG allerdings auf allgemeinkundige Tatsachen und Erfahrungssätze zurückgreifen. Eine Verkehrsbefragung ist somit nicht erforderlich, wenn hinreichende andere Anhaltspunkte für die Verkehrsauffassung vorliegen. Welcher Prozentsatz der angesprochenen Verkehrskreise in dem Zeichen einen Herkunftshinweis sehen muss, lässt sich nicht abschließend festlegen[162]. Entsprechendes gilt auch für die Gemeinschaftsmarke, wobei hier auf die Auffassung der beteiligten Verkehrskreise im „Binnenmarkt" abzustellen ist[163].

Die Unterscheidungskraft einer Marke muss sowohl zum Zeitpunkt der Anmeldung, wie auch zum Zeitpunkt der Eintragung gegeben sein[164]. Wenn demnach eine neue

---

[156] In diesem Sinne Bender, MarkenR 2002, 37 (40).
[157] Ingerl, 57, 58; im Ergebnis auch v. Mühlendahl/Ohlgart/v. Bomhard, § 4, Rdn. 14; Bender, MarkenR 2000, 118 (120).
[158] Vgl. z.B. das EuG MarkenR 2001, 418 (421) – Waschmitteltablette.
[159] EuGH, Case C–299/99, Urteil vom 18.06.2002 in Sachen Koninklijke Philips Electronics NV vs. Remington Consumer Products Ltd., MarkenR 2002, 231, 235, Ziff. 39/40.
[160] Fezer, § 8, Rdn. 32; Althammer/Ströbele/Klaka, § 8, Rdn. 18, 22; Ingerl/Rohnke, § 8, Rdn. 25 ff.
[161] EuG (EuG) MarkenR 2001, 481, 485/486 [Rdn. 47/61] – Waschmitteltablette als Bildmarke; EuG MarkenR 2001, 418, 422/423 [Rdn. 49/64] – Wachmitteltablette (dreidimensional).
[162] Ingerl/Rohnke, § 8, Rdn. 25; BGH GRUR 1994, 803, 804 – TRILOPIROX (50% ausreichend); Ingerl, 58 (quantitativ beachtlicher Teil).
[163] Vgl. Bender, MarkenR 2000, 118 ff. (120 m.w.N.); Ingerl, 58.
[164] Generalanwalt Ruiz-Jarabo Colomer in seinen Schlussanträgen v. 6.11.2004 zu den verbundenen Rechtssachen C–456/01 bzw. C–457/01 (Henkel KGaA vs. HABM) und C-468/01 bis C-472/01 bzw. C-473/01 bis

und originelle Produktmarkenform (z.B. eine besonders geformte Geschirrspülmitteltablette) während einem mehrinstanzlichen Prüfungsverfahren von Dritten verwendet wird, kann der Anmelder Gefahr laufen, die Registrierung mangels Unterscheidungskraft zu verlieren[165], sofern er deren Vertrieb nicht mittels einstweiliger Verfügung verhindert.

Die Formulierung „.. jegliche Unterscheidungskraft fehlt" in § 8 Abs. 2 Nr. 1 MarkenG stellt klar, dass jede, wenn auch noch so geringe Unterscheidungskraft ausreicht, um das Eintragungshindernis zu überwinden[166]. Die Vorschrift ist demnach restriktiv aus- bzw. ein großzügiger (Eintragungs–)Maßstab anzulegen. Dementsprechend verfolgt der BGH im Gegensatz zum DPMA und dem BPatG in seiner Rechtsprechung zum neuen Markengesetz bislang eine eher „liberale" Haltung und „kassierte" vielfach die restriktiven Entscheidungen, mit denen DPMA und BPatG Markenanmeldungen unter Hinweis auf mangelnde Unterscheidungskraft ablehnten[167]. Entsprechendes gilt auch für die Gemeinschaftsmarke: Aus der Formulierung des Art. 7 Abs. 1 lit. b GMV („keine") ist ebenfalls zu entnehmen, dass schon ein geringer Grad an Unterscheidungskraft ausreicht, um dieses Eintragungshindernis zu überwinden[168]. Die Rechtsprechung der HABM-Kammern hat sich dahingehend stabilisiert, dass lediglich ein Minimum zu fordern ist, wonach die Marke einen „betrieblichen Herkunftshinweis" darstellen, also die Garantie einer bestimmten Ursprungsidentität bieten muss[169].

Dieser großzügige Maßstab im Rahmen der Unterscheidungskraft findet jedoch gewisse Schranken: Während sich im deutschen Recht bislang die Ansicht durchgesetzt hat, dass zwischen konkreter Unterscheidungskraft und Freihaltebedürfnis keine Wechselbeziehung besteht[170], dürfte sich dies -insbesondere mit Blick auf die neuen Markenformen- wegen der „Libertel"-Entscheidung des EuGH wieder ändern. Danach soll nämlich bei der Frage der Beurteilung der Unterscheidungskraft einer bestimmten Farbe als Marke, das Allgemeininteresse zu berücksichtigen sein, dass die Verfügbarkeit der Farben für die anderen Wirtschaftsteilnehmer, die Waren oder Dienstleistungen der von der Anmeldung erfassten Art anbieten, nicht ungerechtfertigt beschränkt wird[171].

Die Entscheidung über die Unterscheidungskraft ist notwendigerweise immer eine Einzelfallentscheidung, bei der eine konkrete Prüfung vorzunehmen ist und alle Um-

---

C-474/01 (Procter&Gamble vs. OHIM), online abrufbar unter http://www.curia.eu.int./jurisp/...
[165] Vgl. Khan, 18 mit seiner Anmerkung zu den Schlussanträgen des Generalanwalts in o.g. Fall.
[166] Amtl. Begr. zu § 8, in v. Mühlendahl, a.a.O., S. 143; Fezer, § 8, Rdn. 26, 36; Althammer/Ströbele/Klaka, § 8, Rdn. 19; Ingerl/Rohnke, § 8, Rdn. 21; Eichmann, FS Vieregge, 125 ff. (160); BGH GRUR 1997, 366, 367 – quattro II.
[167] BGH BlPMZ 2000, 163 – Partner with the best; BGH MarkenR 1999, 347 – Absolut; BGH WRP 1999, 1169 – For You; BGH WRP 1999, 1167 – Yes.
[168] v. Mühlendahl/Ohlgart/v. Bomhard, § 4, Rdn. 14; Ingerl, 58; Bender, MarkenR 2000, 118, 120.
[169] Vgl. Bender, MarkenR 2002, 37 (40).
[170] BGH GRUR 2000, 722, 723 – LOGO; BGH GRUR 2001, 161 – Buchstabe „K"; BGH WRP 2001, 690, 693 – TEST IT; Ströbele, GRUR 2001, 658, 662; Fuchs-Wissemann in HK-MarkenR, § 8, Rdn. 11 f.; anders noch BGH GRUR 1991, 136 – NEW MAN.
[171] EuGH, WRP 2003, 735, Urteil vom 6.5.2003 in Sachen Libertel Groep BV gegen Benelux-Merkenbureau, Case C-104/01, Erwägungsgrund 60.

stände des Einzelfalls, zu der auch die Benutzung gehört, zu berücksichtigen ist[172]. Ohne dahingehende tatsächliche Feststellungen kann insbesondere einer neuen Markenform die Unterscheidungskraft daher nicht versagt werden, da die Eintragungshindernisse keine unterschiedlichen Maßstäbe zwischen verschiedenen Markenkategorien vorsehen[173]. In der Praxis erfordert die Feststellung von Unterscheidungskraft in rein tatsächlicher Hinsicht aber meist ein Mindestmaß an phantasievoller Eigenart bzw. Originalität[174]. Wenn nicht schon die abstrakte Unterscheidungseignung nach § 3 Abs. 1 MarkenG fehlt, ist eine fehlende konkrete Unterscheidungskraft daher insbesondere anzunehmen bei zu banalen oder rudimentären Marken[175]. Ziff. 8.3 der Prüfungsrichtlinien zur GMV nennt in diesem Zusammenhang einzelne Buchstaben oder Ziffern[176], einfache geometrische Figuren, wie Kreise oder Quadrate, oder einzelne (Primär–) Farben. Daneben sollen aber auch rein beschreibenden Marken, wie z.B. dem Wort „Wein" für Wein, keine Unterscheidungskraft zukommen, sofern sie keinen Zusatz enthalten[177]. Darüber hinaus lassen sich Fallgruppen im Hinblick auf einzelne Markenformen bilden, bei denen Kennzeichnungskraft typischerweise fraglich sein kann[178]. Da aber auf den Gesamteindruck der Marke abzustellen ist, kann eine Wiedergabe in ungewöhnlicher Form oder in Kombination mit anderen Bestandteilen auch in diesen Fällen zur Unterscheidungskraft verhelfen[179].

Das Eintragungshindernis fehlender Unterscheidungskraft hat durch den Wegfall bisheriger sonstiger Schutzschranken einen erweiterten Anwendungsbereich gewonnen. Das gilt vor allem für die neuen Markenformen, über deren Unterscheidungseignung oder –kraft früher schon deshalb nicht zu befinden war, weil nur Wort– und Bildmarken, bzw. deren Kombination zeichenfähig waren. Ein Schwerpunkt der Prüfung neuer Markenformen dürfte in der Praxis daher der Eintragungsausschluss der konkreten Unterscheidungskraft werden.

c. Notwendigkeit einer Abgrenzung

Aufgrund des großzügigen Maßstabs bei der Bestimmung abstrakter Unterscheidungseignung[180] fehlt es meist noch an Entscheidungen, in denen die Markenfähigkeit eines Zeichens wegen fehlender „abstrakter Unterscheidungseignung" abgelehnt worden wäre. Stattdessen wurde in problematischen Fällen die Frage der Un-

---

[172] EuGH, WRP 2003, 735, Urteil vom 6.5.2003 in Sachen Libertel Groep BV gegen Benelux-Merkenbureau, Case C-104/01, Erwägungsgrund 77.
[173] EuG MarkenR 2001, 481, 485 [Rdn. 48] – Waschmitteltablette als Bildmarke; EuG MarkenR 2001, 418, 422 [Rdn. 50] – Wachmitteltablette (dreidimensional); EuGH, Case C–299/99 in Sachen Philips vs. Remington, MarkenR 2002, 231, 236, Erwägungsgrund 48.
[174] Vgl. z.B. BGH BlPMZ 2000, 163 – Partner with the best; Fezer, § 8, Rdn. 47 ff.; Anders/Hacker, GRUR 1997, 487, 502 m.w.N.; Schmieder, NJW 1999, 3088; str. im Rahmen der GMV, vgl. Bender MarkenR 2002, 37 (40).
[175] Fezer, § 8, Rdn. 37.
[176] Vgl. auch BPatG GRUR 1998, 52 ff. (53) – Fünfer.
[177] Prüfungsrichtlinien zur GMV, HABM 1996, 1300 ff. (1307); Gyngell/Poulter, I.19, V.6; v. Mühlendahl/Ohlgart/v. Bomhard, § 4, Rdn. 14; Bender, MarkenR 2002, 37 (40).
[178] Ingerl/Rohnke, § 8, Rdn. 28 ff.; Fezer, § 8, Rdn. 46 ff; Dreiss/Klaka, 23; Bender, MarkenR 2002, 37 (41).
[179] Prüfungsrichtlinien zur GMV, HABM 1996, 1300 ff. (1307); Gyngell/Poulter, I.19, V.6; Ingerl, 59; Fezer, § 8, Rdn. 41; Ingerl/Rohnke, § 8, Rdn. 22.
[180] BPatG, BlPMZ 1998, 534 ff. (535) – Armbanduhren (POP–Swatch).

terscheidungseignung (bzw. der Markenfähigkeit) häufig kommentarlos bejaht bzw. ausdrücklich offen gelassen und gleich das Vorliegen konkreter Unterscheidungskraft nach § 8 Abs. 2 Nr. 1 MarkenG in Frage gestellt[181]. Aber auch in der Literatur werden beide Begriffe bisweilen gleichgesetzt[182].

Eine klare und strenge Abgrenzung beider Tatbestände ist aber notwendig. Denn anders als das Fehlen der konkreten Unterscheidungskraft kann ein Mangel an Unterscheidungseignung als allgemeines Merkmal der Markenfähigkeit nicht durch Verkehrsdurchsetzung nach § 8 Abs. 3 MarkenG überwunden werden. Das gilt auch für das europäische Markenrecht, da sowohl Richtlinie als auch die GMV –wie oben dargelegt– ebenfalls zwischen abstrakter Unterscheidungseignung und konkreter Unterscheidungskraft unterscheiden und allein die konkrete Unterscheidungskraft nach Art. 3 Abs. 3 der Richtlinie und Art. 7 Abs. 3 GMV durch Verkehrsdurchsetzung überwunden werden kann. Entsprechend bestätigte der EuGH in „Philips vs. Remington", dass ein Zeichen, dem die Unterscheidungseignung fehlt, keine Unterscheidungskraft durch Benutzung erlangen kann[183].

d. Rechtsvergleichung

Rechtsvergleichend zeigt sich, dass im Ausland häufig nicht (streng) zwischen Unterscheidungseignung und –kraft unterschieden wird.

Zwar sind die neuen Markenschutzgesetze der Mitgliedsländer größtenteils nach dem Text der Markenrechtsrichtlinie gestaltet. In der entsprechenden Literatur und Rechtsprechung wird jedoch zumeist auf die konkrete Unterscheidungskraft für die beanspruchten Waren oder Dienstleistungen abgehoben, ohne auf die Vorfrage abstrakter Unterscheidungseignung einzugehen[184]. Andererseits deutet die in vielen Mitgliedsländern anhaltende Diskussion zur Markenfähigkeit neuer Markenformen letztlich auf eine Anerkennung des Kriteriums der abstrakten Unterscheidungseignung hin, da es hierbei eigentlich um die Frage der Unterscheidungseignung des neuartigen Zeichens geht, ohne dass eine Bezugnahme auf zu kennzeichnende Waren oder Dienstleistungen eine entscheidende Rolle spielen sollte[185].

In Großbritannien wird zwar eine Andersbehandlung von Unterscheidungseignung und Unterscheidungskraft anerkannt, die Abgrenzung zwischen beiden soll jedoch auf anderem Wege erfolgen: Danach sind sowohl „Unterscheidungseignung" als auch „Unterscheidungskraft" produktbezogen, also nach deutscher Terminologie i.S. einer „konkreten" Unterscheidungskraft auszulegen. Der Unterschied zwischen bei-

---

[181] Vgl. BGH GRUR 1997, 527 (529) – Autofelge; BGH BlPMZ 1999, 187 ff. – Etiketten; BPatG BlPMZ 1998, 541 (542/543) – CD–Hülle, BPatG BlPMZ 1998, 533 – Trinkglas mit Luftblase; BPatG GRUR 1998, 52 ff. (53) – Fünfer; BPatG Mitt. 1998, 304 ff. (305) – Honigglas; BPatG Mitt. 1998, 306 ff. (307) – Mona Lisa.

[182] Berlit, S. 8, Rdn. 3; Klaka, GRUR 1996, 613 (614), Nordemann/Nordemann/Nordemann, Rdn. 417.

[183] EuGH, Case C–299/99, Urteil vom 18.06.2002 in Sachen Koninklijke Philips Electronics NV vs. Remington Consumer Products Ltd., MarkenR 2002, 231, 235, Ziff. 39/40.

[184] Österreich: Schanda, § 1, Rdn. 2, Koppensteiner, § 38, Rdn. 19; Frankreich: Dreier/Krasser, S. 56, Thrier, GRUR int. 1991, 516 ff.; Spanien: Botana Agra, 527 ff. (528), vgl. dagegen Bredow, 1993, 51; Großbritannien: Gyngell/Poulter, A User´s Guide .., 1.05, dagegen Cornish, 17–18 ff.

[185] Vgl. Cornish, 17–20.

den sei lediglich „gradueller" Natur. So fehle die „Unterscheidungseignung" beispielsweise bei sehr deskriptiven Wörtern. Bei naturgetreuen Warenabbildungen oder Formen der Ware sei dies dagegen bereits der Fall, wenn die (abgebildete) Form nicht außerhalb des Markenrechts (leistungs–) geschützt sei, sofern sie nicht einen „markenrechtlich relevanten Zusatz" enthalte[186]. Die in diesem Zusammenhang vom UK Court of Appeal dem EuGH vorgelegte Frage, ob es eine Kategorie von Zeichen gäbe, die Unterscheidungskraft haben, aber dennoch (wegen fehlender Unterscheidungseignung) schutzunfähig nach Art. 3 Abs. 1 lit. a i.V.m. Art. 2 der Richtlinie sein könnte -was vom EuGH verneint wurde[187]- zeugt von diesem Verständnis.
In der neueren österreichischen Literatur wird eine Abgrenzung zwischen abstrakter Unterscheidungseignung und konkreter Unterscheidungskraft mit Hinweis auf den unterschiedlichen Wortlaut des § 8 Abs. 2 Nr. 1 MarkenG und § 4 Abs. 1 Nr. 3 MSchG abgelehnt[188].

Etwas anderes dürfte für die Schweiz gelten, wo zwar eine dogmatisch saubere Trennung von abstrakter Markenfähigkeit und konkreter Unterscheidungskraft fehlt und die schweizerische Rechtsprechung und Literatur i.d.R. nur Merkmale der Unterscheidungs– oder Kennzeichenkraft von Zeichen und nicht deren Unterscheidungseignung behandeln[189]. Zu beachten ist jedoch, dass Art. 1 MSchG, wie schon Art. 2 der Richtlinie, sinngemäß ein Erfordernis der Unterscheidungseignung enthält[190], während das Vorhandensein konkreter[191] Kennzeichnungskraft weitgehend durch die Negativliste in Art. 2 lit. a (Zeichen im Gemeingut) und lit. b (wesens– bzw. technisch bedingte Formen) MSchG geprüft wird[192]. Zu den „Gemeinzeichen" des Art. 2 lit. a MSchG zählen unter anderem auch sog. „primitive" oder „einfache" Zeichen wie z. B. einfache geometrische Figuren, Grundzahlen, Punkte, etc., die bei gewisser „Banalität" auch nicht mit Verkehrsdurchsetzung schutzfähig sind[193]. Tatsächlich und rechtsvergleichend dürfte es sich hier zumindest auch um Fälle fehlender abstrakter Unterscheidungseignung handeln.
Im amerikanischen Markenrecht gibt es dagegen kein Pendant zur abstrakten Unterscheidungseignung. Nach Common Law entsteht dort ein Markenrecht allein durch Benutzung eines unterscheidungskräftigen (inherently distinctive) Zeichens oder durch Verkehrsdurchsetzung (secondary meaning) eines benutzten, ursprünglich nicht unterscheidungskräftigen (non–inherently distinctive) Zeichens. Die erst nach Rechtserwerb überhaupt mögliche Registrierung bringt lediglich eine gewisse Verbesserung des Kennzeichenrechts mit sich[194]. Aufgrund des alleinigen Rechtserwerbs durch Benutzung bezieht sich die zu untersuchende Unterscheidungskraft des Zeichens automatisch immer auf die Waren oder Dienstleistungen, für die es

---

186 Court of Appeal, GRUR Int. 2000, 439 ff. – Rasierapparatkopf II (Philips Electronics NV v. Remington Consumer Products Ltd. v. 5.5.1999; Berufungsurteil zum Urteil des High Court of Justice vom 22.12.1997).
187 EuGH, Case C–299/99, Urteil vom 18.06.2002 in Sachen Koninklijke Philips Electronics NV vs. Remington Consumer Products Ltd., MarkenR 2002, 231 ff.
188 Schanda, § 4, Rdn. 22.
189 David, Art. 1 Rdn. 9 ff.; Arnet, 31.
190 Vgl. den Gesetzestext unter L. Annex.
191 Arnet, 32, m.w.N.
192 Vgl. den Gesetzestext unter L. Annex; David, Art. 1, Rdn. 9 ff.; Botschaft MSchG, S. 20.
193 David, Art. 2, Rdn. 31 ff., 38 ff.
194 Neu, Rdn. 2, 5.

verwendet wurde. Nach McCarthy gilt: „... fact is that almost any symbol can achieve status as a legal trademark if it has achieved ... secondary meaning. The only exception are things like functional features and generic designations..[195]". Demnach kann ein Zeichen, außer im Falle von Funktionalität oder einer Gattungsbezeichnung, zumindest immer mit Verkehrsdurchsetzung eine „distinctiveness" erlangen. Die Entscheidung über das Vorhandensein von Funktionalität oder Gattungsbezeichnung erfordert aber immer schon eine Bezugnahme auf das zu kennzeichnende Produkt. Fälle fehlender Unterscheidungseignung, bzw. eine Unterscheidung zwischen abstrakter Unterscheidungseignung und Unterscheidungskraft gibt es im amerikanischen Recht daher nicht.

e. Kriterien

An die Kriterien für das Vorliegen einer „Unterscheidungseignung" im Einzelfall dürfen keine hohen Anforderungen gestellt werden. Ausgehend von der Unterscheidungs– bzw. Herkunftsfunktion der Marke muss schon ein „Mindestmaß an gestalterischer Eigentümlichkeit" reichen, welches unter Umständen Individualisierungskraft entwickeln bzw. herkunftskennzeichnende Wirkung entfalten kann[196] bzw. eine „gewisse kreative Eigenheit"[197], da nach Wertung des Gesetzgebers in § 3 Abs. 1 MarkenG lediglich eine abstrakte Prüfung des Zeichens auf mögliche Unterscheidungseigenschaften für unbestimmte Produkte erfolgen soll. Eine solche kommt, wie der "Insbesondere"–Teil der Bestimmung erkennen lässt, aber nahezu jeder Zeichenform zu. Jedenfalls genügt nach Ansicht von Generalanwalt Ruiz-Jarabo Colomer der unterschiedliche Wortlaut („geeignet zu unterscheiden" und „Unterscheidungskraft") noch nicht zum Beleg der Feststellung, dass es eine Kategorie von Zeichen gibt, die schon ihrer Art nach unfähig ist Unterscheidungskraft zu erlangen[198]. Aufgrund der fehlenden Überwindbarkeit mangelnder Unterscheidungseignung durch Verkehrsdurchsetzung könnte daher als zusätzliches Abgrenzungsmerkmal auch die „theoretische Möglichkeit" einer Verkehrsdurchsetzung herangezogen werden: Soweit bei einer Marke, die für die angemeldeten Waren oder Dienstleistungen nicht konkret unterscheidungskräftig ist, der Erwerb von Verkehrsdurchsetzung nach § 8 Abs. 3 MarkenG denkbar und das Entstehen einer konkreten Unterscheidungskraft möglich ist, wird regelmäßig auch von einer abstrakten Unterscheidungseignung der Marke auszugehen sein[199]. Daran knüpfen nunmehr auch das BPatG[200] und das HABM[201] an.

An der Hürde fehlender abstrakter Unterscheidungseignung können deshalb nur Zeichen scheitern, die unter keinen Umständen für auch nur eine einzige Art von

---

[195] McCarthy, § 15:3

[196] Vgl. Marz, 36 f.

[197] Meister, WRP 1995, 1005 ff. (1008).

[198] Case C–299/99 (Philips Electronics NV v. Remington Ltd.), Opinion of Advocate General Ruiz-Jarabo Colomer, [2001] ETMR 48, 509 (520).

[199] Fezer, § 3, Rdn. 206 ff.; ders., FS Piper, 525, 529 ff.; Althammer/Ströbele/Klaka, § 3, Rdn. 7; a.A. Thewes, 55.

[200] BPatG BlPMZ 1998, 534 ff. (535) – Armbanduhren (POP–Swatch); BPatG 706 ff. (707) – Montre–I.

[201] HABM (3.BK) MarkenR 2000, 108 ff. (110) – Light Green; HABK (3.BK) MarkenR 2000, 37 ff. (39) – Strahlregler.

Waren/Dienstleistungen als Unterscheidungsmittel in Betracht kommen können[202]. Davon kann allenfalls in wenigen Ausnahmefällen auszugehen sein, wie z.B. bei einem isolierten Punkt in Form eines normalen Satzzeichens, einer Linie oder einem kurzen gleichbleibenden Ton[203], da hier der Gehalt an kreativer Eigentümlichkeit und individuellem Charakter zu gering wäre, um eine solch herkunftskennzeichnende Wirkung entfalten zu können, dass die Zeichen Produkte eines Unternehmens von denjenigen anderer unterscheiden könnten. Denkbare Beispiele wären womöglich auch Zeichen, deren Komplexität von vornherein verhindert, dass sie zur Unterscheidung bestimmter Waren oder Dienstleistungen in Betracht kommen, also etwa lange Texte oder Bildfolgen[204]. Einfache geometrischen Formen sind aber nicht schon „per se" schutzunfähig[205].

5. Absolute Schutzausschlüsse für Formen, § 3 Abs. 2 MarkenG

§ 3 Abs. 2 MarkenG schränkt die durch § 3 Abs. 1 MarkenG weitreichend gewährte Markenfähigkeit von Zeichen ein, bzw. konkretisiert diese. Danach sind Zeichen dem Markenschutz nicht zugänglich, die ausschließlich aus einer Form bestehen,
1. die durch die Art der Ware selbst bedingt ist,
2. die zur Erreichung einer technischen Wirkung erforderlich ist, oder
3. die der Ware einen wesentlichen Wert verleiht.

Die Vorschrift stimmt wörtlich mit der Formulierung des Art. 3 Abs. 1, lit. e der Richtlinie und Art. 7 Abs. 1 lit. e GMV überein, wobei letztere aber als absolute Eintragungshindernisse ausgestaltet sind. Insoweit wurde eine bindende Regelung der Markenrechtsrichtlinie übernommen[206]. Zur Auslegung dieser Ausschlussgründe wird unten im Zusammenhang mit der Behandlung der dreidimensionalen Marken ausführlich Stellung genommen[207].

II. Zum Verhältnis von Markenfähigkeit und Eintragungsfähigkeit

1. Abgrenzung von Marken- und Eintragungsfähigkeit

Unter Geltung des Warenzeichengesetzes wurde der Begriff der „Schutzfähigkeit" praktisch synonym mit dem Begriff der „Eintragbarkeit" verwendet. Soweit ein Zeichen nach § 4 Abs. 2 WZG, etwa wegen fehlender Unterscheidungskraft oder bestehendem Freihaltebedürfnis, von der Eintragung ausgeschlossen war, galt es als nicht „schutzfähig". Die Schutzfähigkeit nicht eingetragener, nur benutzter Zei-

---

[202] Ingerl, 55.
[203] Vgl. Althammer/Ströbele/Klaka, § 3 Rdn. 6; Marz, 37; Thewes, 54.
[204] v. Mühlendahl/Ohlgart, v. Bomhard, § 3, Rdn. 7, Fn. 12.
[205] Vgl. HABM (1.BK), HABM.ABl. 1999, 1448 – SEDICI QUADRATI/ 16 small squares, zwar im Hinblick auf die Unterscheidungskraft, muss aber „erst recht" für die Unterscheidungseignung gelten; Gold/Abnett/Farwell, 6–022.
[206] Amtl. Begründung zu § 3, in: v. Mühlendahl, a.a.O., Ziff. 3, S. 133.
[207] Vgl. Kapitel E.III.

chen, insbesondere von Formen, lag hingegen auf dem Gebiet des Ausstattungsrechts[208].

Dies hat sich mit dem neuen Markengesetz grundlegend gewandelt. Die „Schutzfähigkeit" von Zeichen, zu denen auch die früheren Ausstattungen zählen, ist –wie schon die Gesetzesüberschrift indiziert– allein durch die Vorschrift des § 3 MarkenG geregelt, wobei Schutzfähigkeit nichts anderes bedeutet als „Markenfähigkeit". Darunter versteht man die Fähigkeit einer Bezeichnung oder eines sonstigen Merkmals (Zeichen), als Unterscheidungszeichen zur Identifikation von Unternehmensprodukten im Marktwettbewerb genutzt werden zu können[209]. § 3 Abs. 1 MarkenG enthält insoweit eine Definition für alle Markenkategorien, unabhängig von ihrer Entstehung[210]. Die Eintragung wird in § 4 MarkenG nur als eine von mehreren Alternativen der „Entstehung" des Markenschutzes angesehen.

§ 3 Abs. 1 MarkenG betrifft somit die vorgelagerte Frage der abstrakten Markenfähigkeit eines Zeichens. Diese ist insbesondere zu unterscheiden von der Frage der konkreten Schutzfähigkeit für bestimmte Waren oder Dienstleistungen, die auch dann fehlen kann, wenn das Zeichen allgemein Unterscheidungseignung hätte[211]. Diese "Schutzfähigkeit" im engerem Sinne der „Eintragbarkeit" wird erst durch den Katalog der absoluten Eintragungshindernisse des § 8 MarkenG bestimmt und setzt die „Markenfähigkeit" des als Marke einzutragenden Zeichens nach § 3 MarkenG ebenso voraus[212], wie die Entstehung des Markenschutzes durch Benutzung einer Marke mit Verkehrsgeltung nach § 4 Nr. 2 MarkenG oder durch sog. „notorische" Bekanntheit, § 4 Nr. 3 MarkenG. Eine begriffliche Unterscheidung zwischen Markenfähigkeit und absoluter Schutzfähigkeit/Eintragungsfähigkeit ist somit unerlässlich. Denn zum einen kann aus der Feststellung von Markenfähigkeit noch nichts über das Vorliegen oder Nichtvorliegen absoluter Schutzhindernisse i.S.v. § 8 Abs. 2 MarkenG hergeleitet werden[213], zum anderen kommt der Unterscheidung zwischen Markenfähigkeit eines Zeichens nach § 3 und seiner Eintragungsfähigkeit nach § 8 MarkenG auch deshalb rechtliche Bedeutung zu, weil nach § 8 Abs. 3 MarkenG nur bestimmte Eintragungshindernisse (§ 8 Abs. 1 Nr. 1 bis 3 MarkenG) infolge des Erwerbs von Verkehrsdurchsetzung der Marke überwunden werden können, nicht aber das Fehlen der Markenfähigkeit eines Zeichens nach § 3 MarkenG. Im Wortlaut des § 8 Abs. 1 MarkenG kommt diese Unterscheidung zwischen Markenfähigkeit und Eintragungsfähigkeit deutlich zum Ausdruck, der von einem als Marke schutzfähigen Zeichen im Sinne des § 3 MarkenG spricht[214]. Sofern es um die Eintragung einer Marke geht, stellen „Markenfähigkeit" und „Eintragungsfähigkeit" mithin zwei hintereinander geschaltete Prüfungsschritte dar[215].

Zwischen den genannten Regelungen des Markengesetzes und den entsprechenden Richtlinienbestimmungen ergeben sich allerdings gewisse Unterschiede. So

---

[208] Baumbach–Hefermehl, § 4, Rdn. 1, § 25, Rdn. 1.
[209] Fezer, § 3, Rdn. 197.
[210] Althammer/Ströbele/Klaka, § 3, Rdn. 4.
[211] Ingerl/Rohnke, § 3, Rdn. 1.
[212] Vgl. Fezer, § 8, Rdn. 8.
[213] Althammer/Ströbele/Klaka, § 3, Rdn. 4
[214] Fezer, § 8, Rdn. 9, 10.
[215] Vgl. Fezer, § 8, Rdn. 8.

bestimmt die Richtlinie die Markenfähigkeit allein in Art. 2, während das Markengesetz diese Vorschrift in den §§ 3 Abs. 1 und 8 Abs. 1 MarkenG umsetzt. Weiterhin regelt die Richtlinie im Gegensatz zum Markengesetz absolute Ausschlussgründe einheitlich in Art. 3 der Richtlinie. Dabei macht sie –wie die Gemeinschaftsmarkenverordnung– keinen Unterschied zwischen Schutz– und Eintragungsfähigkeit von Marken, wenn auch Markenfähigkeit und Eintragungshindernisse in verschiedenen Vorschriften, nämlich Art. 2 und 3 der Richtlinie, behandelt werden. Diese Unterschiede liegen –wie gesagt– darin begründet, dass sich Richtlinie und Gemeinschaftsmarkenverordnung in ihrem Regelungsgegenstand ausschließlich auf die Rechtsverhältnisse an eingetragenen Marken beschränken[216], während das Markengesetz auch Benutzermarken oder notorisch bekannte Marken regelt (§ 4 Nr. 2 und 3 MarkenG). § 3 MarkenG enthält deshalb eine Definition für alle aufgrund ihres Entstehungstatbestandes zu unterscheidenden Markenkategorien. Aus diesem Grund wird im deutschen Gesetz das Erfordernis der grafischen Darstellbarkeit als ausschließliches Element der „Markenfähigkeit" eingetragener Marken auch erst bei den Eintragungshindernissen des § 8 MarkenG behandelt und –aufgrund derselben systematischen Prämisse– wurden die für Formmarken geltenden absoluten Schutzausschlüsse des Art. 3 Abs. 1 lit. e der Richtlinie ohne Rücksicht auf ihren Entstehungstatbestand im deutschen Recht gleichermaßen „vor die Klammer gezogen"[217].
Diese im Vergleich zur Richtlinie unterschiedliche Regelung des Markengesetzes erfolgte jedoch im zulässigen Rahmen, da es nach dem 4. Erwägungsgrund der Richtlinie den Mitgliedsstaaten frei stand, die durch Benutzung erworbenen Marken weiterhin zu schützen und die Richtlinie trotz des Erfordernisses konformer Umsetzung der bindenden Vorschriften in Art. 2 und 3 Abs. 1 lit. e der Richtlinie im Hinblick auf die Systematik keine verbindlichen Vorgaben enthielt.

2. Die absoluten Eintragungshindernisse nach § 8 MarkenG

§ 8 MarkenG regelt die „Eintragungsfähigkeit" einer Marke. Die Vorschrift normiert, wie schon der Gesetzesüberschrift zu entnehmen ist, „absolute" Schutzhindernisse für angemeldete und eingetragene Marken. Dabei handelt es sich –im Gegensatz zu den von anderen Rechtsinhabern geltend zu machenden „relativen" Schutzhindernissen nach §§ 9, 12, 13 MarkenG– um von Amts wegen (§ 37 MarkenG) zu prüfende Ausschlussgründe[218], die sich entgegen § 3 Abs. 1 MarkenG immer auf die Überprüfung von Zeichen im Hinblick auf die konkret beanspruchten Waren oder Dienstleistungen beziehen.

§ 8 Abs. 1 MarkenG schließt von der Eintragung zunächst alle Zeichen aus, die sich nicht grafisch darstellen lassen. Als absolute Schutzhindernisse regeln sodann § 8 Abs. 2 Nr. 1 bis 3 MarkenG die fehlende Unterscheidungskraft einer Marke, "beschreibende" Marken und "übliche" Bezeichnungen. In der Praxis kommt diesen drei Eintragungshindernissen mit Abstand die größte Bedeutung zu[219]. Sie können

---

216 Vgl. insoweit Kur, GRUR 1997, 241, 242.
217 Vgl. Ingerl/Rohnke, § 3, Rdn. 3.
218 Amtliche Begründung zu § 8, a.a.O., 142; vgl. statt vieler: Fezer, § 8, Rdn. 1.
219 Marz, 86 m.w.N.

gem. § 8 Abs. 3 MarkenG nicht durch den Erwerb von Verkehrsdurchsetzung überwunden werden und überschneiden sich im konkreten Fall häufig[220]. Die weiteren, in § 8 Abs. 2 Nr. 4 bis 9 enthaltenen Schutzhindernisse beruhen vor allem auf allgemeinen Gründen des öffentlichen Interesses, denen auch durch andere Mittel, also nicht nur in markenrechtlichen Verfahren Geltung verschafft werden kann[221]. Mit Ausnahme der o.g. zulässigen Abweichungen, korrespondieren die absoluten Schutzhindernisse des § 8 MarkenG weitgehend mit den Vorgaben der Markenrechtsrichtlinie in Art. 3 und wurden von den anderen Mitgliedstaaten in ähnlicher Weise umgesetzt.

3. Verkehrsdurchsetzung nach § 8 Abs. 3 MarkenG

Nach § 8 Abs. 3 MarkenG finden, wie bereits erwähnt, die absoluten Schutzhindernisse nach § 8 Abs. 2 Nr. 1 bis 3 MarkenG keine Anwendung, wenn die Marke sich vor ihrer Eintragung infolge ihrer Benutzung für die angemeldeten Waren/Dienstleistungen in den beteiligten Verkehrskreisen „durchgesetzt" hat. Diese Regelung entspricht nach amtlicher Begründung zum MarkenG –trotz sprachlicher Unterscheidung zu Art 3 Abs. 3 der Richtlinie („erworbene Unterscheidungskraft")– inhaltlich der bindenden Regelung der Richtlinienvorschrift[222]. Der Begriff der „Verkehrsdurchsetzung" ist lediglich deshalb gewählt worden, weil der Eindruck vermieden werden sollte, es reiche für die Eintragung aus, wenn die Marke i.S.d. Art. 3 Abs. 1 lit. b der Markenrichtlinie unterscheidungskräftig sei[223]. Die Begriffswahl war erforderlich, weil der in der Richtlinie verwendete Begriff „Unterscheidungskraft" in der deutschen Rechtssprache mit einem engeren Sinngehalt besetzt ist, die Heilungsvorschrift sich aber –wie der Wortlaut der Richtlinie ergibt– auch auf die Freihaltebedürfnisse des Art. 3 Abs. 1 lit. c und d bezieht[224].

Verkehrsdurchsetzung einer Marke bedeutet, dass das als Marke schutzfähige Zeichen sich in den beteiligten Verkehrskreisen als „Unterscheidungszeichen" für die angemeldeten Waren oder Dienstleistungen durchgesetzt hat[225]. Dafür ist nach Auffassung des EuGH erforderlich, dass –aufgrund extensiver Benutzung eines Zeichens– ein „wesentlicher Teil" der relevanten Personenklasse das Zeichen mit dem betreffenden Inhaber und keinem anderen Unternehmen in Verbindung bringt oder glaubt, dass das Zeichen von dem Inhaber stammt[226]. Hierfür können u. a. folgende Kriterien eine Rolle spielen: Der Marktanteil der Marke; wie intensiv, geografisch verbreitet und lange die Benutzung erfolgte; die Marketingkosten, welche das Unternehmen zur Promotion der Marke investiert hat; der Anteil der relevanten Personenklasse, die aufgrund der Marke die Waren als von einem bestimmten Unternehmen

---

[220] Ingerl/Rohnke, § 8, Rdn. 2.
[221] Althammer/Ströbele/Klaka, § 8, Rdn. 9; Marz, 86.
[222] Ingerl/Rohnke, § 8, Rdn. 132; Fezer, § 8, Rdn. 415/416; Amtl. Begründung zu § 8 Abs. 3, abgedruckt in v. Mühlendahl, a.a.O., S.145; Althammer/Ströbele/Klaka, § 8, Rdn. 174; ähnlich Ingerl, 63 f. (zum Gemeinschaftsmarkenrecht); Hackbarth, MarkenR 1999, 329 ff. (332).
[223] Amtl. Begründung zu § 8 Abs. 3, a.a.O., 145; Marz, 142.
[224] Althammer/Ströbele/Klaka, § 8, Rdn. 174.
[225] Fezer, § 8, Rdn. 421.
[226] Vgl. EuGH, Case C–299/99, Urteil vom 18.06.2002 in Sachen Koninklijke Philips Electronics NV vs. Remington Consumer Products Ltd., MarkenR 2002, 231, 237, Erwägungsgrund 64.

herrührend identifizieren, sowie Feststellungen von Handels- und Industriekammern oder anderen Handels oder Berufsverbänden[227]. Die Prüfung des Vorliegens einer Verkehrsdurchsetzung obliegt dem Patent- und Markenamt, deren Glaubhaftmachung und Nachweis dem Anmelder[228], was z.B. durch die Vorlage demoskopischer Meinungsumfragen oder der o.g. Beweismittel erfolgen kann[229]. Gleiches gilt für das Gemeinschaftsmarkenrecht[230].

Zu den relevanten Verkehrskreisen zählen in erster Linie die (potentiellen) Endabnehmer der entsprechenden Ware oder Dienstleistung. Hierbei ist nach Ansicht des EuGH aber lediglich auf den „einigermaßen" (reasonably) gut informierten, aufmerksamen und umsichtigen Durchschnittsverbraucher abzustellen[231]. Die Vorstellungen der Mitbewerber und des Handels haben daher bestenfalls unterstützende Bedeutung[232].

Fraglich ist jedoch, wie hoch der für eine Überwindung der Eintragungshindernisse erforderliche „Grad der Verkehrsdurchsetzung" in den beteiligten Verkehrskreisen sein muss. Während dies in früheren Entscheidungen zum WZG wie auch im neuen MarkenG nie verbindlich festgelegt wurde, lag die Spannweite der neueren deutschen Rechtsprechung hier in etwa zwischen 50% und 90%[233]. Auch der EuGH legte sich in „Chiemsee" und „Rasierapparatkopf" hinsichtlich eines Mindestprozentsatzes nicht fest, stellte aber klar, dass eine Marke dann Unterscheidungskraft i.S.d. Art 3. Abs. 3 der Richtlinie erworben hätte, wenn „ein erheblicher Teil" (substantial proportion) der Verkehrskreise der markenmäßigen Benutzung des Zeichens einen markenmäßigen Herkunftshinweis aus einem bestimmten Unternehmen beimesse[234].

Etwas widersprüchlich erscheint dagegen die Haltung des EuGH im Hinblick auf eine entsprechende Koppelung des erforderlichen Verkehrsdurchsetzungsgrades an die Stärke des (vom EuGH anerkannten) „Freihaltebedürfnisses" in der „Chiemsee" – Entscheidung:
In diesem Fall, in welchem es um die Verwendung der Bezeichnung „Chiemsee" für den Verkauf von Sportbekleidung ging, formulierte der EuGH Rechtsgrundsätze zur Eintragungsfähigkeit geographischer Bezeichnungen als Marken nach Art. 3 Abs. 1 lit. c (Ausschluss beschreibender Marken) und Abs. 3 der Richtlinie. Danach erkannte der EuGH in diesem Zusammenhang nicht nur aktuelle Freihaltebedürfnisse der Allgemeinheit an geografischen Bezeichnungen an, sondern bereits schon mög-

---

[227] Vgl. EuGH, Case C-299/99, Urteil vom 18.06.2002 in Sachen Koninklijke Philips Electronics NV vs. Remington Consumer Products Ltd., MarkenR 2002, 231, 237, Ziff. 58 ff.
[228] Vgl. Ziff. 9 der Richtlinie für die Prüfung von Markenanmeldungen v. 27. 10.1995, BlPMZ 1995, 378 ff. (389).
[229] Marz, 149; Ziff. 9 der Richtlinie für die Prüfung von Markenanmeldungen v. 27. 10.1995, BlPMZ 1995, 378 ff. (389).
[230] Ziff. 8.12 der Prüfungsrichtlinien des HABM zur GMV (Abl.HABM 1996, 1300 ff., 1309); weitergehend v. Mühlendahl/Ohlgart/v. Bomhard, § 4, Rdn. 49.
[231] Vgl. EuGH, Case C-299/99, Urteil vom 18.06.2002 in Sachen Koninklijke Philips Electronics NV vs. Remington Consumer Products Ltd., MarkenR 2002, 231, 237, Erwägungsgrund 63; Case C-210/96 Gut Springenheide and Tursky [1998] ECR I-4657, Erwägungsgrund 31.
[232] Eichmann, FS Vieregge, 125, 166; Fezer, § 8, Rdn. 427; a.A. Marz, 148; differenzierter Ingerl/Rohnke, § 8, Rdn. 141.
[233] Vgl. Marz, 149 m.w.N.
[234] EuGH, MarkenR, 1999, 189 ff. (194/195) – Chiemsee; EuGH, Case C-299/99, Urteil vom 18.06.2002 in Sachen Koninklijke Philips Electronics NV vs. Remington Consumer Products Ltd., MarkenR 2002, 231, 237, Erwägungsgrund 65.

liche zukünftige[235]. Wie die späteren Entscheidungen „Philips" und „Libertel" zeigen, beschränkt der EuGH die Anerkennung von Freihaltebedürfnissen der Allgemeinheit aber nicht nur auf beschreibende Marken nach Art. 3 Abs. 1 lit. c der Richtlinie, sondern erkennt und prüft solche auch im Rahmen originärer Unterscheidungskraft nach Art. 3 Abs. 1 lit. b der Richtlinie und funktioneller Formen nach Art. 3 Abs.1 lit. e der Richtlinie[236]. Eine Wechselbeziehung zwischen dem Grad des Freihaltebedürfnisses und dem für eine Verkehrsdurchsetzung nach Art. 3 Abs. 3 der Richtlinie erforderlichen Prozentsatz lehnte der EuGH dagegen ab[237]. Stattdessen will er einer sehr bekannten geografischen Bezeichnung wiederum nur bei langer und intensiver Benutzung als Marke Unterscheidungskraft i.S.d. Art 3 Abs. 3 zukommen lassen[238].
Für großzügige Schutzansätze lässt sich aber weder aus dem Wortlaut noch aus dem Rechtsetzungsverfahren zur Richtlinie (und zu den inhaltsgleichen Vorschriften der GMV) etwas herleiten. Auch systematische Gründe sprechen dafür, dass im Rahmen des Art. 3 Abs. 3 der Richtlinie ähnlich hohe Durchsetzungsquoten wie im deutschen Recht verlangt werden müssen. Denn die Billigung eines geringeren Durchsetzungsgrades führt zu einem formellen Registermarkenrecht, welches bei erheblicher Verringerung des –ohnehin geringen– Benutzungsumfanges die Gewährung eines Schutzrechts nicht mehr rückgängig machen kann.

Zu beachten ist weiterhin, dass Wortlaut und Sinn des Gesetzes die Eintragung einer Marke ausschließlich für die konkreten Waren oder Dienstleistungen erlauben, für die eine Verkehrsdurchsetzung nachgewiesen wurde, nicht für bloß ähnliche Waren (Produktbezug der Verkehrsdurchsetzung[239]). Auch muss sich die Marke für die beanspruchten Waren/Dienstleistungen als Kennzeichen des Anmelders durchgesetzt haben (Personenbezug der Verkehrsdurchsetzung[240]), wobei es aber als ausreichend angesehen werden kann, dass die beteiligten Verkehrskreise in der angemeldeten Marke einen Hinweis auf einen bestimmten Geschäftsbetrieb sehen, solange dies kein konkret anderer, ausdrücklich genannter ist[241].

Im Gegensatz zum bisher geltenden Recht braucht die Verkehrsdurchsetzung nach § 8 Abs. 3 MarkenG erst im „Zeitpunkt der Entscheidung über die Eintragung" vorliegen[242], was für den Anmelder ein nicht zu unterschätzender Vorteil bedeuten kann[243]. Denn in der Regel wird das für den Nachweis entscheidende demoskopische Gutachten sowieso erst im Zeitpunkt des Verfahrens vorliegen[244]. Bei nicht

---

[235] EuGH, MarkenR, 1999, 189 ff. (194/195) – Chiemsee, Erwägungsgrund Nr. 37.
[236] EuGH, Urteil v. 18.6.2002, Case C-299/99, Erwägungsgründe 77 f.; Philips vs. Remington, MarkenR 2002, 231 (238); EuGH, WRP 2003, 735, Urteil vom 6.5.2003 in Sachen Libertel Groep BV gegen Benelux-Merkenbureau, Case C-104/01, Erwägungsgründe 50 ff.
[237] EuGH, MarkenR, 1999, 189 ff. (194/195) – Chiemsee, 48. Erwägungsgrund.
[238] EuGH, MarkenR, 1999, 189 ff. (194/195) – Chiemsee, 50. Erwägungsgrund.
[239] Vgl. im einzelnen Fezer, § 8, Rdn. 424 ff.
[240] Fezer, § 8, Rdn. 423.
[241] Althammer/Ströbele/Klaka, § 8, Rdn. 187; Ingerl/Rohnke, § 8, Rdn. 137/138 unter Verweis auf BPatG GRUR 1996, 490 ff. (491) – PREMIERE I; ähnlich v. Mühlendahl/Ohlgart/v. Bomhard, § 4, Rdn. 48 zur Gemeinschaftsmarke.
[242] Vgl. Dreiss/Klaka, 30 f.; Ingerl/Rohnke, NJW 1994, 1247, 1250; Fezer, § 8, Rdn. 420; Amtl. Begründung zu § 8 Abs. 3, a.a.O., S. 145.
[243] Eisenführ, FS DPA 100 JAHRE MARKENAMT, 69, 74; Marz, 151.
[244] Ingerl/Rohnke, § 8, Rdn. 142.

hinreichender Feststellbarkeit der Durchsetzung am Anmeldetag tritt, falls der Anmelder damit einverstanden ist, sodann nach § 37 Abs. 2 MarkenG eine Verschiebung des Prioritätszeitpunkts auf den Zeitpunkt der nachgewiesenen Verkehrsdurchsetzung ein[245].
Demgegenüber sieht die Gemeinschaftsmarkenverordnung in Art. 7 Abs. 3 GMV lediglich vor, dass die entsprechenden Eintragungshindernisse keine Anwendung finden, wenn „die Marke für die Waren oder Dienstleistungen, für die Eintragung beantragt wird, infolge ihrer Benutzung Unterscheidungskraft erlangt hat". Eine Verschiebung der Priorität bei Beseitigung von Eintragungshindernissen im Verlauf des Eintragungsverfahrens ist im Gemeinschaftsmarkenrecht nicht vorgesehen. Im Gegensatz zum deutschen Markengesetz muss also die Eintragungsfähigkeit der Gemeinschaftsmarke nicht erst im Zeitpunkt ihrer Eintragung, sondern bereits in dem Zeitpunkt vorliegen, der für ihre Wirksamkeit gegenüber Rechten Dritter maßgeblich ist, also bei der Anmeldung[246]. Zwar macht dies –im Vergleich zum deutschen Markengesetz verfahrensunökonomischer– eine Neuanmeldung im Zeitpunkt der Erlangung der Unterscheidungskraft, bzw. der Verkehrsdurchsetzung erforderlich. Dafür werden die Rechte Dritter, die nach der Anmeldung und vor der Erlangung der Eintragungsfähigkeit entstanden sind, angemessener gewahrt. Denn Dritte hätten nach deutschem Recht in diesem Zeitraum keine Möglichkeit, sich gegen die Eintragung zu wehren. Angesichts des klaren Gesetzeswortlauts kann jedoch diese Divergenz zur GMV nicht durch eine gemeinschaftskonforme Auslegung, sondern allenfalls durch eine Gesetzesänderung behoben werden. Rechtsvergleichend bestätigt wird dies durch die harmonisierten irischen [247] und italienischen [248] Markengesetze, die ebenfalls eine vor der Anmeldung erlangte Verkehrsgeltung verlangen, während nach neuem griechischen Markenrecht eine solche erst im Zeitpunkt der letzten Verhandlung über die Markenzulassung vorliegen muss[249].

Zu unterscheiden ist eine Verkehrsdurchsetzung weiterhin von der sog. „Verkehrsgeltung" nach § 4 Nr. 2 MarkenG, die Voraussetzung für einen Markenschutz nicht eingetragener Bezeichnungen ist[250]. Letztere kann bereits bei einem Durchsetzungsgrad von nur 25 % gegeben sein[251]. Darüber hinaus kann sie auch bloß regional vorliegen, während die Verkehrsdurchsetzung für das gesamte Bundesgebiet zu fordern ist, da die eingetragene Marke auch im Gesamtgebiet Schutz findet[252]. Diese Unterschiede liegen in der unterschiedlichen Wortwahl, der Intention des Gesetzgebers und den verschiedenen Normzwecken der jeweiligen Regelungen

---

[245] Ingerl/Rohnke, § 8, Rdn. 142; Dreiss/Klaka, 30 f.; Fezer, § 8, Rdn. 420; Amtl. Begründung zu § 8 Abs. 3, a.a.O., S. 145.
[246] v. Mühlendahl/Ohlgart/v. Bomhard, § 4, Rdn. 9 ff., 50; „practice note" im „circular letter" des HABM vom 15. März 1999, CIPA 1999, 411ff., 413 f.
[247] Sect. 8 Abs. 1 a.E. des irischen Trade Marks Act, 1996, in Schricker/Bastian/Albert, 364, 368.
[248] Art. 19 des italienischen Markengesetzes, in Schricker/Bastian/Albert, 416, 424.
[249] Art. 3 Abs. 3 des griechischen Markengesetzes, in Schricker/Bastian/Albert, 343, 344.
[250] Ingerl/Rohnke, § 8, Rdn. 133; Fezer, § 8, Rdn. 417.
[251] Dreiss/Klaka, 30; Fezer, § 8, Rdn. 41; a.A. Eichmann, FS Vieregge, 125 ff. (166).
[252] Dreiss/Klaka, 30; Berlit, 16; v. Wahlert, MA 1994, 568 ff. (572); Ilzhöfer, S. 90; Eichmann, FS Vieregge, 125 ff. (165); Marz, 150; amtl. Begründung zu § 8 Abs. 3, a.a.O., S. 145; Althammer/Ströbele/Klaka, § 8, Rdn. 205; Ingerl/Rohnke, § 8, Rdn. 140; Fezer, § 8, Rdn. 417, 439 ff.; „practice note" im „circular letter" des HABM vom 15. März 1999 (CIPA 1999, 411ff., 413 f.); v. Mühlendahl/Ohlgart/v. Bomhard, § 4, Rdn. 46.

–einerseits der Entstehung des Markenschutzes, andererseits der Begründung der Eintragungsfähigkeit eines an sich schutzunfähigen Zeichens als Marke– begründet[253].

Bestätigt werden die oben geforderten Kriterien einer Verkehrsdurchsetzung größtenteils durch eine entsprechende Rechtsvergleichung:
Bis zur bindenden Vorgabe des Art 3 Abs. 3 der Richtlinie regelte in Kontinentaleuropa nur das deutsche Markenrecht in § 4 Abs. 3 WZG ausdrücklich die Eintragung einer Marke kraft Verkehrsdurchsetzung, welche ursprünglich keine Unterscheidungskraft besaß[254]. Ähnliche Kriterien fanden sich aber auch schon in der früheren Rechtsprechung zum schweizerischen und österreichischen Recht[255], sowie im Benelux–Markenrecht, wenngleich letzterenfalls die Frage einer Verkehrsdurchsetzung in aller Regel erst im Verletzungsprozess relevant wurde[256]. So konnte im Benelux–Recht nach h.M. in Rspr. und Lit. eine von Haus aus nicht vorhandene Unterscheidungskraft im Laufe der Zeit durch Verkehrsdurchsetzung erlangt werden, wobei allerdings kein über das übliche Maß hinausgehender Prozentsatz der relevanten Verkehrskreise in der Marke einen Herkunftshinweis zu sehen brauchte[257]. Als ausreichend galt auch eine erst nach der Hinterlegung erworbene Unterscheidungskraft aufgrund von „Einbürgerung"[258].
In anderen Ländern wurden Dauer und Umfang der Benutzung einer Marke auf Grundlage der konventionsrechtlichen Vorschrift des Art. 6 ^{quinquies} lit. c Ziff. 1 PVÜ berücksichtigt, wobei die Vorschrift insoweit als allgemeiner Rechtsgrundsatz verstanden wurde[259]. Nachdem nunmehr nach Art. 6bis des 1997 harmonisierten Benelux–Markengesetzes auch das Benelux–Markenamt die Eintragung verweigern kann wenn das Erfordernis der Unterscheidungskraft nicht erfüllt ist, werden sich entsprechende Kriterien in Zukunft aber bereits auch im Rahmen der Eintragungspraxis herauskristallisieren. Mittlerweile besteht in den meisten Mitgliedsländern nach erfolgter Harmonisierung die gesetzliche normierte Möglichkeit, entsprechende Ausschlussgründe durch Verkehrsdurchsetzung zu überwinden. Höchstrichterliche Rechtsprechung zu den harmonisierten ausländischen Regelungen findet sich, mit Ausnahme einer Entscheidung des britischen High Court, allerdings noch kaum. Letzterer bestätigte bei Anwendung des entsprechenden Art. 3 Abs. 1, S. 2 TMA 1994, dass die Frage der tatsächlichen Unterscheidungskraft vom Grad der Durchsetzung abhängen soll und für die nachträgliche Erlangung einer Unterscheidungskraft eine substantielle Mehrheit des Verkehrs erforderlich ist[260]. In diesem Zusammenhang möchte dagegen Gomez Segade für das neue spanische Recht noch kei-

---

[253] Fezer, § 8, Rdn. 426.
[254] Hackbarth, MarkenR 1999, 329 ff. (333); Gomez Segade, GRUR Int. 1995, 944 ff. (948).
[255] Vgl. Fezer, § 8, Rdn. 447 ff. m.w.N.
[256] Vgl. Ruijsenaars, GRUR Int. 1992, 505 ff. (510); Henning–Bodewig/Bastian, 105 ff., Rdn. 42; vgl. BenGH, GRUR Int. 1983, 742 – Juicy Fruit; BenGH, GRUR Int. 1979, 117 ff. (118) – Farben einer Gasflasche; offengelassen in BenGH, GRUR Int. 1992, 552 ff. – Burberrys II (vgl. dazu Ruijsenaars, GRUR Int. 1992, 505 ff., 509 f.).
[257] Henning–Bodewig/Bastian, 105 ff., Rdn. 41ff. m.w.N. (z.B. in Fn. 62); vgl. BenGH, GRUR Int. 1983, 742 – Juicy Fruit.
[258] BenGH, GRUR Int. 1979, 117 ff. (118) – Farben einer Gasflasche.
[259] Vgl. Hackbarth, MarkenR 1999, 329 ff. (332), Fn. 29 m.w.N.; Gomez Segade, GRUR Int. 1995, 344 ff. (948/949) m.w.N. aus dem französischen, italienischen, spanischen und Benelux–Recht.
[260] High Court (British Sugar PLC vs. James Robertson and Sons) GRUR Int. 1996, 1219 ff. (1223) – Treat, wobei eine Verkehrsdurchsetzung von 60 % als noch nicht ausreichend erachtet wurde; vgl. dazu Hackbarth, MarkenR 1999, 329 ff. (333).

ne zahlenmäßige Mehrheit verlangen, sondern eine „erhebliche Zahl" ausreichen lassen[261].
Auch im US–amerikanischen Recht findet sich ein der Verkehrsdurchsetzung entsprechendes Pendant hauptsächlich im Bereich beschreibender Wort– und Bildzeichen, Farbmarken, dem Produktdesign oder dem sogenannten *trade dress* (Aufmachung)[262]. Diese können zwar grundsätzlich Markenschutz genießen, falls sie – neben der Erfüllung anderer Erfordernisse– originäre Unterscheidungskraft („inherent distinctiveness")[263] aufweisen. Meist wird aber eine sogenannte „secondary meaning", also nachträglich erlangte Unterscheidungskraft verlangt[264]. Eine „secondary meaning" kann erworben werden, wenn die Konsumenten die Aufmachung oder das Produktdesign mit einem bestimmten Hersteller in Verbindung bringen. Die hierfür von den Gerichten geforderten Nachweise beinhalten eine lange Benutzung, Verkaufserfolge, bedeutende Werbeausgaben, eine die Produktgestaltung betonende Werbung, unveranlasste Medienberichterstattung im Hinblick auf die Produktgestaltung, Lizenzanfragen Dritter, ein absichtliches Kopieren der Gestaltung durch Dritte und insbesondere auch Meinungsumfragen[265]. Welches Maß an Verkehrsbekanntheit eine nicht originär unterscheidungskräftige Produktbezeichnung erreichen muss, um „secondary meaning" beigemessen zu bekommen, lässt sich nicht generell sagen[266]. Zwar wird der erforderliche Grad –wie auch oben vertreten– bewusst als ein ausschließlich von den Umständen des Einzelfalls determiniertes Moment behandelt. Bei aller Vorsicht wird man jedoch davon ausgehen können, dass die erforderlichen Werte nicht die oben als Ergebnis der richtlinienkonformen Auslegung geforderten und in der Bundesrepublik bislang üblichen Zahlen von 50 % erreichen müssen[267].

---

[261] Gomez Segade, GRUR Int. 1995, 944 ff. (952/953).

[262] Vgl. Gomez Segade, GRUR Int. 1995, 944 ff. (951); Adamo, 40 ff.; vgl. weitere Beispiele bei McCarthy, § 15:2.

[263] Dies gilt spätestens seit der „Two Pesos" – Entscheidung des Supreme Court für Warenaufmachungen ("trade dress"), Two Pesos, Inc. v. Taco Cabana, Inc., 23 U.S.P.Q. 2d 1081, 1084 (1992).

[264] Supreme Court, Wal-Mart Stores Inc. v. Samara Bros. Inc. (54 USPQ2d 1065 (1066, 1068), in deutscher Sprache abgedruckt in GRUR Int. 2000, 812, 813), zu "Warenformen" und „product color"; vgl. Kane, S. 43 ff. m.w.N.; Adamo, 40 ff.; Neu, Rdn. 51 ff.; Mitchell/Auslander, TMR 1998, 472 ff. (473, 476) m.w.N.; Restatement (Third) of Unfair Competition, § 13 (1995); vgl. zum Begriff "secondary meaning" auch McCarthy, § 15:10 und Gomez Segade, GRUR Int. 1995, 944 ff. (951).

[265] Kane, S. 49 ff.; Adamo, 46; Le Sportsac, Inc. v. High Fidelita Recordings, Inc. 184 USPQ 583, 586 (C.D. Cal. 1974); McCarthy, § 15:30.

[266] McCarthy, § 15:28.

[267] Neu, Rdn. 54.

D. Traditionelle Markenformen

Aus dem Gesetzestext und den bisherigen Überlegungen ergibt sich, dass grundsätzlich jedes Zeichen mit Unterscheidungseignung, welches –im Falle einer Registermarke– grafisch darstellbar ist auch markenfähig ist und damit das Markengesetz gegenüber dem früheren WZG eine erhebliche Erweiterung der grundsätzlich markenfähigen Zeichen enthält. Als mögliche Markenformen nennt § 3 Abs. 1 MarkenG (ähnlich den Art. 2 der Richtlinie und 4 GMV) beispielhaft und nicht abschließend[268] „...insbesondere Wörter einschließlich Personennamen, Abbildungen, Buchstaben, Zahlen, Hörzeichen, dreidimensionale Gestaltungen einschließlich der Form einer Ware oder ihrer Verpackung sowie sonstige Aufmachungen einschließlich Farben und Farbzusammenstellungen".

Neben den herkömmlicherweise zulässigen Wort– und Bildmarken kommen daher eine Reihe neuer Zeichen als Marke in Betracht, wie z.B.
- Buchstaben und Zahlen
- dreidimensionale Gestaltungen, einschließlich Warenform und Verpackung
- Farben
- Hörzeichen
- Geschmackszeichen
- Geruchszeichen
- Tastzeichen
- sonstige Aufmachungen (inkl. Positionsmarken und Kennfadenmarken)
- Bewegungszeichen
- bzw. Kombinationen der genannten Zeichenformen.

Im Rahmen der vorliegenden Untersuchung sollen diese Zeichen auf ihre Markenfähigkeit untersucht werden, wobei der Schwerpunkt aber weniger auf den bereits unter Geltung des WZG schutzfähigen Markenformen liegen soll, da Klärungsbedarf eher bei der Markenfähigkeit neuer, nur zum Teil in § 3 Abs. 1 MarkenG aufgeführten Zeichenformen besteht.

Im folgenden soll daher nur kurz auf die traditionellen Markenformen der Wort–, Bild– sowie Buchstaben– und Zahlenmarken eingegangen werden.

I. Wortmarken

1. Herkömmliche Wortmarken

§ 3 Abs. 1 MarkenG zählt „Wörter einschließlich Personennamen" als zulässige Markenform auf.
Wortmarken können bestehen aus einem Wort (NIVEA, BOSS, BENETTON, FORMPACK), mehreren Wörter (NIMM ZWEI) oder auch einem kurzen Satz (z.B. Werbeslogans wie „DIE ZARTESTE VERSUCHUNG, SEIT ES SCHOKOLADE

---
[268] Fezer, § 3, Rdn. 235 und Ingerl/Rohnke, § 3, Rdn. 21.

GIBT") in jeder Schriftart und der deutschen oder einer fremden Sprache angehören[269]. Titel von Druckschriften (z.B. FOCUS) genießen zusätzlichen Schutz über § 5 Abs. 3 MarkenG.

Wortmarken sind grundsätzlich markenfähig, sofern sie überhaupt für „irgendeine" Ware oder Dienstleistung eine Unterscheidungseignung haben können. Dies ist in der Regel der Fall, da z.B. das Wort „Auto" Unterscheidungseignung/-kraft für alle Waren hat, die nichts mit Kraftfahrzeugen zu tun haben[270]. Daher stellt erst die sich nach Bejahung der Markenfähigkeit anschließende Frage der absoluten Schutz- bzw. Eintragbarkeit nach § 8 Abs. 2 MarkenG eine ernst zu nehmende Schranke für Wortmarken dar. Bei einem längerem Satz kann es –mangels ausreichender Überschaubar- und Einprägsamkeit allerdings an der notwendigen Unterscheidungskraft fehlen[271]. Entgegen der früheren Rechtslage[272] genügen nach Systematik des neuen Markengesetzes auch sogenannte „beschreibende Angaben" der abstrakten Unterscheidungseignung i.S.d. Markenfähigkeit, sind aber wegen Ausschlusses nach § 8 Abs. 2 Nr. 2 MarkenG nicht eintragbar, sofern sie keine Verkehrsgeltung nach § 8 Abs. 3 MarkenG erlangt haben. Das gleiche gilt für Gattungsbezeichnungen und Wörter des allgemeinen Sprachgebrauchs[273].

Nichts anderes ergibt eine richtlinien- und gemeinschaftskonforme Auslegung des Markengesetzes. „Wörter einschließlich Personennamen" gelten auch nach den entsprechenden Vorschriften der Richtlinie (Art. 2) und der GMV (Art. 4) als zulässige markenfähige Zeichen und Begriffe wie IDEAL, EXTRA oder NATURAL BEAUTY können im Gemeinschaftsmarkenrecht ebenso aufgrund beschreibendem Charakter, Üblichkeit, Freihaltebedürftigkeit oder fehlender Unterscheidungskraft nach Art. 7 Abs. 1 GMV ausscheiden[274] wie im deutschen Markenrecht nach § 8 Abs. 2, Ziff. 1-3 MarkenG. Letztlich kommt es aber immer auf den konkreten Sachverhalt im Einzelfall an. Entsprechend hielt etwa der EuGH die Gemeinschaftsmarke DOUBLEMINT für Kaugummis für nicht schutzfähig nach Art. 7 Abs. 1 lit. c (beschreibend)[275], während er die Gemeinschaftsmarke BABY-DRY als unterscheidungskräftig i.S.d. Art. 7 Abs. 1 lit. b für Wegwerfwindeln erachtete[276].

Die grundsätzliche Schutzfähigkeit von Wortmarken ist mithin weitgehend unproblematisch, so dass kein Anlass zu einer weitergehenden rechtsvergleichenden Auslegung besteht. Wörtern kommt nach wie vor dieselbe Markenfähigkeit zu wie unter Geltung des WZG[277].

---

[269] Ingerl/Rohnke, § 3 Rdn. 22.
[270] Ingerl/Rohnke, § 3, Rdn. 22.
[271] a.A. Fezer, § 3, Rdn. 241, der dies bereits unter dem Gesichtspunkt mangelnder „Einheitlichkeit" der Marke prüfen möchte, vgl. dazu oben Abschnitt C.2.b.
[272] Baumbach/Hefermehl, § 1 WZG, Rdn. 63.
[273] So auch Fezer, § 3, Rdn. 242.
[274] Vgl. im weiteren die Nachweise bei Bender, MarkenR 2000, 118, 124 ff.
[275] EuGH, MarkenR 2003, 450, 453 – DOUBLEMINT.
[276] EuGH, MarkenR 2001, 400, 403 – BABY-DRY.
[277] Althammer/Ströbele/Klaka, § 3, Rdn. 16.

2. Internet Domain Names

Als Wortmarken können grundsätzlich auch Internet Domain Names, wie zum Beispiel „epson.de" oder "heidelberg.de", etc. geschützt werden. Die Entstehung des Markenschutzes durch Eintragung des Domain Names als Marke oder durch Benutzung als Kennzeichen für bestimmte Waren als Marke ist rechtlich an sich wenig problematisch[278]. Ein Markenschutz durch Benutzung setzt jedoch voraus, dass der Domain nicht bloß als Web–Adresse, sondern als Marke, sprich zur Kennzeichnung und Unterscheidung der Herkunft von Waren und Dienstleistungen verwendet wird[279]. Die Senate des BPatG waren in absoluten Verfahren bislang meist nur mit der Eintragung domainähnlicher Zeichen befasst, die –wie alle Wortmarken– an Kriterien des § 8 Abs. 2 Nr. 1 bis 4 MarkenG geprüft wurden[280]. So wurden beispielsweise „eCollect.de" als schutzfähig[281] und „internet factory.de" als schutzunfähig[282] für die jeweils angemeldeten Waren/Dienstleistungen erachtet.
Die markenrechtlichen Probleme von Domain Names liegen allerdings eher im Bereich rechtserhaltender Benutzung, möglicher Kennzeichenverletzungen durch ähnliche oder identische Domain Names oder weiterer Kollisionsfragen[283].

II. Bildmarken

1. Bildmarken im Allgemeinen

Nach § 3 Abs. 1 MarkenG sind „Abbildungen" jeder Art grundsätzlich als Bildmarken markenfähig, soweit ihnen abstrakte Unterscheidungseignung zukommt. Entsprechendes gilt für Art. 2 der Richtlinie und Art. 4 GMV, sowie das ausländische Markenrecht[284].

Gemeint sind damit zweidimensionale Zeichen ohne Rücksicht auf deren Form. Geeignet sind daher z.B. Etiketten, Logos, Siegel, Randstreifen, Reliefe, Kombinationen von Farben (schwarz–weiß oder mehrfarbig), synthetische Bilder, etc.[285]. Hologramme dürften jedoch eher unter die Kategorie "Bewegungsmarke" fallen, da sie i.d.R. verschiedene Perspektiven eines sich bewegenden, ggf. dreidimensionalen Bildes wiedergeben[286]. Auch Buchstaben, Wörter und Zahlen können aufgrund grafischer Gestaltung als Bildmarke schutzfähig sein, sofern die Gestaltung eine besondere Eigenart aufweist und den gegenwärtigen Stand der gebrauchsüblichen Werbegraphik überschreitet[287]. Keine abstrakte Unterscheidungseignung dürfte al-

---

278 Fezer, § 3, Rdn. 307.
279 Vgl. für das amerikanische Recht McCarthy, § 7:17.1,.
280 Vgl. insoweit Grabrucker, GRUR 2002, 377, 387.
281 BPatGE 43, 263 f. für Computersoftware, etc.
282 Beschl. v. 12.9.2001 – 29 W (pat) 161/00 für Erstellen von EDV–Programmen, etc.
283 Vgl. im weiteren Fezer, § 3, Rdn. 322 ff. und McCarthy, § 25:68 ff. ("cybersquatting") für das amerikanische Recht.
284 Vgl. den Annex unter L.I.1.
285 Fezer, § 3, Rdn. 256.
286 Althammer/Ströbele/Klaka, § 3, Rdn. 27.
287 Fezer, § 3, Rdn. 256 ff.

lerdings ein kleiner Punkt oder eine Linie haben (s.o.), wohl aber geometrische Grundformen wie ein Dreieck oder ein Kreis, bzw. ein Satzzeichen.
Auch die Beschwerdekammern des HABM bestätigten die Schutzfähigkeit einfacher geografischer Formen, wie z.B. einer sechseckigen Gitterform oder einer quadratischen Form von sechzehn kleineren Quadraten[288]. Am Eintragungsausschluss mangelnder Unterscheidungskraft bzw. wegen beschreibenden Charakters (Art. 7 Abs. 1 b, c GMV) scheiterte vor dem HABM allerdings die Abbildung einer Hosentasche für Bekleidungsstücke, und die eines stilisierten Schlittschuhs für Schlittschuhe[289], nicht aber die Abbildung eines Zahns mit parallelen Strichlinien (für pharmazeutische Präparate)[290].

Bildmarken sind demnach ebenfalls in grundsätzlich gleichem Umfang markenfähig wie früher[291].

2. Abbildungen der Ware

Problematischer erscheint die Schutzfähigkeit naturgetreuer zweidimensionaler Abbildungen von Waren (oder Warenverpackungen). Fraglich ist hier bereits, ob der Verkehr im Bild einer Ware überhaupt ein Kennzeichen für dieses Produkt oder aber nur das Produkt selbst erkennen kann.
Aus diesem Grund sollen einer Ansicht nach Produktbildmarken schon keine abstrakte Unterscheidungseignung besitzen, sofern das äußere Erscheinungsbild der Ware und deren Gestaltung keine „besondere Eigenart" aufweist[292].
Dagegen bestätigt der BGH ausdrücklich deren Markenfähigkeit[293], nachdem er diese Frage in den ersten Entscheidungen zum Markengesetz noch unentschieden gelassen hatte[294]. Ihre „absolute" Schutzfähigkeit lehnt er jedoch –in Fortführung seiner früheren Rechtsprechung[295]– meist wegen fehlender Unterscheidungskraft ab[296], wobei der BGH –ohne dies explizit darzulegen– in tatsächlicher Hinsicht aber Merkmale des § 3 Abs. 2 MarkenG prüft, wenn die abgebildete Gestaltung Elemente aufweisen muss, denen über die „typischen Elemente" oder „die technische Gestaltung der Ware", bzw. deren „Wesen" hinausgehend herkunftshinweisender Charakter zukommt[297]. Entsprechend bejahen auch das BPatG[298], das HABM[299] und ein

[288] HABM, Entscheidung v. 26.3.1999, R 199/98–2 – Sechseckige Gitterform; HABM ABl. 11/1999, 1448 – SEDICI QUADRATI.
[289] HABM MarkenR 2000, 111 – Hosentasche; HABM, Entscheidung v. 22.6.1999, R 221/99–3 – SKATES
[290] HABM, Entscheidung v. 20.12.1999, R 382/99–1, Rdnr. 10, 11 – TOOTH.
[291] Althammer/Ströbele/Klaka, § 3, Rdn.16.
[292] Fezer, § 3, Rdn. 258 ff.
[293] Vgl. BGH GRUR 1999, 495 – Etiketten.
[294] BGH GRUR 1997, 527 ff., 529 – Autofelge.
[295] BGH GRUR 1964, 454 ff. – Palmolive.
[296] BGH GRUR 1999, 495 – Etiketten; BGH GRUR 1997, 527 ff. – Autofelge; BGH 1995, 732 ff. – Füllkörper (zum PVÜ ergangene Entscheidung).
[297] BGH GRUR 1995, 732, 734 –Füllkörper; GRUR 1997, 527, 529 – Autofelge; MarkenR 2001, 34 (36) – Zahnpastastrang; kritisch Thewes, 139 f.
[298] BPatG GRUR 1998, 713 ff. (714) – Zahnpastastrang; BPatG BIPMZ 1998, 541 – CD–Hülle; anders noch BPatG GRUR 1995, 814 ff. – Absperrpoller (Unterscheidungskraft bejaht).
[299] HABM, MarkenR 2000, 292 ff. (294) – Bremstrommel.

Großteil der Literatur[300] die generelle Markenfähigkeit von Warenabbildungen, wenn auch unter grundsätzlicher Ablehnung der konkreten Unterscheidungskraft[301]. Begründet wird der Schutzausschluss damit, dass die Ware als Objekt der Kennzeichnung nicht ihr eigenes Kennzeichnungsmittel sein könne, die Verhinderung eines „Etikettenschwindels", durch einen „Produktschutz durch das Markenrecht"[302], sowie die Tatsache, dass naturgetreue Darstellungen die Ware nur nach ihrer Gattung oder Art wiedergeben[303]. Eine über die technische Gestaltung hinausgehende, eigentümliche und originelle Form der abgebildeten Ware soll jedoch nach vereinzelter Auffassung Unterscheidungskraft begründen können[304].
Dagegen gehen das Gericht Erster Instanz der Europäischen Gemeinschaften und der EuGH von der grundsätzlichen Markenfähigkeit von Produktbildmarken aus und möchten an deren Unterscheidungskraft kein spezielles Originalitätserfordernis stellen. Beide betonen, dass die Kriterien für die Beurteilung der Unterscheidungskraft dreidimensionaler Marken, die aus der Form der Ware bestehen oder Bildmarken, die in der Wiedergabe der Ware bestehen, keine anderen seien, als die für die übrigen Markenkategorien und beide insoweit gleich behandelt werden müssen[305]. Nach Ansicht des EuG könne es aber zu einer Einschränkung der Unterscheidungskraft von Warenabbildungen (und Formmarken, s.u.) aufgrund ihrer „Wahrnehmung" durch die jeweiligen Verkehrskreise kommen. Es sei nämlich zu berücksichtigen, dass im Fall einer Produktbildmarke die „Wahrnehmung", durch die angesprochenen Verkehrskreise nicht notwendig die gleiche sei wie bei einer Bildmarke, die nicht aus der Form der Ware besteht und von den angesprochenen Verkehrskreisen gewöhnlich unmittelbar als herkunftskennzeichnende Zeichen wahrgenommen würden. Handele es sich zudem um Waren des täglichen Verbrauchs (z.B. Haushalts- bzw. Alltagsgegenstände), sei der entsprechende Grad der Aufmerksamkeit des durchschnittlichen Verbrauchers sowieso nicht besonders hoch. Entsprechend wurde die abgebildete Form einer Geschirrspülmitteltablette als nicht unterscheidungskräftig erachtet, weil diese zu den „geometrischen Grundformen" gehöre und für die beanspruchten Waren die jeweils „naheliegenden" Form darstelle[306]. Dagegen erachtete es die Abbildung eines KFZ - „Kühlergrills" als ausreichend unterscheidungskräftig[307].

Dem ist im Hinblick auf die vorliegend maßgeblich behandelte Frage der Markenfähigkeit vollumfänglich zuzustimmen. Nachdem nun ausdrücklich sogar „dreidimensionale Gestaltungen einschließlich der Form einer Ware" markenfähig sind, muss die Markenfähigkeit ihrer Abbildungen erst recht bejaht werden. Entsprechendes gilt auch für die entsprechenden europäischen Regelungen (Art. 2 der Richtlinie bzw. Art. 4 GMV) und die harmonisierten Markengesetze der Mitgliedsländer, die neben

---

[300] Vgl. Ingerl/Rohnke, § 3 Rdn. 26; Althammer/Ströbele/Klaka, § 8, Rdn. 36.
[301] a.A. Eichmann, FS Nirk, S. 181 ff.; ders., GRUR 1995, 184, 193 ff., der lediglich deren Schutzbereich beschränken will.
[302] Sambuc, GRUR 1997, 403, 406 ff.
[303] Vgl. Althammer/Ströbele/Klaka, § 8, Rdn. 36; BPatG GRUR 1998, 713 ff. (714) – Zahnpastastrang.
[304] Vgl. Althammer/Ströbele/Klaka, § 8, Rdn. 36; BGH GRUR 1999, 495 – Etiketten; BPatG GRUR 1995, 814 ff. (815) – Absperrpoller; HABM MarkenR 2000, 292 ff. (294) – Bremstrommel.
[305] EuG, MarkenR 2001, 418, 422 – Waschmitteltablette; EuG MarkenR 2001, 481 (485 f.) – Waschmitteltablette als Bildmarke; EuG MarkenR 2003, 162 (164) – Kühlergrill; EuGH, Case C-299/99, Entscheidung v. 18. Juni 2002 in Sachen Philips vs. Remington, MarkenR 2002, 231, 236, Erwägungsgrund 48 – Rasierapparatkopf.
[306] EuG MarkenR 2001, 481 (485 f.) – Waschmitteltablette als Bildmarke.
[307] EuG MarkenR 2003, 162 (165) – Kühlergrill.

„Abbildungen" ebenfalls die „Form der Ware" als markenfähig erachten[308]. Eine solche Einordnung findet ihre Entsprechung auch in der gesetzessystematischen Unterscheidung zwischen abstrakter Unterscheidungseignung und konkreter Unterscheidungskraft. Denn die Abbildung „dieser" Ware kann jedenfalls für eine andere Ware kennzeichnend wirken[309]. Darüber hinaus korrespondiert sie mit dem vom deutschen und europäischen Gesetzgeber verfolgten weiten Markenbegriff[310]. Letztlich handelt es sich hierbei also nicht um eine Frage grundsätzlicher Markenfähigkeit, sondern allenfalls um eine Frage der im Rahmen von § 8 Abs. 2 Nr. 1 MarkenG konkret zu prüfenden Kennzeichnungskraft des Zeichens für bestimmte Waren.

Aufgrund der Parallelen der Produktbildmarke mit der dreidimensionalen Marke wäre allerdings nicht nur an eine Gleichbehandlung im Hinblick auf die Unterscheidungskraft, sondern auch an eine vorherige entsprechende Anwendung des § 3 Abs. 2 MarkenG auf die Produktbildmarke zu denken[311]. Ansonsten könnte nämlich aus der zweidimensionalen Darstellung eines artbedingten oder technisch/ästhetisch funktionalen Produkts im Verletzungsverfahren gegen eine ähnliche dreidimensionale Marke vorgegangen werden. Aus diesem Grund möchte nicht nur der englische Court of Appeal die Markenfähigkeit von Formen und deren naturgetreuen Abbildungen anhand derselben Kriterien beurteilen[312], sondern auch der EuGH, der im Fall einen Ausschluss nach Art. 3 Abs. 1 lit. e, zweiter Spiegelstrich der Richtlinie für einschlägig erachtet[313]. Auf diese Problematik soll ausführlicher unter E. 9. im Anschluss an die Klärung des Anwendungsbereichs der Schutzausschlüsse des § 3 Abs. 2 MarkenG eingegangen werden.

III. Buchstaben und Zahlen

1. Markenfähigkeit

§ 3 Abs. 1 MarkenG erkennt, der Vorschrift des Art. 2 der Richtlinie entsprechend, die Markenfähigkeit von Buchstaben– und Zahlenmarken ausdrücklich an. Deren beispielhafte Erwähnung in § 3 Abs. 1 MarkenG hat allerdings nur deklaratorische Bedeutung, da auch nach früherem Recht ihre Markenfähigkeit unbestritten war[314]. Buchstaben und Zahlen kommt daher abstrakte Unterscheidungseignung zu. Das gilt gleichermaßen für ein– oder mehrstellige Zahlen[315], Einzelbuchstaben[316], Buchstabenzusammenstellungen in Groß– oder Kleinschreibung (FA, GTI, SL) oder

---

[308] Vgl. Annex L.I.1.
[309] Ingerl/Rohnke, § 3, Rdn. 26.
[310] Vgl. Denkschrift der EG über die Schaffung einer EWG–Marke, GRUR Int. 1976, 481ff. (489).
[311] Thewes, 140 ff.
[312] Court of Appeal, GRUR Int. 2000, 439 ff. – Rasierapparatkopf II (Philips Electronics NV v. Remington Consumer Products Ltd. v. 5.5.1999 mit Vorlage beim EuGH; Berufungsurteil zum Urteil des High Court of Justice vom 22.12.1997).
[313] EuGH, Case C–299/99, Entscheidung v. 18. Juni 2002 in Sachen Philips vs. Remington, MarkenR 2002, 231, 236, Erwägungsgrund 73 ff. – Rasierapparatkopf.
[314] Althammer/Ströbele/Klaka, § 3, Rdn. 16 m.w.N.
[315] BGH GRUR 1997, 366 ff. (inkl. „orbiter dictum") – quattro II; BGH WRP 2002, 1071, 1072; BPatG GRUR 1998, 572 ff. (573) – Zahl 9000.
[316] BGH WRP 2003, 517 (518) – Buchstabe „Z"; BGH, GRUR 2001, 161 – Buchstabe „K"; vgl. auch die Registrierung „T" der deutschen Telekom AG, Markenbl. 1996, S. 1994.

Kombinationen von Zahlen und Buchstaben (A4, R1, F6) und zwar in Form von Ziffern/Einzelbuchstaben, ausgeschriebenen Zahl– oder Buchstabenwörtern[317], sowie deren grafischer Darstellung[318].

Dies entspricht ganz der internationalen Rechtsentwicklung. So geht auch das Gemeinschaftsmarkenrecht in Art. 4 GMV von der generellen Markenfähigkeit von Buchstaben und Zahlen jeglicher Art aus, was durch das HABM mehrfach bestätigt wurde[319]. Die Markengesetze der meisten Mitgliedstaaten sehen ebenfalls eine Markenfähigkeit von Buchstaben und Zahlen aufgrund ihrer ausdrücklichen, beispielhaften Nennung im Rahmen der jeweiligen Markendefinition als gegeben an[320]. Dies gilt auch für die Schweiz[321] und im Ergebnis auch für die USA[322].

2. Eintragungsfähigkeit

Im Gegensatz zur Marken–/Warenzeichenfähigkeit waren Buchstaben– und Zahlenmarken unter Geltung des Warenzeichengesetzes per Gesetz nach § 4 Abs. 2 Nr. 1 WZG allerdings nicht ohne Verkehrsdurchsetzung eintragungsfähig[323]. Obwohl diese Normierung im Markengesetz von 1995 keine Entsprechung mehr findet, kann die absolute Schutzfähigkeit insbesondere von Einzelbuchstaben und Einzelziffern/Grundzahlen aufgrund der Eintragungshindernisse des § 8 Abs. 2 Nr. 1 und 2 MarkenG im konkreten Fall dennoch fraglich sein. Ob es sich hier eher um eine Frage der fehlenden Unterscheidungskraft[324] oder des Freihaltebedürfnisses[325] handelt, soll im weiteren keine Rolle spielen, da sich –wie so oft in der Praxis– beide Schutzhindernisse überschneiden.

Die Rechtsprechung zum Markengesetz verfolgte insoweit bislang einen eher liberalen Ansatz.
Während das Bundespatentgericht in den ersten Jahren nach Einführung des Markengesetzes in recht restriktiver Eintragungspraxis Einzelbuchstaben jegliche Unterscheidungskraft absprach[326], zeichnet sich mittlerweile eine etwas großzügigere Zulassung von Buchstaben ab[327]. Für die Eintragungsfähigkeit wird nicht mehr hauptsächlich darauf abgestellt, ob der Buchstabe oder die Buchstabenfolge als Abkürzung auf eine Vielzahl verschiedener Begriffe passt, sondern es sollen die konkreten

---

[317] Vgl. BGH GRUR 1997, 366 ff. –quattro II; BGH GRUR 2000, 231ff. – FÜNFER; BPatG GRUR 1998, 52 – FÜNFER.
[318] Vgl. z.B. Fezer, § 3, Rdn. 243, § 8 Rdn. 113, 116 a; Ingerl/Rohnke, § 3, Rdn. 24 ff.; Marz, 41 ff.
[319] Vgl. z.B. HABM MarkenR 1999, 323 – „7" und Entscheidung R 91/98–2 – „a" vom 28.05. 1999; Bender, MarkenR 1999, 117 ff. (122) und MarkenR 2000, 118 ff. (119). Jeweils m.w.N.
[320] Vgl. den Annex unter L.I.1.
[321] Art. 1 Abs. 2 MSchG.
[322] McCarthy, § 7:9 ff., § 7:14 ff.
[323] Vgl. aber RPA, MuW 1927/1928, 421, 465, 503, 543 – 4711 (Erwerb mit Verkehrsdurchsetzung nach § 4 Abs. 3 WZG) und BPatG GRUR 1993, 742 –UHQ, BGH GRUR 1993, 825 – Dos.
[324] Vgl. Dreiss/Klaka, 23.
[325] Marz, 112.
[326] Vgl. z.B. BPatGE 39, 140 (1997) – M (keine Unterscheidungskraft für Haushaltsgeräte); vgl. insofern Fezer, § 8, Rdn. 116b m.w.N.
[327] Vgl. BPatG, Beschl. v. 13.10. 1999, 26 W (pat) 345/98 – M (Unterscheidungskraft für die beanspruchten Waren); vgl. auch Fuchs–Wissemann, MarkenR 1999, 183 ff. (187) m.w.N. und Grabrucker, GRUR 2000, 366 ff. (371) m.w.N.

Umstände und Besonderheiten auf dem Gebiet der beanspruchten Waren oder Dienstleistungen maßgeblich sein. Entsprechend gilt aufgrund jahrzehntelanger Übung [328] für Waren der Kraftfahrzeug– und Pharmabranche eine fehlende Unterscheidungskraft von Buchstabenfolgen.
Strengere Maßstäbe zu Lasten von Anmeldern wandte das BPatG auch bei Zahlen an, da die beschränkte Anzahl von Preis–, Mengen–, Maß– und Typenangaben benötigt werde, was die Vermutung eines Freihaltebedürfnisses an Grundzahlen – einschließlich ausgeschriebener Zahlworte wie TRIO[329] oder FÜNFER[330]– indizierte. Den Begriffen DUO und TRIO wurde beschreibender Charakter zuerkannt, da sie herkömmlicherweise für verschiedene Anwendungsformen, unterschiedliche Wirkweisen oder Angebote im Zweier-Set stehen[331]. Die Zahlen 1 und 6 für Zigaretten wurden dagegen als schutzfähig erachtet, weil auf diesem Warensektor keine entsprechende Übung bestand und sie in keiner Weise für die beanspruchten Waren beschreibend waren[332].

Im Vergleich zum Bundespatentgericht legte der Bundesgerichtshof von Anfang an geringere Maßstäbe an die Eintragungsfähigkeit von Zahlen an. So genügten die ausgeschriebene Zahlenworte „QUATTRO" und „FÜNFER" den geringen Anforderungen des § 8 Abs. 2 Nr. 1 MarkenG an die Unterscheidungskraft. Nach Auffassung des BGH muss der Ausschluss von (Grund–) Zahlen vom Markenschutz nach § 8 Abs. 2 Nr. 2 Alt. 1 MarkenG mehr voraussetzen als die generelle Eignung zur Bezeichnung von Mengenangaben, nämlich die konkrete Möglichkeit einer für den Verkehr sinnvollen Verwendung als Bezeichnung einer bestimmten Menge der in Frage stehenden konkreten Ware[333]. Mangelnde Unterscheidungskraft könne nur angenommen werden, wenn die Zahl/das Zahlenwort im Rahmen einer Einzelfallbeurteilung vom Verkehr allein und stets als beschreibende Sachangabe oder gebräuchliches Wort aufgenommen und nur in diesem Ursprungsinn verstanden werde, was bei „FÜNFER" aufgrund der möglichen verschiedenen Bedeutungsinhalte nicht der Fall sei[334]. Die Zahl „1" wurde dagegen für Rundfunksendungen als beschreibend und nicht kennzeichnend verstanden[335], nicht aber für Raucherartikel[336].
Entsprechendes gilt nach Ansicht des BGH für Einzelbuchstaben und Buchstabenkombinationen. Auch hier könnten nicht aufgrund eines „allgemeinen Freihaltebedürfnisses" die Anforderungen an die Unterscheidungskraft erhöht werden. Eine Verneinung der konkreten Unterscheidungskraft setze vielmehr auch bei Einzelbuchstaben tatsächliche Feststellungen voraus, aus denen entnommen werden könne, dass der Verkehr die Buchstaben für bestimmte Waren nicht als Herkunftskennzeichnung verstehe[337]. Sofern für die konkret beanspruchten Waren kein Freihaltebedürfnis –etwa aufgrund beschreibenden Charakters (z.B. „XXL" als

[328] Vgl. Grabrucker, GRUR 2000, 366 ff. (371) m.w.N. aus der Rechtsprechung des BPatG; BPatG Beschl. v. 26.3.2001 – 30 W (pat) 52/01 – K (Unterscheidungskraft für Schlüssel, Kabel, etc, bejaht, nicht aber für Wärmeschutz).
[329] BPatG Mitt 1996, 250 – Trio.
[330] BPatGE 38, 57 – FÜNFER.
[331] BPatG Beschl. v. 13.03.2001 – 24 W (pat) 192/99 und 193/99 für „chemische Erzeugnisse für gewerbliche Zwecke, etc."
[332] BPatG GRUR 1999, 1086 ff. (1088) –Zahl; vgl. auch schon BPatG GRUR 1998, 572 ff. (573) – Zahl 9000
[333] BGH GRUR 1997, 366 ff. –quattro II; Albrecht, GRUR 1996, 246 ff. (247).
[334] BGH GRUR 2000, 231ff. (232) – FÜNFER.
[335] BGH GRUR 2000, 608, 610 – ARD–1.
[336] BGH WRP 2002, 1071, 1073 – Zahl „1".
[337] BGH GRUR 2001, 161, 162 – Buchstabe „K".

haltebedürfnis –etwa aufgrund beschreibenden Charakters (z.B. „XXL“ als Größen- oder Mengenangabe für Rohtabak[338])– besteht, sei von grundsätzlicher Schutzfähigkeit auszugehen[339], wie etwa im Fall des Buchstabens „Z“ für Tabakerzeugnisse[340], des Buchstabens „K“ für bestimmte Waren in- und außerhalb der Klassen 6, 17 und 19[341] und des Buchstabens „E“ für Windkraftanlagen[342]. Dem Einwand des Freihaltebedürfnisses könne durch strengere Anforderungen an die Verwechslungsgefahr begegnet werden[343].

Dem entspricht weitgehend auch die allgemeine Literaturansicht, die betont, dass – trotz „in praxi“ häufig fehlender Unterscheidungskraft von ein (oder zwei–)stelligen Zahlen und Einzelbuchstaben bzw. Buchstabenkombinationen (Typen–, Maß–, Qualitäts– Mengen–, Preisangaben, Grundzahlen)– „de jure“ am Grundsatz festzuhalten ist, dass für konkrete Waren oder Dienstleistungen Unterscheidungskraft vorliegen kann[344]. Dies gilt erst recht bei grafischer Ausgestaltung des Zeichens[345].

Allgemeingültige und klare Abgrenzungskriterien dazu lassen sich aus dem Gemeinschaftsmarkenrecht bislang nicht entnehmen:
Zwar hat nach Ziffer 8.3 der Prüfungsrichtlinien des HABM eine Marke, die aus einem oder zwei Buchstaben oder Ziffern besteht keine Unterscheidungskraft, sofern diese nicht in ungewöhnlicher Form wiedergegeben sind oder sonst besondere Umstände vorliegen[346]. Auch soll die Zahl „7“ für Sportwagen[347] und die Zahl „90“ für Fahrzeuglacke[348] nicht unterscheidungskräftig sein. Dagegen entschied die zweite Beschwerdekammer, dass die Prüfungsrichtlinien nicht bindend seien, sondern eher als nützliche Hilfen betrachtet werden sollten und verwies mehrere Entscheidungen, in denen Buchstabenkombinationen abgelehnt worden waren, an die Prüfungsabteilung zurück[349].

Rechtsvergleichend ergibt sich ein ähnlich liberales Bild wie bislang schon im deutschen Recht. So sieht Chapter 6 Ziff. 3.11 des britischen Trade Mark Registry Work Manuals vor, dass Marken, die aus zwei Buchstaben bestehen und keine besondere zusätzliche Gestaltung haben, nur dann keine Unterscheidungskraft besitzen, wenn der Gebrauch von Buchstaben im jeweiligen Warenbereich als Modell– oder Katalogreferenz üblich ist[350]. Und das schweizerische Recht verneinte bisweilen zwar die Kennzeichnungskraft einzelner Buchstaben oder Grundzahlen, erkennt aber mittlerweile ebenfalls die Schutzfähigkeit insbesondere von Buchstabengruppen und

---

[338] BPatG Beschl. v. 7.6.2000 – 26 W (pat) 159/99 – XXL.
[339] Vgl. BGH GRUR 2001, 344 – DB Immobilienfonds; so auch BPatG Beschl. v. 16.1.2001 – 33 W (pat) 190/00 – IQ; vgl. Grabrucker, GRUR 2002, 377, 382 und GRUR 2001, 373, 378 m.w.N.
[340] BGH WRP 2003, 517 (518) – Buchstabe „Z“.
[341] BGH GRUR 2003, 345, 347 – Buchstabe „K“.
[342] BGH GRUR 2003, 347, 348 – Buchstabe „E“.
[343] BGH GRUR 2001, 344, 345 – DB Immobilienfonds.
[344] Vgl. Fezer, § 8, Rdn. 116 ff.; Ingerl/Rohnke, § 8, Rdn. 50; Baronikians, GRUR 2001, 795 f.; v. Gierke, WRP 2000, 877 f.
[345] Althammer/Ströbele/Klaka, § 8, Rdn. 64.
[346] Abl. HABM, 1996, 1300 (1307).
[347] HABM (3. BK) MarkenR 1999, 320 ff. – 7, (Zahl im "public domain").
[348] HABM (2. BK) GRUR Int. 2000, 554, 555 – „90“ (Preis–, Größen–, Farb– oder Mengenangabe).
[349] HABM, ABl.HABM 1998, 1958 ff. – IX; R 32/1998-2 – DS; R 31/1998-2 – DS; R 25/1998-2 – XD; R 24/1998-2 – HD; R 23/ 1998-2 – HQ; R 22/1998-2 –CR.
[350] The Appointed Person, E.T.M.R. 2000, 405 ff. (408)– Xe (gegeben für den Automobilbereich).

Buchstaben/Zahlen –Kombinationen an, wenn es sich nicht gerade um Kurzbezeichnungen oder Abkürzungen für die beanspruchten Waren/Dienstleistungen handelt, bzw. bei besonderer grafischer Ausgestaltung[351]. Noch eintragungsfreundlicher dürfte die Praxis in Frankreich sein, da bereits das frühere französische Recht eine recht anmelderfreundliche Haltung bei Buchstaben und Zahlen einnahm[352]. Entsprechend sieht die österreichische Literatur in der abstrakten Eignung von Zahlen als Mengenbezeichnung oder im abstrakten Interesse der Allgemeinheit an der freien Verwendung von Zahlen kein Registrierungshindernis. Genauso wenig könne aus der geringen Anzahl der Buchstaben eine Aussage über ihre Schutzwürdigkeit im Einzelfall abgeleitet werden[353]. Auch im amerikanischen Recht wird die Schutzfähigkeit i.d.R. nur dann verneint, falls die Verwendung der Buchstaben als Abkürzung oder Beschreibung, bzw. von Zahlen als Indikation von Größe, Modell oder Menge gerade im Hinblick auf die speziellen Waren oder Dienstleistungen nachgewiesen ist[354].

Festgestellt werden kann daher folgendes:
Weil die den Buchstaben und Zahlen wesensmäßig allgemein zukommende Eignung zur Bezeichnung von Typen und Mengenangaben im Gesetz nicht mehr berücksichtigt ist, muss der Ausschluss vom Markenschutz mehr voraussetzen als eben diese generelle Eignung[355]. Dafür spricht auch die amtliche Begründung zum Markengesetz, die ausführt, dass „..diesen Zeichen, .. die Unterscheidungskraft in aller Regel nicht abgesprochen werden kann“[356]. Entscheidend für das Vorliegen der Unterscheidungskraft ist daher eine Prüfung der Auffassung der beteiligten Verkehrskreise im Einzelfall, sowie eine sorgfältige Prüfung hinsichtlich der konkret angemeldeten Waren oder Dienstleistungen[357]. Wichtig ist hier, ob auf dem jeweiligen Warensektor eine entsprechende Übung besteht und die Zahlen/Buchstaben in irgendeiner Weise für die beanspruchten Waren oder Dienstleistungen beschreibend sind. Dies wird häufiger der Fall sein bei Buchstaben/Zahlen, die als Typen–, Maß–, Qualitäts– Mengen–, und Preisangaben Verwendung finden, wie z.B. "XL" bei Kleidung, "5" bei Unter– oder Badehosen, etc. Dagegen dürften konkrete Anhaltspunkte für mangelnde Unterscheidungskraft fehlen, wenn dem Verkehr die Bedeutung der Zahl oder des Buchstabens für das konkrete Produkt nicht unmittelbar einleuchtet[358]. Im übrigen kann eine von der üblichen drucktechnischen Wiedergabe abweichende, besondere und sich nicht von selbst ergebende grafische Darstellung einer Zahl oder eines Buchstabens einen Mangel an Unterscheidungskraft überwinden.

Die im Gegensatz zum früheren Recht tendenziell größere Eintragungsfreundlichkeit bei Einzelbuchstaben und Einzelzahlen führt zu einer gewissen Verlagerung der Prüfung der Interessen der Allgemeinheit und der Wettbewerber vom Markenamt zu den Kollisionsgerichten.

---

[351] David, Art. 2 Rdn. 31 ff.
[352] Vgl. Fischer, GRUR Int. 522 ff. (528).
[353] Schanda, MSchG, 1999, § 1, Rdn. 2.
[354] McCarthy, § 7:11, 15 und 16 m.w.N.; Pfizer Inc. v. Astra Pharmaceuticals Products, 33 USPQ2d 1545 (SDNY 1994) – Buchstaben XL; Shaw Stocking Co. v. Mack, 12 F. 707 (CCDNY 1882).
[355] BGH GRUR 1997, 366 ff. –quattro II; Albrecht, GRUR 1996, 246 ff. (247).
[356] Amtl. Begründung zu § 8, abgedruckt in v. Mühlendahl, a.a.O., S. 144.
[357] Albrecht, GRUR 1996, 246; Ingerl/Rohnke, § 8, Rdn. 50.
[358] Ingerl/Rohnke, § 8, Rdn. 50 unter Hinweis auf BGH GRUR 1997, 366ff. (367) – quattro II.

Dieses Ergebnis resultiert letztlich aber nicht in einer unangemessenen Beschränkung von Mitbewerbern, da der Schutzumfang eingetragener Zahlen oder Buchstaben im Einzelfall eher gemindert ist[359], sofern es sich nicht gerade um eine durchgesetzte Marke handelt.

[359] Vgl. Fuchs-Wissemann, GRUR 1999, 855 ff. (857 f.).

E. Dreidimensionale Marken / Formmarken

Mit dem neuen Markenrecht wurde erstmals auch für das deutsche Recht ein Schutz „dreidimensionaler Gestaltungen“ ermöglicht. Die Vorschrift des § 3 Abs.1 MarkenG definiert diesen Begriff allerdings nicht; auch findet er keine Verwendung in Richtlinie, Gemeinschaftsmarkenverordnung oder den Gesetzestexten der Mitgliedstaaten. In weitgehendem Einklang mit diesen Vorschriften zählt die deutsche Norm zu den „dreidimensionaler Gestaltungen“ aber ausdrücklich die „Form einer Ware“ oder „ihre Verpackung“. Eine dreidimensionale Gestaltung lässt sich –objektiv gesehen– demnach als eine „Raumform, die den Bereich des rein Flächenhaften verlässt“, umschreiben[360].

Die grundsätzliche Schutzgewährung „dreidimensionaler Gestaltungen“ als Form– oder dreidimensionale Marken trägt der Tatsache Rechnung, dass in zahlreichen Branchen der äußeren Gestaltung eigener Produkte immer häufiger die Rolle eines Wiedererkennungssignals zugeteilt wird und nicht unerhebliche Teile der Verkehrskreise/Abnehmer bestimmte Waren– oder Verpackungsformen auch als Hinweis auf ihre kommerzielle Herkunft betrachten. Dies ist besonders deutlich bei der Verpackung prestigeträchtiger und stark zweitnutzengeprägter Produkte wie Parfums und Kosmetika, sowie auf dem Spirituosen–, Uhren–, Bekleidungs– oder Lederwarensektor. Der Kennzeichenfunktion von Formgebungen kommt aufgrund veränderter Marketing– und Verbrauchergewohnheiten größere Bedeutung als früher zu, was eine stärkere Inanspruchnahme des markenrechtlichen Schutzes erklärt und rechtfertigt[361]. Damit könnte sich der zeichenrechtliche Schutz dreidimensionaler Gestaltungen unter Umständen zu einer echten Alternative zum Geschmacksmusterschutz entwickeln. Entsprechend wurden schon bald nach Erlass des neuen Markengesetzes beispielsweise besondere Formen von Joghurtgläsern[362], Füllfederhaltern[363] oder Taschenlampen[364] als dreidimensionale Marken in das deutsche Markenregister eingetragen. Die seither stetig zunehmende Zahl von Anmeldungen dreidimensionaler Marken belegt zudem die Praxisrelevanz dieser neuen Schutzvariante.

I. Ausprägungen dreidimensionaler Gestaltungen

Dreidimensionale Gestaltungen können nach heutiger Rechtslage im wesentlichen in drei Fallgruppen unterteilt werden.

1. Warenunabhängige dreidimensionale Gestaltungen

Die Markenfähigkeit dreidimensionaler Gestaltungen ist weniger problematisch, falls die Marke nicht gleichzeitig die Form der Ware/Verpackung darstellt, zu deren Kennzeichnung sie bestimmt ist, sondern vielmehr „Zusatz“ zur bzw. Kennzeichen

---

[360] Vgl. Thewes, 32.
[361] Kur, FS DPA, 175 ff. (177), v. Wahlert, MA 1994, 568 ff. (568)
[362] Marke Nr. 394 07 380 vom 01.01.1995.
[363] Marken Nr. 394 08 563/..566/..567 vom 01.01.1995.
[364] Marken Nr. 394 10 754/..755/..781 vom 01.01.1995.

für eine andere Ware (oder Dienstleistung) ist, von der sie räumlich unabhängig oder mit ihr nur lose verbunden ist. Insoweit wird auch von „Formmarken im weiteren Sinn“[365], „produktunabhängigen“[366] oder „abstrakten“[367] Formmarken gesprochen. Beispiele für derartige Gestaltungen wären etwa eine Perle[368], ein Würfel, eine Kugel, die Kühlerfigur der Firma Rolls–Royce, der „Mercedes“ – Stern, kleine Statuetten auf Flaschenkorken, angehängte Siegel, ein Apfel (für Computer), eine lila Kuh (für Schokolade der Kraft Jacobs Suchard AG), das „Michelin“–Männchen, etc.

Die dreidimensionale Form muss in diesen Fällen nur einen Mindestgrad an Originalität aufweisen, um die für die Markenfähigkeit notwendige abstrakte Unterscheidungseignung zu besitzen. Vergleichsweise unproblematisch ist auch die Beurteilung der Unterscheidungskraft bzw. der Eintragungsfähigkeit von waren– und verpackungsunabhängigen dreidimensionalen Gestaltungen[369].

Ehe es ausdrücklichen Markenschutz nach dem Markengesetz von 1995 gab, waren solche Zeichen zweidimensional als Bildmarke eintragbar, genossen einen Schutzumfang aber auch in ihrer dreidimensionalen Gestalt und konnten im Wege der Verkehrsgeltung gem. § 25 WZG als nicht eingetragene Marke Ausstattungsschutz erlangen[370].

2. Warenformen oder Warenteile

§ 3 Abs. 1 MarkenG nennt als dreidimensionale Gestaltung –wie gesagt– auch die „Form einer Ware“. Beispiele solch „produktabhängiger“[371] Formmarken, Formmarken „im engeren Sinne“ oder Warenformmarken[372] sind etwa die quadratische Form einer Ritter–Sport–Schokolade[373], die Dreiecksform einer Toblerone–Schokolade, die Form einer Taschenlampe[374]oder die bekannten LEGO–Steine[375]. Grundsätzlich handelt es sich bei diesen Markenformen nicht um Dienstleistungs– sondern um Warenmarken.
Noch unter Geltung des WZG konnten derartige Formgestaltungen keine Warenzeichen sein. Die damalige Rechtsprechung folgerte u.a. aus dem Wesen des Warenzeichens eine Beschränkung auf flächenhafte Gebilde und lehnte daher auch ihre Eintragbarkeit ab[376].

---

365 Vgl. das schweizerische Markenrecht: David, Art. 1, Rdn. 18; Schweiz. Bundesgericht, GRUR Int. 1995, 738 ff. (738) – the Original.
366 Fezer, § 3, Rdn. 264 b; Thewes, 34 („warenunabhängige Gestaltung“); Grabrucker, MarkenR 2001, 95 (103, „figürlich beliebige Formmarke“).
367 Grabrucker, MarkenR 2001,95 (103).
368 BPatG Beschl. v. 12.9. 2001 – 26 W (pat) 87/00 – Perle (für hygienische Reinigungsdienstleistungen).
369 Vgl. Thewes, 163.
370 Grabrucker, MarkenR 2001, 95 (103) m.w.N.; BGH GRUR 1956 – Ettaler Klosterliqueur; BGH GRUR 1982, 111 – Original–Maraschino; RGZ 155, 374 – Kaffeemühle.
371 Fezer, § 3, Rdn. 264 b; Thewes, 34 ff.
372 Grabrucker, MarkenR 2001, 95 (103); dies., GRUR 2002, 377, 380.
373 Vgl. Dänischer Oberster Gerichtshof, GRUR Int. 1997, 1018 – Ritter Sport.
374 BPatG Mitt. 1998, 230 – Unterscheidungskraft einer Taschenlampengestaltung.
375 Vgl. etwa die schweizerische Eintragungen Nr. CH 411496 und 433265 bis –268.
376 BGHZ 41, 187, 189 – Palmolive; vgl. auch BGHZ 1952, 274, 275 – Streifenmuster; BGH GRUR 1975, 550 – Drahtbewehrter Gummischlauch; BGH GRUR 1976, 355 – P–Tronix; RGZ 115, 235, 237 – Bandmaß; RGZ 155,

Neben der Form der Ware sind grundsätzlich auch deren plastische „Teile" als dreidimensionale Gestaltungen schutzfähig, wie zum Beispiel der besonders geformte Clip eines Kugelschreibers. Dazu gehören auch Formelemente, welche die Gesamtform der Ware nur in geringem Umfang beeinflussen, wie die Eingravierung oder plastische Hervorhebung von Wort- oder Bildmarken auf bestimmten Waren[377], auf Sportschuhen/Bekleidungsstücken aufgenähte Streifen[378] oder auf Schuhabsätzen angebrachte Streifen[379]. Gegen deren Behandlung als Flächenmarke spricht eine –aus Gründen der Rechtssicherheit– objektiv zu bestimmende Dreidimensionalität[380]. Je nach Entscheidung bei der Anmeldung können entsprechende Waren– oder Verpackungsteile aber auch Markenfähigkeit als „sonstige Aufmachung"[381] i.S.d. § 3 Abs. 1 MarkenG erlangen. Im Hinblick auf deren weitere Marken– und Eintragungsfähigkeit ergibt sich grundsätzlich nichts anderes als für Formen der Ware oder Verpackung selbst.

3. Verpackungen

Nach § 3 Abs. 1 MarkenG zählt zu den markenfähigen dreidimensionalen Gestaltungen auch die „Verpackung" einer Ware. Diese ausdrückliche Erweiterung des § 3 Abs. 1 MarkenG gegenüber Art. 2 der Richtlinie hält sich im Rahmen einer ordnungsgemäßen Umsetzung der verbindlichen Richtliniennorm, da angesichts des weiten Markenbegriffs und des nicht enumerativen Charakters der Beispiele die Formulierung des deutschen Texts lediglich der Klarstellung dient[382]. Zu Verpackungen in diesem Sinn zählen auch Flaschen[383], Gerätegehäuse, Becher, Schachteln, Lebensmittelgläser, u.ä.[384], die aufgrund ihres engen Warenbezugs und ähnlicher Problematik wie die Formmarken im engeren Sinn z.T. auch als „Warenverpackungsformmarken"[385] bezeichnet werden.

Für den Zweck dieser Arbeit sollen die „Formmarken im engeren Sinn" (bzw. die „produktabhängigen" Formmarken oder „Warenverpackungsformmarken") aufgrund ihres engen Produktbezugs der Einfachheit halber als „Formmarke" bezeichnet werden. Wegen der Gleichartigkeit von Produkt/Verpackung und Marke erscheint die Schutzfähigkeit derartiger Marken problematisch und wird im weiteren unter dem Gesichtspunkt der Unterscheidungseignung, –kraft und der Schutzausschlüsse des

---

108, 116 – Kabelkennfäden; RGZ 155, 374 – Kaffeemühle; a.A.: Baumbach/Hefermehl, § 1, Rdn. 66 m.w.N.; Eichmann, FS Nirk, 1992, 165, 173, Fn. 60 m.w.N.; Winkel, S. 9; Tetzner, GRUR 1951, 66.

[377] Thewes, 35.

[378] Vgl. insoweit die ADIDAS/PUMA–Urteile zum früheren deutschen (Ausstattungs–)Recht: BGH GRUR 1962, 299 – form–strip; BGH GRUR 1959, 423 ff. – Fußballstiefel; OLG Hamburg GRUR 1973, 368 ff. (368) – Drei–Streifen–Kennzeichnung; BGH GRUR 1972, 546 ff. (547) – Trainingsanzug.

[379] Vgl. BPatG GRUR 1998, 390 ff. (391) – Roter Streifen im Schuhabsatz.

[380] Vgl. Thewes, 35; a.A. Eichmann, GRUR 1995, 184 ff. (186).

[381] BPatG GRUR 1998, 390 ff. (391) – Roter Streifen im Schuhabsatz.

[382] Eichmann, FS Vieregge, 123 ff. (144); vgl. auch die Gemeinsame Erklärung des Rates und der Kommission der Europäischen Gemeinschaften im Protokoll des Rates anlässlich der Annahme der Ersten Richtlinie des Rates vom 21. Dezember 1988 zur Angleichung der Rechtsvorschriften der Mitgliedstaaten über die Marken, HABM–ABl. 1996, 606, Ziff. 4 zu Art. 3 Abs. 1 Ziff. e.

[383] Vgl. z.B. BPatG Mitt. 1998, 227 = GRUR 1998, 582 ff. – blaue Vierkantflasche; GRUR 1998, 580 – Dimple–Flasche; GRUR 1998, 581 ff. – weiße Kokosflasche; GRUR 1998, 584 ff. – kleine Kullerflasche.

[384] Vgl. Grabrucker, MarkenR 2001, 95 (103); Ingerl/Rohnke, § 3, Rdn. 30.

[385] Grabrucker, GRUR 2002, 377, 379.

§ 3 Abs. 2 MarkenG ein wesentlicher Schwerpunkt der Ermittlung der Schutzfähigkeit „dreidimensionaler Marken" darstellen.

II. Unterscheidungseignung und Abgrenzung zur Unterscheidungskraft

Die körperliche Identität von Formmarken einerseits und Produkt bzw. Verpackung andererseits wirft im Hinblick auf die Bestimmung ihrer Unterscheidungseignung und Unterscheidungskraft gewisse Fragen auf. Besitzt beispielsweise ein Stuhl oder ein Teekessel bereits dann Markenschutz –die anderen Kriterien der Markenfähigkeit und das Fehlen der speziellen Ausschlussgründe vorausgesetzt– wenn er anhand seiner Formgebung von anderen, gleichartigen Produkten unterschieden werden kann, oder wird er von den jeweiligen Verkehrskreisen –im Gegenteil– gewöhnlich nicht als Hinweis auf seine kommerzielle Herkunft betrachtet?

Von der Rechtsprechung wurde früher im Hinblick auf diese Problematik bei naturgetreuen (zweidimensionalen) Abbildungen einer Ware oder deren Verpackung verlangt, dass diese –um schutzfähig zu sein– von besonderer „Eigenart" oder „originell" sein müssen[386], bzw. beim Schutz dreidimensionaler Ausstattungen, dass diese nicht das „Wesen der Ware" ausmachen dürfen[387]. Fraglich ist, ob bzw. inwieweit derartige Einschränkungen auch nach der heutigen Rechtslage für „Formen einer Ware oder ihrer Verpackung" zu gelten haben und in welchem Stadium der Prüfung sie vorzunehmen sind: Sind insoweit schon besondere Anforderungen an die Unterscheidungseignung zu stellen, trägt eine Prüfung des Ausschlussgrundes des § 3 Abs. 2 MarkenG dem ausreichend Rechnung oder verspricht erst die Ermittlung „konkreter Unterscheidungskraft" (evtl. unter besonderer Berücksichtigung deren Erwerbs durch „Verkehrsdurchsetzung") nach § 8 Abs. 2 Nr. 1 MarkenG eine Lösung?

Bei der Formmarke stellt sich im Rahmen der Prüfung auf „abstrakte" Unterscheidungseignung das Problem, dass es von der im Einzelfall zu betrachtenden Form eigentlich keine Abstrahierungsmöglichkeiten gibt, da die Unterscheidungseignung der Formmarke sich auf die mit ihr „körperlich" identische Waren– oder Verpackungsform bezieht, so dass man eigentlich nicht nach einer „abstrakten" Unterscheidungseignung für „irgendeine" Ware fragen kann.
Meister schlägt deshalb, anstatt einer zweistufigen abstrakt/konkreten Prüfung, eine einstufige Untersuchung auf bloße „Kreativität" oder „kreative Höhe" vor[388].
Dies ließe allerdings unberücksichtigt, dass die Voraussetzungen der Markenfähigkeit nach § 3 MarkenG für alle Erwerbstatbestände für Marken nach § 4 MarkenG gelten und folglich die Prüfung von Markenfähigkeit und Eintragungsvoraussetzungen getrennt zu erfolgen hat. Darüber hinaus ist hier nicht die Formmarke von der Formmarke zu abstrahieren, sondern vielmehr die Marke vom konkret zu kennzeichnenden Produkt. Die konkrete Ausformung kann aber (gedanklich) genauso vom gekennzeichneten Produkt bzw. der Produktart getrennt werden, wie die Wort-

---

386 Vgl. BGH GRUR 1964, 454 – Palmolive.
387 BGH GRUR 152, 516 ff. (518) – Hummelfiguren I.
388 Meister, WRP 1995, 1005 ff. (1008 ff.); ders., WRP 2000, 967, 972 f.

marke DAVIDOFF von der damit gekennzeichneten Zigarre[389]. „Kreativität" i.S.v. Gestaltungshöhe spielt zwar im Geschmacksmusterrecht eine Rolle[390], dessen Anforderungen und Voraussetzungen können nicht für das anderen Zwecken dienende Markenrecht entscheidend sein. Letzteres dient der Herkunftsunterscheidung von Produkten und Dienstleistungen und nicht dazu, Kreativität vor Mittelmäßigkeit zu schützen[391].

Auch aus der bisherigen deutschen Rechtsprechung lässt sich nicht herauslesen, dass besondere Anforderungen an die Unterscheidungseignung von Formmarken im engeren Sinn oder derartige Warenverpackungen zu stellen sind. Entsprechend wurden vom BPatG Flaschen, Gabelstapler, Stabtaschenlampen, Drehsessel, Transportboxen für Tiere, Uhren- und Trafogehäuse als markenfähig erachtet[392] und der BGH setzt seine bisherige liberale Rechtsprechung zu den neuen Markenformen fort und geht auch im Falle von Formmarken von einer grundsätzlichen abstrakten Unterscheidungseignung aus[393]. Dies liegt auch auf einer Linie mit den Schlussanträgen von Generalanwalt Ruiz-Jarabo Colomer zum EUGH-Vorlageurteil „Rasierapparat", wonach der unterschiedliche Wortlaut der Art. 3 Abs. 1 lit. b der Richtlinie („Unterscheidungskraft") und Art. 3 Abs. 1 lit. a i.V.m. Art. 2 der Richtlinie („geeignet zu unterscheiden") nicht für die Feststellung ausreiche, dass eine Zeichenkategorie bereits ihrer Natur nach unfähig sein könne, Unterscheidungskraft zu „erlangen", mithin noch nicht einmal Unterscheidungseignung habe[394].

Keine besonderen Anforderungen stellte auch der EuGH in Linde/Winward/Rado, oder in den Wasch-/Geschirrspülmitteltabletten-Fällen (Henkel, Procter&Gamble), wonach aus Art. 2 der Richtlinie bzw. Art. 4 GMV folge, dass ein dreidimensionales Zeichen, das die Form einer Ware darstelle, grundsätzlich eine Mark sein könne, sofern sie grafisch darstellbar sei und ihr Unterscheidungseignung zukomme[395].

Die Form einer Ware oder eines Warenteils ist mithin grundsätzlich fähig, diese Ware von Waren zu unterscheiden, die von anderen Unternehmen hergestellt werden. Negativ abgegrenzt ist eine derartige Eignung nur dann zu verneinen, wenn unter allen Umständen ausgeschlossen werden kann, dass das fragliche Gebilde in der Lage ist, als Hinweis auf die betriebliche Herkunft von Waren oder Dienstleistungen zu dienen. Davon kann nur in extremen Ausnahmefällen, wie etwa bei „einfachsten geometrischen Grundformen" ausgegangen werden[396].

---

389 In diesem Sinne auch Thewes, 57.

390 Vgl. § 1 Abs. 2 GeschMG.

391 Vgl. Thewes, 58.

392 Vgl. BPatG GRUR 2001, 737, 739 – Waschmittelflasche; Mitt. 1998, 230 – Unterscheidungskraft einer Taschenlampengestaltung; Mitt. 1998, 227 = GRUR 1998, 582 ff. – blaue Vierkantflasche; GRUR 1998, 580 – Dimple-Flasche; GRUR 1998, 581 ff. – weiße Kokosflasche; GRUR 1998, 584 ff. – kleine Kullerflasche (abstrakte Markenfähigkeit nach § 3 Abs. 1 MarkenG wurde vom Gericht jeweils ausdrücklich unterstellt/bejaht); vgl. im übrigen die Übersichten bei Grabrucker, GRUR 1998, 625 ff. (626 ff.) und 1999, 605 ff. (606 ff.).

393 Vgl. BGH MarkenR 2001, 71 (72) – Stabtaschenlampen; BGH MarkenR 2001, 67 (68) – Gabelstapler; BGH MarkenR 2001, 75 (76) – Rado-Uhr; BGH MarkenR 2001, 121 (122) – SWATCH; BGH MarkenR 2001, 124 (125) – OMEGA.

394 Generalanwalt Ruiz-Jarabo Colomer, [2001] E.T.M.R. 48, 509 (520) – Philips Electronics vs. Remington Consumer Products Ltd.

395 EuGH, Urteil v. 8.4.2003, C-53/01 bis C-55/01, WRP 2003, 627, 630 – Linde/Winward/Rado; EuGH, Urteile v. 29.4.2004 in den verbundenen Rechtssachen C-456/01 P /C-457/01 P (Henkel),Rdn. 30 f., C-468/01 P bis C-472/01 P (Procter&Gamble), Rdn. 28 f. und C-473/01 P bis C-474/01 P (Procter&Gamble), Rdn. 28 f.

396 Vgl. Körner/Gründig-Schnelle, GRUR 1999, 535 ff. (536).

III. Schutzausschlüsse für Formmarken, § 3 Abs. 2 MarkenG

1. Regelung, Systematik und Auslegungskriterien

Die Vorschrift des § 3 Abs. 2 MarkenG postuliert Ausnahmetatbestände, durch welche die oben dargelegte großzügige Definition der Markenfähigkeit von Formen nicht unbedeutende Einschränkungen erfährt. Markenfähigkeit besteht demnach nicht für Zeichen, die
„ausschließlich aus einer Form bestehen,
1. die durch die Art der Ware selbst bedingt ist,
2. die zur Erreichung einer technischen Wirkung erforderlich ist oder
3. die der Ware einen wesentlichen Wert verleiht".

Die Vorschrift des § 3 Abs. 2 MarkenG stimmt wörtlich mit der Formulierung des Art. 3 Abs. 1, lit. e der Richtlinie und Art. 7 Abs. 1 lit. e GMV überein, die in letzteren allerdings als absolute Eintragungshindernisse ausgestaltet sind. Insoweit wurde eine bindende Regelung der Markenrechtsrichtlinie übernommen[397] :
„Folgende Zeichen oder Marken sind von der Eintragung ausgeschlossen oder unterliegen im Falle der Eintragung der Ungültigerklärung:
e) Zeichen, die ausschließlich bestehen
– aus der Form, die durch die Art der Ware selbst bedingt ist, oder
– aus der Form der Ware, die zur Erreichung einer technischen Wirkung erforderlich ist, oder
– aus der Form, die der Ware einen wesentlichen Wert verleiht".

Entsprechend ihrem Wortlaut und wegen der systematischen Stellung in § 3 MarkenG regeln die Schutzausschlüsse des Abs. 2 der Markenfähigkeit von Formzeichen entgegenstehende Gründe. Obwohl sich Art. 3 Abs. 1 lit. e der Richtlinie (wie Art. 7 Abs. 1 lit. e GMV) nur mit dem Hindernis für die Registrierung einer eingetragenen Marke befasst (absolute Eintragungshindernisse), sind gemäß der deutschen Gesetzessystematik und zur Herbeiführung einer einheitlichen Auslegung des Markenbegriffs die in § 3 Abs. 2 MarkenG erwähnten Kriterien auch für „Benutzungsmarken mit Verkehrsgeltung" (§ 4 Nr. 2 MarkenG) verbindlich und zu beachten[398]. Da im Grundsatz alle Markenformen sowohl durch Eintragung als auch aufgrund von Verkehrsgeltung schützbar sind, wäre es wenig sinnvoll, hier unterschiedliche Maßstäbe postulieren zu wollen[399]. Die andere systematische Stellung der Richtlinienvorschrift beruht darauf, dass die Richtlinie nur den Markenschutz aufgrund Eintragung (§ 4 Nr. 1 MarkenG) regelt und der deutsche Gesetzgeber die Voraussetzungen der Markenfähigkeit vor die Klammer ziehen wollte[400]. Letztlich betrifft § 3 Abs. 2 MarkenG auch einen Fall der „konkreten Schutzfähigkeit" von Formmarken, da es darauf ankommt, ob gerade für „bestimmte" Waren die dort genannten Ausschlussgründe vorliegen. Dennoch ist die Vorschrift als Hindernis der Markenfähigkeit vorrangig vor den Eintragungshindernissen des § 8 MarkenG zu beachten. Dies gilt um

[397] Amtl. Begründung zu § 3, in: v. Mühlendahl, a.a.O., Ziff. 3, S.133.
[398] Vgl. Amtl. Begr. zu § 3, in v. Mühlendahl, a.a.O., 131 ff.; vgl. auch Fezer, § 3, Rdn. 4.
[399] Ingerl/Rohnke, § 3, Rdn. 3.
[400] Vgl. die Amtl. Begr. zu § 3, a.a.O., S. 132; vgl. auch Ingerl/Rohnke, § 3, Rdn. 3.

so mehr, als aufgrund der Gesetzessystematik der §§ 3 Abs. 2, § 4 und 8 Abs. 3 MarkenG selbst bei Verkehrsdurchsetzung oder –geltung weder durch eine Register– noch durch eine Benutzungsmarke für eine Zeichenform i.S.d. § 3 Abs. 2 MarkenG Schutz gewährt werden kann.

Entscheidende Auslegungsmaßstäbe für die Ausschlüsse der genannten Formen vom Markenschutz sind –wie schon für § 3 Abs. 1 MarkenG– die Kriterien der Richtlinienkonformität und die Rechtsvergleichung. Insoweit ist u.a. die Umsetzung der jeweiligen Schutzausschlüsse in den anderen Mitgliedstaaten aber auch die entsprechende Rechtspraxis in Rechtsordnungen wie den USA oder der Schweiz von Interesse[401].

2. Allgemeine Fragen

Zum generellen Anwendungsbereich des Schutzausschlusses nach § 3 Abs. 2 MarkenG ergeben sich gewisse Vorfragen, die unabhängig von den einzelnen Ausschlussgründen der Ziff. 1 bis 3 zu klären sind.

a. Zweck der Regelung

Die amtliche Begründung zum Markengesetz geht nicht näher auf den Zweck der Schutzausschlüsse des § 3 Abs. 2 MarkenG ein, sondern belässt es bei dem Hinweis, die Vorschrift „entspreche weitgehend den Kriterien, welche die deutsche Rechtsprechung zur Ausstattungsfähigkeit dreidimensionaler Gestaltungen entwickelt" habe[402].

Wie die amtliche Begründung weiterhin richtig feststellt, kann auf diese Kriterien aber nicht ohne weiteres zurückgegriffen werden, weil eine bindende Regelung der Markenrichtlinie übernommen wurde. Sinn und Zweck der Regelung sind daher zunächst einmal in der Gesetzesgeschichte der europäischen Regelungen zu suchen. Diese lassen auf ein „Freihalteinteresse" als Telos der Regelung schließen. So soll nach der Begründung der Europäischen Kommission zu Art. 6 Abs. 2 (a) des geänderten Vorschlags der Verordnung über die Gemeinschaftsmarke die Eintragung der Form einer Ware nur dann ausgeschlossen werden, „wenn dadurch ein Unternehmen diese Form zum Nachteil seiner Wettbewerber und der Verbraucher für sich allein in Anspruch nehmen könnte"[403]. Entsprechend wies schon die Denkschrift über die Schaffung einer EWG – Marke aus dem Jahre 1976 darauf hin, dass „die Prüfung auf absolute Eintragungshindernisse sich in erster Linie darauf zu erstrecken hat, ob ... [die Marke] nicht aus ... sonstigen Angaben besteht, die den Wettbewerbern zur freien Benutzung offen stehen müssen."[404]

[401] Siehe unten die Umsetzungsgesetze im Annex zu L.I.2.
[402] Amtliche Begründung zu § 3, abgedruckt in v. Mühlendahl, 107 (133).
[403] Bulletin der EG, Beilage 5/80, 59, abgedruckt in GRUR Int. 1981, 86, 87.
[404] GRUR Int. 1976, 481, 491.

Entsprechend konkretisierte die Literatur dieses Freihaltebedürfnis dahingehend, dass Grund für den Ausschluss bestimmter Formen vom Markenschutz das Bestreben sei, im Einklang mit grundlegenden Prinzipien des Rechts des geistigen Eigentums eine Monopolisierung von für Mitbewerber unentbehrlichen Formen durch Gewährung eines –grds. unbefristeten– Markenschutzes zu verhindern, soweit dies mit den Zielen und Besonderheiten des Markenschutzes nicht im Einklang stehe[405]. Die Vorschrift des § 3 Abs. 2 MarkenG klammert damit –wie auch die Vorschriften der Art. 3 Abs. 1 lit. e der Richtlinie und Art. 7 Abs. 1 lit. e GMV– Fälle eines „absoluten Freihaltebedürfnisses der Mitbewerber" an essentiellen, technisch oder ästhetischen Produktmerkmalen aus dem Markenschutz aus, und zwar in Fällen, in denen anders nicht sicher gewährleistet werden kann, dass Markenschutz Kennzeichenschutz bleiben, nicht aber Produktschutz mit ewig verlängerbarer Monopolisierung werden soll[406].

Auf Freihalteinteressen wies auch der EuGH hin, als er in „Philips vs. Remington", „Linde u.a." und „Libertel" zur Vorschrift des Art. 3 Abs. 1 lit. e der Richtlinie Stellung nahm. Danach seien, wie schon in „Chiemsee"[407], die verschiedenen in Art. 3 der Richtlinie aufgeführten Eintragungshindernisse „im Lichte des Allgemeininteresses" auszulegen, „das ihnen jeweils zugrunde" liegt. Ratio der Schutzausschlüsse des Art. 3 Abs. 1 lit. e der Richtlinie sei zu verhindern, dass der Schutz des Markenrechts seinem Inhaber ein Monopol für technische Lösungen oder Gebrauchseigenschaften einer Ware einräumt, die der Benutzer auch bei Waren der Mitbewerber suchen kann[408].

Zwar werden die Ausschlussgründe der Art. 3 Abs. 1 lit. e der Richtlinie und Art. 7 Abs. 1 lit. e GMV von der Literatur vereinzelt auch mit der Gefahr erklärt, derartige Marken könnten mit anderen Schutzrechten kollidieren und insbesondere die zeitliche Befristung des Schutzes für Patente, Gebrauchs– und Geschmacksmuster unterlaufen[409].
Dabei darf jedoch nicht vergessen werden, dass letzteren ein anderer Schutzzweck innewohnt und eine Kollision mit dem Markenrecht nicht zwangsläufig gegeben sein muss. Der Gesetzeszweck darf daher nicht dahin missverstanden werden, dass die Möglichkeit oder das tatsächliche Bestehen früheren oder gegenwärtigen Sonderschutzes (Patent–, Urheber– und Geschmacksmusterrecht) den Markenschutz ge-

---

405 Winkler, MA 1996, 516, 522; Kur, FS DPA, 175, 187; dies., GRUR 1997, 241, 246 (zu Art. 3 Abs. 1 lit.e der Richtlinie); Strowel, EIPR 1995, 154 ff. (156); Pohl/Gielen, Mitt. 1996, 156, 158; Albert/Henning–Bodewig, 449, 460; Würtenberger, GRUR 2003, 912; Althammer/Ströbele/Klaka, § 3, Rdn. 29; Klaka, GRUR 1996, 613, 615; Fezer, § 4, Rdn. 59 und Sambuc, GRUR 1989, 547, 548, Fn. 9 heben mehr auf eine Konkretisierung der „Selbständigkeit der Marke von der Ware" ab.
406 Eichmann, GRUR 1995, 184, 185; ders., FS Vieregge, 1995, 125, 144; Koppensteiner, § 38, Rdn. 17; Kur, FS DPA 175, 187; Althammer/Ströbele/Klaka, § 3, Rdn. 29; Klaka, GRUR 1996, 613, 615; Ingerl/Rohnke, § 3, Rdn. 35; Ingerl, 65 zur GMV; Pohl/Gielen, Mitt. 1996, 156, 158 zur Richtlinie und GMV; Schmieder, NJW 1994, 1241, 1242; zum englischen Recht: Firth/Gredley/Maniatis, [2001] EIPR. 86, 89 m.w.N.
407 EuGH, Urteil v. 4.5.1999, Chiemsee, Case C-108/97, Erwägungsgründe 25-27.
408 EuGH, Case C–299/99, Urteil vom 18.06.2002 in Sachen Koninklijke Philips Electronics NV vs. Remington Consumer Products Ltd., MarkenR 2002, 231, 238, Erwägungsgründe 77 ff.; EuGH, GRUR 2003, 515, verbundene Rechtssachen C–53/01 bis C–55/01, Linde AG, Winward Industries Inc. und Rado Uhren AG, Erwägungsgrund 71/72; EuGH, WRP 2003, 735, Urteil vom 6.5.2003 in Sachen Libertel Groep BV gegen Benelux-Merkenbureau, Case C-104/01, Erwägungsgrund 53.
409 Pohl/Gielen, Mitt. 1996, 156, 158 (zur dritten Tatbestandsalternative); Kur, GRUR 1997, 241, 246; dies., MarkenR 2000, 1 (3).

nerell ausschließen würde. Vielmehr ist es im Grundsatz gleichgültig, ob für eine Ware z.B. auch Patentschutz bestanden hat. Allenfalls kann daraus ein Indiz z.B. für die technische Bedingtheit gewonnen werden[410].

b. Keine Anwendbarkeit auf Dienstleistungsmarken

Da die Ausschlussgründe des § 3 Abs. 2 MarkenG von „Formen der Ware" sprechen, fragt es sich, ob der Ausschlussgrund auch auf Dienstleistungsmarken anwendbar ist.

Zwar heben der erste und dritte Ausschlussgrund des Markengesetzes bzw. der Richtlinie zunächst nur auf „Zeichen" ab, die ausschließlich aus einer „Form" bestehen, die durch die „Art der Ware selbst bedingt ist" oder die „der Ware einen wesentlichen Wert verleiht". Die Bezugnahme auf „Waren" weist jedoch darauf hin, dass damit „Formen der Ware" angesprochen werden sollen. Noch deutlicher ist insoweit die Formulierung des zweiten Ausschlussgrundes der Richtlinie, der –im Gegensatz zur nationalen Regelung– ausdrücklich von der „Form der Ware" spricht, die „zur Erreichung einer technischen Wirkung erforderlich ist". Damit korrespondieren auch die ausländischen Fassungen der Richtlinienvorschrift[411].
Für eine Anwendung der Vorschriften auf Warenformen sprechen auch Gesetzesgeschichte und Systematik. So wurden in der Begründung zum geänderten Richtlinien– und Verordnungsvorschlag von 1980 die Schutzausschlüsse für Formen nur auf die „Form einer Ware" bezogen[412]. Aus diesem Grund lautete der dritte Ausschlussgrund bis zum geänderten Richtlinienvorschlag von 1985 auch noch: „.. aus der Form einer Ware, die ihren eigentlichen Wert beeinflusst.."[413]. Weiterhin verwenden bereits § 3 Abs. 1 bzw. Art. 2 der Richtlinie die „Form der Ware" als Regelbeispiel markenfähiger Zeichen, so dass es nahe liegt, dass der in den Ausschlussgründen verwendete Begriff der „Form" diesen wieder aufnimmt.
Darüber hinaus sollen die Ausschlussgründe für Formen ihrem Zweck nach gerade den Übergriff des Markenrechts auf im Sinne des § 3 Abs. 2 MarkenG wesentliche „Produktformen"[414], bzw. ein Dauermonopolrecht an essentiellen, technischen oder ästhetischen Produktmerkmalen[415] verhindern. Eine Anwendung der Ausschlussvorschriften auf dreidimensionale Formgestaltungen, die von der Ware vollkommen unabhängig sind („warenunabhängige dreidimensionale Gestaltungen", s.o.), wie z.B.

---

[410] Ingerl/Rohnke, § 3, Rdn. 35; U.K. High Court [1998] E.T.M.R., 124, 153 – Philips vs. Remington; vgl. Firth/Gredley/Maniatis, [2001] EIPR 86, 88 ff.; Pohl/Gielen, Mitt. 1996, 156, 158 (zur 1. und 2. Tatbestandsalternative).
[411] Vgl. etwa „shape of goods" (englische Fassung), „forme du produit" (französische Fassung), „forma del producto" (spanische Fassung), „forma del prodotto" (italienische Fassung), oder die „vorm van de waar" (Benelux – Fassung).
[412] Begr. zu Art. 2 des Richtlinienvorschlags von 1980, Bulletin der Europäischen Gemeinschaften, Beilage 5/80, S. 15, unter Verweis auf Begr. zu Art. 6 (alt) des GMV-Vorschlags auf S. 58 ff. (59); Ruijsenaars, GRUR Int. 1992, 505 ff. (512).
[413] Art 2 Abs. 2 a) (alt) des geänderten Vorschlags einer Ersten Richtlinie des Rates zur Angleichung der Rechtsvorschriften der Mitgliedstaaten über die Marken, Abl.EG 1985, Nr. C 351/ 4 ff. (7); vgl. auch Art. 6 Abs. 2 a) (alt) des geänderten Verordnungsvorschlages von 1984, abgedruckt in Baumbach/Hefermehl, S. 1335 ff. (1336).
[414] Sambuc, GRUR 1997, 403 ff. (406).
[415] Vgl. Althammer/Ströbele/Klaka, § 3, Rdn. 29.

das „Michelin – Männchen" für die Ware „Reifen", scheidet daher ebenso aus[416], wie eine Anwendung auf „Dienstleistungsmarken".

c. *Anwendbarkeit auf Verpackungsgestaltungen*

Problematischer erscheint, ob § 3 Abs. 2 MarkenG auch für „Verpackungen" gilt. Insofern bedarf der in § 3 Abs. 2 MarkenG verwendete Begriff der „Form" weiterer Auslegung.

aa. Anwendung auf Verpackungen die Warenbestandteil sind

Weitgehende Einigkeit besteht insofern, als § 3 Abs. 2 MarkenG außer auf die Ware selbst auch auf Behältnisse angewendet werden soll, die geradezu schon „Bestandteil der Ware" sind[417]. Ware und Verpackungen bilden hier häufig eine kaum trennbare Einheit[418], wie z.B. im Fall von Spraydosen, Rollstiften, Pumpsprays und Flaschenkörpern. Derartige Warenverpackungen bestimmen die äußere Form der Ware und sind Warenformen gleichzustellen. Eine Anwendung der Ausnahmebestimmungen auf z.B. Flaschen oder Glasbehälter erscheint angebracht, weil die Anmelder entsprechender Marken nicht selten Schutz für z.B. Parfums oder Getränke einerseits, sowie zugleich für Glaswaren (Klasse 21) beanspruchen, also gleichzeitig für Flaschen als Verpackung und als Ware. Die grundsätzliche Anwendbarkeit der richterrechtlich entwickelten Ausnahmen vom Ausstattungsschutz nach § 25 WZG auf Glasbehälter war auch bereits unter Geltung des WZG anerkannt[419]. Eine Anwendung der Ausschlussvorschriften auf derartige Verpackungsformen dürfte mithin vom Wortlaut und der Zweckrichtung der Ausschlussvorschriften umfasst sein.
Dies bestätigte zuletzt auch der EuGH in „Waschmittelflasche" im Hinblick auf Waren, die keine innewohnende Form besitzen und deren Vermarktung eine Verpackung verlangt (z.B. Flüssigkeiten). Hier sei die Verpackung der Form der Ware i.S.d. Art. 3 Abs. 1 Lit. e der Richtlinie gleichzusetzen[420].

bb. (Analoge) Anwendung auf übrige Verpackungen

Bei Verpackungen, die nicht Bestandteil der Ware sind, wird die Frage noch kontrovers diskutiert. Nach einer Ansicht gilt der Ausschluss vom Markenschutz nach § 3

---

[416] Meister, WRP 2000, 967 (973) zu Art. 7 Abs. 1 lit. e GMV.
[417] Eichmann, GRUR 1995, 184, 186; ders., in FS Vieregge, 1995, 125, 152/153; ders., in FS Nirk, 1992, 165, 190, zur Richtlinie; Fezer, § 3, Rdn. 227; Winkler, MA 1996, 516, 523; offengelassen von Kur, FS DPA, 175, 186; von Fall zu Fall – Entscheidung Althammer/Ströbele/Klaka, § 4, Rdn.126; BPatG GRUR 2001, 737, 739 – Waschmittelflasche; a.A. Marz, 75.
[418] Althammer/Ströbele/Klaka, § 3, Rdn. 31.
[419] Schutzfähigkeit verneint: RG MuW X, 58, 59 – Lance Parfümfläschchen; Schutzfähigkeit bejaht: BGH GRUR 1969, 541, 542 – Grüne Vierkantflasche; BGH GRUR 1956, 179 – Ettaler–Flasche; OLG Köln GRUR 1983, 456 – Spülmittel–Flasche; OLG Hamburg GRUR Int. 1975, 402 – Cointreau–Flasche; OLG Hamburg GRUR 1951, 516 – Steinhäger–Flasche.
[420] EuGH, MarkenR 2004, 116 (119), Urteil vom 12.2.2004, C-218/01-Waschmittelflasche.

Abs. 2 MarkenG für die übrigen Arten von Verpackungen nicht, was vor allem mit dem sich auf Formen (von Waren) beschränkenden Wortlaut der Regelungen des § 3 Abs. 2 MarkenG und Art. 3 Abs. 1 lit. e der Richtlinie begründet wird[421]. Die Gegenmeinung möchte hingegen die Ausschlussgründe des § 3 Abs. 2 MarkenG grundsätzlich auch auf Verpackungen anwenden[422], weil insbesondere auch bei Verpackungen das in § 3 Abs. 2 MarkenG geschützte Freihaltebedürfnis der Wettbewerber bzw. der Allgemeinheit im Einzelfall eine Rolle spiele[423], wie etwa im Fall „stapelbare Behälterformen" oder bei „figurförmigen Behältern als Spielzeug"[424].

Eine Entscheidung muss im Wege einer richtlinienkonformen und rechtsvergleichenden Auslegung erfolgen:

Erster und dritter Ausschlussgrund des Markengesetzes bzw. der Richtlinie beschränken sich zwar nicht deutlich auf „Formen der Ware", wenngleich in Verbindung mit dem Obersatz ein solcher Bezug nahe liegt. Auch verzichtet der zweite Ausschlussgrund des § 3 Abs. 2 MarkenG ganz auf den Begriff der „Ware". Eine Auslegung anhand der entsprechenden Richtlinienbestimmung des Art. 3 Abs. 2 lit. e, 2. Fall, die wörtlich auf die „Form der Ware" abstellt, ergibt jedoch, dass auch diese Vorschrift ihrem Wortlaut nach ausschließlich auf Waren Anwendung finden muss. Eine Ausdehnung des Begriffs der „Form der Ware" auf Verpackungen, die im o.g. Sinn nicht einmal Warenbestandteil sind, hieße mithin den Rahmen grammatikalischer Auslegung zu sprengen[425]. Eine richtlinienkonforme grammatikalische Auslegung spricht daher gegen eine Einbeziehung von Verpackungen. Entsprechend lehnt auch der EuGH eine Anwendung der Vorschrift auf Verpackungen von Waren ab, die eine „ihnen innewohnende Form" haben, weil in diesen Fällen kein hinreichend enger Zusammenhang zwischen Verpackung und Ware bestehe[426].

Die Schutzausschlüsse können daher allenfalls analog Anwendung auf entsprechende Verpackungen finden. Auch wenn das Mittel der Analogie bei europarechtlichen Vorschriften eher ungewöhnlich ist[427], kann es auch im sekundären EU – Recht zur Anwendung kommen, da auch der EuGH zur Lückenfüllung häufig auf dieses Mittel zurückgreift[428]. Im übrigen ist jede europäische Norm daran zu messen, ob sie den „objektiven Zwecken des Rechts" gerecht wird, was auch die Untersuchung beinhaltet, ob die betreffende Norm den Erwartungen bezüglich Gerechtigkeit und Friedenssicherung entspricht[429]. Dieses für die Auslegung von EU–Recht geltende Prinzip muss auch für den eine Analogie leitenden Grundsatz gelten, dass "im wesentlichen Gleichartiges gleichartig zu behandeln" ist. Ob eine dafür erforder-

---

421 Eichmann, GRUR 1995, 184, 186; ders. FS Vieregge, 1995, 125, 151 ff.

422 Althammer/Ströbele/Klaka, § 3, Rdn. 31; Klaka, GRUR 1996, 613, 614, 617, 618; Ingerl, 66 zur GMV; wohl auch Berlit, Rdn. 6; Thewes, 63; Fezer, § 4, Rdn. 196, § 3, Rdn. 227; offengelassen von Kur, FS DPA 175, 186.

423 Klaka, 614.

424 Ingerl, 66; Ingerl/Rohnke, § 3, Rdn. 38.

425 a.A. wohl Koschtial, GRUR Int. 2004, 106, 107, wonach der „Warenbegriff" so auszulegen sei, dass die Ware in der Form gemeint sei, wie sie dem Verbraucher auf dem Markt gegenübertritt, also gegebenenfalls in verpackter Form.

426 EuGH, MarkenR 2004, 116 (119), Urteil vom 12.2.2004, C-218/01-Waschmittelflasche.

427 Vgl. Sack, WRP 1998, 1127 ff. (1139).

428 Vgl. Bleckmann, NJW 1982, 1177 ff. (1181), m.w.N.

429 Lutter, JZ 1992, 593 ff. (603) m.w.N.; vgl. auch Bleckmann, NJW 1982, 1177, 1180.

liche „Gesetzeslücke“ sowie eine „Ähnlichkeit der Tatbestände“ vorliegen, ist im folgenden im Wege der historischen und teleologischen Auslegung zu ermitteln[430].

Rechtshistorisch beachtenswert ist in diesem Zusammenhang, dass sich sämtliche früheren Richtlinien– und Verordnungsvorschläge/–fassungen beim zweiten Ausschlussgrund nie auf die „Form der Ware“ bezogen[431]. Stattdessen sprach die AIPPI bereits 1984 in ihrer Stellungnahme zum geänderten Verordnungsvorschlag sowohl die „Form der Ware“ wie auch „ihre Verpackung“ an[432]. Entsprechend formulierte die Gemeinsame Erklärung des Rates und der Kommission bei Annahme der Richtlinie, dass bei verpackten Waren der Ausdruck „Form der Ware“ auch die „Verpackung“ umfasst[433]. Unter Zugrundelegung des im Hinblick auf die Formulierung der Ausschlussgründe Pate stehenden Beneluxrechts (als Orientierungshilfe), ergibt sich nichts anderes, da es im Hinblick auf „technische Funktionalität“ und „wesensbedingte Formen“ ebenfalls von der Anwendbarkeit der Schutzausschlüsse auf Verpackungen ausging[434].

Auch gemessen am Gesetzeszweck, der ein Freihaltebedürfnis an dreidimensionalen Formen schützen, bzw. ungerechtfertigter Benachteiligungen von Mitbewerbern und Verbrauchern verhindern will (s.o.), erscheint eine analoge Anwendung der Schutzausschlüsse auf Verpackungen im allgemeinen als gerechtfertigt. Denn gerade Verpackungsgestaltungen kann ein entsprechendes Freihaltebedürfnis in gleichem Maße zukommen wie Warenformen, weil sie z.B. eine technische Wirkung erzielen (Eierschachtel), oder sie einen wesentlichen wertbedingten Zweitnutzen haben können (Porzellanhäuschen als Behälter für Flüssigseife oder Likör). Dies gilt umso mehr, als es Waren gibt, die zwar von der Verpackung trennbar sind, jedoch i.d.R. nie ohne diese gehandelt werden, weil sie –wie z.B. rohe Eier in einer Eierschachtel– nur in verpacktem Zustand Gegenstand des Wirtschaftsverkehrs sind[435].

Dem entspricht auch eine gemeinschaftskonforme[436] und rechtsvergleichende[437] Auslegung, sowie ein Vergleich mit der Rechtslage unter Geltung des WZG[438]. Technisch bedingte Aufreißpackungen und durchsichtige Hüllen von Makkaroni–Packungen dürften daher auch heute nicht schutzfähig sein[439].

---

[430] Vgl. Larenz, 373, 381 f. zu den allgemeinen Voraussetzungen einer Analogie.

[431] Vgl. z.B. den geänderten Verordnungsvorschlag von 1984, abgedruckt in Baumbach/Hefermehl, S. 1335 ff. (1336) oder den geänderten Richtlinienvorschlag von 1985, Abl.EG 1985, Nr. C 351, S. 4 ff. (7).

[432] Stellungnahme der AIPPI zum geänderten Vorschlag für eine Verordnung des Rates über die Gemeinschaftsmarke, GRUR Int. 1985, 463 ff. (464) zu Art. 6 Abs. 2 (a) [alt].

[433] Gemeinsame Erklärung des Rates und der Kommission der Europäischen Gemeinschaften im Protokoll des Rates anläßlich der Annahme der Ersten Richtlinie des Rates vom 21. Dezember 1988 zur Angleichung der Rechtsvorschriften der Mitgliedstaaten über die Marken, Abl.HABM 1996, 606, Nr. 2 und Nr. 4.

[434] Winkel, S. 176, 182/183 m.w.N.; Henning–Bodewig/Bastian, a.a.O., 130, 132 m.w.N..

[435] BPatG GRUR 2001, 737, 739 – Waschmittelflasche.

[436] Mitteilung Nr. 2/98 des Präsidenten des Amtes vom 8. April 1998 über die Prüfung von dreidimensionalen Marken, Abl.HABM 1998, 700 (702); Prüfungsrichtlinien des HABM zur Anwendung der GMV, Ziff. 8. 6. a), ABl.HABM 1996, 1300 ff. (1308), wobei sich die Form eines Behälters für Flüssigkeiten aber nicht aus der Art der Ware ergeben soll, da eine Flüssigkeit jede Form annehmen könne.

[437] Benelux: Strowel, EIPR 1995, 154 ff. (157/158); Gielen/Strowel, Mitt. 1995, 198 ff. (2020/203); Schweiz: David, Art. 2, Rdn. 49 und 47; USA: Winkel, S. 82 und 89, Restatement of Torts (1938) mit herzförmiger Pralinenschachtel als Beispiel.

[438] Vgl. Baumbach/Hefermehl, § 25 WZG, Rdn. 66 – 68, m.w.N.

[439] Vgl. RG MuW 26, 252 – Aufreißpackung; RG MuW 35, 144 – Makkaronipackung.

Eine entsprechende analoge Anwendung erwog der EuGH in „Waschmittelflasche“ zwar nicht, kommt aber für die o.g. Beispiele (Porzellanhäuschen, Eierschachtel) wohl zum selben Ergebnis, weil er diese als „Waren, deren Vermarktung eine Verpackung verlangt“ zur ersten Gruppe zählt[440].

d. Anwendbarkeit auf Benutzermarken nach § 4 Nr. 2 MarkenG

Strittig ist, ob sich die Schutzausnahmen des § 3 Abs. 2 MarkenG neben Registermarken auch auf reine Benutzermarken i.S.d. § 4 Nr. 2 MarkenG anwenden lassen.

Teilweise wird dies mit dem Hinweis abgelehnt, dass sich die entsprechende Schutzversagung der Richtlinie ausschließlich auf die Begründung des Markenschutzes kraft Eintragung beschränke, was auch durch Ziff. 2 und 3 der Richtlinien–Protokollerklärung[441] bestätigt werde, die als maßgebliches Entscheidungskriterium für die Frage der markenrechtlichen Schutzfähigkeit auf die Unterscheidungskraft abstellten[442].

Diese Ansicht verkennt jedoch, dass einer zur Richtlinie deckungsgleichen Auslegung dort Grenzen gesetzt sind, wo Bereiche den Mitgliedsländern zur freien Regelung überlassen worden sind. Eine richtlinienkonforme Auslegung nationalen Rechts scheidet aus, soweit eine Richtlinie den Mitgliedstaaten bei der Umsetzung einen Gestaltungsspielraum einräumt[443]. Entsprechend ergibt sich im Hinblick auf die Markenrechtsrichtlinie aus dem 4. Erwägungsgrund, dass die Richtlinie den Mitgliedstaaten das Recht belässt, die durch Benutzung erworbenen Marken weiterhin zu schützen. Und nach der amtlichen Begründung sollen „die Kriterien, die für die durch Benutzung erworbenen Markenrechte gelten, hinsichtlich der vom Schutz ausgeschlossenen Zeichenformen dieselben sein, die für den Schutz durch Eintragung gelten“[444]. Eine weitergehende Anwendung der Schutzausschlüsse auf Benutzermarken war vom deutschen Gesetzgeber daher geradezu bezweckt und entsprach auch objektiv dem Ziel einer notwendigen einheitlichen Auslegung des Markenbegriffs i.S.d. § 3 MarkenG[445].

Dass § 3 Abs. 2 MarkenG für alle Markenkategorien des § 4 MarkenG gelten soll, wird auch gesetzessystematisch dadurch belegt, dass der deutsche Gesetzgeber im Aufbau von den entsprechenden Vorschriften der Markenrechtsrichtlinie abwich und die Schutzausschlüsse vorgezogen im Zusammenhang mit der Markenfähigkeit regelte.

Darüber hinaus muss § 3 Abs. 2 MarkenG wegen seines Zwecks, „Freihaltebedürfnisse“ an technische Lösungen oder Gebrauchseigenschaften einer Ware zu schüt-

---

[440] EuGH, MarkenR 2004, 116 (119), Urteil vom 12.2.2004, C-218/01-Waschmittelflasche.
[441] Gemeinsame Erklärungen des Rates und der Kommission der EG im Protokoll anläßlich der Annahme der Richtlinie v. 21. Dez. 1988, abgedruckt im Abl.HABM 1996, 606.
[442] Kiethe/Groeschke, WRP 1998, 541 ff. (543/544).
[443] Vgl. Sack, GRUR 1995, 81; Weberndörfer, 53 ff. (56).
[444] Amtl. Begründung, a.a.O., 133.
[445] Amtl. Begründung, a.a.O., 133; Althammer/Ströbele/Klaka, § 4, Rdn. 9; Klaka, GRUR 1996, 613 ff. (614); Fezer, § 3, Rdn. 224; Koschtial, GRUR Int. 2004, 106, 107.

zen[446], für alle Arten der Entstehung einer (Form)Marke, also auch für Benutzungsmarken gelten, da diese Allgemeininteressen unabhängig vom Entstehungstatbestand existieren.

Zum gleichen Ergebnis kommt eine rechtsvergleichende Analyse:
Das amerikanische Recht kennt keine Zweigleisigkeit hinsichtlich des Schutzes registrierter und nicht registrierter Zeichen derart, dass unterschiedliche Schutzvoraussetzungen (hier die „doctrine of functionality") für eingetragene und nicht eingetragene Kennzeichen gelten. Der Erwerb des Markenrechts ist von der Registrierung unabhängig, die –erst nach Rechtserwerb durch Gebrauch mögliche– Eintragung bringt lediglich gewisse Verbesserungen des Kennzeichenrechts mit sich[447]. Auch die skandinavischen Markengesetze erstrecken die entsprechenden Schutzausschlüsse grammatikalisch–systematisch auf Marken, welche aufgrund von Benutzung und Verkehrsgeltung entstanden sind[448]. In den meisten anderen europäischen Ländern kann zwar ein Markenschutz nur durch Eintragung (oder Hinterlegung) erlangt werden, teilweise gelten jedoch dem § 3 Abs. 2 MarkenG entsprechende Schutzausschlüsse für benutzte dreidimensionale Ausstattungen nach jeweiligem Wettbewerbsrecht[449].

3. Ausstattungsfähigkeit unter Geltung des WZG

Wie bereits beim Zweck der Regelung angesprochen, sollen die in § 3 Abs. 2 MarkenG aufgelisteten Schutzausschlüsse für Formen nach der amtlichen Begründung zum Markengesetz „weitgehend" den Kriterien entsprechen, welche die deutsche Rechtsprechung bereits zur Ausstattungsfähigkeit dreidimensionaler Gestaltungen entwickelt hat[450].

a. Grundsätze zum früheren § 25 WZG

Formen bzw. dreidimensionale Gestaltungen waren unter Geltung des Warenzeichenrechts unmittelbar nur über die Vorschrift des § 25 WZG als nicht eingetragene und nur durch Verkehrsgeltung erlangte „Ausstattung" schutzfähig. Bereits frühzeitig erachtete man aber gewisse Schutzschranken als notwendig. Diese wurden im wesentlichen mit drei verschiedenen Ansätzen begründet:

---

[446] Vgl. zu Art. 3 Abs. 1 lit. e der Richtlinie: EuGH, Case C–299/99, Urteil vom 18.06.2002 in Sachen Koninklijke Philips Electronics NV vs. Remington Consumer Products Ltd., MarkenR 2002, 231, 238, Erwägungsgründe 77 ff.; EuGH, GRUR 2003, 515, verbundene Rechtssachen C–53/01 bis C–55/01, Linde AG, Winward Industries Inc. und Rado Uhren AG, Erwägungsgrund 71/72; EuGH, WRP 2003, 735, Urteil vom 6.5.2003 in Sachen Libertel Groep BV gegen Benelux-Merkenbureau, Case C-104/01, Erwägungsgrund 53.
[447] Vgl. Neu, 802 ff. (806); Henning–Bodewig, GRUR Int. 1985, 445 ff. (447); Reimann, 156.
[448] Vgl. §§ 2 und 5 des finnischen, schwedischen und norwegischen Markengesetzes, sowie §§ 2 Abs.2, 3 Ziff. 2 des dänischen Markengesetzes, im Annex unter L.I.2.
[449] Vgl. z.B. die Rechtslage in Griechenland und Italien.
[450] Amtl. Begründung zu § 3, abgedruckt in v. Mühlendahl, Deutsches Markenrecht, 133; Berlit, Rdn. 12; Dreiss/Klaka, 16; Eichmann, FS Nirk, 1992, 165, 190; ders., GRUR 1995, 184, 185; ders., FS Vieregge, 1995, 125; Fezer, FS Piper, 525, 526; Ingerl, 66; Ingerl/Rohnke, NJW 1994, 1247, 1249; Ingerl/Rohnke, § 3, Rdn. 36; Klaka, GRUR 1996, 613, 614; Kur, FS DPA, 175, 183, Meister, WRP 1995, 1005, 1009; Steckler, 79; Schmieder, NJW 1994, 1241, 1242; v. Gamm, WRP 1993, 793, 795.

- In der Rechtsprechung des BGH stand die Begrenzung der Schutzfähigkeit durch den „Begriff und die Funktion der Ausstattung" im Vordergrund. Nach Auffassung des BGH diente das Ausstattungsrecht ebenso wie das eingetragene Warenzeichen der Kennzeichnung einer Ware oder Dienstleistung nach ihrer Herkunft um sie von anderen Waren oder Dienstleistungen der Herkunft nach zu unterscheiden, woraus folgte, dass durch ein Ausstattungsrecht nicht die Ware als solche geschützt werden konnte. Die Ausstattung musste daher etwas „Zusätzliches" zur Ware und etwas vom „Wesen der Ware" zwar nicht körperlich aber doch begrifflich Verschiedenes sein[451].
Zur Bestimmung des Begriffs der „Wesen der Ware" stellte der BGH auf die Verkehrsauffassung und auf objektive Kriterien ab. Sowohl für technische als auch ästhetische Gestaltungen bestimmte er das Wesen der Ware nach dem „Zweck", den diese Gestaltungen erfüllen sollten. Bei Ermangelung eines Gebrauchszwecks bestimmte sich der Zweck danach, ob er „für die Wertschätzung der Ware" nach der durchschnittlichen Auffassung der Abnehmerkreise „von maßgebender Bedeutung" war, was wiederum vom Zweck abhing, den die Ware ihrer Gattung nach zu dienen bestimmt war[452]. Anhand dieser Grundsätze verneinte der BGH beispielsweise die Schutzfähigkeit des Zündaufsatzes eines Feuerzeuges[453], einer mit einem gewölbtem Deckel versehenen Wandsteckdose[454], von „Hummel"–Figuren[455], der asymmetrischen Form einer Rosenthal-Vase[456] oder einer roten Herzwand-Vase[457].

- Das Reichsgericht schloss dagegen nur technisch-funktionell förderliche Gestaltungen vom Ausstattungschutz aus und begründete dies mit dem „Verhältnis des zeitlich theoretisch unbegrenzten Ausstattungsrechts zu den zeitlich begrenzten technischen Schutzrechten"[458].

- Große Teile der Literatur sahen hingegen in dem „Freihaltebedürfnis der Mitbewerber" das entscheidende Kriterium zur Begrenzung der Schutzfähigkeit[459]. Austattungschutzfähig war insoweit, was „ohne unbillige Beschränkung der freien Betätigung der Mitbewerber für einen bestimmten Betrieb monopolisiert werden kann"[460].

---

[451] BGH GRUR 1952, 516, 518 – Hummelfiguren I; BGH GRUR 1954, 121 ff. – Zählkassetten; BGH GRUR 1959, 289, 291 – Rosenthalvase; BGH GRUR 1962, 144, 148 – Buntstreifensatin I, BGH GRUR 1972, 546, 547 – Trainingsanzug.
[452] BGH GRUR 1972, 122, 123 – Schablonen; BGH GRUR 1962, 459, 460 – Lichtkuppeln; BGH GRUR 1962, 144, 148 – Buntstreifensatin I.
[453] BGH, GRUR 1960, 232 ff. (233) - Feuerzeug-Ausstattung.
[454] BGH GRUR 1962, 409 ff. (409, unten) – Wandsteckdose.
[455] BGH GRUR 1952, 516 ff., 518 – Hummelfiguren I.
[456] BGH GRUR 1959, 289 ff. (291) – Rosenthal-Vase.
[457] BGH GRUR 1955, 418, 419 – Rote Herzwand-Vase.
[458] RGZ 54, 173, 175 – Sternkärtchen; RGZ 69, 31, 32 – Sternrad; RGZ 112, 352 ff. – Sternseide; RG GRUR 1935, 373, 378 – Maccaroni-Packung; RG GRUR 1938, 845, 858 – Ariston–Filter; RG GRUR 43, 213 – Handfeuerlöscher; RGZ 120, 94, 100 – Huthaken; RG GRUR 41, 238, 239 – Leukoplast/Hansaplast.
[459] E. Reimer, 39. Kap., Rdn. 1; D. Reimer, Anm. zu Buntstreifensatin I, GRUR 1962, 151, 152; Vierheilig, 130 f.; 140 f.; im Rahmen einer wertenden Betrachtung auch Baumbach/Hefermehl, § 25, Rdn. 12 und Götting, Rdn. 18.
[460] E. Reimer, 39. Kap., Rdn. 1.

b. Anwendbarkeit im Rahmen der Auslegung des § 3 Abs. 2 MarkenG?

Es fragt sich, ob bzw. inwieweit die von der deutschen Rechtsprechung entwickelten Ausnahmen vom Ausstattungsschutz nach § 25 WZG Auslegungshilfe zur Interpretation der Schutzausschlüsse für Formen nach § 3 Abs. 2 MarkenG bieten können.

Ein Teil der Literatur vertritt die Ansicht, dass sich –aufgrund der Tatsache, dass mit § 3 MarkenG bindendes europäisches Recht umgesetzt wurde– ein solcher Rückgriff in „unmittelbarer" Weise verbietet[461]. Der andere Teil befürwortet einen Rückgriff auf diese Kriterien[462], zitiert die bisherige BGH–Theorie zum „Wesensgehalt der Ware"[463], oder knüpft an die „bisherige" Rechtsprechung an[464].

Eine Auslegung unter maßgeblicher Berücksichtigung des bisherigen deutschen Ausstattungsrechts muss richtigerweise jedoch ausscheiden, wofür zunächst einmal wesentliche Unterschiede zwischen der alten und neuen Rechtslage sprechen:
So ging die frühere deutsche Rechtsprechung zur Ausstattungsfähigkeit in Teilbereichen von einem engeren Anwendungsbereich aus[465], denn schutzfähig war eine Form als Ausstattung nach § 25 WZG nur bei „Verkehrsgeltung". Auch dem „Freihaltebedürfnis" der Wettbewerber –heute maßgeblicher Zweck der Schutzausschlüsse des § 3 Abs. 2 MarkenG– wurde durch sachgerechte Anforderungen an den Grad dieser „Verkehrsgeltung" Rechnung getragen. Das Regulativ der Verkehrsgeltung existiert heute jedoch nicht mehr, denn § 3 Abs. 1 MarkenG sieht für dreidimensionale Gestaltungen eine grundsätzliche Eröffnung des Zugangs zum Rechtsschutz als Marke vor. Darüber hinaus verlangte die Rechtsprechung als Schutzvoraussetzung aber auch eine „besondere Gestaltung"[466], ein Aspekt der nunmehr allenfalls bei der Frage der konkreten Unterscheidungskraft eine Rolle spielen kann. Andererseits erfuhr § 25 WZG insoweit wiederum einen größeren Anwendungsbereich, als eine große Anzahl der Entscheidungen auch zu flächenhaften Aufmachungen erging.
Auch nach europarechtlicher Vorgabe dürfte das frühere Ausstattungsrecht nicht maßgeblich in eine Auslegung des § 3 Abs. 2 MarkenG einfließen. Zum einen fände die Tatsache, dass eine bindende, gemeinschaftsrechtliche Regelung übernommen wurde und die entsprechenden Rechtsbegriffe nun gemeinschaftsrechtlicher Natur mit einem spezifisch europäischen Gehalt sind, dann keine Berücksichtigung. Zum anderen kann nur für einzelne Richtlinienbestimmungen „vorbildgebendes"[467] oder aus einzelstaatlichen Bestimmungen „entlehntes"[468] Recht zur Auslegung der Richtlinienbestimmungen herangezogen werden[469]. Eine historische Vorbildstellung „formellen" deutschen Rechts für die entsprechenden Richtlinienbestimmungen konnte, mangels Normierung der Ausnahmen für Formen vom Ausstattungsschutz,

---

[461] Ingerl, 66; Ingerl/Rohnke, § 3, Rdn. 2 und 36; Kur, FS DPA, 175, 183; Klaka, GRUR 1996, 613, 614.
[462] Fezer, § 3, Rdn. 225 und § 4, Rdn. 45 ff.
[463] Steckler, 79; auch noch Eichmann, in FS Nirk, 1992, 165, 190.
[464] Schmieder, NJW 1994, 1241, 1242; v. Gamm, WRP 1993, 793, 795.
[465] Ingerl, 66.
[466] BGH GRUR 1952, 516, 518, = BGHZ 5, 1, 6 – Hummelfiguren I; BGH GRUR 1964, 454, 455 – Palmolive; Althammer, § 25 WZG, Rdn. 3 und 6 a.E.; vgl. Meister, WRP 1995, 1005, 1009 und Ingerl, 66.
[467] Lutter, JZ 1992, 593 ff. (601, 602).
[468] Weberndörfer, 62.
[469] Lutter, JZ 1992, 593 ff. (602).

nicht gegeben sein. Auch eine Vorbildfunktion der damaligen Rechtsprechung zum Ausstattungsrecht für die Schutzausnahmen des Art. 3 Abs. 1 lit. e der Richtlinie scheidet aus. Denn sie fand –im Gegensatz zum Benelux–Markenrecht– keinerlei Grundlage in den Gesetzesmaterialien zur Richtlinie. Hinweise für die künftige Rechtspraxis sind daher –wenn überhaupt– eher im Benelux–Recht als im deutschen Recht zu suchen[470]. Auf die frühere deutsche Rechtsprechung zum Ausstattungsrecht darf daher nicht „unmittelbar" zurückgegriffen werden.

Dennoch sollte nicht unberücksichtigt bleiben, dass auch das Ausstattungsrecht dem Schutzausschluss schon ähnliche Zwecke zugrundelegte, auf denen auch die Ratio des § 3 Abs. 2 MarkenG basiert. So sprach sich nicht nur schon die Literatur zum § 25 WZG von einem durch den Austattungsausschluss geschützten „Freihalteinteresse" aus. Auch scheint hinter der (allzu) begrifflichen Arbeitsweise des BGH, sprich einer Abgrenzung allein aus dem Rechtsbegriff bzw. der Funktion der Ausstattung, in tatsächlicher Hinsicht ebenfalls eine Interessenbewertung anhand von Freihaltebedürfnissen zu liegen[471]. Es ist daher zu erwägen, ob die damals entwickelten Grundsätze nicht zumindest als „Orientierungshilfe" bzw. „zur Erläuterung oder Ergänzung" der Auslegung des § 3 Abs. 2 MarkenG Verwendung finden können[472].
Im Anschluss an die richtlinienkonforme Interpretation der einzelnen Ausschlussgründe des § 3 Abs. 2 MarkenG (s.u.) soll daher untersucht werden, inwieweit die alte Dogmatik noch zu § 3 Abs. 2 MarkenG passt.

4. Das Erfordernis der „Ausschließlichkeit"

Sowohl § 3 Abs. 2 MarkenG wie auch die entsprechenden europäischen Vorschriften sehen vor, dass ein Markenschutz für Zeichen entfällt, die „ausschließlich" aus einer Form im Sinne der Schutzausschlüsse der Ziff. 1–3 bestehen.

Aus dem Gesetzeswortlaut ergibt sich damit, dass eine Schutzversagung nicht in Betracht kommt, wenn die Gesamtform noch andere Gestaltungselemente enthält, die nicht unter eine der drei Schutzausnahmen fallen, also nicht art –, technisch oder ästhetisch bedingt sind . Hierzu gehören z.B. Wörter, Zahlen Farben, Zahlen, Buchstaben, Dekor, Einprägungen, Eindellungen oder sonstiges Beiwerk[473].

Entsprechung findet diese Art der Auslegung auch im Telos der Regelung. Das zuletzt eingefügte Ausschließlichkeitserfordernis sollte eine aufgrund der grundsätzlichen Markenfähigkeit von Formen (§ 3 Abs. 1 MarkenG) und der Unüberwindbarkeit des Ausschlusses durch Verkehrsdurchsetzung seltene Anwendung der Ausschlussgründe sicherstellen. Die Absicht der Gesetzgeber war die Möglichkeiten der Ablehnung und Ungültigkeit einer Formmarke in Fällen zu reduzieren, wo das

---

[470] So auch bereits Kur, FS DPA 100 Jahre Markenrecht, 1994, 175 ff. (184).
[471] Vgl. Sambuc, GRUR 1989, 547 ff. (555); Götting, Rdn. 18; Schlatter-Krüger, in Schricker/Stauder, a.a.O., Rdn. 27; Pluta, in FS E. Ulmer, 257 ff. (263); vgl. auch Jene-Bollag, S. 53
[472] Eichmann, FS Vieregge, 1995, 125ff, 147; Berlit, 11, Rdn. 13.
[473] Althammer/Ströbele/Klaka, § 3, Rdn. 33; Ingerl/Rohnke, § 3, Rdn. 37; Klaka, GRUR 1996, 613 ff. (616); Gielen/Strowel, Mitt. 1995, 199, 202; Thewes, 79/80.

Freihaltebedürfnis der Mitbewerber an der Form wegen anderer kennzeichnender Elemente als gering erachtet wird. Alle Elemente der Formgestaltung müssen daher vollständig technisch, ästhetisch oder artbedingt sein[474].

Dieses Ergebnis bestätigen auch die Prüfungsrichtlinien des HABM zur Auslegung der GMV, wo darauf abgestellt wird, dass die Gesamtform einer dreidimensionalen Marke unter (mindestens) einen der Ausschlussgründe fallen muss[475]. Entsprechend wies der Präsident des Harmonisierungsamtes darauf hin, dass die Eintragung einer dreidimensionalen Marke nicht abgelehnt würde, wenn diese neben den ausgeschlossenen noch andere Bestandteile, wie beispielsweise Wort–, Bild– oder Farbelemente enthalte, die ausreichend seien, die Marke eintragungsfähig zu machen[476].

Zwar wurde in den meisten Mitgliedsländern[477] das Ausschliesslichkeitserfordernis des Art. 3 Abs. 1 lit. e bei Umsetzung der Richtlinie übernommen und der Ausschlussgrund im o.g. Sinn kommentiert[478]. Verschiedene Staaten[479] verzichteten aber offenbar auf eine entsprechende wortgleiche Umsetzung. Klar ist aber, dass eine enge Auslegung im o.g. Sinn auch bei Fehlen des Ausschließlichkeitserfordernisses vorgenommen werden kann und aufgrund der Verpflichtung zur richtlinienkonformen Auslegung auch muss. Entsprechend bestand unter den europäischen Teilnehmern des 10. Internationalen Ringberg–Symposiums zur „Neuordnung des Markenrechts" Einigkeit, dass die unheilbaren Ausschlussgründe –anknüpfend an dem Wörtchen „ausschließlich"– möglichst eng auszulegen sind[480]. Auch in den USA stellt man auf ein entsprechendes Erfordernis ab, denn zum Nachweis von Funktionalität muss dort die Gestaltung „als Ganzes" funktional sein, eine entsprechende Untersuchung beschränkt auf einzelne Elemente ist mithin unzureichend[481].

Fest steht damit bereits, dass die Gestalt vieler Produkte im Einzelfall nicht durch § 3 Abs. 2 Nr. 1 bis 3 MarkenG ausgeschlossen sein wird, da vielfach zu den in Ziffern 1 bis 3 genannten Formelementen noch zusätzliche Gestaltungselemente hinzukommen, die der Form als Ganzes zur Markenfähigkeit verhelfen.

Ein Vergleich zur Rechtslage unter Geltung des WZG zeigt, dass es im damaligen Ausstattungsrecht (§ 25 WZG) keine dem Ausschließlichkeitserfordernis vergleichbare Einschränkung gab. Zwar unterschied der BGH die Ausstattungsschutzfähigkeit einer Warenform beispielsweise auch danach, ob die ästhetische Gestaltungsform als trennbare „Zutat" zur Ware erschien oder ob deren Wert „ausschließ-

---

[474] Gielen/Strowel, Mitt. 1995, 198 ff. (202); Strowel, EIPR 1995, 154 ff. (156/157).

[475] Vgl. Ziff. 8.6.b) der Prüfungsrichtlinien des HABM zu Art 7 Abs. 1 lit. e GMV, Abl. HABM 1996, 1300 ff. (1308).

[476] Combaldieu, Mitteilung Nr. 2/98 des Präsidenten des Amtes vom 8. April 1998 über die Prüfung von dreidimensionalen Marken, Amtsblatt HABM 1998, 701 ff. (702).

[477] z.B. in Deutschland, Frankreich, Italien, Griechenland, Dänemark, Schweden und Großbritannien, vgl. die im Annex unter L.I.2 abgedruckten Gesetzestexte.

[478] Vgl. Firth/Gredley/Maniatis, [2001] E.I.P.R., 86, 91 für das englische Recht.

[479] Benelux, Österreich, Spanien, Finnland, Portugal und Norwegen, vgl. die im Annex abgedruckten Gesetzestexte.

[480] Vgl. Albert, GRUR Int. 1997, 449 ff. (461/462).

[481] Adamo, S. 42; Tools USA and Equipment Co. v. Frame Straightening Equipment Inc. , 87 F.3d 654 (4th Cir. 1996); Dallas Cowboys Cheerleaders, Inc. v. Pussycat Cinema, Ltd., 203 USPQ 161 (2d Cir. 1979).

lich" nach ihrem ästhetischen Gehalt bemessen wurde[482]. Jedoch wurde in keinem Fall eine Ausstattungsschutzfähigkeit schon deshalb bejaht, weil –trotz technischer Bedingtheit oder einer Bemessung des Wertes ausschließlich aufgrund ihrer ästhetischen Form– zur Gesamtform z.B. eine bestimmte Farbgestaltung oder ein Firmenlogo hinzukam[483]. Ein Schutzausschluss für Warenformen dürfte daher auch aus diesem Grunde heute seltener zur Anwendung kommen, als unter Geltung des WZG. Einige früher vom BGH ausgeschlossene Gestaltungen, wie zum Beispiel farbige Seitenstreifen auf Sportbekleidung[484], wären wohl –vorbehaltlich des Dreidimensionalitätserfordernisses– bereits aufgrund des Ausschließlichkeitserfordenisses aus dem Anwendungsbereich des § 3 Abs. 2 MarkenG ausgenommen.

5. Keine Überwindbarkeit durch Verkehrsgeltung, § 8 Abs. 3 MarkenG

In Umsetzung von Art. 3 Abs. 3 der Richtlinie sieht § 8 Abs. 3 MarkenG vor, dass fehlende Unterscheidungskraft, ein beachtliches Freihalteinteresse oder die Tatsache, dass ein Zeichen im allgemeinen Sprachgebrauch üblich ist oder als Gattungsbezeichnung verwendet wird (8 Abs. 2 Nr. 1 bis 3 MarkenG) durch Verkehrsdurchsetzung überwunden werden können, erwähnt aber nicht die Vorschrift des § 3 Abs. 2 MarkenG.

Dennoch wird in der Literatur vereinzelt auch eine Abhängigkeit der Schutzausschlüsse für Formen nach § 3 Abs. 2 MarkenG von einer etwaigen Verkehrsdurchsetzung propagiert, weil es eine zu drastische Abgrenzung sei, das Vorliegen der Markenfähigkeit eines Formzeichens im Hinblick auf § 3 Abs. 2 MarkenG ohne Rücksicht auf eventuell erworbene Verkehrsgeltung von bloß faktischen Entscheidungen abhängig zu machen[485].

Eine solche Auslegung widerspräche aber nicht nur dem Wortlaut und der Systematik des Markengesetzes, sondern auch der Vorgabe in Art. 3 Abs. 3 der Richtlinie[486]. Darüber hinaus entspricht ein "absoluter" Schutzausschluss eher dem in § 3 Abs. 2 MarkenG bezweckten Schutz von „Freihaltebedürfnissen" gegen eine unberechtigte, wettbewerbsschädliche und damit missbräuchliche Monopolisierung von Formen, die für Mitbewerber unentbehrlich sind. Dies bestätigte auch der EuGH in „Philips vs. Remington", wonach eine Form, die nach Art. 3 Abs. 1 lit. e der Richtlinie zurückgewiesen wird, unter keinen Umständen auf Grund von Verkehrsdurchsetzung nach Art. 3 Abs. 3 der Richtlinie registriert werden kann[487]. Ein Vergleich mit Wortlaut und

---

[482] BGH GRUR 1952, 516 ff. (518) – Hummelfiguren.
[483] Vgl. z.B. BGH GRUR 1962, 299 – form–strip (Ausstattungsschutz verneint); BGH GRUR 1959, 423 – Fußballstiefel (Ausstattungsschutz bejaht).
[484] BGH GRUR 1972, 546 – Trainingsanzug.
[485] Ruijsenaars, GRUR Int. 1992, 505 ff. (513) zur Richtlinie; in diese Richtung auch Pohl/Kur, Mitt. 1996, 156, 158 und Kur, Festschrift 100 Jahre DPA, 175, 193.
[486] Ingerl/Rohnke, § 3, Rdn. 34, § 8, Rdn. 134; Althammer/Ströbele/Klaka, § 3, Rdn. 33, § 8, Rdn. 216; Marz, 147; Eichmann, FS Vieregge, 125 ff., 165; vgl. auch ders., GRUR 1995, 184 ff., 192, Fn. 99; Fezer, § 3, Rdn. 222; Thewes, 177.
[487] Vgl. EuGH, Case C–299/99, Urteil vom 18.06.2002 in Sachen Koninklijke Philips Electronics NV vs. Remington Consumer Products Ltd., MarkenR 2002, 231, 236/238, Erwägungsgründe 57 und 75.

Systematik der entsprechenden Regelungen in den Mitgliedsländern[488] und der Schweiz[489], sowie der Rechtslage in den USA[490] kommt zum gleichen Ergebnis.

Eine Aufweichung des drastischen Regelungsverhältnisses könnte daher allenfalls durch entsprechend enge Auslegung der Ausschlussgründe erfolgen, um auf diesem Wege einer Form, die sich im Verkehr durchgesetzt, also ihre Eignung als Marke bewiesen hat, u.U. dennoch Schutz zusprechen zu können.
Wohl aufgrund dieser Problematik und wegen gewisser praktischer Überschneidungen[491] (eine schutzunfähige „Grundform" nach § 3 Abs. 2 Ziff. 1 MarkenG ist häufig gleichzeitig nicht unterscheidungskräftig nach § 8 Abs. 2 Nr. 1 MarkenG) neigen Gerichte und Ämter bislang leider aber dazu, bei Formmarken i.d.R. nur die Frage der Unterscheidungskraft zu behandeln[492]. Diese Praxis birgt die Gefahr in sich, dass der „Grundsatz der Nachahmungsfreiheit" nicht (mehr) sondergesetzlich geschützter Leistungen in Frage gestellt wird. Da bei entsprechendem Werbeaufwand (und fehlendem Wettbewerb) fast jede noch so banale Warenform im Bewusstsein der angesprochenen Verkehrskreise als Produkt eines Herstellers durchgesetzt werden kann, würde dies zur Folge haben, dass insbesondere „marktstarke" Unternehmen selbst ausgesprochen simple Warenformen über den Markenschutz für sich dauerhaft monopolisieren könnten, wie z.B. die unter Nr. 39723188 für Backwaren/Fertigkuchen eingetragene plattenartige Quaderform der MILCHSCHNITTE® von Ferrero.[493]

Von daher gilt es den Anwendungsbereich der Schutzausschlüsse des § 3 Abs. 2 MarkenG genauer zu analysieren.

6. Ausschluss artbedingter Formen, § 3 Abs. 2 Nr. 1 MarkenG

Nach § 3 Abs. 2 Nr. 1 MarkenG sind Zeichen dem Schutz als Marke nicht zugänglich, die „ausschließlich aus einer Form bestehen, die durch die Art der Ware selbst bedingt ist".

a. Meinungsstand: Anwendbarkeit auf Grundformen/Warengattungen

Nach heute fast einhelliger Meinung in der deutschen Literatur fallen unter diesen Ausschluss freihaltebedürftige „Grundformen". Entscheidend soll demnach sein, ob

[488] Die meisten harmonisierten nationalen Gesetze (vgl. Annex L.I.) sehen keine Überwindung der entsprechenden Schutzausschlüsse durch Verkehrsdurchsetzung vor. In den Benelux-Ländern gilt diese nach Richterrecht, vgl. BenGH, GRUR Int. 1987, 707 (709) – Adidas.
[489] Nach Art. 2 MSchG können lediglich Zeichen im „Gemeingut" (lit. a), nicht aber „Formen, die das Wesen der Ware ausmachen" oder „technisch bedingt sind" (lit.b) aufgrund von Verkehrsdurchsetzung Schutzfähigkeit erlangen (vgl. Annex L.I.2.).
[490] Vgl. McCarthy, §§ 7:66, 15:3 und 15:23 („de facto secondary meaning"), jeweils m.w.N.; U.S. Supreme Court, GRUR Int. 1996, 961 ff. (962) –Qualitex, zum Beispiel einer (funktionalen) Glühbirne; Restatement (Third) of Unfair Competition, 1995, § 17 a; Sect. 2 (f) Federal Trademark Act of 1946, as amended (Lanham Act), abgedruckt in McCarthy, App. A1– 1ff., 11.
[491] Vgl. Koschtial, GRUR Int. 2004, 106,108/109.
[492] Vgl. Würtenberger, GRUR 2003, 912.
[493] Würtenberger, GRUR 2003, 912, 913.

es sich bei der Gestaltung um die Grundform[494] oder den „Archetyp“[495] eines Produktes handelt, bzw. um die Form der spezifischen „Warengattung“[496] bzw. der „Merkmale, die ein generisches Produkt dieser Gattung“ aufweist“[497]. Nach Kur soll die Vorschrift weitergehend aber auch diejenigen Formen erfassen, die der betreffenden Grundform „relativ nahe kommen“[498].
Testfrage sei insofern, ob die Form für die fragliche Warenart „wesentlich“, „essentiell“, "unverzichtbar“, „notwendig“ oder „typisch“ ist und zwar „gemessen am Verwendungszweck und der allgemeinen natürlichen Gestaltung der Ware“ und daran, ob bei Schutz des fraglichen Gestaltungselements für Mitbewerber eine vertret- und zumutbare Formalternative nicht gefunden werden kann[499].

Der BGH und das BPatG haben sich bislang zwar nur am Rande mit § 3 Abs. 2 Ziff. 1 MarkenG auseinandergesetzt, scheinen aber ebenfalls von einer auf „Grundformen“[500] bzw. „typische“ Produktformen[501] beschränkten Anwendung der Vorschrift auszugehen.

b. Richtlinienkonforme Auslegung

Der Anwendungsbereich des § 3 Abs. 2 Ziff. 1 MarkenG ist richtigerweise im Wege einer richtlinienkonformen Auslegung zu ermitteln. Die Interpretation der Vorschrift im Sinne der o.g. deutschen Literatur und Rechtsprechung soll im folgenden an diesem Standard gemessen werden:

aa. Grammatikalische Auslegung

Wie bereits dargelegt, verwehrt der erste Schutzausschlussgrund des § 3 Abs. 2 MarkenG seinem Wortlaut nach den Markenschutz für alle Zeichen, „die ausschließlich aus einer Form bestehen, die durch die Art der Ware selbst bedingt ist“ und stimmt fast wörtlich mit der deutschen Fassung des ins nationale Recht umgesetzten Art. 3 Abs. 1 lit. e 1. Fall der Markenrechtsrichtlinie überein, wonach „Zeichen,

---

494 Thewes, 80 ff.; Kur, Festschrift 100 Jahre Markenamt, 177, 188; Winkler, MA 1996, 515, 523, Würtenberger, GRUR 2003, 912, 917; Koschtial, GRUR Int. 2004, 106,108, sieht dagegen wohl eher die frühere „Lehre vom Wesensgehalt“ des BGH zum WZG in dieser Vorschrift implementiert (vgl. zur früheren Rechtslage unten Abschnitt E.III.6.b.hh).
495 Fezer, § 3, Rdn. 228 f.
496 Althammer/Ströbele/Klaka, § 3, Rdn. 35; Ingerl/Rohnke, § 3, Rdn. 39; Meister, WRP 2000, 967 (974); Eichmann, MarkenR 2003, 10 (16); ders., GRUR 2000, 751, 759.
497 Ingerl/Rohnke, § 3, Rdn. 39; Eichmann, GRUR 2000, 751, 759; ähnlich Körner/Gründig–Schnelle, GRUR 1999, 535, 536.
498 Vgl. Kur, Festschrift 100 Jahre Markenamt, 175, 188.
499 Klaka, GRUR 1996, 613, 615 und 616; Althammer/Ströbele/Klaka, § 3, Rdn. 35; Ingerl/Rohnke, NJW 1994, 1247, 1249; Winkler, MA 1996, 516, 523; Meister, WRP 1995, 1005, 1008 (Form eines „normalen“ Zwiebacks); Eichmann, GRUR 2000, 751, 759; Nordemann/Nordemann/Nordemann, Rdn. 426 a.E. („normale“ Form); Marz, 78; ähnlich Körner/Gründig–Schnelle, GRUR 1999, 535, 536.
500 „Hinausgehen über die technisch bedingten „*Grundformen*“, welche „nicht ausschließlich durch die Art der Ware selbst bedingt“ seien, vgl. BGH MarkenR 2001, 67 (68 f.) – Gabelstapler; MarkenR 2001, 71 (72 f.)– Stabtaschenlampe; MarkenR 2001, 75 (76 f.) – RADO–Uhr.
501 BPatG BlPMZ 1998, 534, 535 – Armbanduhren/POP–Swatch.

die ausschließlich aus der Form bestehen, die durch die Art der Ware selbst bedingt ist, von der Eintragung ausgeschlossen sind".

Auffallend ist, dass die deutsche und Benelux – Fassung der Richtlinie hier von der „Art der Ware" sprechen, während die englische, französische, spanische und italienische Fassung ausdrücklich von der „Natur der Ware" ausgehen[502]. Als „eigentlicher" oder „gemeinschaftsrechtliche Wortlaut" der Vorschrift ist daher davon auszugehen, dass beide Begriffe, „Art der Ware" und „Natur der Ware" als Synonyme zu verwenden sind.

(1) Die Art/Natur der Ware: "Gattung"

Bereits nach ihrer Bedeutung im allgemeinen Sprachgebrauch lässt sich die „Art" der Ware durch „Natur", aber auch durch „Sorte, Kategorie, besondere Ausprägung, Stufe, Klasse, Art und Weise, Beschaffenheit, Wesen"[503] bzw. „Gattung"[504] der Ware ersetzen oder umschreiben.
Allerdings kann der Begriff der „Art der Ware" oder „Natur der Ware" weit oder eng verstanden werden[505], so dass fraglich bleibt, ob hier auf die konkrete Ausformung des Produktes selbst oder auf das Vorhandensein abstrakter Warengattungsmerkmale abzustellen ist[506]. Aufschluss gibt hier eher eine teleologische Auslegung (s.u.).

(2) Erfordernis der „Bedingtheit": Übliche, notwendige Grund-/Gattungsform

§ 3 Abs. 1 MarkenG und die entsprechende Richtlinienfassung sprechen von dem Erfordernis des „Bedingtseins" der (konkreten, angemeldeten) Form durch die Art der Ware. Nach allgemeinen Sprachgebrauch bedeutet „bedingen" a) „verursachen; zur Folge haben", oder enger b) „etwas unbedingt voraussetzen; erfordern"[507].
Aufgrund einer engen grammatikalischen Auslegung bestünde somit ein Erfordernis der „Zwangsläufigkeit" oder „Notwendigkeit" [508] zwischen der Art (bzw. Grundform/Gattung) der Ware und der Form. Dies ist jedoch nicht zwingend. Wenn man, wie oben dargelegt, die „Art der Ware" mit „Gattung der Ware" übersetzt, so könnte auch die nur „übliche" oder „typische" Produktform als bloßes Resultat der Zugehörigkeit zu einer bestimmten Warengattung sein. Denn es ist nicht ungewöhnlich, dass man grundlegende Formgestaltungen –wegen ihrer häufigen Verwendung und

---

[502] Vgl. das Official Journal EC, Nr. L 040, 11/02/1989, S. 1 – 7 in den verschiedenen Sprachen: „signs which consist exclusively of – the shape which results from the nature of the goods themselves"; "les signes constitués exclusivement par la forme imposée par la nature même du produit"; „los signos constituidos exclusivamente por: – la forma impuesta por la naturaleza del propio producto"; „i segni constituiti esclusivamente: – dalla forma imposta dalla natura stessa del prodotto"; „tekens die uitsluitend bestaan uit: – de vorm die door de aard van de waar bepaald wordt."
[503] Vgl. z.B. Bünting, Deutsches Wörterbuch, 1996, 93; Klaka, GRUR 1996, 613, 615 („Wesen" und „Natur" der Ware).
[504] Ingerl/Rohnke, § 3, Rdn. 39.
[505] Eichmann, FS Vieregge, 125,148.
[506] Vgl. Kur, FS DPA, 175, 186; Klaka, GRUR 1996,613, 615.
[507] Vgl. Bünting, Deutsches Wörterbuch, 1996, 148.
[508] Marz, 78; Meister, WRP 1995, 1005, 1008.

weiten Verbreitung– als die für das Produkt „übliche" (Grund–) Form wertet, ohne dass dafür schon bereits ein gleichermaßen technischer Notwendigkeitszusammenhang zwischen Form und Ware zu verlangen wäre. Zu denken wäre hier etwa an das typische „Pilsglas (Tulpenform)" oder ein üblicher „Rotweinkelch". Auch der „gemeinschaftsrechtliche" Wortsinn spricht weder eindeutig für eine enge noch für eine weite Wortlautauslegung. Denn während nach der englischen Richtlinienfassung die Form „sich" (nur) aus der Natur der Ware „ergeben" muss („.which results from.."), soll sie nach der französischen, spanischen und italienischen geradezu „aufgezwungen" oder „auferlegt" sein („imposée", „impuesta", „imposta"). Grammatikalisch kann diese Frage daher nicht eindeutig geklärt werden. Eine Lösung ist daher im Wege der teleologischen Auslegung zu ermitteln. Die „Bedingtheit" der Form durch die jeweilige Warenart/–gattung verhindert aber jedenfalls bereits dem Wortlaut der Vorschrift nach, dass einfache Formen unabhängig von der jeweiligen Ware schlechthin als markenunfähig eingestuft werden können. Denn bei Tassen mag ein kreisrunder Grundriss zur Grundfom zu zählen sein, bei Schokoladentafeln aber nicht[509]

bb. Systematische Auslegung

Aufgrund der Einordnung der Schutzausschlussvorschriften als Ausnahmen vom Grundsatz des Art. 1 Abs. 1 der Richtlinie, wonach alle zur Unterscheidung geeigneten Zeichen markenfähig sind, könnte –aus systematischen Erwägungen– davon ausgegangen werden, dass diese möglichst restriktiv (also anmelderfreundlich) auszulegen sind[510]. Dies gilt umso mehr, als im Anwendungsbereich dieser Vorschrift selbst Verkehrsdurchsetzung nicht zur Schutzfähigkeit der Formmarke führt[511]. Einen entsprechenden Grundsatz der engen Auslegung von Ausnahmevorschriften kennt der EuGH allerdings vornehmlich für grundlegende Bestimmungen des EWG–Vertrages[512]. Stattdessen tritt bei Auslegung von Sekundärrecht eine systematische Auslegung regelmäßig hinter einer teleologischen Auslegung durch den EuGH zurück[513]. Dies belegt auch die erste Entscheidung des EuGH zu den Schutzausschlüssen des Art. 3 Abs. 1 lit. e der Richtlinie („Philips vs. Remington"), in welcher der EuGH den dritten Ausschlussgrund weit auslegte[514]. Eine enge Auslegung des ersten Ausschlussgrund aufgrund bloßer gesetzessystematischer Erwägungen scheidet daher aus.

cc. Historische Auslegung

In den Gesetzgebungsmaterialien zum Markengesetz finden sich kaum Hinweise, die Rückschlüsse auf die Auslegung des ersten Ausschlussgrundes zulassen. Die

---

[509] Thewes, 82; Fezer, § 3, Rdn. 228.
[510] So auch Strowel, EIPR 1995, 155 ff. (158) und Ingerl/Rohnke, § 3, Rdn. 36 a.E.
[511] Ingerl/Rohnke, § 3, Rdn. 36 a.E.
[512] Vgl. insoweit Bleckmann, NJW 1982, 1177, 1180 m.w.N.
[513] Vgl. z.B. EuGH Slg. 1982 S. 3415 ff., 3430 – C.I.L.F.I.T.; Lutter, JZ 1992, 593, 602, Fn. 114 und Bleckmann, NJW 1982, 1177, 1178, Fn. 12; ders., RIW 1987, 929, 930, jeweils m.w.N.
[514] EuGH MarkenR 2002, 231, 237 ff. – Philips vs. Remington.

amtliche Begründung stellt lediglich fest, dass die Ausschlussgründe weitgehend den Kriterien entsprechen, welche die deutsche Rechtsprechung zur Ausstattungsfähigkeit dreidimensionaler Gestaltungen entwickelt hat, weist aber gleichzeitig darauf hin, dass auf diese nicht ohne weiteres zurückgegriffen werden könne, weil eine bindende Regelung der Markenrechtsrichtlinie übernommen wurde[515]. Im Richtlinienentwurf von 1979[516] lautete der erste Ausschlussgrund im damaligen Art. 2 Abs. 2 lit. a der Richtlinie (heute Art. 3 Abs. 2 lit. e) noch : „.. eine Form, die sich aus der Natur der Ware selbst zwingend ergibt". Die Formulierung „zwingend ergibt" wurde zwar später fallengelassen und im Richtlinienvorschlag von 1980[517] durch „bedingt" ersetzt. Dies deutet darauf hin, dass man ursprünglich von einem eher objektiven Bewertungsmaßstab ausging.

Zu beachten ist weiterhin, dass in den Benelux–Ländern das Abgrenzungsmerkmal der „Grundform" der Ware bereits vor Schaffung der Richtlinie im Rahmen der Auslegung des Art. 1 Abs. 2, 1. Alt. des Benelux-Markengesetzes von 1971 entwickelt wurde. Diese Vorschrift ist insoweit mit der späteren Formulierung des § 3 Abs. 2 Ziff. 1 MarkenG (bzw. Art. 3 Abs. 1 lit. e, 1. Alt. der Richtlinie) identisch, als sie ebenfalls Formen vom Markenschutz ausschließt, „die durch das Wesen der Ware selbst bedingt sind"[518]. Zwar kann –wie bereits oben dargelegt– das für die Formulierung der Schutzausschlussvorschriften Pate stehende Benelux–Markenrecht keine „entscheidende Meßlatte" bei der historisch–teleologischen Auslegung der Ausschlussgründe bilden, weil die gemeinschaftsrechtliche Grundlage des § 3 Abs. 2 MarkenG eine eigenständige Auslegung dieser Vorschrift gebietet[519]. Wenn nicht als maßgebliches Auslegungskriterium, so kann die entsprechende Benelux–Rechtsprechung (wonach der Schutzausschluss Anwendung auf *elementare* Formen von Waren und Verpackungen fand[520]) aber zumindest als Orientierungshilfe herangezogen werden[521].

dd. Teleologische Auslegung

(1) Zweck der Norm: Freihaltebedürfnis an „essentiellen" Produktmerkmalen

Wie alle Ausschlussvorschriften für Formen nach § 3 Abs. 2 MarkenG, bezweckt auch der erste Ausschlussgrund den Schutz eines „Freihaltebedürfnisses" der Mitbewerber und Verwender an Merkmalen einer Ware in Fällen, in denen anders nicht

---

515 Amtliche Begründung zu § 3 Abs. 2 MarkenG, abgedruckt, in v. Mühlendahl, Deutsches Markenrecht, 133.
516 Abgedruckt in GRUR Int. 1980, 31 ff.
517 Abl.EG 1980, C 351, 1, 2.
518 Vgl. den Gesetzestext unter Annex L.I.2.
519 Eichmann, GRUR 1995, 184, 186; ders., FS Vieregge, 1995, 125, 147; Klaka, GRUR 1996, 614; Althammer/Ströbele/Klaka, § 3, Rdn. 31; Kur, FS DPA 1994, 175, 184.
520 Hof Brussel, BIE 1976, 185 – Milchflasche; President District Court, Den Haag, IER 1992, 115 – Olivenölflasche; Court of Appeal, Amsterdam, BIE 1986, 77 – Käseschachtel; vgl. hierzu Henning–Bodewig/Bastian, 105 ff. (130); Althammer/Ströbele/Klaka, § 3, Rdn. 31; Klaka, GRUR 1996, 613 ff. (615).
521 Vgl. Albert/Henning–Bodewig, GRUR Int. 1997, 449, 461; Kur, FS DPA 175, 184; dies., GRUR 1997, 241, 246 ff.; Eichmann, GRUR 1995, 184, 185 und Dreiss/Klaka, 16; Gielen/Strowel, Mitt. 1995, 198 ff.; Strowel, EIPR 1995, 154 ff.; Kamperman Sanders, EIPR, 67, 68 (zur Rechtslage in UK und BX); Ingerl/Rohnke, § 3, Rdn. 36; Thewes, 80.

sicher gewährleistet werden kann, dass Markenschutz Kennzeichenschutz bleiben und nicht Produktschutz mit ewig verlängerbarer Monopolisierung werden soll[522].
Gegenüber den anderen Ausschlussgründen kommt dem ersten Ausschlussgrund lediglich graduell ein spezieller, unterschiedlicher Zweck zu: Während die beiden letzten Fallalternativen einem ewig verlängerbaren Produktschutz wegen der „besonderen funktionellen Bedeutung der Form für die Ware" entgegenwirken, soll hier ein solcher wegen „mangelnder hinreichender Trennbarkeit von Zeichen und Warenform" verhindert [523] und ein „Freihaltebedürfnis" der Mitbewerber und Verwender an „essentiellen" Produktmerkmalen geschützt werden[524].
Eine Abgrenzung anhand der „Grundform" bzw. „elementaren" Formmerkmalen einer Ware vermag dieser Zweckrichtung besser und unverhüllter gerecht zu werden als die Kriterien unter Geltung des WZG, sowie neuere Auffassungen, welche die Fortführung der herkömmlichen „Theorie vom Wesensgehalt" propagieren[525]. Das Abstellen auf die „Grundform" ermöglicht ein unmittelbares und offen gelegtes Eingehen auf ein mögliches Freihaltebedürfnis und die Entscheidung im konkreten Fall daran festzumachen. Nicht anders als bei üblichen Begriffen der Alltagssprache, Art– , Mengen– oder Beschaffenheitsangaben (vgl. insoweit § 8 Abs. 2 Ziff. 2 und 3) wird damit ausdrücklich ein bestehendes Freihaltebedürfnis anerkannt und gegen das Schutzinteresse des Zeicheninhabers abgewogen[526].

(2) Bestimmung der Gattung nach Zweck, Üblichkeit und Alternativen

Entsprechend der Zweckrichtung des Schutzes von Freihalteinteressen der Wettbewerber an essentiellen Merkmalen der Ware ist auch die „Grundform" zu ermitteln. Hierbei ist davon auszugehen, dass zur Grundform einer Ware alle Formelemente gehören, die alle Waren derselben „Gattung" haben[527].
Die Warengattung wiederum bestimmt sich vornehmlich nach dem Verwendungszweck der Ware. Denn zwischen den essentiellen Formen einer Warengattung und dem Zweck der Ware besteht eine enge Verknüpfung[528]. Grund dafür ist, dass Waren in erster Linie der direkten oder mittelbaren Befriedigung menschlicher Bedürfnisse dienen[529]. Beispiele hierfür wären etwa elementare vom Verwendungszweck her bedingten Formelemente wie z.B. Griff und Klinge bei einem Messer, Öffnung

---

[522] Vgl. zum Zweck die Ausführungen unter Abschnitt E.III.2.a. sowie: EuGH, Case C–299/99, Urteil vom 18.06.2002 in Sachen Koninklijke Philips Electronics NV vs. Remington Consumer Products Ltd., MarkenR 2002, 231, 238, Erwägungsgrund 78; Althammer/Ströbele/Klaka, § 3, Rdn. 29; Klaka, GRUR 1996, 613, 615; Eichmann, GRUR 1995, 184, 185; ders., FS Vieregge, 1995, 125, 144; Koppensteiner, § 38, Rdn. 17; Kur, FS DPA 175, 187; Ingerl/Rohnke, § 3, Rdn. 35; Ingerl, 65: Zu Art 7 Abs.1 lit. e GMV; Pohl/Gielen, Mitt. 1996, 156, 158 zur Richtlinie und GMV; Schmieder, NJW 1994, 1241, 1242; Marz, 78; gleicher Zweck nach englischem Recht: Firth/Gredley/Maniatis, [2001] EIPR. 86, 89 m.w.N.; vgl. auch schon die Begründung der Europäischen Kommission zu Art. 6 Abs. 2 (a) des geänderten Vorschlags der Verordnung über die Gemeinschaftsmarke, Bulletin der EG, Beilage 5/80, 59, auch abgedruckt in GRUR Int. 1981, 86, 87, sowie die Denkschrift über die Schaffung einer EWG – Marke, GRUR Int. 1976, 481, 491.
[523] Ingerl, 65, zur GMV.
[524] Althammer/Ströbele/Klaka, § 3, Rdn. 29; Klaka, GRUR 1996, 613, 615.
[525] Vgl. z.B. Fezer, § 3, Rdn. 227–228 und seine Verwendung von bzw. Bezugnahme auf Kriterien der Rechtsprechung unter Geltung des WZG (vgl. „Theorie vom Wesengehalt", z.B. BGHZ 5,1 – Hummelfiguren I).
[526] In diesem Sinne auch Thewes, 85.
[527] Ingerl/Rohnke, § 3, Rdn. 39; Althammer/Ströbele/Klaka, § 3, Rdn. 35.
[528] Thewes, 81; Althammer/Ströbele/Klaka, § 3, Rdn. 35; ähnlich Koschtial, GRUR Int. 2004, 106,108.
[529] Baumbach/Hefermehl, § 25, Rdn. 19.

für Kopf/Rumpf und Ärmel bei einem Pullover, eine wie immer geartete Hohlform, ein Griff bei einem Löffel, ein oben offenes Gefäß zur Aufnahme von Wasser, das eine gewisse Mindeststandfestigkeit aufweist (Vase), etc.

Zum anderen bestimmt sich die Warengattung aber auch an der „natürlichen" oder „typischen" Produktform[530]. Denn wegen des Normzweckes des Schutzes von „Freihalteinteressen der Mitbewerber" erscheint eine Einbeziehung „üblicher" Formen im Lichte der Wettbewerbsinteressen an der Freihaltung von Möglichkeiten zur Verwendung einfacher „Grundformen" als gerechtfertigt[531]. Gerade an einfachen Formgestaltungen von Gebrauchsprodukten, an die sich der Verkehr durch langjährige Benutzung gewöhnt hat und die er bei Waren dieser Art erwartet (z.B. die typische Form eines Glases für ein bestimmtes Getränk, etwa eines Pilsglases), besteht i.d.R. ein hohes Freihalteinteresse der Allgemeinheit und der Mitbewerber, bzw. ein schutzwürdiges Bedürfnis an deren Weiterbenutzung. Hierbei kann es sich auch um die „natürliche" bzw. „naturgetreue" Gestalt der Ware handeln[532], insbesondere wenn Naturprodukte wie Obst, etc. beansprucht werden[533]. Der Bedingungszusammenhang zwischen Form und Art/Gattung (siehe grammatikalische Auslegung) ist daher grundsätzlich weit auszulegen und umfasst auch für die Gattung „übliche" Formgestaltungen.

Einfluss auf die Bestimmung der Warengattung hat aber auch der Umstand, ob Mitbewerbern bei Schutz der Warenform vertretbare Alternativen zur Verfügung stehen[534]. Eine Freihaltung der „Grundform" belässt den Wettbewerbern den essentiellen Bereich der für die Warengattung unverzichtbar benötigten Produktform, für die es keinerlei andere Formalternativen gibt (z.B. bei einer Gabel das Vorhandensein von Griff und Zinken an sich). Gibt es aber von dieser angemeldeten Form ausreichende Variationsmöglichkeiten kann dies u.U. aber gegen ein Freihalteinteresse und damit gegen einen absoluten Schutzausschluss nach § 3 Abs. 2 Ziff. 1 MarkenG sprechen (z.B. bei einer Gabel: Anders geformte Zinken in zahlreicher Zahl).
Damit fallen –entgegen Kur– auch Formen, die der „Grundform relativ nahe kommen, oder diese lediglich in nahe liegender Weise variieren"[535] nicht unter den Schutzausschluss. Denn mit dem Begriff des „Nahekommens" würde ein weiterer wertungsbedürftiger Begriff in die Definition eingeführt, dessen Auslegung im Einzelfall Schwierigkeiten bereitet und zu Rechtsunsicherheiten führt. Denn wie oval darf der Grundriss einer Tasse sein, um nicht der kreisrunden Form einer Tasse nahe zu kommen?[536]. Im übrigen sollte streng zwischen der schutzunfähigen „generischen Grundform" einerseits und „frei wählbaren Gestaltungselementen" andererseits unterscheiden werden[537]. Die Interessen des Verkehrs an *nahen* Grundformabweichungen bleiben dabei nicht unberücksichtigt, denn wie andere Marken, die stark an nicht unterscheidungskräftige oder freihaltebedürftige Angaben angenähert sind,

---

530 Althammer/Ströbele/Klaka, § 3, Rdn. 35.
531 Vgl. Kur, Anm. zum Urteil des kanadischen Federal Court of Appeals in Sachen Remington Rand Corp. v. Philips Electronics N.V., GRUR Int. 1997, 1023, 1026 ff., 1028.
532 Klaka, GRUR 1996, 613 ff. (616); vgl. die Beispiele bei Dreiss/Klaka, 16; Sambuc, GRUR 1997, 403 ff. (406)
533 Vgl. Ullmann, NJW Sonderheft 2003, 83.
534 Althammer/Ströbele/Klaka, § 3, Rdn. 35; ähnlich Koschtial, GRUR Int. 2004, 106,108.
535 Kur, FS DPA, 175 ff. (188).
536 Thewes, 82.
537 Ingerl/Rohnke, § 3, Rdn. 6.

genießen solche Formmarken nur einen ganz engen Schutzbereich. Insofern müssen auch für dreidimensionale Gestaltungen die gleichen Maßstäbe für Freihaltebedürfnis und Unterscheidungskraft gelten wie etwa bei Wortmarken[538]. Ebenso wie dort verhältnismäßig geringfügige Abweichungen von freihaltebedürftigen Angaben die Schutzfähigkeit begründen können, kann bei der Formmarke durch eine verhältnismäßig geringfügige Abweichung im äußeren Erscheinungsbild Markenfähigkeit erreicht werden[539].

(3) Problem der engen/weiten Bestimmung der „Warengattung"

Trotz Bestimmung der Warengattung anhand von Verwendungszweck, Üblichkeit und möglichen Formalternativen, kann die Frage, was zur Grundform zu zählen ist, von einer entsprechend engen oder weiten Fassung der jeweiligen Warengattung (z.B. Trinkglas > Weinglas > Rotweinkelch > Bordeaux–Glas, etc.) im Einzelfall abhängen. Bei einer entsprechend „weiten" Wahl der Warengattung (z.B. „Geschirr" oder „Tasse") wird seltener eine konkrete Gestaltung des Erzeugnisses (z.B. eine kleinformatige, geradwandige Espressotasse mit Henkel) durch die Art bedingt sein, als bei einer eher „engen" Bestimmung der Warengattung (z.B. Kaffeetasse, bzw. Espressotasse). Mithin besteht die Gefahr, dass im Einzelfall durch eine zu weite oder zu enge Deutung der jeweiligen „Art der Ware" der Anwendungsbereich der Ausschlussvorschrift unangemessen beschränkt oder erweitert werden könnte.

In diesem Zusammenhang darf aber nicht vergessen werden, dass die in der Vorschrift genannten Waren „Handelsartikel" sind, denn § 3 Abs. 2 Ziff. 1 MarkenG ist schließlich eine Regelung über Marken. Zur richtigen Allokation des relevanten Freihaltebedürfnisses muss man sich deshalb fragen, welche Geschäftsgegenstände sie in der Praxis darstellen und wie sie als Artikel des Handels gesehen werden. So dürfte etwa im Fall eines „dreiköpfigen Drehscherers" die Frage nach der Warengattung mit „elektrische Rasierer" zu beantworten sein, da sich schon die Verbraucher eher danach unterscheiden, ob sie sich „nass" oder „elektrisch" rasieren, nicht aber danach, welche „Art der Elektrorasur" sie herkömmlicherweise bevorzugen. Ebenso ist zu berücksichtigen, dass der Warenzweck zur Bestimmung der Warengattung wiederum selbst abhängig ist von konkreten, sich ggf. wandelnden menschlichen Bedürfnissen, wie das Beispiel einer „Baseballmütze" zeigt, die heute eher modisches Accessoire als Sportgerät (Blendschutz) ist. Eine starre Festlegung anerkannter Warengattungen und Warenzwecke würde der Dynamik des modernen Wirtschaftslebens deshalb nicht gerecht[540]. Der Gefahr einer unangemessenen Beschränkung oder Erweiterung des Anwendungsbereichs muss daher mit einer Wahl der Warengattung entgegengewirkt werden, welche –zur richtigen Gewichtung des durch die Vorschrift geschützten „Freihaltebedürfnisses"– den aktuellen Gepflogenheiten des Handelsverkehrs und zeitgenössischen Verbrauchergewohnheiten ausreichend Rechnung trägt.

---

[538] Vgl. EuGH MarkenR 2002, 231, 236, Erwägungsgrund Nr. 48.
[539] Ingerl/Rohnke, § 3, Rdn. 39.
[540] Thewes, 84.

(4) Bestimmung nach „objektiven" Kriterien

Das Freihaltebedürfnis des ersten Ausschlussgrundes, also der „Artbedingtheit" der Form, ist anhand "objektiver" Kriterien zu bestimmen.

Eine „subjektive" Prüfung[541] dieser Tatbestandsvoraussetzung entspräche schon nicht dem Gesetzeswortlaut. Das Erfordernis einer „Form, die durch die Art der Ware selbst bedingt ist", deutet eher auf eine objektive, abstrakte Prüfung, wie auch schon die ursprünglich im Richtlinienentwurf von 1979 verwendete Fassung „Form, die sich aus der Natur der Ware *zwingend* ergibt"[542]. Im früheren Ausstattungsrecht zu § 25 WZG schwankte die Rechtsprechung im Hinblick auf die Bestimmung des „Wesens der Ware" noch zwischen der Betonung der Verkehrsauffassung[543] und objektiven Gesichtspunkten[544]. Abgesehen von der fehlenden Übernahmemöglichkeit dieser Grundsätze (s.o.), wird –anders als noch unter Geltung des WZG– die Schutzfähigkeit von Formgestaltungen nun aber nicht mehr an das Bestehen einer Verkehrsgeltung geknüpft womit die Auffassung des Verkehrs auch kein entscheidendes Abgrenzungskriterium mehr ist. Darüber hinaus hängt die Prüfung, was die (üblicherweise) „elementare", „wesentliche", „gemessen am Verwendungszweck notwendige" Grundform einer Ware ist, nicht zuletzt auch von ihrem warengattungsmäßigen Verwendungszweck ab, dessen Bestimmung nach objektiven Kriterien erfolgen muss. Denn hierbei können auch gewisse technische Erwägungen, sowie die Möglichkeit anderweitiger Gestaltungsmöglichkeit eine Rolle spielen, die von den potentiellen Käufern nicht immer zuverlässig eingeschätzt werden können. Auch die Frage, was „üblicherweise" oder „typischerweise" zu einer bestimmten Warengattung gehört oder eine eigene Warengattung bildet (z.B. die typische Form eines Glases für ein bestimmtes Getränk, etwa eines Pilsglases) ist objektiv bestimmbar, da es sich insoweit i.d.R. um lang benutzte Gebrauchsprodukte handelt, deren Verwendung sich dokumentieren lässt.
Ein alleiniges Abstellen auf eine vorgebliche Verkehrsauffassung verbietet sich zwar nicht schon aufgrund des bezweckten Schutzes von Freihalteinteressen, wohl aber aus Gründen der Rechtssicherheit und –klarheit. Ansonsten könnte der Richter/Prüfer bei Zugehörigkeit zu den beteiligten Verkehrskreisen regelmäßig allein auf Grundlage seiner eigenen Kenntnisse entscheiden, was eine Beweiserhebung entbehrlich und eine Nachprüfbarkeit der Entscheidung nahezu unmöglich macht. Die Entscheidung im Einzelfall muss daher (auch) Gegenstand einer objektiven Bewertung sein. Richtig erscheint es daher, darauf abzustellen, welche Merkmale objektiv–abstrakt zu einem Gegenstand dieser Gattung gehören[545]. Dabei muss auch eine mögliche Veränderung des Gebrauchszwecks im Zuge der Dynamik der fortschreitenden Produktentwicklung beachtet werden, da die Zweckbestimmung einer Ware sich im Laufe der Zeit ändern kann (Stichwort „Zweitnutzen" am Beispiel einer

---

541 So Thewes, 86 ff.
542 Abgedruckt in GRUR Int. 1980, 31 ff.
543 Bei „ästhetischen" Gestaltungen vgl. z.B. BGHE 5, 1 ff. (6) – Hummelfiguren I, und als erste Prüfungsstufe bei „technischen" Gestaltungen, vgl. z.B. BGH GRUR 1962, 299 ff. (300) – form–strip; Baumbach/Hefermehl, § 25, Rdn. 19 ff. und 28 m.w.N.
544 Als zweite Prüfungsstufe bei „technischen Gestaltungen", falls die Gestaltungselemente nicht bereits nach der Auffassung des Verkehrs das „Wesen der Ware" ausmachen, vgl. z.B. BGH GRUR 1954, 390 ff. (391) – Zählkassetten; BGH GRUR 1957, 603 ff.; Baumbach/Hefermehl,a.a.O., § 25, Rdn. 19 ff. m.w.N.
545 Ingerl/Rohnke, § 3, Rdn. 40; Althammer/Ströbele/Klaka, § 3, Rdn. 35.

Schirmmütze, s.o.)[546]. Auch sollten bloße theoretische Möglichkeiten außer Acht gelassen werden, wenn sie der Verkehrsauffassung widersprechen, z.B. dass eine Kaffeetasse theoretisch auch zwei Henkel haben kann[547].

ee. Gemeinschaftskonforme Auslegung

Das Auslegungsergebnis steht weitgehend im Einklang mit der derzeitigen Rechtslage im Gemeinschaftsmarkenrecht. Denn auch die Spruchpraxis zur GMV scheint den entsprechenden Art. 7 Absatz 1 lit. e Ziff. 1 GMV ausschließlich auf Produktgestaltungen in ihrer „elementaren", „üblichen" Form anzuwenden:
Nachdem das HABM die Ablehnung einer „Seifenform" auf den Ausschlussgrund stützte und dies von der 3. Beschwerdekammer bestätigte wurde[548], hob das Gericht Erster Instanz der Europäischen Gemeinschaften diesen Beschluss mit der Begründung auf, dass die betreffende Seife mit ihrer gebogenen Form und mit an der Längsseite befindlichen Einbuchtungen nicht der „üblichen" Form der Ware entspreche, die generell verwendet würde[549]. Entsprechend erachtete die 3. Beschwerdekammer des HABM ein „waffelförmiges Cornflake" als durch die Art ("nature") der Ware bedingt[550]. Dies deckt sich mit der Ansicht in der Gemeinschaftsmarken-Literatur, wonach aufgrund Art. 7 Absatz 1 lit. e Ziff. 1 GMV die „Grundform" nicht geschützt werden kann[551] und den Prüfungskriterien des HABM, die vorsehen, dass die Vorschrift auf Marken angewendet werden soll, die ausschließlich aus der *normalen* oder *üblichen* Verpackung / Form der Waren bestehen[552].

ff. Rechtsvergleichung

Auch eine rechtsvergleichende Untersuchung in Dänemark[553], den Benelux-Ländern[554] und Großbritannien[555] bestätigt das bisherige Auslegungsergebnis.
Ähnlich werden in der (älteren) schweizerischen Rechtsprechung und von der Eidgenössischen Rekurskommission für geistiges Eigentum über den Ausschluss des Art. 2 lit. a MSchG –entgegen dem Gesetzeswortlaut z.T. auch ohne Rücksicht auf

---

546 Ingerl/Rohnke, § 3, Rdn. 40; ähnlich bereits Götting, 225 ff.; Pluta, 257 ff. (260) und Bezzenberger, WRP 1956, 33 ff. (35, Abstellen auf die „artbedingten Elemente" zur Bestimmung der Ware) zur Rechtslage nach dem WZG.
547 Ingerl/Rohnke, § 3, Rdn. 40.
548 HABM (3.BK) vom 15.3.1999, R 74/1998–3 – SOAP.
549 EuG, GRUR Int. 2002, 73 (75) – Seifenstück.
550 HABM (3.BK), R 565/1999–1, Kelloggs Company.
551 Gyngell/Poulter, V.9; ähnlich Gold/Abnett/Farwell, 6–054.
552 Mitteilung Nr. 2/98 des Präsidenten des Amtes vom 8. April 1998 über die Prüfung von dreidimensionalen Marken, Abl. HABM 1998, 700 ff. (702).
553 Dänischer Oberster Gerichtshof, GRUR Int. 1997, 1018 ff. (1020) – Ritter Sport („einfache Grundformen" vom Markenschutz ausgenommen).
554 Henning- Bodewig/Bastian, 103 ff. (129 f.); Gielen/Strowel, Mitt. 1995, 198 ff. (202) und Strowel, EIPR 1995, 154 ff. (157); Urteil des „President Tribunal" von Den Haag, IER 1992, 115 – Olivenflasche.
555 Firth/Gredley/Maniatis [2002] E.I.P.R. 86, 92 („basic" oder „generic shapes"); High Court, Société des Produits Nestlé SA v. Unilever plc, ITMA News & Information, No. 298, 2003, S. 17 (nicht einschlägig beim „Vienetta"-Eiskuchen; Justice Jacobs legte die Frage nach dem Anwendungsbereich des ersten Ausschlußgrundes dem EuGH vor).

eine etwaige Verkehrsdurchsetzung– im Alltagsleben „unentbehrliche“[556], „gebräuchliche“, „erwartete“ oder „gewohnte“[557] Formgestaltungen als zum „Gemeingut“ zugehörig ausgeschlossen. Die neuere schweizerische Literatur und Rechtsprechung bevorzugt für den letzteren Fall bzw. für „Grundformen“ bzw. „Archetypen“ dagegen einen -nicht durch Verkehrsdurchsetzung überwindbaren- Ausschluss nach Art. 2 lit. b MSchG unter dem Gesichtspunkt des „Wesen der Ware“ als Konkretisierung des lit. a für den spezifischen Fall der Formmarke[558].
Aus dem amerikanischen Recht ergeben sich in diesem Zusammenhang keine Erkenntnisse, da die „Doctrine of Functionality“ als Schutzausschluss nicht abstrakt auf die „Bedingtheit durch die Art der Ware“ abstellt, sondern spezieller auf „ästhetisch“ oder „technisch/utilitär“ funktionale Gestaltungen abzielt[559].

gg. Kollisionsfall

Der Grundform einer Ware sind zwar gewisse Gestaltungsformen eigen, doch kann ihre Ausgestaltung im Einzelnen durchaus verschieden ausfallen und insbesondere durch Formzusätze dem Markenschutz zugänglich werden. Im Kollisionsfall ist dann der § 3 Abs. 2 Ziff. 1 MarkenG weitgehend auf einzelne elementare Formgestaltungselemente beschränkt, die im Rahmen der dreidimensionalen Marke nicht schutzbegründend sein können und damit zur Begründung einer Verwechslungsgefahr ausscheiden.

hh. Unterschied zur Rechtslage unter dem WZG

Nach Rechtsprechung des BGH zu den Schranken des Ausstattungsschutzes nach § 25 WZG waren diesem all diejenigen Elemente entzogen, die das „*Wesen der Ware*“ ausmachten und im Hinblick auf den mit ihr verfolgten Zweck insbesondere technisch oder ästhetisch bedingt waren[560] Um ihre Unterscheidungsfunktion als warenzeichenähnliches Kennzeichen ausüben zu können, musste die Ausstattung etwas vom „Wesen der Ware“ zwar nicht körperlich, jedoch „*begrifflich* Verschiedenes“ sein[561].

---

[556] Eidg. Rekurskommission, sic! 2000, 10 ff. –„Buttermödeli“.
[557] Schweizerisches Bundesgericht, sic! 2003, 892, 897 – LEGO III (zwecks Feststellung der Frage der Verkehrsdurchsetzung und „technischen Notwendigkeit“ zurückverwiesen); Schweizerisches Bundesgericht, GRUR Int. 1995, 738 ff. (739) – The Original (RADO); Eidgenössische Rekurskommission für geistiges Eigentum, sic! 2003, 38, 39 – Milchgetränkeflasche (3-D); Streuli-Youssef, sic! 2002, 794, 795 f.; a.A. Ineichen, GRUR Int. 2003, 193, 198 ff.
[558] Handelsgericht Zürich, sic! 2003, 331, 333 – LEGO II (vom schweizerischen Bundesgericht insoweit wieder aufgehoben als für den LEGO-Klemmbaustein der Ausschlussgrund „Wesen der Ware“ angenommen wurde und zurückverwiesen, sic! 2003, 892, 895 – LEGO III); Wang, 374/375; Meisser/Bohren, SMI 1995, 225 ff. (235); Ritscher, Anm. zu Urteil des Schweiz. BG in LEGO III, sic! 2003, 899, 900; die frühere Literatur interpretierte den Art. 2 lit. b MSchG eher und allein im Sinne einer „ästhetischen“ Funktionalität, vgl. Arnet, 69 ff.
[559] Vgl. insoweit die rechtsvergleichenden Ausführungen unten zum 2. und 3. Ausschlussgrund.
[560] Grundlegend BGH GRUR 1952, 516, 518 – Hummelfiguren I; BGH GRUR 1954, 121 – Zählkassetten; vgl. im Einzelnen die Ausführungen oben zu E.III.3.
[561] BGH GRUR 1952, 516, 518 – Hummelfiguren I; BGH GRUR 1954, 121 ff. – Zählkassetten; BGH GRUR 1959, 289, 291 – Rosenthalvase; BGH GRUR 1962, 144, 148 – Buntstreifensatin I, BGH GRUR 1972, 546, 547 – Trainingsanzug; so zur neuen Rechtslage auch Koschtial, GRUR Int. 2004, 106,108.

Obwohl das „Wesen der Ware“ im Sinne dieser BGH-Rechtsprechung zu § 25 WZG auf den ersten Blick große grammatikalische Ähnlichkeit mit dem in § 3 Abs. 2 Ziff. 1 MarkenG verwendeten Begriff der durch die „Art der Ware“ bedingten Form aufweist, trägt die vom BGH entwickelten Lehre vom Wesensgehalt wenig zur Auslegung des ersten Ausschlussgrundes des § 3 Abs. 2 MarkenG bei. Zwar ist tatsächlicher Hintergrund der begrifflichen Argumentation des BGH wohl ebenfalls ein (nicht offen gelegtes) Freihaltebedürfnis und eine Interessensabwägung. Die Entscheidungen des BGH behandelten aber, auch wenn sie vom „Wesen der Ware“ sprachen, nahezu ausschließlich Fallkonstellationen, die heute eher unter den 2. (technische Funktionalität) oder 3. Ausschlussgrund (ästhetische Funktionalität) zu subsumieren sind[562]. Insofern entspricht der erste Ausschlussgrund des § 3 Abs. 2 MarkenG –entgegen der Gesetzesbegründung– im wesentlichen nicht den Kriterien die der BGH zum bisherigen Ausstattungsrecht aufgestellt hatte. Denn nach richtlinienkonformer Auslegung möchte § 3 Abs. 2 Nr. 1 MarkenG in erster Linie einfache Grundformen von Waren(gattungen) für Mitbewerber freihalten, nicht aber technisch oder ästhetisch funktionelle Formen, auch wenn sich hier natürlich Überschneidungen ergeben können. Die alte Dogmatik passt daher nicht mehr oder nur noch, wenn man auch elementare Grundformen von Waren(gattungen)“ als vom „Wesen der Ware“ i.S.d. alten Dogmatik umfasst sieht. Gewonnen wäre dadurch aber nichts. Im Gegenteil, der unbestimmte Rechtsbegriff des „Wesens der Ware“ verdeckt eher die eigentlich vorzunehmende Interessensabwägung. Das Abstellen auf die „Grundform“ ermöglicht dagegen ein direktes und offen gelegtes Eingehen auf ein mögliches Freihaltebedürfnis und seine Abwägung mit dem Schutzinteresse des Zeichenanmelders.
Darüber hinaus sind zur Ermittlung, ob eine Form durch die „Art der Ware bedingt“ ist, nach dem Ergebnis der richtlinienkonformen Auslegung rein objektive Kriterien anzuwenden, während der BGH zur Bestimmung des Begriffs des „Wesens der Ware“ gemischt auf die Verkehrsauffassung und objektive Gesichtspunkte abstellte[563].
Der BGH sollte die veränderte Gesetzeslage zum Anlass nehmen, das in früheren Entscheidungen bei Grundformen wenig beachtete „Freihalteinteresse“ stärker in die Abgrenzung einzubringen. Zwar deutete er bereits in seiner Rechtsprechung zum WZG die Berücksichtigung eines gewissen Freihaltebedürfnisses für Grundgestaltungen an. Denn in der „Zählkassetten“ - Entscheidung führte er für die Schutzfähigkeit von Ausstattungen aus, „dass es Grenzen für die rechtliche Anerkennung der Verkehrsgeltung gibt, die namentlich bei einfachen und leicht überschaubaren Gestaltungen oft genug an wesentlichen Bestandteilen der Ware haften kann“[564]. Offen anerkannt wurde ein Freihaltebedürfnis für elementare Grundformen als letztlich allein maßgebliches Abgrenzungskriterium vom BGH jedoch nicht. Ein Freihalteinteresse war allenfalls bei den Anforderungen an die Breite der Verkehrsgeltung von Bedeutung[565]. Nachdem nunmehr aber der Ausstattungsschutz nicht mehr an das

---

[562] Vgl. z.B. BGH GRUR 1952, 516, 518 – Hummelfiguren I; BGH GRUR 1954, 121 ff. – Zählkassetten; BGH GRUR 1959, 289, 291 – Rosenthalvase; BGH GRUR 1962, 144, 148 – Buntstreifensatin I, BGH GRUR 1972, 546, 547 – Trainingsanzug; BGH, GRUR 1960, 232 ff. (233) - Feuerzeug-Ausstattung; BGH GRUR 1962, 409 ff. (409, unten) – Wandsteckdose; BGH GRUR 1952, 516 ff., 518 – Hummelfiguren I; BGH GRUR 1959, 289 ff. (291) – Rosenthal-Vase; BGH GRUR 1955, 418, 419 – Rote Herzwand-Vase.
[563] BGH GRUR 1972, 122, 123 – Schablonen; BGH GRUR 1962, 459, 460 – Lichtkuppeln; BGH GRUR 1962, 144, 148 – Buntstreifensatin I.
[564] BGHZ 1954, 390 ff. (390) – Zählkassetten.
[565] BGH GRUR 1962, 144 ff. (148) - Buntstreifensatin; GRUR 1962, 299, 301- form-strip

Bestehen einer Verkehrsgeltung (vgl. § 25 WZG) gekoppelt ist, sondern Aufmachungen nach § 3 Abs. 1 MarkenG und Art. 2 der Richtlinie grundsätzlich schutzfähig sind, müsste der BGH nicht zuletzt deshalb dem Freihaltebedürfnis nach der neuen Rechtslage ein größeres, wenn nicht sogar das maßgebliche Gewicht bei der Abgrenzung zukommen lassen. Im Gegensatz zur früheren Rechtslage ist das Freihaltebedürfnis allerdings jetzt ein „absolutes", es kann also nicht mehr durch Verkehrsdurchsetzung (früher § 4 III WZG, für Wort- und Bildmarken) oder Verkehrsgeltung (früher § 25 WZG für Ausstattungen) überwunden werden.

ii. Fallgruppen

(1) Anwendbarkeit des ersten Schutzausschlussgrundes

- Tasse, Trinkglas, Rotweinglas, Pilsglas in ihrer normalen Grundform[566].
- Flaschen in ihrer normalen (auch eckigen[567]) Grundform[568], aber auch die übliche Form einer Milchflasche[569] oder die gewöhnliche rechteckige Form einer Olivenölflasche[570].
- Messer in Grundform (Griff und Schneide), Gabel in Grundform (Griff und mehrere Zinken)[571].
- Kerzen, Pinsel, Spielkarten, Schuhe[572], sowie Tennisschläger (Griff und Schlagfläche)[573], Näh- oder Häkelnadeln[574] in üblicher Grundform.
- Die übliche, bzw. traditionelle Form von Glühbirnen, Federhaltern, Leuchtern, Brillen[575].
- Die Kreisform eines Reifens[576], die Kugelform eines Balles[577], die Form eines Zylinders[578].
- Übliche Verpackungsformen[579], wie z.B. rechteckige Schachteln[580], oder die traditionellen Verpackungen von Eiern, Bonbons, Lutschern oder Margarine[581] (zur Anwendbarkeit des Ausschlussgrundes auf Verpackungen s.o.).
- Die „natürliche" Gestalt von Erzeugnissen des Acker- und Gartenbaus[582],wie z.B. Zitrone, Apfel oder auch Federnelken bzw. Silberdisteln[583].

---

566 Vgl. Kur, FS DPA, 175 ff. (186 f.).
567 Im Ergebnis auch BGH GRUR 1969, 541 ff. (542 ff.) - Grüne Vierkantflasche - (Ausstattungsschutz mangels ausreichender Verkehrsdurchsetzung abgelehnt).
568 Im Ergebnis auch Winkler, MA 1996, 516 ff. (523); Nordemann, a.a.O., Rdn. 426 a.E.; Marz, Diss., 78; enger das BPatG („Freihaltebedürfnis" bei „genormten" Flaschenformen), vgl. BPatG Mitt. 1998, 227 ff. (228) - blaue Vierkantflasche.
569 Hof Brüssel, BIE 1976, 185 – Milchflasche.
570 President District Court Den Haag, IER 1992, 115 - Olivenölflasche .
571 Kur, FS DPA, 175 ff. (186 f.).
572 Althammer/Klaka, a.a.O., § 3, Rdn. 22.
573 Marz, Diss., 78.
574 De Caluwé etc. Bd. I/1, 314 (zitiert nach Winkel, a.a.O., 182).
575 Komen/Verkade, D.W.F., Het nieuwe merkenrecht, 1970, 38 (zitiert nach Winkel, a.a.O., 182).
576 Klaka, GRUR 1996, 613 ff. (616).
577 Fezer, § 3, Rdn. 228.
578 De Caluwé etc. Bd. I/1, 314 (zitiert nach Winkel, a.a.O., 182).
579 Komen/Verkade, D.W.F., Het nieuwe merkenrecht, 1970, 38 (zitiert nach Winkel, a.a.O., 182).
580 Klaka, GRUR 1996, 613 ff. (616).
581 Henning-Bodewig/Bastian, a.a.O., 103 ff. (130) m. w.N.; Gielen/Strowel, Mitt. 1995, 198 ff. (202); Strowel, EIPR 1995, 154 ff. (157).

- Die übliche Grundform von Autoleichtmetallfelgen[584], des Schutzgehäuses von Radschutzantrieben[585] oder eines Motorradmotors[586].
- Die übliche Grundform bestimmter Nahrungsmittel wie z.B. von Zwieback[587], Gebäck und Wurst[588].
- Die übliche Form einer Videokassettenhülle oder eines Kugelschreiberclips[589].
- Die übliche Grundform eines Buches[590].
- Die übliche Grundform einer Schokoladentafel: Rechteckig bzw. als nahe Grundformvariation quadratisch[591].
- Eine Armbanduhr mit üblichen bzw. gebräuchlichen Gestaltungselementen[592].
- Die Aufmachung von Klötzen zum Verständnis der mathematischen Mengenlehre[593].
- Eine (Stab)taschenlampe in Ihrer herkömmlichen, handelsüblichen bzw. typischen Form, bestehend aus den üblichen Gestaltungselementen wie zylinderförmiger Schaft, Batteriegehäuse, Reflektorgehäuse, etc.[594].
- Spielbausteine mit Abmessungen in Form von Bauziegeln und Klemmnocken (LEGO - Baustein)[595].
- Die unter Nr. 39723188 für Backwaren/Fertigkuchen eingetragene plattenartige Quaderform der MILCHSCHNITTE®.[596]

(2) Keine Anwendbarkeit des ersten Schutzausschlussgrundes

- Seife in stilisierter Herz-Form in einer ebenso herzförmigen Verpackung[597], ebenso wie Porzellanvasen in roter Herzform[598], da es sich hierbei nicht um die üblichen Grundformen von Seifen und Vasen handelt.

---

[582] Klaka, GRUR 1996, 613 ff. (616).
[583] Ullmann, NJW Sonderheft 2003, 83; entgegen Eichmann, FS Vieregge, a.a.O., 125 ff. (148), Fn. 166 zum neuen und BGH GRUR 1959, 240, 241 – Nelkenstecklinge, zum alten Recht.
[584] Klaka, GRUR 1996, 613 ff. (616); Dreiss/Klaka, 16; vgl. BGH GRUR 1997, 527, 529- Autofelge (Ausschluss „typischer" Autofelge nach § 8 Abs. 2 Nr. 1 MarkenG).
[585] Klaka, GRUR 1996, 613 ff. (616) unter Hinweis auf BGH GRUR 1954, 337 – Radschutz.
[586] Dreiss/Klaka, 16; Klaka, GRUR 1996, 613 ff. (616) unter Hinweis auf BGH GRUR 1993, 392 - Harley Davidson (2 - dimensional).
[587] Im Ergebnis auch Meister, WRP 1995, 1005 ff. (1008) im Hinblick auf „normalen" Zwieback mit rechteckiger/quadratischer Grundform und Wölbung an der Spitze; a.A. wohl Marz, Diss., 80
[588] Winkler, MA 1996, 516 ff. (522).
[589] Nordemann, a.a.O., Rdn. 426 a.E.
[590] Giefers, a.a.O., 18.
[591] Dänischer Oberster Gerichtshof, GRUR Int. 1997, 1018 ff. (1020) - Ritter Sport; a.A. Klaka, GRUR 1996, 613 ff. (616) bzgl. einer „quadratischen" Schokoladentafel.
[592] Schweizerische Bundesgericht, GRUR Int. 1995, 738 ff. (739) - The Original.
[593] Entgegen Eichmann, FS Vieregge, a.A.O; 125 ff. (148); vgl. BGH GRUR 1976, 434 ff. (435) – Merkmalklötze (Ausstattungsfähigkeit verneint).
[594] Vgl. BPatG Mitt. 1998, 230 ff. 231) - Unterscheidungskraft einer Taschenlampengestaltung.
[595] Im Ergebnis auch Meisser/Bohren, SMI 1995, 225 ff. (230); Giefers, a.a.O., 18; Schwedischer Oberster Gerichtshof, GRUR Int. 1988, 700 – LEGO; a.A.: Eichmann, FS Vieregge, 125 ff. (148); Präsident Bezirksgericht Haarlem, unveröffentlichte Entscheidung vom 14. Dez. 1993 in Sachen LEGO v. BLOMSON, zitiert nach Gielen/Strowel, Mitt. 1995, 198 ff. (202); Schweizerisches Bundesgericht, sic! 2003, 892, 895, 897 – LEGO III (zur Feststellung der Fragen der Verkehrsdurchsetzung und der technischen Notwendigkeit zurückverwiesen).
[596] Vgl. Würtenberger, GRUR 2003, 912, 913.
[597] Entgegen Berlit, Rdn. 6 .
[598] Entgegen BGH GRUR 1955, 418 ff. (419) – Rote Herzwandvase.

- Die für eine herkömmliche Flaschenform „unübliche“ Form einer COCA-COLA - Flasche[599], einer DIMPLE - Flasche[600], oder einer „kleinen Kullerflasche“[601].
- Ästhetische“ Gestaltungen, die -was die Regel sein dürfte- über die „übliche Grundform“ hinausgehen, sprich Kunstwerke und kunstgewerbliche Erzeugnisse, sowie ästhetische Formelemente oder das Dekor von Gebrauchsgegenständen[602], wie z.B. eine asymmetrische Blumenvase[603] oder farbige, in Bettwäsche eingewebte Streifenmuster[604], Zierfiguren[605] oder Designermöbel[606] (diese Gestaltungen können jedoch unter den dritten Ausschlussgrund fallen).
- Eine achteckige Käseschachtel, da dies eine eher unübliche Gestaltung sein dürfte[607].
- Eine Arzneimittelkapsel mit besonderer Farbgestaltung (und die daher mit zusätzlichen Merkmalen ausgestaltet ist)[608].
- Eine besonders gestaltete Pralinenform[609].
- Straßenabwehrpfosten, die über die übliche einfache Grundform hinausgehen[610].
- Andere von herkömmlichen Grundformen abweichende Gestaltungen, wie z.B. Flaschen mit dreieckigem Grundriss nebst Aussparung am Flaschenboden in der korrespondierenden Form des kurzen Flaschenhalses, Knabbergebäck in Form eines Kängurus, Würste im Outfit einer Puppe, Behältnisse für Zuckerwaren in Form eines gläsernen Sparschweins[611], Schokolade in der Dreiecksform der Toblerone-Schokolade, etc.

---

599 Nordemann, a.a.O., Rdn. 426.

600 Vgl. BPatG, GRUR 1998, 580 – Dimple-Flasche (Bejahung konkreter Unterscheidungskraft ohne ausdrückliche Prüfung des § 3 Abs. 2 Nr. 1).

601 Vgl. BPatG, GRUR 1998, 584 ff. – kleine Kullerflasche (Verneinung konkreter Unterscheidungskraft - außer für „Mineralwässer und kohlensäurehaltige Wässer“ - ohne ausdrückliche Prüfung des § 3 Abs. 2 Nr. 1 MarkenG)

602 Entgegen Fezer, § 4, Rdn. Rdn. 85 ff., 95.

603 Entgegen Fezer, § 4, Rdn. 86 und der früheren Rechtsprechung in BGHZ 29, 62, 64 - Rosenthal-Vase; im Ergebnis gleich jedoch Eichmann, FS Vieregge, 125 ff. (148), Fn. 166.

604 Entgegen Fezer, § 4, Rdn. 87 und der früheren Rechtsprechung in BGHZ 35, 341, 346 – Buntstreifensatin.

605 Entgegen Fezer, § 4, Rdn. 85 ff., Eichmann, FS Vieregge, 125 ff. (149) bzw. ders., GRUR 1995, 185 ff. (187) Fn. 38 und der früheren Rechtsprechung in BGHZ 5, 1(= GRUR 1952, 516, 518) - Hummel-Figuren-I.

606 Entgegen Eichmann, GRUR 1995, 185 ff. (187), Fn. 38 und der früheren Rechtsprechung in RG GRUR 1932, 892 ff. (894) - Stahlrohrmöbel; BGH GRUR 1961, 635 - Stahlrohrstuhl I; GRUR 1981, 820 ff. (821) - Stahlrohrstuhl II; GRUR 1987, 903 - Le Corbusier Möbel.

607 a.A. Court of Appeal Amsterdam, BIE 1986, 77 - Käseschachtel (keine Schutzfähigkeit). Im Ergebnis ähnlich auch bereits BGH, der die Ausstattungsfähigkeit einer grünen Vierkantflasche grundsätzlich bejahte, vgl. BGH GRUR 1969, 541ff. (542) - grüne Vierkantflasche.

608 Im Ergebnis auch Pres.Rb. Alkmaar, BIE 1983, 31 – Arzneimittelkapsel.

609 Prés.Trib. Comm. Brüssel, Ing. Cons. 1983, 143 - Pralinenform (zitiert nach Klaka, GRUR 1996, 613 ff. (615 und Henning-Bodewig/Bastian, a.a.O., Rdn. 55).

610 BPatG GRUR 1995, 814 ff. (815) – Absperrpoller; im Ergebnis auch Klaka, GRUR 1996, 613 ff. (616).

611 Winkler, MA 1996, 516 ff. (523) unter Hinweis auf die entsprechenden Markeneintragungen desselben Jahres.

7. Ausschluss technisch erforderlicher Formen, § 3 Abs. 2 Nr. 2 MarkenG

Der zweite Ausschlussgrund bezieht sich auf Zeichen, die „ausschließlich aus einer Form" bestehen, „die zur Erreichung einer technischen Wirkung erforderlich" sind. Im Hinblick auf den Anwendungsbereich der Norm geht es insbesondere um die Frage, ob die Formgebung für die Hervorbringung des technischen Ergebnisses bereits dann als „erforderlich" anzusehen ist, wenn sie lediglich aus technischen Erwägungen resultiert, oder aber erst dann, wenn es keine technische Alternative zur Hervorbringung der technischen Wirkung gibt.

a. Bislang vertretene Ansichten

aa. Weite Ansicht: Anwendbarkeit auf jede technisch vorteilhafte Gestaltung

Nach einer Auffassung werden alle Formgebungen, die einen technischen Vorteil zur Folge haben, durch den zweiten Ausschlussgrund vom Markenschutz ausgeschlossen, und zwar ungeachtet dessen, dass dieselbe Funktion auch von anderen Formen erfüllt werden kann. Wegen des „hohen Stellenwerts des Gesichtspunkts der Wettbewerbsfreiheit" sei eine „weite" Auslegung vorzuziehen. Soweit man den Wortlaut „eng" auslege, mache die von einer Ware zu erfüllende technische Wirkung nämlich nur im Ausnahmefall eine bestimmte Formgebung in dem Sinne „erforderlich", als sie diese zwingend in der Weise vorgebe, dass keine Alternativen möglich sind, wodurch der Ausschlussgrund so gut wie nie nur zur Anwendung käme[612]. In diesem Sinne entschieden etwa der britische[613] und der kanadische Court of Appeal[614]. Nach dieser Ansicht bliebe zum Beispiel der LEGO–Klemmbaustein vom Markenschutz ausgeschlossen, auch falls es für dessen technische Zwecke Formalternativen gibt[615].

bb. Enge Ansicht: Keine Anwendbarkeit bei Formalternativen

Die Mehrheit der Literatur möchte den Ausschlusstatbestand dagegen in dem Sinne „eng" auslegen, als er keine Anwendung finden soll, falls es andere (wirtschaftlich gleichwertige) Formalternativen zur Erzielung derselben technischen Wirkung gibt[616].

---

[612] Eichmann, MarkenR 2003, 10 (16); ders., GRUR 1995, 184, 186; ders., GRUR 2000, 751, 756 f. (759/760); Kur, FS 100 Jahre Markenamt, 1994, 175 ff., 189/190; dies., GRUR 1997, 241 ff. (246), Fn. 64; dies., Anm. zum Urteil des kanad. Federal Court of Appeal, GRUR Int. 1997, 1026 ff. (1027/1028) – Rasierapparatkopf; dies., unentschieden in MarkenR 2000, 1 (4); Körner/Gründig/Schnelle, GRUR 1999, 535, 537; Würtenberger, GRUR 2003, 912, 917; Ullmann, NJW Sonderheft 2003, 83; Hacker, GRUR Int. 2004, 215, 221.

[613] Court of Appeal, GRUR Int. 2000, 439 ff. – Rasierapparatkopf II (Philips Electronics NV v. Remington Consumer Products Ltd. v. 5.5.1999; Berufungsurteil zum Urteil des High Court of Justice vom 22.12.1997).

[614] Kanad. Federal Court of Appeal, GRUR Int. 1997, 1023, 1026 – Rasierapparatkopf.

[615] In diesem Sinne der Cour d´appel de Liège, Urteil vom 30.6.1993, Ing. – Cons. 1993, 217 (zitiert nach Kur, GRUR 1997, 241 ff., 247 und Meisser/Bohren, SMI 1995, 225 ff., 233) und das Handelsgericht Zürich, sic! 2003, 331, 334 – LEGO II.

[616] Meister, WRP 2000, 967 (974), falls sich die technische Funktion eines Produkts zwingend in einer bestimmten, und nur in dieser äußeren Gestaltung (Form) niederschlägt; Albert/Henning–Bodewig, GRUR Int. 1997, 449 ff. (461); Berlit, Markenrecht, Rdn. 13 (unter Orientierung an BGH GRUR 1964, 621 ff., 623 – Klemmbausteine I); § 3, Rdn. 230a; Pohl/Gielen, Mitt. 1996, 156 ff. (158, zur Richtlinie); Ingerl/Rohnke, § 3, Rdn. 41; Ingerl/Rohnke,

Begründet wird dies hauptsächlich mit dem „Normzweck" des Ausschlussgrundes, der dahin gehe, eine Monopolisierung der technischen Wirkungen einer Form mittels des Markenschutzes zu verhindern. Eine entsprechende Monopolisierungswirkung entstehe aber nicht bei Verfügbarkeit von gleichwertigen Formalternativen zur Erreichung desselben Ergebnisses[617]. Dieselbe Forderung wird auch aus dem Gesetzeswortlaut, dass die betreffende Form zur Erzielung der technischen Wirkung „erforderlich" sein müsse, gefolgert[618]. Die Vertreter dieser Auffassung nehmen hierbei Bezug auf die frühere Rechtsprechung des BGH zu § 25 WZG und dem hierzu entwickelten Begriffspaar der technischen Notwendigkeit bzw. willkürlichen Wählbarkeit[619].

In dieselbe Richtung weist wohl auch die neuere BGH – Rechtsprechung, wonach die jeweils beanspruchten Formen (Gabelstapler, Taschenlampe und Armbanduhr) über die „technisch bedingten" Gattungsmerkmale der Grundformen der jeweiligen Waren hinaus, eine Reihe von (dreidimensionalen) Gestaltungsmerkmalen aufwiesen, welche „nicht ausschließlich technisch bedingt" seien[620]. Unklar bleibt zwar, ob der BGH die Ablehnung des Ausschlussgrundes maßgeblich darauf gründete, dass die Form in ihrer Gesamtheit nicht „ausschließlich" zur Erreichung einer technischen Wirkung erforderlich war, oder ob er die Erfüllung der technischen Lösung in einem frei wählbaren bzw. gewählten Zusatzdesign sieht und damit eine „technische Erforderlichkeit" bei alternativen (Zusatz–) Gestaltungsmöglichkeiten ablehnt. Insgesamt dürfte er aber wohl zu letzterem tendieren, da der BGH kein Geheimnis daraus machte, dass er die „Freihalteinteressen des Verkehrs" eher im Rahmen Art. 3 Abs. 1 lit. c der Richtlinie prüfen möchte und damit die wesentliche Schutzschranke dort sieht[621]. Diese Ansicht wurde ebenfalls vertreten vom BPatG[622], Oberlandesgerichten[623], dem HABM[624] sowie der Literatur zur Gemeinschaftsmarke[625]. Nach dieser Auffassung wäre etwa der LEGO – Klemmbaustein nicht vom Markenschutz ausgeschlossen, falls/da es für dessen technische Zwecke Formalternativen gibt[626].

NJW 1994, 1247, 1249, unter Verweis auf BGH NJW 1954, 390 – Lichtkuppeln und GRUR 1962, 459 ff. (469) – Zählkassetten; Kiethe/Groeschke, WRP 1998, 541 ff. (545); Marz, 80 ff.; Thewes, 92 f.; wohl auch Koschtial, GRUR Int. 2004, 106,109.

[617] Fezer, § 3, Rdn. 230 a; Ingerl/Rohnke, § 3, Rdn. 41.

[618] Kiethe/Groeschke, WRP 1998, 541 ff. (545).

[619] Vgl. z.B. BGH GRUR 1954, 121 – Zählkassetten; GRUR 1962, 459 – Lichtkuppeln, GRUR 1964, 621 ff. (623) – Klemmbausteine I.

[620] BGH MarkenR 2001, 67 (68 f.) – Gabelstapler; MarkenR 2001, 71 (72 f.) – Stabtaschenlampe; MarkenR 2001, 75 (76 f.) – RADO–Uhr (sämtliche Urteile dem EuGH mit Fragen zur Unterscheidungskraft und zum Freihaltebedürfnis vorgelegt).

[621] Vgl. BGH MarkenR 2001, 75 (79) – RADO–Uhr; BGH MarkenR 2001, 67 (70) – Gabelstapler; BGH MarkenR 2001, 71 (74) – Stabtaschenlampe.

[622] Vgl. BPatG GRUR 1998, 706, 707 – Montre I; GRUR 1998, 1018, 1019 – Honigglas; GRUR 1999, 56, 57 – Taschenlampen.

[623] Vgl. z.B. OLG Frankfurt, GRUR 1999, 591, 592 – Kabelbinder.

[624] HABM (1. BK), R 202/1999–1, DRUM LUGS (Trommelhenkel), Entscheidung v. 22.12.1999; HABM (1. BK), R 82/1999–1 – PUMPE, Entscheidung v. 21.12.1999.

[625] Gold/Abnett/Farwell, 6–045; Gyngell/Poulter, V.8 ff.; Ingerl, 66.

[626] In diesem Sinne das Präsident Bezirksgericht Haarlem, Urteil vom 14.12.1993 (unveröffentlicht, zitiert nach Gielen/Strowel, Mitt. 1995, 198 ff. (202/203).

cc. Vermittelnde Ansicht: Anwendbarkeit bei wenigen Formalternativen

Eine weitere Ansicht in der Literatur geht zwar im Sinne der „engen“ Auslegung und mit deren Argumentation grundsätzlich davon aus, dass der Schutzausschluss beim Vorliegen anderer Formgestaltungen zur Erreichung der technischen Wirkung unanwendbar ist, hält ihn aber auch bei einer „geringen“ Anzahl von Formalternativen für einschlägig. Denn auch bei Vorliegen weniger Formalternativen müsse ein „Freihaltebedürfnisses“ der Allgemeinheit und der Mitbewerber zum Schutzausschluss führen. Der Ausschlussgrund sei daher desto eher anwendbar, je weniger Formalternativen zur Erreichung der technischen Wirkung zur Verfügung stehen, denn nicht jede mit Mitteln der Technik herbeigeführte Form sei zugunsten der Allgemeinheit oder der Wettbewerber „freizuhalten“ [627].

Zu unterschiedlichen Ergebnissen zwischen der *engen* und der *vermittelnden* Ansicht käme man in Fällen wie dem LEGO – Klemmbausteins, soweit gutachterlich nachzuweisen ist, dass die technische Funktion der Klemmnocken unter Beachtung der Wirtschaftlichkeit nur von einer Handvoll anderer Formalternativen erfüllt werden kann und die Formgestaltung von daher unter den Ausschluss fällt.

b. Rechtslage nach EuGH – Philips ./. Remington

Auf Vorlage der entsprechenden Auslegung des Art. 3 Abs. 1 e, 2. Spiegelstrich der Markenrichtlinie durch den britischen Court of Appeal („Ist Art. 3 Abs. 1 e, 2. Spiegelstrich der Richtlinie so zu verstehen, dass er entkräftet werden kann, wenn es neben der beanspruchten Form noch andere Formen gibt, die dieselbe technische Wirkung ermöglichen?“[628]) hat der EuGH diese Frage per Urteil vom 18.06.2002 –auch mit Wirkung für die Auslegung des umgesetzten § 3 Abs. 2, 2. Fall MarkenG– nunmehr im Sinne der „weiten“ Auffassung entschieden. Danach ist Artikel 3 Absatz 1 Buchstabe e zweiter Gedankenstrich der Richtlinie dahingehend auszulegen, dass „ein Zeichen, das ausschließlich aus der Form der Ware besteht, aufgrund dieser Vorschrift nicht eintragungsfähig ist, wenn nachgewiesen wird, dass die *wesentlichen* funktionellen Merkmale dieser Form nur der technischen Wirkung zuzuschreiben sind. Ferner kann durch den Nachweis, dass es andere Formen gibt, mit denen sich die gleiche technische Wirkung erzielen lässt, nicht das Eintragungshindernis oder der Grund für die Ungültigerklärung nach dieser Vorschrift ausgeräumt werden“[629].
Zur Begründung führte der EuGH hauptsächlich den Wortlaut und den Normzweck der Vorschrift an. So beantwortete der EuGH die Frage, ob die Feststellung, dass andere Formen existieren, welche das gleiche technische Resultat hervorbringen können, den Schutzausschluss des Art. 3 Abs. 1 Buchst. e der Richtlinie überwinden könne, dahingehend, dass „nichts im Wortlaut der Vorschrift einen solchen Schluss zulasse“[630]. Darüber hinaus sei es Ratio des Art. 3 Abs. 1 Buchst. e der Richtlinie ,

---

[627] Althammer/Ströbele/Klaka, § 3, Rdn. 37; Klaka, GRUR 1996, 613 ff. (616); Strowel, EIPR 1995, 154 ff. (158).
[628] Court of Appeal, GRUR Int. 2000, 439 ff. – Rasierapparatkopf II (Philips Electronics NV v. Remington Consumer Products Ltd. v. 5.5.1999; Berufungsurteil zum Urteil des High Court of Justice vom 22.12.1997).
[629] EuGH (Rs. C–299/99), MarkenR 2002, 231, 239, Erwägungsgrund 84. – Philips/Remington.
[630] EuGH, a.a.O. Erwägungsgrund 81.

„zu verhindern, dass der Schutz des Markenrechts seinem Inhaber ein Monopol für technische Lösungen oder Gebrauchseigenschaften („functional characteristics") einer Ware einräumt, die der Benutzer auch bei den Waren der Mitbewerber suchen kann („is likely to seek in the products of competitors"). Art. 3 Abs. 1 Buchst. e der Richtlinie soll somit vermeiden, dass der durch das Markenrecht gewährte Schutz über den Schutz von Zeichen hinausgeht, anhand deren sich eine Ware oder Dienstleistung von den von Mitbewerbern angebotenen Waren oder Dienstleistungen unterscheiden lassen, und zu einem Hindernis für die Mitbewerber wird, Waren mit diesen technischen Lösungen oder diesen Gebrauchseigenschaften im Wettbewerb mit dem Markeninhaber frei anzubieten[631]. Da Art. 3 Abs. 1 Buchst. e der Richtlinie somit das im Allgemeininteresse liegende Ziel verfolgt, dass eine Form, deren wesentliche Merkmale einer technische Funktion entsprechen und gewählt wurde, um diese Funktion zu erfüllen, von allen frei verwendet werden kann, erlaubt diese Vorschrift nicht, dass solche Zeichen aufgrund ihrer Eintragung als Marke einem Unternehmen vorbehalten werden"[632].
In diesem Zusammenhang sei spezieller Normzweck des Art. 3 Abs. 1 Buchst. e 2. Gedankenstrich der Richtlinie zu verhindern, dass:
„Formen, deren wesentliche Merkmale eine technische Funktion entsprechen, mit der Folge eingetragen werden, dass die dem Markenrecht innewohnende Ausschließlichkeit die Mitbewerber daran hindern würde, eine Ware mit einer solchen Funktion anzubieten oder zumindest die technische Lösung frei zu wählen, die sie einsetzen möchten, um ihre Ware mit einer solchen Funktion auszustatten[633]. Indem Art. 3 Abs. 1 lit. e, 2. Gedankenstrich der Richtlinie diese Zeichen von der Eintragung ausschließt, spiegelt er das legitime Ziel wider, es einzelnen nicht zu erlauben, die Eintragung einer Marke zu benutzen, um ausschließliche Rechte an technische Lösungen zu erlangen oder fortbestehen zu lassen"[634].

c. *Kommentierung/richtlinienkonforme Analyse*

aa. Grammatikalische Auslegung

Die Argumente der Vertreter der „engen" Ansicht, wonach aus dem Wortlaut („erforderlich") zu folgern sei[635], dass eine funktionale Form eingetragen werden könne, wenn eine andere Form existiert, die ein vergleichbares Resultat erreicht, wurden vom EuGH zu Recht mit dem Hinweis auf den insoweit mehrdeutigen Gesetzeswortlaut abgelehnt. Die Fassung der Richtlinienbestimmung in den anderen Amtssprachen verwenden zwar den Begriff „notwendig"[636]. Beide Begriffe sind aber gleichbedeutend und werden auch nach rein deutschem Sprachverständnis als Synonyme

---

631 EuGH, a.a.O. Erwägungsgrund 78.
632 EuGH, a.a.O. Erwägungsgrund 80 unter Verweis auf EuGH C–108/, 109/97 – Windsurfing Chiemsee (MarkenR 1999, 18 ff.).
633 EuGH, a.a.O. Erwägungsgrund 79.
634 EuGH, a.a.O. Erwägungsgrund 82.
635 Kiethe/Groeschke, WRP 1998, 541 ff. (545); Koschtial, GRUR Int. 2004, 106,110, wonach der EuGH „technisch erforderliche Form" mit „technischer Form" gleichsetze.
636 Official Journal EC Nr. L 040, 11/02/1989, S. 1 – 7 (3): „ necessary", „necessaire", „necesaria", „necessaria", „noodzakelijkis", etc.

gebraucht[637]. Sie schließen nicht grundsätzlich aus, dass der betreffende Effekt auch durch andere Gestaltungen hervorgerufen werden kann, also mehrere Gestaltungen i.d.S. „erforderlich“ oder „notwendig“ sein können[638]. Der Wortlaut ist insoweit nicht zweifelsfrei.

bb. Systematische Auslegung

Auf das Argument der Kommission, dass eine „enge Auslegung von Ausnahmeregelungen" notwendig sei[639], ist der EuGH nicht eingegangen. In Anbetracht der Tatsache, dass der EuGH einen entsprechenden Grundsatz i.d.R. nur bei grundlegenden Bestimmungen des EWG–Vertrages anwendet und bei Auslegung von Sekundärrecht eine systematische Auslegung regelmäßig hinter einer teleologischen Auslegung zurücktritt[640], war dies folgerichtig.
Im übrigen führt aber auch ein systematischer Vergleich mit der europäischen Design–Richtlinie/VO oder der Rechtsprechung zum ergänzenden Leistungsschutz nach UWG zu der Annahme, dass im Markenrecht eine Schutzausschluss aufgrund technischer Bedingtheit bereits dann gegeben sein muss, wenn die gewählte Gestaltungsform lediglich zweckmäßig und nicht die einzig optimale Lösung ist, um damit eine Unterscheidung zwischen Marken– und Produktschutz zu gewährleisten. Wie schon Generalanwalt Ruiz-Jarabo Colomer ausführte, verbietet Art. 7 Abs. 1 der neuen Designrichtlinie „exclusive rights in features of appearances of a product which are solely "dictated (bedingt)" by its technical function"[641]. Der Level der Funktionalität („dictated“ ggü. „necessary“) muss bei den Mustern daher höher sein und die betroffene Gestaltung hier nicht nur „erforderlich“ sondern „essentiell“ sein, um ein bestimmtes technisches Resultat zu erreichen. Damit sind rein technisch funktionelle Gestaltungen zwar als Muster schutzfähig, wenn dieselbe technische Funktion von einer anderen Form erreicht werden kann, nicht aber schon als Marke. Diese unterschiedlich hohen Hürden der Schutzfähigkeit erklären sich durch die unterschiedliche Art (Markenschutz/Warenschutz) und den unterschiedlichen zeitlichen Umfang beider Schutzrechte[642]. Stattdessen gilt in der Rechtsprechung zum UWG die Regel, dass technische Bedingtheit bereits anzunehmen ist, wenn die gewählte Gestaltungsform lediglich zweckmäßig ist[643], was darauf gründet, dass es sich hier lediglich um einen „ergänzenden“ Leistungsschutz handelt, wo der Grundsatz gilt, dass der Stand der Technik und die technische Lehre grundsätzlich gemeinfrei sind[644].

---

[637] Vgl. Bünting, Deutsches Wörterbuch, 1996, S. 329, „erforderlich“ = für etwas „notwendig“.
[638] Kur, Anm. zum Urteil des kanad. Federal Court of Appeal, GRUR Int. 1997, 1026 ff. (1027) – Rasierapparatkopf.
[639] EuGH (Rs. C–299/99), MarkenR 2002, 231, 239, Erwägungsgrund 72. – Philips/Remington.
[640] Bleckmann, NJW 1982, 1177 (1178, Fn. 12, 1180 m.w.N.); ders., RIW 1987, 929, 930; EuGH Slg. 1982 S. 3415 ff., 3430 - C.I.L.F.I.T.; weitere Nachweise zur EuGH – Rspr. bei Lutter, JZ 1992, 593, 602, Fn. 114.
[641] Richtlinie 98/71/EG des Europäischen Parlaments und des Rates vom 13.Okt. 1998 über den rechtlichen Schutz von Mustern und Modellen, Abl.EU Nr. L289/34 f.; abgedruckt in GRUR Int. 1998, 959 f.; gleiches gilt für Art. 9 Abs. 1 GemeinschaftsgeschmacksmusterVO, vgl. der geänderte Vorschlag vom Juni 1999 für eine Verordnung über das Gemeinschaftsgeschmacksmuster, Abl.HABM 1999, 1286 (1306).
[642] Generalanwalt Ruiz-Jarabo Colomer, [2001] ETMR 48, 509, 517 ff. in Sachen Philips/Remington; Kur, MarkenR 2000, 1 (4); a.A. Eichmann, MarkenR 2003, 10 (17 f.); ders., GRUR 2000, 751, 756 f.
[643] Vgl. Körner/Gründig–Schnelle, GRUR 1999, 535, 537.
[644] Eichmann GRUR 2000, 751, 756 f. (758).

cc. Historische Auslegung

Der EuGH ist ebenso wenig auf das (Haupt–) Argument der Kommission und Philips eingegangen, dass wegen der legislativen Vorgeschichte des Art. 3 Abs. 1 lit. e der Richtlinie eine enge Auslegung erfolgen müsse[645].

In diesem Zusammenhang ist festzustellen, dass in den ursprünglichen Fassungen der Richtlinie[646] und der Verordnung[647] die Ausschlussvorschrift noch weiter gefasst war, nämlich „eine Form, die eine technische Wirkung *zur Folge* hat." Auf Vorschlag der AIPPI[648] und des Drucks der Benelux–Delegation[649] wurde der Wortlaut in Richtlinie und Verordnung jedoch später auf die heute geltende Version „zur *Erreichung* einer technischen Wirkung *erforderlich* [bzw. *notwendig*]" beschränkt. Grund hierfür war, dass der „zu breite" Anwendungsbereich der ursprünglichen Fassung des zweiten Ausschlussgrundes nicht konform mit dem für die Vorschrift Vorbild gebenden recht liberalen Benelux–Markenrechtsideal war[650] und dass die Form der Ware oder ihrer Verpackung, die „(irgendeine) technische Wirkung zur Folge" hat, nicht von der Eintragung ausgeschlossen werden sollte, da auch solche Formen Unterscheidungskraft haben können[651]. Wie bereits oben dargelegt[652], kann das frühere Benelux–Markenrecht, welches die Formulierung der Schutzausschlussvorschriften des Art. 3 Abs. 1 lit. e der Richtlinie inspirierte, jedoch nicht als maßgebliches Auslegungskriterium herangezogen werden, da eine Richtlinienvorschrift eigenständig auszulegen ist. Zum anderen haben historischen Aspekte einer Norm -verglichen mit nationalem Recht- im EG/EU–Recht aufgrund der Besonderheiten des EG/EU–Rechtsetzungsverfahrens keine gleichbedeutende Rolle bei der Auslegung. Denn Richtlinien sind i.d.R. das Ergebnis von Kompromissen und beinhalten Elemente aus verschiedenen Rechtsordnungen. Außerdem sind die Gesetzesmaterialien nicht so übersichtlich wie im nationalen Recht. Der EuGH verwendet die Entstehungsgeschichte bei der Auslegung von Sekundärrecht wie Richtlinien daher eher als Hilfsbegründung des teleologisch ermittelten Ergebnisses und weniger als autonomes Argument[653]. Folgerichtig konnte die Gesetzesgeschichte vom EuGH vorlie-

---

[645] EuGH (Rs. C–299/99), MarkenR 2002, 231, 239, Erwägungsgrund 72. – Philips/Remington.

[646] Art. 2 Abs. 2 lit. a des Richtlinienentwurfs von 1979, abgedruckt GRUR Int. 1980, 31 ff. (31); Vorschlag einer ersten Richtlinie des Rates zur Angleichung des Markenrechts der Mitgliedstaaten, Abl.EG 1980, Nr. C 351/ 1 ff. (2); Geänderter Vorschlag einer ersten Richtlinie des Rates zur Angleichung der Rechtsvorschriften der Mitgliedstaaten über die Marken, Abl.EG 1985, Nr. C 351/ 4 ff. (7).

[647] Art. 7 Abs. 1 lit. c des Entwurfs einer Verordnung des Rates über die Gemeinschaftsmarke, GRUR Int. 1978, 452 ff. (452); Art. 6 Abs. 2 lit. a des Vorschlags einer Verordnung (EWG) des Rates über die Gemeinschaftsmarke, Abl.EG 1980, Nr. C 351, S. 5 ff. (8); Art. 6 Abs. 2 lit. a des geänderten Vorschlags für eine Verordnung des Rates über die Gemeinschaftsmarke v. 1984, abgedruckt in Baumbach/Hefermehl, 1335 ff. (1336).

[648] Stellungnahme der AIPPI zum geänderten Vorschlag für eine Verordnung des Rates über die Gemeinschaftsmarke, GRUR Int. 1985, 463 ff. (464).

[649] Strowel, EIPR 1995, 154, 156.

[650] Strowel, EIPR 1995, 154, 156; vgl. zur restriktive Auslegung des Schutzausschlusses des Art. 1 Abs. 2, 3. Alt. BMW: Klaka, GRUR 1996, 613 ff. (615), Hoge Raad, Urteil vom 11. Nov. 1983, GRUR Int. 1986, 126 ff. (128) – Wokkels; Court of Appeal Brüssel, Urteil v. 21. Januar 1993 in Sachen Kartman Intradal gg. Benckiser – Schuhputzdose, zitiert nach Strowel, EIPR 1995, 154 ff. (158, Fn. 20) und Gielen/Strowel, Mitt. 1995, 198 ff. (203, Fn. 35), Urteil des Court of Appeal ´s Hertogenbosch vom 13. Sept. 1988, BIE 1989, 151 – Wasserabflussfliese (zitiert nach Kamperman Sanders, EIPR 1995, 67 ff., 68), Präsident Bezirksgericht Haarlem, Urteil vom 14.12.1993 – LEGO (unveröffentlicht, zitiert nach Gielen/Strowel, Mitt. 1995, 198 ff., 202/203).

[651] Stellungnahme der AIPPI zum geänderten Vorschlag für eine Verordnung des Rates über die Gemeinschaftsmarke, GRUR Int. 1985, 463 ff. (464).

[652] Vgl. Kapitel E.III.1 und E.III.6 b.cc. oben.

[653] Lutter, JZ 1992, 593 ff. (599).

gend nicht herangezogen werden, da sie nicht das Ergebnis der teleologischen Auslegung ergänzen oder unterstützen konnte[654].

dd. Teleologische Auslegung

Der EuGH bestätigte im wesentlichen die bislang einhellige Ansicht in der Literatur, dass Zweckrichtung der Ausschlussvorschrift ein „Freihaltebedürfnis" der Verwender bzw. der Mitbewerber an, bzw. die Verhinderung missbräuchlichen „Monopolisierung" von technischen Lösungen/Waren durch das Markenrecht ist. Gleichzeitig soll damit der „technische Fortschritt" -über die befristeten Leistungsschutzrechte (Patentschutz) hinaus- nicht auf unabsehbare Zeit von einem Mitbewerber monopolisiert werden können[655]. Entgegen der Ansicht verschiedener Literaturvertreter oder der Kommission beinhaltet dies nach Auffassung des EuGH aber auch ein Freihaltebedürfnis an im wesentlichen technisch funktionalen Formen dahingehend, die „technische Lösung frei wählen" zu können.

Damit entzieht der EuGH im Ergebnis allen hauptsächlich („wesentlich") technisch funktionellen Formen den Markenschutz und verweist insoweit auf einen befristeten Leistungsschutz. Die liberale Grundtendenz der Markenrichtlinie mit Einführung der dreidimensionalen Marke geht daher nicht soweit, im Wettbewerb „nicht benötigte" technisch funktionelle Formen markenrechtlich zu schützen. Der EuGH sieht mithin durch die –gegebenenfalls– dauernde Monopolisierung auch bloß „willkürlicher" technisch–funktioneller Formen Gefahren für den Wettbewerb und den wirtschaftlichen Fortschritt innerhalb der Gemeinschaft. Da die Richtlinienbestimmungen und das in Umsetzung derselben geschaffene nationale Recht so zu interpretieren sind, dass sie den Regeln und Zielen des EG–Vertrages entsprechen[656], musste eine Auslegung der Ausschlussvorschrift auch im Einklang mit den Grundgedanken der Art. 81 – 86 EGV stehen, die maßgeblich durch den Gedanken der „Wettbewerbsfreiheit" und des Verbraucherschutzes bestimmt werden. In diesem Sinne verbietet Art. 82 EGV die missbräuchliche Ausnutzung einer beherrschenden Stellung auf dem gemeinsamen Markt durch Unternehmen und bezweckt den Schutz des Wettbewerbs innerhalb des Gemeinsamen Marktes durch die Bekämpfung von Machtmissbrauch durch Monopole[657]. Der EuGH definiert die „missbräuchliche Ausnutzung" mit einer „Behinderung des Wettbewerbs durch Mittel, die von denen eines normalen Wettbewerbs abweichen"[658] und als Regelbeispiel eines entsprechenden Missbrauchs sieht Art. 86 Abs. 2 lit. b EWGV die Einschränkung der Erzeugung, des Absatzes oder der technischen Entwicklung zum Schaden der Verbraucher. Die markenrechtliche Monopolisierung technisch notwendiger

---

[654] Vgl. Generalanwalt Ruiz-Jarabo Colomer in Sachen Philips/Remington., [2001] ETMR 48, 509 ff., Erwägungsgrund 41.

[655] Eichmann, FS Vieregge, 125 ff. (149); Kur, FS DPA, 175 ff. (188 f.); dies., Anm. zum Urteil des kanad. Fed. Ct. of App., GRUR Int. 1997, 1026 ff. (1028); Pohl/Gielen, Mitt. 1996, 156 ff. (158); Strowel, EIPR 1995, 154 ff. (156, 158); Klaka, GRUR 1996, 613 ff. (616); Fezer, § 3, Rdn. 230; Marz, 80; Ingerl/Rohnke, § 3, Rdn. 41; Würtenberger, GRUR 2003, 912, 917; Generalanwalt Ruiz-Jarabo Colomer, [2001] ETMR 48, 509, 517 ff. in Sachen Philips/Remington; Sandri/Rizzo, 65.

[656] Vgl. Lutter, JZ 1992, 593 ff. (603), m.w.N.

[657] Vgl. Oppermann, Rdn. 908.

[658] EuGH, C–31/80, ECR 1980, 3775 – L'Oreal.

Produktformen kann deren Erzeugung, Absatz und technische Entwicklung zum Schaden der Verbraucher behindern, da die Gewährung eines ewigen Monopolschutzes es Mitbewerbern unterbindet, diese für die Funktion und Wirtschaftlichkeit der Ware erforderlichen Gestaltungen herzustellen, frei zu wählen und an die Verbraucher zu vertreiben, wodurch letztlich auch der technische Fortschritt beeinträchtigt wird. Den Mitbewerbern bzw. der Allgemeinheit soll damit das Recht auf Nachahmung bzw. auf freie Verwendung sämtlicher technisch bedingten Formen bewahrt werden, soweit diese nicht (mehr) durch Patent oder Gebrauchsmuster geschützt sind. Eine Monopolisierung dieser Formen zugunsten des Markeninhabers hätte demnach eine ungerechtfertigte Benachteiligung der Mitbewerber und damit eine missbräuchliche Wettbewerbsbeschränkung bedeutet. Als „Hüter der Freiheiten" hat sich der EuGH in der Abwägung zwischen (erweitertem) Markenschutz und Wettbewerbsfreiheit somit „in dubio pro libertate" entschieden.

Die Auslegung des EuGH ist aus folgenden Gründen zu begrüßen:
Die Ausschlussklausel würde in der Praxis wohl so gut wie nie zur Anwendung gelangen, wenn sie durch jeden Hinweis auf das Bestehen von Formgebungsalternativen entkräftet werden könnte, da sich kaum einen Gegenstand vorstellen lässt, der eine bestimmte Form haben „muss", um eine Funktion zu erfüllen. Im übrigen würde nichts ein Unternehmen davon abhalten, alle möglichen Formen, die dieses Resultat erreichen, mittels relativ billiger Markenregistrierungen zu beanspruchen um so ein permanentes Monopol auf eine bestimmte technische Lösung aufzubauen. Insofern besteht auch ein „bemerkbarer Nachteil" für die Mitbewerber oder die Verbraucher beim Vorliegen gleichwertiger Formalternativen. Was im wesentlichen technisch ist, darf nicht über den Umweg des Markenrechts ewig monopolisiert werden. Es war nicht Zweck der Einführung der dreidimensionalen Marke, den Patent– oder Gebrauchmusterschutz abzulösen oder auszuhöhlen. Der Versuchung in der Praxis, Produktformen aus dem „schwachen", weil zeitlich begrenzten Sonderrechtsschutz, in das „starke", weil zeitlich unbegrenzte Markenrecht zu verschieben, könnten wohl die wenigsten großen Monopolisten widerstehen. Um „ewigen Produktschutz" zu erlangen, würden zum Beleg oder der Registrierung möglicher Formalternativen höchstwahrscheinlich keine Kosten gescheut.
Eine Zulassung technischer Formen beim Nachweis anderer Formalternativen würde die Praxis aber auch vor ein anderes Problem stellen: Eine entsprechende Lösung würde nämlich eine Prüfung des technischen Werts der behaupteten alternativen Gestaltungsformen durch die Markenämter voraussetzen. In Anbetracht der Zahl von Markenanmeldungen kann deren Prüfung regelmäßig aber ein nur summarisches Verfahren auf Vorliegen der Eintragungsvoraussetzungen sein. Eine eingehende Prüfung von technischen Lösungen auf ihre funktionelle und wirtschaftliche Gleichwertigkeit wäre, angesichts des entgegenstehenden Eintragungsanspruchs des Anmelders nach § 33 Abs. 2 MarkenG bei Nichtvorliegen formeller oder absoluter Eintragungshindernisse, kaum zu bewerkstelligen. Eine entsprechende Fachkenntnis wäre eher bei den Patentämtern zu suchen, die aber wohl auch vor einer zu erwartenden Anmeldeflut von –im Gegensatz zum Patentschutz wenig kostspieligen– technischen Formmarken kapitulieren müssten. Die Beurteilung der technischen Funktionsbedingtheit einer Form nach Lösung des EuGH dürfte den Marke-

nämtern mithin weitaus leichter fallen, als eine festzustellende tatsächliche Marktbehinderung oder Verfügbarkeit alternativer Formen[659].

Zwar schließen sich Patent– und Markenschutz nicht grundsätzlich aus und können parallel nebeneinander bestehen. Auch kann ein (ehemaliges) technisches Schutzrecht nach wie vor nur indizielle Bedeutung für die technische Bedingtheit dieser Form beigemessen werden[660]. Die Wesensverschiedenheit von Markenrecht und technischem Sonderrechtsschutz muss aber beachtet werden und die unterschiedlichen Schranken dürfen nicht unterlaufen werden. Besteht die Ware in seinen „wesentlichen" funktionalen Elementen ausschließlich aus der Form, so dokumentiert das Technik–Schutzrecht unwiderleglich die technische Bedingtheit der Formgebung. Zugegeben birgt eine solche weite Auslegung die Gefahr, sogenanntes „reduziertes Design" („form follows function"), das bei dem seit Jahrzehnten anhaltendem Trend zu klaren und funktionellen Gestaltungsformen immer stärker an Bedeutung gewinnt, von einem Markenschutz auszuschließen. Anmelder sind hier aber insbesondere auf den (befristeten) Musterschutz zu verweisen, der eine Überwindung des technischen Schutzausschlusses durch andere Formalternativen zulässt[661].

Trotz der Entscheidung des EuGH ist dennoch nicht damit zu rechnen, dass die Vorschrift künftig in größerem Umfang praktische Anwendung finden wird. Dafür sorgt bereits der Ansatz des EuGH, wonach ein Ausschluss nur in Frage kommt, wenn die „wesentlichen" (essential) funktionalen Merkmale der Form dem technischen Ergebnis zuzurechnen sind. Damit bleibt Raum zur Registrierung, wenn die Form weniger bedeutende technische Zusätze beinhaltet[662]. Es bleibt allerdings abzuwarten, wie der EuGH diesen Begriff in Zukunft auslegt.
Darüber hinaus kann die Bestimmung nur dann herangezogen werden, wenn das Zeichen „ausschließlich" aus einer Form besteht, auf die eine der drei Ausschlussklauseln zutrifft, die Form in ihrem Gesamteindruck also keine willkürlichen und potentiell kennzeichnungskräftige Zusatzelemente enthält. Darauf zielt auch die Formulierung des EuGH ab, wonach die wesentlichen funktionellen Merkmale dieser Form *nur* der technischen Wirkung zuzuschreiben ist[663]. Entgegen Hacker[664] ist die Voraussetzung, dass die betreffende Warenform „ausschließlich" aus einer technisch-funktionalen Form bestehen muss, daher nicht regelmäßig schon dann erfüllt, wenn die „wesentlichen" Formmerkmale technisch-funktional bedingt sind.
Insgesamt wird die weite Auslegung des Ausschlussgrundes damit in der Praxis wieder wesentlich eingeschränkt. In den meisten Fällen wird für die Beurteilung dreidimensionaler Marken daher die Frage der „Unterscheidungskraft" entscheidend sein.

---

[659] Koschtial, GRUR Int. 2004, 106,110.
[660] Fezer, § 4, Rdn. 74; Althammer/Ströbele/Klaka, § 3, Rdn. 37; ders., GRUR 1996, 613 ff. (617), jeweils m.w.N., wie z.B. BGH, GRUR 1962, 299 – form strip; a.A. wohl Kiethe/Groeschke, WRP 1998, 541 ff. (543).
[661] Vgl. oben die Ausführungen zur systematischen Auslegung.
[662] a.A. wohl Renck/Petersenn, WRP 2004, 440, 447, welche die Messlatte zur Bejahung eines solchen Eintragungshindernisses als „relativ niedrig" erachten.
[663] EuGH (Rs. C–299/99), MarkenR 2002, 231, 239, Erwägungsgrund 83/84. – Philips/Remington.
[664] Hacker, GRUR Int. 2004, 215, 221.

ee. Bestimmung primär anhand „objektiver" Kriterien

Dem Zweck der Verhinderung unzumutbarer Wettbewerbsbehinderung entspricht es, die Frage, ob die wesentlichen funktionalen Merkmale einer Form zur Erreichung einer technischen Wirkung erforderlich sind, grundsätzlich objektiv und nicht nach der Verkehrsauffassung zu entscheiden. Denn der Verkehr wird in vielen Fällen mangels speziellem technischen Verständnis nicht beurteilen können, ob eine bestimmte äußere Gestaltung für die Erreichung eines technischen Zweckes erforderlich ist[665]. Es sollte daher eher auf Sachverständigengutachten abgehoben werden, als auf eigene Kenntnisse der Richter oder Prüfer, soweit sie zu den beteiligten Verkehrskreisen gehören. In eindeutigen Fällen kann sich die kennzeichenrechtliche Beurteilung aber auch an den technischen Erwartungen im Verkehr ausrichten[666]. So wird man einem Prüfer oder Richter –schon aus praktischen Gründen– beispielsweise die Bejahung der technischen Funktionalität eines Rades bei einem Mittel zur Fortbewegung zumuten können, ohne darüber in eine Beweiserhebung treten zu müssen.

ff. Rechtsvergleichung

Eine Rechtsvergleichung zeigt, dass die weite Auslegung des EuGH mit verschiedenen nationalen Rechtsordnungen korrespondiert. Denn während der BGH die Frage der technischen Notwendigkeit anknüpfend am Kriterium der „Willkürlichkeit" eher „eng" auslegte[667] und auch nach Umsetzung der Richtlinie in diese Richtung tendiert[668], zeigt ein Vergleich mit der Rechtsprechung in Mitgliedsländern und anderen Rechtsordnungen, dass letztere bislang mehrheitlich von einer „weiten" Auslegung ausgeht, der Ausschluss „technischer Funktionalität" mithin nicht durch das Vorhandensein von Formalternativen überwunden werden kann[669]:

(1) Weite Auslegung des Schutzausschlusses

– Österreich

Nach einer Entscheidung des OHG aus dem Jahre 1999 sind körperliche Gebilde schutzfähig, wenn sie die Ware nicht in irgendeiner Hinsicht erst gebrauchsfähig machen oder sonst geeignet sind, ihren Gebrauchs– oder Verkehrswert zu erhöhen. Die Form der Ware ist dagegen nicht schutzfähig, wenn ihr ausschließlich oder überwiegend technisch–funktionelle Bedeutung zukommt.[670]

---

665 Ingerl/Rohnke, § 3, Rdn. 41; Eichmann, FS Vieregge, 125 ff. (154/155); Thewes, 93.
666 Fezer, § 3, Rdn. 230 a.
667 Vgl. z.B. BGH GRUR 1954, 121 – Zählkassetten; GRUR 1962, 459 – Lichtkuppeln, GRUR 1964, 621 ff. (623) – Klemmbausteine I.
668 Vgl. insoweit die Ausführung oben zur „engen" Ansicht, sowie BGH MarkenR 2001, 67 (68 f.) – Gabelstapler; MarkenR 2001, 71 (72 f.) – Stabtaschenlampe; MarkenR 2001, 75 (76 f.) – RADO–Uhr.
669 Vgl. auch die Umsetzungsgesetze im Annex L.I.2.
670 OHG, ÖBl. 1999, 194, 196 – Magic Joy (Zweiphasenbräunungsmittel), noch zum alten § 1 Abs. 1 MSchG.

– Frankreich

Im Fall der Form eines (LEGO–) Klemmbausteines bestätigte der Cour d'Appel de Paris im Jahre 1994 die Annullierung als Marke. Aus der Argumentation der Entscheidung ergibt sich unter anderem, dass es sich bei der Gestaltung um eine „notwendige Form" (forme nécessaire) handelt, die im „domaine public" bleiben müsse und für die ein früherer Patentschutz ausgelaufen war[671]. Im übrigen unterstützte die französische Regierung im Fall Philips vs. Remington vor dem EuGH eine weite Auslegung des Ausschlussgrunds[672].

– Italien

Bereits unter der alten Rechtslage waren dreidimensionale Zeichen in Italien hinsichtlich produktionstechnischer und technisch–funktionaler Ausgestaltungen in ihrem Schutz als Marke sehr beschränkt[673]. In diesem Sinne entschied das Gericht von Mailand ein Jahr vor Umsetzung der Markenrechtsrichtlinie (1991), dass die Form des LEGO–Bausteins zur Erreichung eines technischen Resultats „notwendig" sei und nach Ablauf des Patents von jedermann nachgemacht werden dürfe[674].

– Dänemark

Auch das dänische See– und Handelsgericht Kopenhagen entschied 1993 unter Anwendung des umgesetzten Schutzausschlusses, dass der LEGO– Klemmbaustein wegen technischer Funktionalität nicht schutzfähig sei[675].

– Großbritannien

Der britische Court of Appeals entschied sich in der (dem EuGH vorgelegten) Entscheidung „Rasierapparatkopf" / "Philips vs. Remington" für eine „weite" Auslegung des entsprechend umgesetzten Schutzausschlusses[676].

– Norwegen

Das frühere norwegische Markengesetz schloss (in Art. 5) u.a. die Teile von Marken als nicht markenfähig vom Zeichenschutz aus, welche die Nützlichkeit (Geeignetheit) der Ware oder ihrer Verpackung erhöhten[677]. Noch unter Geltung dieses Rechts entschied 1992 das Berufungsgericht von Agder, dass die Klemmnocken des LEGO–Bausteins eine praktische pädagogische Funktion hätten, daher funktional seien und kopiert werden könnten[678]. Auch die (frühere) Rechtsprechung nahm daher einen eher „weiten" Ausschluss funktionaler Gestaltungen ohne Rücksicht auf etwaige Formalternativen an.

---

[671] Cour d 'appel de Paris, PIBD No. 581, 1995, III–69 (70) – LEGO; gegen eine Monopolstellung an Farbe und Größe des LEGO–Steins entschied bereits 1990 der Cour d' Appel de Paris und in der Rechtsmittelinstanz 1992 der Cour de Cassation, berichtet bei Meisser/Bohren, SMI 1995, 225 ff. (234).

[672] Vgl. das Urteil des EuGH vom 18.6.2002 in Rs. C–299/99, MarkenR 2002, 231, 238 (Erwägungsgrund Nr. 70) – Philips/Remington.

[673] Vgl. Fritz, 139/140 m.w.N.

[674] Berichtet von Meisser/Bohren, SMI 1995, 225 ff. (234).

[675] See– und Handelsgericht Kopenhagen, Urteil vom 23.6.1993, UfR 1995, 92 (zitiert nach Kur, GRUR 1997, 241, 247).

[676] Court of Appeal, GRUR Int. 2000, 439 ff. – Rasierapparatkopf II (Philips Electronics NV v. Remington Consumer Products Ltd. v. 5.5.1999.

[677] Vgl. die Nachweise bei Fritz, 154 ff.

[678] Berichtet von Meisser/Bohren, SMI 225 ff. (234).

– Kanada

Der kanadische Federal Court of Appeal entschied in "Remington vs. Philips" gegen die Schutzfähigkeit eines Rasierapparates mit drei rotierenden Scherköpfen und erklärte: „Dreidimensionale Kennzeichen sind nicht eintragungsfähig, wenn sie *in so hohem Maße von Funktionalität geprägt* sind, dass sie *als Teile der Ware*, die sie abbilden, *anzusehen sind*. Andernfalls entstünde ein Monopol für die funktionalen Elemente der Waren und damit ein Patent oder Geschmacksmuster in Verkleidung einer Marke“[679]. Da im Fall –wie in der Vorinstanz festgestellt und vom Berufungsgericht nicht beanstandet– der technische Effekt auch durch andere Gestaltungen hervorgerufen werden konnte und das Gericht die Schutzfähigkeit u.a. mit der Begründung ablehnte, dass die Rasierköpfe „generell einem Gebrauchszweck dienen“, ist die Entscheidung so zu verstehen, dass der Court of Appeal eine „weite“ Auslegung des Schutzausschusses der technischen Funktionalität vornahm[680].

– Schweiz

Das Handelsgericht Zürich erklärte die Markeneintragungen für den LEGO-Klemmbaustein für nichtig, weil dieser „keinerlei zweckfreie gestalterische Merkmale aufweise und insgesamt funktional sei“[681]. Einzelne Vertreter der schweizerischen Literatur schlossen sich mittlerweile der o.g. Entscheidung des EuGH in Philips vs. Remington an, wonach die Möglichkeit technischer Alternativgestaltungen außer Acht zu bleiben hat[682]. Mehrheitlich wird von der Literatur und wohl auch dem BG bislang aber noch eine eher enge Auslegung des Ausschlussgrundes vertreten (s.u.).

– USA

In den USA ist die „functionality doctrine" ein richterrechtlich entwickeltes Hindernis für die Eintragung oder den Schutz einer Marke[683]. In diesem Zusammenhang bezweckt der "Schutzausschluss der technischen Funktionalität" insbesondere die Verhinderung eines Widerspruchs zu den Grundsätzen des Patentrechts und die Gewährleistung eines balancierten Wettbewerbs zwischen den Exklusivrechten an kennzeichnenden Warenformen und dem Recht/Erfordernis ihrer Nachahmung[684]. Eine funktionale Produktgestaltung, die nicht (mehr) patentgeschützt ist, soll nicht an den sachlichen Voraussetzungen und Laufzeiten des Patentschutzes unbefristet monopolisiert werden können[685]. Ansonsten entstünden produkt- und nicht bloß herkunftsbezogene Wettbewerbsvorteile[686]. In seiner „Traffix“– Entscheidung aus dem Jahre 2001 bestätigte der U.S. Supreme Court die Anwendung dieses Schutzausschlusses im Sinne einer weiten Auslegung. Danach sei das Vorhandensein eines Produktmerkmals in einem Patentanspruch (patent claim) ein starkes Indiz,

---

[679] Kanadischer Fed. Ct. of Appeal, Urteil vom 12. Dezember 1995 in Sachen Remington Rand Corp. v. Philips Electronics N.V., GRUR Int. 1997, 1023 ff. – Rasierapparatkopf.

[680] So auch Kur, Anm. zum o.g. Urteil des kanadischen Federal Court of Appeal, GRUR Int. 1997, 1026 ff.

[681] Handelsgericht Zürich, sic! 2003, 331, 334 – LEGO II (unter Bejahung der Existenz praktikabler Alternativen zu runden, gefüllten Noppen, S. 333).

[682] Ineichen, GRUR Int. 2003, 193, 197.

[683] Vgl. auch den 1998 ergänzten Sect. 2 (e) (5) Fed. Trademark Act of 1946 (Lanham Act) in McCarthy, App. A1– 1ff. (11).

[684] McCarthy, § 7:68; vgl. auch Supreme Court, Qualitex Co. v. Jacobson Prods. Co., 34 USPQ2d 1161, 1163 (S.Ct. 1995); Ähnlich Restatement (Third) of Unfair Competition § 17, comment a (1995); Winkel, 71; Henning-Bodewig/Ruijsenaars, GRUR Int. 1990, 821 ff. (829/830).

[685] Neu, 802 ff. (816/817); vgl. Harriman, 86 TMR 276 ff., 279 (1996).

[686] Vgl. Winkel, 71.

dass das Produktmerkmal „functional" ist. „Trade Dress"[687] könne nur für Merkmale beansprucht werden, die nicht funktional seien. Maßgeblicher Test für das Vorliegen von (technischer) „functionality" sei, ob das „Merkmal wesentlich für den Gebrauch oder Zweck des Artikels sei oder ob es die Kosten oder Qualität des Artikels beeinflusst". Auf einen „available alternatives"–Test ließ sich der Supreme Court nicht ein[688].

(2) Enge Auslegung des Schutzausschlusses

– Benelux–Länder

Wie bereits oben dargelegt, möchte die Benelux–Literatur den eher weit gefassten Wortlaut des Benelux-Markengesetzes –wohl auch unter dem Eindruck des restriktiveren Wortlauts der Richtlinie– bislang ausschließlich auf „notwendige" Formgestaltungen anwenden, die nicht durch Formalternativen ersetzt werden können. Die teilweise etwas uneinheitliche Rechtsprechung tendiert insgesamt ebenfalls zu einer „engen" Auslegung des Ausschlussgrundes (vgl. den Fall „Wokkels") [689].

– Schweiz

Das schweizerische Markenamt entschied, den LEGO–Klemmbaustein unter Hinweis auf eine gutachterlich belegte alternative Noppengestaltung in das schweizerische Markenregister einzutragen[690]. Das gegen diese Eintragung in letzter Instanz entscheidende schweizerische Bundesgericht verwies die Frage der technischen Notwendigkeit zur tatsächlichen Aufklärung an das HG Zürich zurück, vertrat der Sache nach aber eine enge Auslegung des Ausschlussgrundes.[691] Auch die Eidgenössischen Rekurskommission betonte –unter Bejahung der Schutzfähigkeit eines in seiner Gesamtform charakteristisch gestalteten Parfümfläschchens– dass keine „technische Notwendigkeit" der Form vorliege, wenn alternative Formen zur Verfügung stünden[692]. Die schweizerische Literatur vertritt bislang mehrheitlich ebenfalls eine „enge" Auslegung des Art. 2 lit. b MSchG, wenngleich mehr auf die zusätzliche wirtschaftliche Gleichwertigkeit der Formalternativen abgehoben wird[693].

---

[687] Die Bezeichnung „Trade Dress" wird oft im Hinblick auf die Produktverpackung, –aufmachung, –form oder –design verwendet wird und beinhaltet das gesamte Bild eines Produkts, wie z. B. Größe, Form, Farbe, Beschaffenheit, etc., vgl. Adamo, 40; McCarthy, § 8:4; LeSportsac Inc. v. K Mart Corp., 754 F.2d 71, 75 (2d Cir. 1985).

[688] Supreme Court, Traffix Devices, Inc. v. Marketing Displays, Inc., 58 USPQ2d 1001 (2001) (= TMR Vol 91, 641ff.), unter Verweis auf „Inwood" und „Qualitex".; vgl. auch Renke, TMR Vol. 91 [2001], 624 ff.; Marshall, TMR Vol. 91 [2001], 623 ff.; Editor's Note, TMR Vol 91 [2001], 622 ff.; a.A. McCarthy, § 7:75; Adamo, S. 41 ff.; Harriman, 86 TMR 276 ff., 280 (1996).

[689] Vgl. Strowel, EIPR 1995, 154, 156; Klaka, GRUR 1996, 613 ff. (615), Hoge Raad, GRUR Int. 1986, 126 ff. (128) – Wokkels; Court of Appeal Brüssel vom 21. Januar 1993 in Sachen Kartman Intradal gg. Benckiser – Schuhputzdose, zitiert nach Strowel, EIPR 1995, 154 ff. (158, Fn. 20) und Gielen/Strowel, Mitt. 1995, 198 ff. (203, Fn. 35), Court of Appeal 's Hertogenbosch, BIE 1989, 151 – Wasserabflussfliese (zitiert nach Kamperman Sanders, EIPR 1995, 67 ff., 68), Präsident Bezirksgericht Haarlem, Urteil vom 14.12.1993 – LEGO, zitiert nach Gielen/Strowel, Mitt. 1995, 198 ff. (202/203).

[690] Eintragung Nr. 411469, vom HG Zürich, sic! 2003, 331, 334 – LEGO II nun wegen Funktionalität für nichtig erklärt.

[691] Schweizerisches Bundesgericht, sic! 2003, 892, 896, 897 – LEGO III.

[692] Eidg. Rekurskommission für geist. Eigentum, sic! 1998, 399 ff. (400) – Parfümflasche I (Unterscheidungskraft bejaht).

[693] Wang, 379 ff., m.w.N.; Ritscher, Anm. zum Urteil des Schw. BG in LEGO III, sic! 2003, 899, 900/901.

– Schweden

In einer Entscheidung zur Rechtslage vor Umsetzung der Richtlinie, versagte der schwedische Oberste Gerichtshof im Jahre 1987 zwar den Markenschutz des LEGO– Bausteins wegen technischer Funktionalität und argumentierte etwa im Sinne der heutigen o.g. weiten Auslegung[694]. Die schwedische Rechtsprechung wich von ihrem weiten Ansatz zur Auslegung des Ausschlussgrundes nach § 13 Abs. 2 unter Geltung des neuen schwedischen Markengesetzes in der Entscheidung Ide Line vs. Philips allerdings wieder ab[695].

gg. Unterschied zur Rechtslage unter dem WZG

Der BGH ging auch bei der Untersuchung der Ausstattungsfähigkeit technischer Gestaltungen nach § 25 WZG zunächst einmal allein davon aus, dass diese nicht das „Wesen der Ware" ausmachen dürfen, sondern von diesen zumindest begrifflich unterscheidbar sein müssten, wobei für diese Abgrenzung die *Verkehrsauffassung* entscheidend war[696]. Hierbei spielte es keine Rolle, ob die Verkehrsauffassung -objektiv betrachtet- richtig oder unrichtig war, ob also dem Element tatsächlich die im Verkehr beigemessene technische Bedeutung zukommt oder nicht[697]. Eine solche Vorgehensweise wäre nach neuer Rechtslage unvereinbar. Nach § 3 Abs. 2 Ziff. 2 MarkenG kommt es nunmehr allein darauf an, ob -objektiv betrachtet- die *wesentlichen* funktionellen Merkmale einer Form einer technischen Wirkung zuzuschreiben sind[698]. Der ehemals erste Prüfungsschritt des BGH muss in Zukunft daher entfallen. Scheiterte die Ausstattungsfähigkeit nicht bereits an der ersten Prüfung, so war im Wege einer objektiven Prüfung als zweiter Prüfungsschritt zu fragen, ob das funktionale Gestaltungselement im Hinblick auf den mit der Ware verfolgten Gebrauchszweck „technisch [zwingend] bedingt", oder aber „willkürlich" gewählt war[699]. Als „willkürlich" gewählt und damit schutzfähig galt eine Gestaltung, die sowohl unter dem Gesichtspunkt des Gebrauchszwecks als auch der Herstellungskosten ohne ins Gewicht fallenden Nachteil auch anders gestaltet werden kann[700]. Zwar sind diese Entscheidungen bzw. Entscheidungsteile des BGH, in denen er ausschließlich auf die „technische Bedingtheit" der Gestaltung abhob („zweiter Prüfungsschritt") am ehesten mit der heutigen Regelung des § 3 Abs. 2 Nr. 2 MarkenG vergleichbar. Nachdem nun aber der EuGH in „Philips" (wesentliche) technisch funktionelle Formen ohne Rücksicht auf gegebene Formalternativen vom Schutz ausschließen will, muss in Zukunft auch der zweite -jetzt alleinige- Prüfungsschritt des BGH anders ausfallen: Auf die „Willkürlichkeit" des gewählten technisch funktionalen Elements kann es nicht mehr ankommen. Stattdessen sind nunmehr alle technisch-funktionellen Warenformen vom Markenschutz ausgeschlossen, sofern es sich bei den technischen Elementen um *wesentliche* Merkmale dieser Form handelt und die-

---

694 Schwedischer OGH, GRUR Int. 1987, 700 (701) m. Anm. Levin; vgl. Meisser/Bohren, SMI 1995, 225 ff. (234).
695 Ide Line Aktiebolag vs. Philips Electronics NV [1997] E.T.M.R. 377.
696 Vgl. BGH GRUR 1954, 121–Zählkassetten; zur RG-Spruchpraxis vgl. Baumbach/Hefermehl, § 25, Rdn. 15 m.w.N.
697 BGH GRUR 1972, 122, 123 f.-Schablonen; BGH GRUR 1962, 299 (300)-form-strip; Baumbach/Hefermehl, § 25, Rdn. 20.
698 EuGH (Rs. C–299/99), MarkenR 2002, 231, 239, Erwägungsgrund 84. – Philips/Remington.
699 Vgl. Baumbach/Hefermehl, § 25, Rdn. 21 m.w.N.
700 BGH GRUR 1962, 459 ff. (460) – Lichtkuppeln.

sen *nur* der technischen Wirkung zuzuschreiben sind. Auch weiterhin dürfte es nicht entscheidend sein, ob für die betreffende Gestaltung ein Sonderschutz (Patent oder Gebrauchsmuster) bestand oder bestanden hatte[701]. Das Bestehen eines solchen Schutzrechts muss allerdings nach wie vor als Indiz dafür gelten, dass die betreffenden Gestaltungselemente technisch bedingt sind, denn i.d.R. dürften gerade die „wesentlichen" Merkmale der Form diesem Sonderschutz unterliegen. Ein Vorteil der neuen Rechtslage dürfte die höhere Rechtssicherheit sein. Denn der BGH hatte eine größere Palette von Gründen einen möglichen Ausstattungschutz nach § 25 WZG zu versagen, als dies heute bei der Markenfähigkeit technisch funktionaler Formmarken allein nach § 3 Abs. 2 Nr. 2 MarkenG der Fall ist. Dass teils auf eine subjektiv nach der Verkehrsauffassung zu bestimmende Zugehörigkeit zum „Wesen der Ware" abgestellt wurde, teils auf objektiv zu bestimmende „technische Bedingtheit" und darüber hinaus eine ausreichende Verkehrsdurchsetzung nachzuweisen war, machte die Rechtsprechung uneinheitlich und im Einzelfall kaum vorhersehbar[702]. Während der BGH nämlich in manchen Fällen eine Anwendung des Schutzausschlusses aufgrund entsprechender Verkehrsauffassung - trotz Erreichbarkeit der Wirkung mit anderen Gestaltungen - recht leicht annahm[703], ließ er andererseits mit seiner Abgrenzungsformel der „willkürlichen Wählbarkeit" einen weiten Raum für die Schutzfähigkeit technischer Gestaltungmerkmale[704]. Die neue Rechtslage setzt die Hürde für den Markenschutz technisch-funktioneller Gestaltungen dagegen einheitlich hoch. Einen gewissen Spielraum dürfte aber auch jetzt noch das Kriterium der „Wesentlichkeit" des technisch-funktionellen Elements für die Gesamtform lassen. Damit bliebe es wohl nach wie vor unschädlich, wenn die technische Gestaltung den Gebrauchszweck der Ware bloß unterstützt oder fördert[705]. Darüber hinaus ist der Schutz technischer Warenformen möglich, die nicht „nur" bzw. nicht „ausschließlich" technisch bedingt sind.

Insgesamt ist damit zu sagen, dass diejenigen Anmelder, die wesentliche funktionale Formen schützen wollen, eher auf andere Mittel ausweichen sollten, wie zum Beispiel das „(Gemeinschafts-) Geschmacksmuster". Die Definitionen des Musters nach der europäische Geschmacksmusterrichtlinie und der Geschmacksmusterverordnung sind breit genug um auch funktionale Formen zu umfassen. Denn die alte Forderung, dass ein Design „ästhetisches" Appeal haben muss, ist abgeschafft.

hh. Fallgruppen

Anhand dieses Auslegungsergebnisses erscheint zwar die Bildung gewisser Fallgruppen möglich. Eine generelle und allgemeingültige Aussage über die technische Bedingtheit abstrakter Produktgruppen kann aber nicht getroffen werden. Denn ent-

---

[701] So auch unter Geltung des WZG: BGH GRUR 1957 603, 604 - Taschenstreifen; BGH GRUR 1962, 299, 301 - form-strip.

[702] Vgl. die Kritik bei Eisenreich, 96; Henning - Bodewig / Ruijsenaars, GRUR Int. 1990, 821, 823; Kur, FS DPA, 175 ff. (182 ff.); Sambuc, GRUR 1989, 547, 555; Götting, 200 (225/226); Pluta, 257 (261 ff.).

[703] Vgl. BGH GRUR 1972, 122 (123 f.) - Schablonen; BGH GRUR 1962, 299 ff. (300) - form-strip.

[704] Vgl. BGH GRUR 1969, 541 ff. (542) - grüne Vierkantflasche; BGH GRUR 1962, 409 ff. (409, unten) – Wandsteckdose.

[705] BGH GRUR 1954, 121 ff. - Zählkassetten; BGH GRUR 1954, 337, 340 - Radschutz; BGH GRUR 1959, 423, 424 – Fußballstiefel.

scheidend zur Beantwortung der Frage der technischen Erforderlichkeit einer Form ist immer die konkrete Ausgestaltung der Produktform, wie eng oder breit die Produktgruppe gewählt wird, der Verwendungszweck der Form im jeweiligen Einzelfall, eine sorgfältige Abwägung der Interessen und ob im konkreten Fall Markenschutz für das gesamte Produkt oder nur für ein bestimmtes Formmerkmal beansprucht wird. Die folgenden Beispiele, welche sich weitgehend an Formgestaltungen orientieren, die im bisherigen deutschen und ausländischen Recht (mit z.T. abweichenden Ergebnissen) im Zusammenhang mit der Frage technischer Funktionalität behandelt wurden, können daher nur eine grobe Orientierung zur Anwendbarkeit bzw. Nichtanwendbarkeit des 2. Ausschlussgrundes bieten.

(1) Anwendbarkeit des zweiten Schutzausschlussgrundes

Bei folgenden Warenformen dürften die wesentlichen Merkmale einer technischen Wirkung zuzuschreiben sein:

- Die Form von Zählkassetten für Geldmünzen[706].
- Die Form einer Wasserabflussfliese[707].
- Die Form von Verbindungssteckern oder „porting devices", welche die Kommunikation zwischen Computer-Equipment verschiedener Hersteller ermöglichen[708].
- Die Form von Produkten, die mit anderen technisch kompatibel sein müssen, wie z.B. Batterien, Disketten und Kamerafilme[709] oder die Form der austauschbaren Karteikarten eines rotierenden Telefon- bzw. Adressenregisters[710].
- Die konkave Form einer Babyflasche[711].
- Die spitzzulaufende Form eines Erz- und Kohle-Schütteltisches[712].
- Technische Funktionalität" dürfte z.B. auch angenommen werden im Falle der Formgestaltung von dreiteiligen Whirlpool-Rohren, welche zum Mixen von Luft und Wasser benötigt werden[713] und bei einem „ETCH A SKETCH" - (Spielzeug-) Zeichengerät[714].
- Eine Anwendbarkeit des Ausschlussgrundes kommt grundsätzlich auch in Frage bei bestimmten Haushaltsgegenständen, wie z.B. bei der Zweckform eines Kaffeefilters[715], oder bei Gerüstteilen, Fahrerkabinen und medizinischen Artikeln, soweit diese keine zusätzlichen schutzbegründenden Kennzeich-

[706] Vgl. BGH NJW 1954, 390 ff. - Zählkassetten - (zurückverwiesen zur Ermittlung der Verkehrsgeltung)
[707] Court of Appeal 's Hertogenbosch, BIE 1989, 151 - Wasserabflussfliese (zitiert nach Kamperman Sanders, EIPR 1995, 67 ff., 68).
[708] Gyngell/Poulter, Ziff. 2.09.
[709] David, Art. 2, Rdn. 48.
[710] Oxford Pentaflex Corp. v. Rolodex Corp., 204 USPQ 249 (TTAB 1979).
[711] In re Babies Beat, Inc., 13 USPQ2d 1729 (TTAB 1990).
[712] Application of Deister Concentrator Co., 129 USPQ 314 (CCPA 1961).
[713] In re Vico Products Mfg. Co., 229 USPQ 364 (TTAB 1990).
[714] Ohio Art Co. v. Lewis Galoob Toys, Inc., 25 USPQ2d 1496, 1508 (N.D.Ill. 1992).
[715] Giefers, S. 18.

nungen enthalten. Ebenso bei einer Flasche in „Stehaufmännchen"-Form und einer Abschluss-Schiene für Fensterkanten[716].

- Die Form einer Schuhschachtel mit Handgriff, eine Zigarrenumhüllung, die der Verhinderung des Austrocknens von Tabak dient oder sich an den jeweiligen Inhalt anpassende Verpackung von Tiefkühlkost[717].
- Der LEGO-Klemmbaustein in seiner Grundform: Dessen Abmessungen entsprechen beabsichtigterweise den Maßen echter Ziegelbausteine und sind damit durch den Gebrauchszweck, etwa dem Bau von Miniatur- oder Spielzeuggebäuden, vorgegeben. Mehrheitlich wird die Gesamtform des LEGO – Steins aufgrund seines technisch-funktionalen Charakters daher vom Markenschutz ausgenommen, so z.B. in Belgien[718]. Frankreich[719], Dänemark[720], Schweden[721], Italien[722], Norwegen[723], den USA[724] und z.T. auch in der Schweiz[725]. In Deutschland war dagegen die Frage der Ausstattungsfähigkeit des LEGO-Grundbausteins höchstrichterlich nicht abschließend geklärt worden[726].
- Die Form eines aus aufgeschäumtem Kunststoff bestehenden Verpackungs-„Füllkörpers" in Form einer plastischen „8"[727].
- Autoleichtmetallfelgen[728].
- Die Form eines Feuerzeug-Zündaufsatzes[729].
- Vierkantflaschen[730] (technischer Vorteil, dass diese bei der Verpackung besonders wenig Raum zu beanspruchen).
- Lichtkuppeln, die zur Außenabdeckungen von Lichtöffnungen bei Baulichkeiten dienen[731].
- Die Gestalt eines Rollhockers[732].
- Die Form des Schutzgehäuses von Radschutzantrieben[733].
- Ein sternförmiges Rad bzw. eine ebensolche Karte zum Aufwickeln von Seidenfäden[734].

---

[716] Winkler, MA 1996, 516 ff. (523).
[717] Henning-Bodewig/Bastian, 105 ff. (132) m.w.N. aus dem Benelux – Recht.
[718] Cour d'appel de Liège, Ing. - Cons. 1993, 217, zitiert nach Kur, GRUR 1997, 241 ff., 247.
[719] Cour d 'appel de Paris, PIBD No. 581, 1995, III-69 (70) - LEGO.
[720] See- und Handelsgericht Kopenhagen, Urteil vom 23.6.1993, UfR 1995, 92, zitiert nach Kur, GRUR 1997, 241, 247.
[721] Schwedischer OGH, GRUR Int. 1987, 700 (701) m. Anm. Levin.
[722] Gericht von Mailand, 1991, berichtet von Meisser/Bohren, SMI 1995, 225 ff. (234).
[723] Berufungsgericht von Agder, 1992, vgl. Nachweis bei Meisser/Bohren, SMI 1995, 225 ff. (234) .
[724] Tyco Industries, Inc. v. Lego Systems, Inc., 5 USPQ2d 1023 (D.N.J. 1987); Bestätigt durch 853 F.2d 921 (3d Cir. 1988).
[725] Handelsgericht Zürich, sic! 2003, 331, 333 – LEGO II (3-D); Schweizerisches Bundesgericht, sic! 2003, 892, 897 – LEGO III (zwecks Feststellung der Fragen der Verkehrsdurchsetzung und der „technischen Notwendigkeit" an das HG Zürich zurückverwiesen).
[726] BGH GRUR 1964, 621ff. (623 ff.) - Klemmbausteine I (offengelassen, da UWG-Verstoß bejaht wurde).
[727] BGH GRUR 1995, 732 ff. - Füllkörper (nach PVÜ, § 3 Abs. 2 MarkenG daher nicht einschlägig).
[728] BGH, GRUR 1997, 527 ff. (529) - Autofelge.
[729] BGH GRUR 1960, 232 ff. - Feuerzeug-Ausstattung (technische Bedingtheit und Verkehrsdurchsetzung verneint).
[730] BGH GRUR 1969, 542 ff. (542) - Grüne Vierkantflasche (technische Bedingtheit und Verkehrsdurchsetzung verneint).
[731] BGH GRUR 1962, 459 ff. (460) - Lichtkuppeln (technische Bedingtheit verneint).
[732] BGH GRUR 1981, 517 ff. (519) - Rollhocker (technische Bedingtheit verneint).
[733] BGH GRUR 1954, 337 (340) - Radschutz (technische Bedingtheit bejaht).
[734] RG 54, 174; 69, 32 - Sternkarte/ -rad (technische Bedingtheit bejaht).

- Die Verpackung von Rohrbeinen[735].
- Die Verpackung von rundem Käse in einer achteckigen Käseschachtel[736].
- Die Form eines Elektrosteckers[737].
- Der Verschluss einer Geschirrspülmittelflasche[738].
- Ein Rasierapparatkopf[739].
- Zerstäuberdosen für Haushaltsmittel[740].
- Die rippenartige Gestaltung an der Oberseite eines Bauarbeiterhelms[741], die Form eines Kugelschreiberclips[742], einer Wandthermostatabdeckung[743] oder eines Motoröl-Plastikbehälters mit geripptem Hals[744].
- Die unter Nr. 39723188 für Backwaren/Fertigkuchen eingetragene Form der MILCHSCHNITTE®, bei der eine weiche (milchartige) Masse durch Anbringen zwischen zwei Teigträgerplatten verkehrsfähig gemacht wurde[745].

(2) Keine Anwendbarkeit des zweiten Schutzausschlussgrundes

Bei folgenden Warenformen dürften die wesentlichen Merkmale keiner technischen Wirkung zuzuschreiben sein:

- Formgestaltungen, die nur der Dekoration oder Betrachtung dienen, wie z.B. Werke der bildenden Kunst, Skulpturen oder die sog. „Hummel"-Figuren.
- Farblich abgehobene Seitenstreifen auf Sportschuhen und Sportbekleidung[746]: Hier dürfte es in der Regel schon am technischen Effekt (eines „wesentlichen" Elementes) fehlen. Darüber hinaus überwindet die andersfarbige Gestaltung aber auch das „Ausschließlichkeitserfordernis".
- Web- bzw. Werbeetikette auf der Innenseite von Jacken[747].
- Die Form eines KFZ–Kühlergrills, da dieser heutzutage meist keine wesentlich technische Funktion mehr erfüllt, sondern nur noch der Optik und zur Unterscheidung der Fahrzeugmodelle dient[748].
- Die Form einer Wandsteckdose mit Deckel, der eine Wölbung in der Form einer rechteckigen „Nase" aufweist[749].

---

735 Pres Rb Rotterdam, BIE 1982, 184 – Rohrbeine.
736 Pres Rb Amsterdam, Rvdw/K.G., 542, Nr. 278 - Käseschachtel (zitiert nach Henning-Bodewig/Bastian, Rdn. 52).
737 Vgl. Nr. 8.6.b) der Prüfungsrichtlinie zur GMV, Abl.HABM 9/1996, 1300 ff. (1308).
738 OGH (Österreich), GRUR Int. 1988, 520 ff. (522) - Palmolive-Komfortverschluß.
739 Vgl. EuGH (Rs. C–299/99), MarkenR 2002, 231, 239, Erwägungsgrund 83/84. – Philips/Remington.
740 Vgl. aber In re Morton-Norwich Products, Inc., 213 USPQ 9 (CCPA 1982).
741 Vgl. aber Mine Safety Appliances Co. v. Electric Storage Battery Co., 160 USPQ 413 (CCPA 1969).
742 Vgl. aber In re Lindey Pen Co., 159 USPQ 634 (TTAB).
743 Vgl. aber In re Honeywell, Inc., 8 USPQ2d 1600 (TTAB 1988).
744 Vgl. aber In re Witco corp., 14 USPQ2d 1557 (TTAB 1990).
745 Würtenberger, GRUR 2003, 2003, 912, 913.
746 Vgl. BGH GRUR 1959, 423, 424 - Fußballstiefel - (Ausstattungsfähigkeit bejaht) ; BGH GRUR 1962, 299, 301 - form-strip - (Ausstattungsfähigkeit verneint); BGH GRUR 1986, 252, 243 - Sportschuhe - (Ausstattungsfähigkeit bejaht); OLG Hamburg GRUR 1973, 368 ff. (368) - Drei-Streifen-Kennzeichnung; BGH GRUR 1972, 456 ff. (547) - Trainingsanzug (Ausstattungsfähigkeit verneint).
747 Vgl. BGH GRUR 1957, 603 – Taschenstreifen (technische Bedingtheit verneint).
748 EuG, MarkenR 2003, 162, 165 – Kühlergrill; Rolls-Royce Motors, Ltd. v. A & A Fiberglass, Inc., 193 USPQ 35 (N.D.Ga. 1977).
749 Vgl. BGH GRUR 1962, 409 ff. – Wandsteckdose.

- Die Orangefärbung von Zeichenschablonen[750]: Eine Anwendung des Ausschlussgrundes scheitert bereits daran, dass dieser nur auf Formen, nicht aber auch auf Farben (unmittelbar) anwendbar ist[751].
- Merkmalklötze für die mathematische Mengenlehre[752].
- Die Form von Lebensmitteln wie z.B. die spiralförmige Form eines Salzgebäcks[753], die „Kissenform" einer Frühstückscerealie (Vollkornkeks)[754] oder die Spiralform von Pommes Frites[755].
- Im Falle von dreieckigen Chemikalienblocks[756], der Seitenkonfiguration eines Getreideanhängers[757], eines als umgedrehtes Y auf einer JOCKEY - Unterhose aufgenähten Bandes[758] oder der Einrichtung bzw. Aufmachung eines mexikanischen Restaurants[759].
- Mangels „technischem" Gebrauchsvorteil bei einem mit der Architektur bzw. dem Stil bestimmter Häuser kompatiblen Außenbeleuchtungskörper[760], bei der fünfeckigen Form eines Lautsprechergehäuses[761] oder im Falle länglich portionierter Salz und Pfeffer - Päckchen[762].
- Die Gestaltung einer Flasche mit einer Schlaufe zum Aufhängen[763] (nur Verbindung mit technischer Zusatz, kein „wesentliches" technisches Element).

8. Ausschluss wertverleihender Formen, § 3 Abs. 2 Nr. 3 MarkenG

Der dritte Ausschlussgrund des § 3 Abs. 2 MarkenG betrifft Zeichen, die ausschließlich aus Formen bestehen, die der Ware einen „wesentlichen Wert" verleihen.

a. Meinungsstand

Im allgemeinen wird davon ausgegangen, dass die Vorschrift –im Anschluss an Art. 3 Abs. 1 lit. e, 3. Spiegelstrich der Richtlinie– auf dem Gedanken der Schutzunfähigkeit wertbestimmender „ästhetischer" Formgebungen als Marke beruht[764]. Dennoch wird ein genereller Ausschluss ästhetischer Formgestaltungen vom Markenschutz

---

[750] Entgegen BGH GRUR 1972, 122 ff. (123) – Schablonen, der den Ausstattungsschutz wegen wesensbestimmender „technischer" Eigenschaft nach der Verkehrsauffassung verneinte.
[751] Zur Frage der analogen Anwendbarkeit auf Farben siehe Abschnitt G.IV.
[752] Entgegen BGH GRUR 1976, 434 ff. (435) - Merkmalklötze - (Ausstattungsfähigkeit wegen technisch-funktioneller Bedingtheit verneint).
[753] Hoge Raad, GRUR Int. 1986, 126 ff. (128) - Wokkels.
[754] Vgl. Kellogg Co. v. National Biscuit Co., 59 S.Ct. 109 (1938).
[755] Vgl. Universal Frozen Foods Co. v. Lamb-Weston, Inc., 7 USPQ2d 1856 (D.C.Or. 1987).
[756] Vgl. Application of Minnesota Mining & Mfg. Co., 142 USPQ 366 (CCPA 1964).
[757] Truck Equipment Service Co. v. Fruehauf Corp., USPQ 79 (8th Cir. 1976).
[758] In re Jockey International, Inc., 192 USPQ 579 (TTAB 1976).
[759] Supreme Court, Taco Cabana International Inc. v. Two Pesos, Inc., 23 USPQ2d 1081 (1992).
[760] Keene Corp. v. Paraflex Industries, Inc., 211 USPQ 201, 203 (3d Cir. 1981).
[761] In re Bose Corp., 227 USPQ 1 (Fed. Cir. 1985).
[762] In re Diamond Crystal Salt-Co., 161 USPQ 502 (TTAB 1969).
[763] Vgl. Winkler, MA 1996, 516 ff. (523).
[764] Althammer/Ströbele/Klaka, § 3, Rdn. 39; Eichmann, MarkenR 2003, 10 (16); ders., GRUR 1995, 184 ff. (186); ders., FS Vieregge, 125 ff. (150); Fezer, § 3, Rdn. 232; Ingerl/Rohnke, NJW 1994, 1247 ff. (1249); Kur, FS DPA, 175 ff. (191); Marz, 82; Meister, WRP 2000, 967 (974); Körner/Gründig–Schnelle, GRUR 1999, 535, 537; Thewes, 100.

ohne Einschränkungen nicht ernsthaft in Erwägung gezogen, weil eine ästhetische Formgebung allein noch nicht dazu führen kann, dieser Formgebung den Markenschutz zu versagen, insbesondere wenn diese bestimmungsgemäß eine Unterscheidungsfunktion ausüben soll[765]. Aufgrund grundsätzlicher Kritik großer Teile der Literatur[766], ist der maßgebliche Anwendungsbereich der Norm bislang aber noch weitgehend ungeklärt.

Einigkeit besteht größtenteils aber darüber, dass die Vorschrift im Wege eines „Negativkatalogs" zunächst einmal folgendermaßen einzuschränken ist:
– Der „wesentliche Wert" der Formgestaltung muss außerhalb des Bereichs der „Technik" liegen[767].
– Eine Anwendung auf den Wert des Produkts, welcher aus seinem Material bzw. seiner Substanz herrührt, muss ausscheiden[768].
– Die Anziehungskraft, welche die Produktform aufgrund ihrer Bekanntheit als Marke, ihres guten Rufs (bzw. ihrer Qualität) oder wegen der mit ihr verbundenen Herkunft aus einem bestimmten Unternehmen („Meissner Porzellan") entfaltet, muss außer Betracht bleiben[769].

Teilweise wird sogar vorgeschlagen, diese Einschränkungen –trotz entgegenstehender Systematik– dahingehend zu „vereinfachen", dass die Schutzfähigkeit der ästhetischen Gestaltung bei „hoher Verkehrsgeltung" der Form gegeben ist[770], bzw. der Ausschlussgrund soll keine Anwendung finden, wenn ein „erheblicher" Teil der angesprochenen Verkehrskreise die konkrete Gestaltung einem bestimmten Unternehmen zuordnet[771]. Folgende Ansichten bzw. Argumentationsansätze haben sich darüber hinaus gebildet:

aa. Ausschluss „unmittelbar die Ware prägende" ästhetische Gestaltungen

Nach einer Ansicht soll die Norm nur Formgestaltungen ausschließen, bei denen gerade die künstlerische, ästhetische Gestaltung den „Charakter der Ware" bestimmt bzw. „unmittelbar die Ware prägende Bedeutung" hat und dadurch einen wesentlichen Wert darstellt, wie z.B. bei Schmuckstücken, künstlerischen und kunstgewerb-

---

[765] Vgl. Körner/Gründig–Schnelle, GRUR 1999, 535, 537; Althammer/Ströbele/Klaka, § 3, Rdn. 39.
[766] Meister, WRP 2000, 967 (974 f.); Pohl/Kur, Mitt. 1996, 156 ff. (158); Kur, FS DPA, 175 ff. (191 ff.); dies., GRUR 1997, 241 ff. (246, Fn. 65); Winkler, MA 1996, 516 ff. (524); Fezer, § 3, Rdn. 232; Albert/Henning–Bodewig; GRUR Int. 1997, 449 ff. (461); Marz, 82 ff.; Ingerl/Rohnke, § 3, Rdn. 42; Kiethe/Groeschke, WRP 1998, 541 ff. (545); Klaka, GRUR 1996, 613 ff. (617); Ingerl, 67 (zur GMV); Althammer/Ströbele/Klaka, § 3, Rdn. 39.
[767] Eichmann, GRUR 1995, 184 ff. (186); ders., FS Vieregge, 125 ff. (150); Ingerl/Rohnke, § 3, Rdn. 42; Marz, 82, Fn. 112.
[768] Klaka, GRUR 1996, 613 ff. (617, „Lebensmittel"); Althammer/Ströbele/Klaka, § 3, Rdn. 39 („Nahrungsmittel"); Winkler, MA 1996, 516 ff. (523, „Nahrungsmittel"); Eichmann, FS Vieregge, 125 ff. (151); Bauer, GRUR 1996, 319 ff. (329, „"Schmuck").
[769] Fezer, § 3, Rdn. 232; Ingerl/Rohnke, § 3, Rdn. 42; Ingerl, 67 („Prestigewert"); Rohnke, MarkenR 2001, 199 (199); Winkler, MA 1996, 516 ff. (524); Meister, WRP 1995, 1005 ff. (1008); Kur, FS DPA, 175 ff. (193); Bauer GRUR 1996, 319 ff. (320, „Prestigemarke"); Pohl/Gielen, Mitt. 1996, 156 ff. (158), unter Verweis auf das Benelux – Recht; Albert/Henning–Bodewig, GRUR Int. 1997, 449 ff. (460 f., 461).
[770] Kur, FS DPA, 175 ff. (193); dies., GRUR 1997, 241 ff. (246, Fn. 65); Pohl/Kur, Mitt. 1996, 156 ff. (158); Ruijsenaars, GRUR Int. 1992, 505 ff. (513); Koschtial, GRUR Int. 2004, 106, 112.
[771] Ingerl/Rohnke, § 3, Rdn. 42; a.A. noch dies., NJW 1994, 1247 ff. (1249).

liche Gegenständen[772]. Auch soll ein bestimmter Stil oder eine ästhetische Kunstrichtung im Gegensatz zu konkreten Einzelmerkmalen nicht schutzfähig sein[773]. Dieser Auffassung scheint auch das BPatG zu folgen[774]. Sie liegt im Ergebnis etwa auf der Linie der früheren BGH–Rechtsprechung zu ästhetischen Merkmalen von Ausstattungen[775]. Auch unter Geltung des MarkenG scheint der BGH die Vorschrift nicht auf Gebrauchsgegenstände anwenden zu wollen, denn im Fall der RADO-Uhr und der MAGLITE-Taschenlampe verneinte er ohne weitere Begründung die "Wertbedingtheit" der Formen, obwohl es sich bei der RADO–Uhr und der MAGLITE–Taschenlampe um „Designerprodukte" handelte, bei denen sich durchaus die Frage hätte stellen können, ob ihr Aussehen der Ware einen besonderen Wert verleiht[776].

bb. Ausschluss „freihaltebedürftiger" ästhetische Gestaltungen

Ein anderer Teil der Literatur möchte ästhetische Gestaltungen vom Anwendungsbereich der Vorschrift umfasst sehen, wenn für sie ein so hohes „Freihaltebedürfnis" besteht, dass sie gemeinfrei bleiben müssen[777]. Dies sei der Fall, wenn die ästhetische Form für die Wertschätzung des Verkehrs von wesentlicher Bedeutung ist[778]. Insofern sei ein vergleichbares Freihalteinteresse zu verlangen wie beim 2. Ausschlussgrund. Es könne sich hier um „erwartete" ästhetische Gestaltungen handeln, sowie um solche, die Ausdruck von Modeströmungen sind, nicht aber automatisch „originelle oder individuelle", bzw. besonders hochwertige ästhetische (künstlerische) Gestaltungen[779].

cc. Kein eigenständiger Schutzversagungsgrund

Noch weitergehend wollen Kiethe/Groeschke die Vorschrift des § 3 Abs. 2 Nr. 3 MarkenG nicht einmal als eigenständigen Schutzversagungsgrund auffassen, sondern nur als Auslegungskriterium im Rahmen der Prüfung der konkreten Unterscheidungskraft nach § 8 Abs. 2 Nr. 1 MarkenG[780]. Darüber hinaus soll die erforderliche Grenzziehung zur Berücksichtigung der einem Formenschutz grundsätzlich innewohnenden Monopolisierungstendenz sachgerechter und hinreichend flexibel über die Tatbestände der Verwechslungsgefahr gem. §§ 9 Abs. 1 Nr. 2 und 14 Abs. 2 Nr. 2 MarkenG erfolgen[781].

---

[772] Althammer/Ströbele/Klaka, § 3, Rdn. 39 (Waren der Klasse 14, wie z.B. Schmuck und Uhren, sowie der Kl. 20, wie z.B. Möbel); Klaka, GRUR 1996, 613 ff. (616); Körner/Gründig–Schnelle, GRUR 1999, 535, 538 („besonders ansprechendes Textil– oder Geschirrdesign"); ähnlich Fezer, § 3, Rdn. 231/232; § 4, Rdn. 85 ff.; Winkler, MA 1996, 516 ff. 523.

[773] Althammer/Ströbele/Klaka, § 3, Rdn. 39; Körner/Gründig–Schnelle, GRUR 1999, 535, 538.

[774] BPatG Beschl. v. 26.9.2001 – 28 W (pat) 61/01, 62/01 und 67/01 – Schmuckringe.

[775] Vgl, die Nachweise oben unter E.III.3.

[776] BGH MarkenR 2001, 71 (72 f.) – Stabtaschenlampe; BGH MarkenR 2001, 75 (76 f.) – RADO–Uhr.

[777] Eichmann, GRUR 1995, 184 ff. (186, Fn. 31) und in FS Vieregge, 125 ff. (151).; Marz, 82; ähnlich Ingerl/Rohnke. § 3, Rdn. 42; ähnlich Meister, WRP 2000, 967 (974 f.); Koschtial, GRUR Int. 2004, 106, 111.

[778] Thewes, 100.

[779] Ingerl/Rohnke, § 3, Rdn. 42, a.A. wohl noch in NJW 1994, 1247 ff. (1249).

[780] Kiethe/Groeschke, WRP 1998, 541 ff. (546).

[781] Kiethe/Groeschke, WRP 1998. 541 ff. (542, 547, 549).

b. Richtlinienkonforme Auslegung

Der Anwendungsbereich des § 3 Abs. 2, Ziff. 3 MarkenG ist im Wege einer richtlinienkonformen Auslegung zu ermitteln.

aa. Grammatikalische Auslegung

Wie bereits dargelegt, verwehrt der Ausschlussgrund seinem Wortlaut nach den Markenschutz für alle Zeichen, „die ausschließlich aus einer Form bestehen, die der Ware einen wesentlichen Wert verleiht" und stimmt im wesentlichen wörtlich mit der deutschen Fassung des umgesetzten Art. 3 Abs. 1 lit. e, 3. Spiegelstrich der Richtlinie überein[782].
Grammatikalisch lassen sich bereits verschiedene Interpretationen sowie Anwendungsbereiche der Vorschrift ausscheiden:
So dürfte der im Wortlaut zum Ausdruck gekommene Schutzausschluss für bestimmte wertverleihende Formen einer „Nichtberücksichtigung" im Rahmen der absoluten Ausschlusstatbestände (fehlende Markenfähigkeit)[783] entgegenstehen. Die grundsätzliche Kritik an der Regelung kann nämlich nicht einfach deren Nichtbeachtung zur Folge haben[784], insbesondere deshalb nicht, weil sie auf einer europäischen Richtlinienvorschrift beruht, zu deren Umsetzung die Mitgliedsstaaten verpflichtet waren[785]. Entsprechende Mängel können allenfalls durch eine Gesetzesänderung oder aber eine der Markenfunktion gerecht werdende Auslegung und Anwendung beseitigt oder erträglich gemacht werden[786]. Darüber hinaus müssen dem Wortlaut nach „formunabhängige" wertbegründende Merkmale der Ware -wie z.B. der reine Materialwert bei Goldschmuck- ausgeschlossen werden, weil der wesentliche Wert der Ware gerade durch dessen „Form" verliehen worden sein muss. Damit scheiden folgende wertbegründende Elemente der Ware aus:
– Der reine Geschmack der Ware, z.B. von Nahrungsmitteln, deren wesentlicher Warenwert i.d.R. durch die Form und nicht durch den Geschmack bestimmt wird[787].
– Der Materialwert der Ware, was teilweise bei Schmuck der Fall sein dürfte[788].
– Die durch den guten Ruf oder die Berühmtheit der Formgestaltung als Marke bzw. durch die bereits bekannte Qualität der Gestaltung hervorgerufene Anziehungskraft,

---

[782] Vgl. Abl.EG. 1989 L 40, 1ff. (3) , wonach „Zeichen, die ausschließlich bestehen aus der Form, die der Ware einen wesentlichen Wert verleiht", von der Eintragung ausgeschlossen sind; vgl. die entsprechenden ausländischen Fassungen: Englische Fassung: „signs which consist exclusively of: – the shape which gives substantial value to the goods"; französische Fassung: „les signes constitués exclusivement: – par la forme qui donne une valeur substantielle au produit"; spanische Fassung: „los signos constituidos exclusivamente por: – la forma que da un valor sustancial al producto"; italienische Fassung: „i segni constituiti esclusivamente: – dalla forma che dà un valore sostanziale al prodotto"; Benelux – Fassung: „tekens die uitsluitend bestaan uit: – de vorm die een wezenlijke waarde aan de waar geeft."; dem entspricht auch der Wortlaut des Art. 7 Abs. 1 lit. e, 3. Fall GMV.

[783] Vgl. Kiethe/Groeschke, WRP 1998, 541 ff. (546).

[784] Winkler, MA 1996, 516 ff. (524).

[785] Vgl. die amtl. Begründung zu § 3, in v. Mühlendahl, a.a.O., Ziff. 3, S. 133.

[786] In diesem Sinne auch Althammer/Ströbele/Klaka, § 3, Rdn. 39.

[787] Klaka, GRUR 1996, 613 ff. (617); Althammer/Ströbele/Klaka, § 3, Rdn. 39; Winkler, MA 1996, 516 ff. (523); Eichmann, GRUR 1995, 184 ff. (186), ders., in FS Vieregge, 125 ff. (151).

[788] Bauer, GRUR 1996, 319 ff. (320), Klaka, GRUR 1996, 613 ff. (617).

respektive der daraus resultierende Wert[789]. Dies gilt auch für den Fall, dass die Wertschätzung der Gestaltung aufgrund ihrer Herkunft aus einem bestimmten Unternehmen herrührt[790].

Bei dem durch die Form der Ware verliehenen „Wert" (bzw. "value"[791]) kann es sich dem Wortsinn nach entweder um den wirtschaftlichen bzw. monetären Wert oder einen ideellen Wert handeln. Da Marken jedoch regelmäßig Produkte des Handels und Wettbewerbs kennzeichnen sollen, muss hier aber wohl der rein wirtschaftliche „Warenwert" gemeint sein. Dieser Wert muss auch „wesentlich (substantial)"[792] sein, was grammatikalisch zweierlei bedeuten kann, nämlich dass der (Waren–) Wert aufgrund der Form „hoch" sein muss oder aber dass der durch die Form vermittelte Wert der „eigentliche" Wert der Ware darstellt.

bb. Systematische Auslegung

Da Formen, die mit Mitteln der Technik den Gebrauchszweck fördern oder die Gebrauchsdauer verlängern und allein dadurch der Ware einen wesentlichen Wert verleihen, bereits durch den 2. Ausschlussgrund abgedeckt sind, muss aus Gründen der Systematik der „wesentliche Wert" außerhalb des Bereichs der Technik liegen[793]. Mehr noch als die Regelungssystematik im Rahmen der formbezogenen Schutzausschließungsgründe innerhalb des Markenrechts sind es jedoch die Kollisionsregeln des Immaterialgüterrechts, aus denen sich diese am Normzweck ausgerichtete Auslegung ergibt. Demnach sollen ästhetische Formschöpfungen, also alle dem Geschmacksmusterrecht und dem Urheberecht zugewiesenen Gestaltungen, nicht nur vom Patentschutz, sondern auch vom Markenschutz ausgeschlossen sein[794]. Eine Überwindung des Schutzausschlusses im Falle „hoher Verkehrsgeltung"[795] der (ästhetischen) Warenform, kann aufgrund der Gesetzessystematik aber nicht erwogen werden, da der Schutzausschluss nicht durch Verkehrsdurchsetzung nach § 8 Abs. 3 MarkenG (Art. 3 Abs. 3 der Richtlinie) überwindbar ist.

cc. Historische Auslegung

Aus der Gesetzgebungsgeschichte zum Markengesetz ergibt sich, dass § 3 Abs. 2 Nr. 3 MarkenG weitgehend den Kriterien der früheren deutschen Rechtsprechung zur Ausstattungsfähigkeit dreidimensionaler Gestaltungen entsprechen soll[796], was ebenfalls auf eine mögliche Anwendbarkeit der Vorschrift auf bestimmte „ästheti-

---

[789] Winkler, MA 1996, 516 (523); Meister, WRP 1995, 1005 ff. (1008); Bauer, GRUR 1996, 319 ff. (320); Kur, FS DPA, 175 ff. (191); Pohl/Gielen, Mitt. 1996, 156 ff. (158, auch unter Hinweis auf die entsprechende Benelux – Rspr.); Fezer, § 3, Rdn. 231; Ingerl/Rohnke, § 3, Rdn. 42.
[790] Ingerl/Rohnke, § 3, Rdn. 42.
[791] Vgl. die ausländischen Fassungen der Richtlinie.
[792] Vgl. die ausländischen Fassungen der Richtlinie („substantial", „substantielle", „sustancial" bzw. „sostanziale").
[793] Eichmann, GRUR 1995, 184 ff. (186); ders., FS Vieregge, 125 ff. (150); Ingerl/Rohnke, § 3, Rdn. 42; Marz,82, Fn. 112.
[794] Eichmann, MarkenR 2003, 10 (16).
[795] In diesem Sinne aber Kur, FS DPA, 175 ff., 193 und wohl auch Ingerl/Rohnke, § 3, Rdn. 42.
[796] Amtl. Begründung zu § 3, in v. Mühlendahl, a.a.O., 133.

sche“ Formgestaltungen hindeutet. Denn die frühere deutsche Rechtsprechung verneinte den Ausstattungsschutz dreidimensionaler Gestaltungen entweder wegen technisch funktioneller oder wesensbestimmender ästhetischer Gestaltung[797]. Wie bereits ausgeführt, kommt ein Rückgriff auf die frühere Rechtsprechung zu § 25 WZG aber nicht ohne weiteres in Betracht, da eine bindende Regelung der Markenrechtsrichtlinie übernommen wurde.

Wesentlicher für eine richtlinienkonforme Auslegung ist dagegen die Gesetzesgeschichte der entsprechenden Richtlinienbestimmung, wenn auch nur zur Ergänzung einer teleologischen Auslegung gleichen Ergebnisses. Denn der EuGH verwendet die Entstehungsgeschichte bei der Auslegung von Sekundärrecht eher als Hilfsbegründung des teleologisch gefundenen Ergebnisses und weniger als autonomen Begründungsstrang[798].

Die Ersetzung der Fassung „Form einer Ware, die ihren *eigentlichen* Wert *beeinflusst*“[799] durch die Formulierung „Form, die der Ware einen *wesentlichen* Wert *verleiht*“ in den endgültigen Fassungen von Richtlinie und GMV deutet darauf hin, dass die Form gerade der maßgebliche Faktor für den „eigentlichen“ Wert der Ware sein soll, was bei einer besonders ästhetisch oder ansprechend gestalteten Warenform durchaus der Fall sein kann. Auf die rein finanzielle Werthaltigkeit der Form oder der (Form-)Marke ist daher nicht abzustellen[800].

Historisch–teleologisch betrachtet sollte auch der dritte Ausschlussgrund „Freihalteinteressen“ von Mitbewerbern und der Allgemeinheit schützen, denn in ihren Begründungen zum Richtlinien– und Verordnungsvorschlag von 1980 stellte die Kommission fest, dass die Eintragung der Form einer Ware nur ausgeschlossen werde, wenn dadurch „ein Unternehmen diese Form zum Nachteil seiner Wettbewerber und der Verbraucher für sich allein in Anspruch nehmen könne“[801]. Eine Anwendung auf „freihaltebedürftige ästhetische“ Formgestaltungen scheint daher möglich.

Auf die enge Anlehnung der Richtliniennorm an die im wesentlichen noch heute geltende Regelung des Art. 1 Abs. 2, 2. Fall des Benelux Markengesetzes, wonach Formen nicht als Warenzeichen gelten, die „ihren wesentlichen Wert beeinflussen“[802], wurde bereits hingewiesen[803]. Die zu dieser Norm entwickelten Kriterien können jedoch nur im o.g. Umfang[804], also lediglich zur Ergänzung bzw. Untermauerung des Ergebnisses einer richtlinienkonformen teleologischen Auslegung Beachtung finden. Sie lassen sich wie folgt zusammenfassen:

---

[797] Vgl. die Ausführungen oben zu E.III.3, sowie Baumbach/Hefermehl, § 25, Rdn. 14 ff. m.w.N.
[798] Lutter, JZ 1992, 593 ff. (599); vgl. auch Generalanwalt Ruiz-Jarabo Colomer, [2001] ETMR 48, 509, 517 ff., Erwägungsgrund 41 in Sachen Philips/Remington.
[799] Vgl. den Vorentwurf von 1964 zu Art. 11 Abs. 1 a (Nachweis bei Ruijsenaars, GRUR Int. 1992, 505, 512) sowie die folgenden Entwürfen bzw. Vorschlägen zur GMV und Richtlinie mit den endgültigen Fassungen.
[800] Vgl. Koschtial, GRUR Int. 2004, 106,110.
[801] Begr. zu Art. 2 des Richtlinienvorschlags und Art. 6 des Verordnungsvorschlags, Bulletin der EG, Beilage 5/80, S. 15 und 59; Denkschrift über die Schaffung einer EWG–Marke, GRUR Int. 1976, 481 ff. (491).
[802] Vgl. Annex L.I.2.
[803] Althammer/Ströbele/Klaka, § 3, Rdn. 39; Kur, FS DPA, 175 ff. (192, Fn. 67); dies., GRUR 1997, 241 ff. (246, Fn. 65); Ruijsenaars, GRUR Int. 1992, 505 ff. (512).
[804] S.o. Kapitel E.III.1, 6. b.cc. und 7.c.cc.

Nach herrschender Ansicht im Benelux–Recht ist Zweck der Norm die Verhinderung einer gleichzeitige Inanspruchnahme markenrechtlichen Schutzes einerseits und urheberrechtlichen, muster– oder modellrechtlichen Schutzes andererseits, da eine Form, welche die Voraussetzungen letzterer Normen erfülle, der Ware unausweichlich eine gewisse Attraktivität verleihe[805]. Dabei sei jedoch –wie der Benelux Gerichtshof klarstellt– nicht die Schutzfähigkeit der konkreten Form nach Urheber– oder Geschmacksmusterrecht maßgeblich, sondern „ob die Form aufgrund ihrer Schönheit oder ihres ursprünglichen Charakters den wesentlichen Wert der Ware beeinflusse", da die Vorschrift letztlich die „Freiheit der Mitbewerber" hinsichtlich der Formgebung ihrer gleichartigen Produkte zu gewährleisten bezwecke[806].
Entscheidendes Abgrenzungskriterium sei, ob das Produkt „wegen seiner ästhetischen Anziehungskraft gekauft" werde[807]. Außerachtzulassen seien dabei die Anziehungskraft der Form, die sich auf die mit der Bekanntheit als Unterscheidungsmerkmal zusammenhängende „Werbekraft" der Form[808] oder auf das verwendete Material zurückführen lässt[809].
Unter Anwendung dieser Kriterien wurde eine Anwendung des Ausschlussgrundes beispielsweise bejaht im Fall eines Miniatur–Porzellanhäuschen[810], einer Kinderbadewanne in Muschelform[811] und bei der kunstvollen Form eines Kristallservices[812]. Keine Anwendung fand die Vorschrift dagegen im Falle von spiralförmigem Salzgebäck[813], bei VIENNETTA–Eiscremekuchen[814] bzw. anderen Formen von Kuchen oder Schokolade [815], beim Karomuster des Innenfutters von BURBERRY–Regenmänteln [816], im Falle der mit drei Streifen versehene ADIDAS–Sportbekleidung[817], bei LEGO–Klemmbausteinen[818], und bei der traditionellen COCA-COLA – Flasche[819].

---

805 Amtl. Begründung zu Art. 1 BMW (z.B. die „kunstvolle Form eines Kristallservices", zitiert nach Winkel, 178); Henning–Bodewig/Bastian, Rdn. 46, 47; Kamperman/Sanders, EIPR 1995, 67 (68), Strowel, EIPR 1995, 154 (160); Gielen/Strowel, Mitt. 1995, 198 ff. (203 f.).

806 BenGH, GRUR Int. 1990, 863 ff. (864) – Burberrys I; GRUR Int. 1992, 552 ff. (553) – Burberrys II.

807 BenGH, GRUR Int. 1990, 863 ff. (864) – Burberrys I; ähnlich schon GRUR Int. 1987, 707 (709) – Adidas; Henning–Bodewig/Bastian, Rdn. 46 ff; Klaka, GRUR 1996, 613 ff. (617); Henning–Bodewig/Ruijsenaars, GRUR Int. 1990, 821 ff. (826); Winkel, 178 ff. (zur älteren Rechtslage); Gielen/Strowel, Mitt. 1995, 198 ff. (203 f.); Strowel, EIPR 1995, 154 ff. (160); Albert/Henning–Bodewig, GRUR Int. 1997, 449 ff. (461); Pohl/Gielen, Mitt. 1996, 156 ff. (158); Kamperman Sanders, EIPR 1995, 67 ff. (68/69); Ruijsenaars, GRUR Int. 1992, 505 ff. (508); im Ergebnis auch Thewes, 100.

808 BenGH, GRUR Int. 1990, 863 ff. (864 a.E.) – Burberrys I; Hoge Raad, GRUR Int. 1986, 126 ff. (128) – Wokkels.

809 Hoge Raad, GRUR Int. 1986, 126 – Wokkels; Klaka, GRUR 1996, 613 ff. (617); Strowel, EIPR 1995, 154 ff. (160).

810 Pres. Rb. Rotterdam, BIE 1984, 193 – Altholländisches Porzellanhäuschen; Henning–Bodewig/Ruijsenaars, GRUR Int. 1990, 821 ff. (827, Fn. 92); Henning–Bodewig/Bastian, Rdn. 56; Gielen/Strowel, Mitt. 1995, 198 ff. (204).

811 Court of Appeal ´s Hertogenbosch, BIE 1994, 46 – Kinderbadewanne, zitiert nach Gielen/Strowel, Mitt. 1995, 198, 204.

812 Amtl. Begründung zu Art. 1 Abs. 2 BMW, zitiert nach Winkel, 178, 179 ff.

813 Hoge Raad, GRUR Int. 1986, 126 – Wokkels.

814 President District Court ´s Hertogenbosch, IER 1994, 16 (zitiert nach Gielen/Strowel, Mitt. 1995, 198, 204, Fn. 38).

815 President Court of First Instance Brussels, Rev. de droit intellectuell 1983, 143, (zitiert nach Gielen/Strowel, Mitt. 1995, 198, 204, Fn. 38; amtl. Begründung zu Art. 1 Abs. 2 BMW, zitiert nach Winkel, 178.

816 Vgl. BenGH, GRUR Int. 1990, 863 ff. (864) – Burberrys I – und GRUR Int. 1992, 552 ff. (553) – Burberrys II.

817 BenGH GRUR Int. 1987, 707 ff. (709) – Adidas; Hof Amsterdam, BIE 1982, 130 – Adidas.

818 District Court of Haarlem, Urteil v. 14. 12. 1993, LEGO v. BLOMSON, zitiert nach Gielen/Strowel, Mitt. 1995, 198, 204.

819 Gielen/Strowel, Mitt. 1995, 198 ff. (204); Strowel, EIPR 1995, 154 ff. (160).

Nicht zu verkennen ist allerdings, dass damit Inhalt und Grenzen der Vorschrift noch nicht eindeutig geklärt sind. So bleibt auch über die genannten Einschränkungen hinaus weitgehend ungeklärt, wann ein Produkt im Einzelfall wegen seiner ästhetischen Anziehungskraft erworben wird, denn der erforderliche Grad der „ästhetischen Attraktivität" im Verhältnis zur Unterscheidungsfunktion der fraglichen Formgebung lässt sich bei vielen Produkten des klassischen Designbereichs nur schwer feststellen[820].

dd. Teleologische Auslegung

Es fragt sich, ob sich spezifischere Abgrenzungskriterien aus dem Gesetzeszweck der Vorschrift herleiten lassen.

Wie bereits dargestellt, möchte Art. 3 Abs. 1 Buchst. e der Richtlinie nach Ansicht des EuGH insgesamt verhindern, dass der Markenschutz seinem Inhaber ein Monopol für Gebrauchseigenschaften bzw. „functional characteristics"[821] einer Ware einräumt, die der Benutzer auch bei den Waren der Mitbewerber suchen kann" und dadurch „zu einem Hindernis für die Mitbewerber wird, Waren mit diesen technischen Lösungen oder diesen Gebrauchseigenschaften im Wettbewerb mit dem Markeninhaber frei anzubieten"[822]. Demnach verbietet die Vorschrift die markenrechtliche Monopolisierung sogenannter „funktionaler" Eigenschaften und schützt damit ein entsprechendes „Freihaltebedürfnis" der Mitbewerber.

„Funktionale" Eigenschaften von Waren können sowohl technischer wie auch „ästhetischer" Natur sein[823]. Da –wie bereits festgestellt– Ziff. 1 und 2 des § 3 Abs. 2 MarkenG all diejenigen Fälle abdecken, bei denen der wesentliche Wert der Ware in deren elementarem Gebrauchszweck bzw. der technischen Darstellung liegt, scheint damit der dritte Ausschlussgrund seinem Telos nach auf Waren abzuzielen, deren wesentlicher Wert in ihrer ästhetischen Form liegt. Der dritte Ausschlussgrund beruht damit auf dem Gedanken, die „ästhetische Funktion" von Waren vom Markenschutz auszunehmen[824].

Dennoch muss ein „genereller" Ausschluss ästhetisch attraktiver Produktgestaltungen aufgrund ihrer maßgeblichen Wirkung auf den Kaufentschluss ausscheiden. Denn mit der neu eingeführten Markenfähigkeit von Formen der Ware durch Art. 2 der Richtlinie beabsichtigte der europäische Gesetzgeber wohl kaum den Schutz ausschließlich optisch unattraktiver Produktformen, sondern vielmehr gerade auch attraktives Design dem Markenschutz zuzuführen. Andernfalls wäre gerade der einfältige bzw. simple Gestalter durch den Markenschutz belohnt[825]. Im übrigen kann auch eine originelle und attraktive (Form)Gestaltung der Ware für den Kaufent-

---

[820] Vgl. Henning–Bodewig/Ruijsenaars, GRUR Int. 1990, 821 ff. (826); Kur, FS DPA, 175 ff. (191); Winkel, 181.
[821] Vgl. die englische Fassung des Urteils auf der Webseite des EUGH (http://www.curia.eu.int).
[822] EuGH (Rs. C–299/99), MarkenR 2002, 231, 239, Erwägungsgrund 78. – Philips/Remington.
[823] Vgl. schon BGH GRUR 1952, 516, 518 – Hummel–Figuren zur „Funktionalität des Ästhetischen" und die „doctrine of aesthetic functionality" im amerikanischen Recht, McCarthy, § 7:79 ff.
[824] Althammer/Ströbele/Klaka, § 3, Rdn. 39, Fn. 58; Fezer, § 3, Rdn. 232; Kur, FS DPA 175 ff. (191); Marz, 82; Winkler, MA 1996, 516 ff. (524).
[825] Ingerl, 67; Fezer, § 3, Rdn. 232.

schluss maßgeblich sein, ohne dass sie gleichzeitig ihre Herkunftskennzeichnung einbüßt[826], was insbesondere vor dem Hintergrund immer größerer Designsensibilisierung der Abnehmer gilt[827]. Für die Schutzunfähigkeit, bzw. die Frage, ob die Ästhetik der Form den „eigentlichen Wert der Ware" ausmacht, darf daher nicht schon die allgemeine Attraktivität bzw. der Grad der Ästhetik der Form entscheidend sein, sondern wesentlich engere, gerade durch die Dreidimensionalität bedingte Kriterien[828]. Stattdessen ist zur Erreichung einer nachvollziehbaren Abgrenzung von ästhetischer (Form)Marke und Ware auf ein im Einzelfall schützenswertes "Freihaltebedürfnis" der Mitbewerber und der Verbraucher abzuheben[829], welches mit einem entsprechenden Freihalteinteresse für technische Gestaltungen oder elementaren Grundformen für den Bereich der Ästhetik der Ware vergleichbar ist[830].

Eine entsprechende Prüfung kann in zwei Schritten erfolgen:

(1) Als Ausgangspunkt der Abgrenzung sollte zunächst darauf abgestellt werden, ob das Produkt nach der „Verkehrsauffassung" von der Mehrheit der Verbraucher maßgeblich „wegen seiner ästhetischen Anziehungskraft gekauft" wird bzw. würde. Dies entspräche in etwa der Ansicht des BenGH zum vorbildgebenden Benelux-Markenrecht[831]. Der Einwand, dass das Patentamt damit in die Rolle einer „Designjury" gezwungen werde[832] erscheint unbegründet, da hierbei entscheidend ist, ob der Verkehr der betreffenden ästhetischen Form wesentliche Bedeutung beimisst und außer Betracht bleibt, ob die Gestaltung von hoher oder minderer ästhetischer Qualität ist[833]. Bereits auf dieser Ebene sind Käuferpräferenzen aufgrund anderer Kriterien (Technik, Material, Bekanntheit/Ruf, etc.) auszuscheiden.

(2) In einem weiteren Schritt sollten diese subjektiven Anhaltspunkte durch „objektivierbare Kriterien" ergänzt, konkretisiert oder –soweit nicht ermittelbar– ersetzt werden und in eine „Interessenabwägung" einfließen. Denn die Verkehrsauffassung allein kann nicht befriedigen, wo die Wertschätzung der Ware selbst vielfach vom nicht zu berücksichtigenden Prestigewert und untrennbar mit der Ware verbundenem modischen Beiwerk abhängt. Im übrigen ist eine empirische Feststellung, welche Bedeutung ein Merkmal für die Kaufentscheidung hat, aufgrund der variablen und individuellen Verbraucherwertung nicht einfach oder objektiv nachvollziehbar festzustellen. Folgende objektive Kriterien sind hierbei von Bedeutung:

a. die Unterscheidung von Waren mit und ohne praktischen Verwendungszweck,
b. die Möglichkeit von Alternativgestaltungen, und
c. eine Interessenabwägung.

---

826 Vgl. dagegen Koschtial, GRUR Int. 2004, 106, 111, die bei „einzig wertsteigernder Nutzung einer ästhetischen Form" derselben offensichtlich die Fähigkeit Markenfunktionen wahrzunehmen absprechen will.
827 Althammer/Ströbele/Klaka, § 3, Rdn. 39; Kur, FS DPA, 175 ff. (192); Klaka, GRUR 1996, 613 ff. (617).
828 Ingerl, 67.
829 Eichmann, GRUR 1995, 184 ff. (186); ders., FS Vieregge, 125 ff. (150 f.); Marz, 83; Ingerl/Rohnke, § 3, Rdn. 42; Thewes, 100; Kur, FS DPA, 175 ff. (191, 193 unter Punkt 4, 1. Absatz); allgemein auch Sambuc, GRUR 1997, 403 ff. (406); Koschtial, GRUR Int. 2004, 106, 111 („marktausschließende Wertsteigerung").
830 Ingerl/Rohnke, § 3, Rdn. 42.
831 Vgl. oben BenGH, GRUR Int. 1990, 863 ff. (864) – Burberrys I; BenGH GRUR Int. 1987, 707 (709) – Adidas.
832 Kur, FS DPA, 192.
833 In diesem Sinne auch Thewes, 101.

ad a. Waren ohne praktischen Gebrauchszweck, d.h. Waren, die ausschließlich zum Zwecke des „Anschauens“ bzw. „Ausstellens“ gekauft werden und deren Attraktivität nicht wie bei Hummel–, oder Giacometti– Figuren, bzw. einer Le Corbusier–Liege schon auf ihrer Bekanntheit, ihrem Ruf oder ihrer Herkunft beruht, dürften hauptsächlich wegen ihres ansprechenden Äußeren gekauft werden und sind damit tendenziell eher freizuhalten. Zu dieser Gruppe dürften insbesondere kunstgewerbliche/–handwerkliche Produkte und Kunstwerke zu zählen sein. Dagegen wird bei Waren mit praktischem Verwendungszweck, wie z.B. einer Seife, einer Kaffeetasse oder einem Trainingsanzug, die ästhetische Gestaltung meist nur Zusatznutzen sein und die Verwendung als Gebrauchsgut i.d.R. der Primärnutzen. Letzterer ist aber vielfach in mannigfaltiger ästhetischer Formgestaltung möglich, so dass häufig kein schutzwürdiges Bedürfnis der Mitbewerber an der Freihaltung einer speziellen ästhetischen Gestaltung anzuerkennen ist.

ad b. Ein Freihaltebedürfnis der Mitbewerber gegenüber dem Schutzinteresse des Anmelders scheint nur schützenswert, wenn für die besonders anziehende konkrete Formgestaltung keine gleichwertigen Ausweichmöglichkeiten in ausreichender Zahl zur Verfügung stehen.
Die Untersuchung geht dahin, ob das konkrete ästhetische Merkmal dem Formeninhaber einen nachfragebedingten Vorteil gewährt, den die Mitbewerber durch die Verwendung alternativer Designs praktisch nicht erreichen können (etwa weil sie einer aktuellen modische Gestaltung oder einem bestimmtem Stil entsprechen). Bei der Bestimmung, ob die Auswahl adäquater Alternativdesigns begrenzt ist, sollte der „relevante Markt“[834] bzw. der angesprochene Warenbereich allerdings sorgfältig definiert werden sollte. Denn eine zu enge Bestimmung (z.B. Silberbesteck mit speziellem Barockdesign) führt hier eher zur Feststellung von Funktionalität, während der Schutzausschluss mit einer zu weiten Definition (z.B. Essbesteck) niemals zur Anwendung käme. Der „relevante Markt“ sollte daher anhand der speziellen Tatsachen des Einzelfalls bestimmt werden, wobei Beweise der Parteien im Hinblick auf das Vorliegen möglicher Alternativgestaltungen, Expertengutachten und Meinungsumfragen, die zeigen, dass Verbraucher keine Alternativdesigns akzeptieren würden, eine entscheidende Rolle spielen.

ad c. Letzten Aufschluss kann das alleinige Abstellen auf alternative ästhetische Gestaltungsdesigns oder eine Einteilung in Waren mit/ohne praktischen Verwendungszweck aber noch nicht geben. Auch für eine solche Einteilung ist immer schon eine gewisse „Interessenbewertung“ erforderlich, die u.a. auch von dem Nachfrageverhalten der Verbraucher bestimmt wird. Gegenüberzustellen sind hierbei die Errichtung eines unbefristeten Monopolrechts an der konkreten Ware selbst, welches die Mitbewerber in ihren wirtschaftlichen Entfaltungsmöglichkeiten behindert und das Schutzinteresse des Inhabers am kennzeichenrechtlichen Besitzstand an der konkreten Warenform.

Zwischen den aufgezeigten Kriterien herrscht eine gewisse Wechselbeziehung. Einerseits können sie ineinander übergreifen, andererseits kann einmal das eine oder

[834] Harriman, 86 TMR 276, 300/301 (1996).

auch das andere Kriterium überwiegen und den Ausschlag zur Anwendung des Schutzausschlussgrundes geben. Sie verhalten sich gewissermaßen wie ein „bewegliches System" von „Je–desto–Kriterien"[835], wonach die Verbraucher eine Ware um so mehr aufgrund ihrer ästhetischen Anziehungskraft kaufen, je weniger Alternativmöglichkeiten verfügbar sind, je geringeren praktischen Verwendungszweck die Ware hat oder je größer die Benachteiligung der Mitbewerber durch eine Monopolisierung der ästhetischen Form gemessen am Nachfrageverhalten der Verbraucher erscheint. Aus einer bloßen „Verhinderung von Widersprüchen zu den Wertungen der befristeten Leistungsschutzrechte" als möglichem Schutzzweck ergeben sich dagegen noch keine näheren Abgrenzungskriterien im Einzelfall. Wäre nämlich tragender Grund der Versagung des Markenschutzes eine Umgehung der sachlichen und zeitlichen Schranken des Urheber– und Geschmacksmusterschutzes zu verhindern, so wäre jede Gestaltung ästhetischen Charakters vom Markenschutz auszuschließen: Zum einen müsste jede ästhetische dreidimensionale Gestaltung, für die ein Sonderschutz besteht, bestanden hat oder erlangt werden kann, wegen der zeitlichen Schranken der Sondergesetze vom Markenschutz ausgeschlossen sein; zum anderen müssten aber auch alle ästhetische Formgestaltungen, die nicht sonderrechtsschutzfähig sind, vom Markenschutz ausgeschlossen sein, weil ansonsten die sachlichen Voraussetzungen der gestalterischen Leistungsschutzrechte umgangen würden. Es ist daher ohne Einfluss auf die Markenfähigkeit, ob zugleich ein urheber– oder musterrechtlicher Formenschutz möglich ist, besteht oder bestanden hat. Beide Schutzarten schließen sich nicht von vornherein gegenseitig aus[836].

ee. Gemeinschaftskonforme Auslegung

Auch die Auslegung der entsprechenden Ausschlussvorschrift des Gemeinschaftsmarkenrechts, Art. 7 Abs. 1 lit. e, 3. Fall GMV, ist bislang weitgehend ungeklärt[837]. Die Prüfungsrichtlinien des HABM[838] oder die Mitteilung des Präsidenten des Amtes über die Prüfung von dreidimensionalen Marken enthalten keine Hinweise zu deren praktischer Anwendung[839].
Einigkeit besteht aber insofern, als die Vorschrift Formen ausschließt, die von den Verbrauchern hauptsächlich wegen ihres ästhetischen Charakters gekauft werden[840], es aber mit der Bejahung eines „ästhetischen Gehalts" allein noch nicht getan ist[841] und andere wertgebende Merkmale außen vor bleiben müssen[842]. Entsprechend entschied die erste Beschwerdekammer im Falle eines halbkugelförmigen Knopfes

---

[835] Vgl. zu „beweglichen Systemen", Sack, in FS für Wilburg, 1986, 177 ff.; ders. WRP 1998, 1127 ff. (1132 m.w.N.); ders., WRP 1998, 264 ff. (269); ders., WRP 1985, 459 ff., 460 f.; ders., ZHR 1996, 493 ff. (497 f. m.w.N.).
[836] Vgl. Fezer, § 4, Rdn. 89 ff.; Kur, FS DPA, 175 ff. (180); Pohl/Kur, Mitt. 1996, 156 ff. (158); entsprechendes galt auch schon unter Geltung des WZG, vgl. BGH GRUR 1952, 516 ff. (518) – Hummelfiguren I und Baumbach/Hefermehl, § 25 WZG, Rdn. 29, m.w.N.
[837] Ingerl, 67; Klaka/Schulz, 26.
[838] Abl.HABM 1996, 1300 ff.
[839] Mitteilung Nr. 2/98 des Präsidenten des Amtes vom 8. April über die Prüfung von dreidimensionalen Marken, Abl.HABM 1998, 700 ff.
[840] Franzosi/Mollet–Viéville, 183 ff. (193/194, „applied arts"); vgl. auch Pohl/Mollet–Viéville, Mitt. 1996, 156 ff, (158); Gold/Abnett/Farwell, 6–045 („predominant eye appeal"); Gyngell/Poulter, V.8 ff.
[841] Ingerl, 67.
[842] Gold/Abnett/Farwell, 6–045.

für Handtaschen, dass ornamentale Qualitäten einer Marke allein nicht bedeuten, dass sie von anderen Händlern benötigt werde[843].
Konkretere Auslegungskriterien wurden bislang aber keine entwickelt[844], sondern allenfalls Beispiele wie die außergewöhnliche Form einer Kristallvase oder eines Porzellanprodukts genannt[845]. Es bleibt daher bei dem Ergebnis der o.g. teleologischen Auslegung.

c. *Rechtsvergleichung*

aa. Mitgliedsländer

Art. 3 Abs. 1 lit. e, 3. Fall der Richtlinie wurde in den Mitgliedsländern nahezu wörtlich umgesetzt[846]. In den meisten Ländern haben sich allerdings noch keine konkreten Ansätze zur Auslegung der jeweiligen Vorschrift herausgebildet. Oft wurden hier aber schon nach früher geltendem Recht ästhetische Formen –meist mit Rücksicht auf die zeitlich befristeten gestalterischen Schutzrechte– vom Markenschutz ausgenommen[847]. Unter Geltung des neuen nationalen Rechts sprechen sich zwar verschiedene Autoren im spanischen[848] und französischen Recht[849] für eine Anwendung der Ausschlussvorschrift auf künstlerische Formen aus und verweisen auf einen Muster– oder Urheberrechtsschutz, allerdings bleibt offen, welche Abgrenzungskriterien gelten sollen.

Etwas konkretere Kriterien auf Linie des bisherigen Auslegungsergebnisses ergeben sich aus dem britischen und dem Benelux–Markenrecht:
Danach soll der Tatbestand des Art. 1 Abs. 2, 2. Alt. BMW i.S.d. Benelux–Rechtsprechung vor Umsetzung der Richtlinie ausgelegt werden[850]. Entsprechend soll auch nach Ansicht des britischen Court of Appeals[851], der Interpretation des U.K. Registry[852] und überwiegender britischer Literaturansicht die Vorschrift hauptsächlich auf ästhetische Merkmale von Produktformen zugeschnitten sein[853]. Dies beruhe auf der Tatsache, dass derartige Formen durch andere gewerbliche Schutzrechte

---

[843] HABM (1.BK), Entscheidung v. 12.4.1999, R 164/98–1, Rdn. 11/12 – VALIGERIA RONCATO; Sandri/Rizzo, 56, m.w.N.
[844] Gyngell/Poulter, V. 8 ff.
[845] Vgl. Ingerl, 67 und Gyngell/Poulter, V. 8 ff.
[846] Vgl. die entsprechenden nationalen Gesetzestexte in Annex L. I.2.
[847] Vgl. zu Italien: Winkel, 230 ff.; Fritz, 138/140; Lehmann, Rdn. 7, 12 m.w.N.; Boitani/Dragotti/Pellegrino/Perani, 114 ff. (116); Bellomo/Cavanotti/De Simone/Fiamenghi/Sandri, 207 ff. (208) m.w.N.; Corte di Cassazione, GRUR Int. 1976, 359 – San Pellegrino – Flasche; vgl. zu Griechenland (Ausschluss nach Art. 13 Abs. 2 GR–UWG): Alexandridou, Rdn. 15 ff., 41 ff., vgl. zu Finnland, Dänemark und Schweden: Fritz, 150 (148), 108 (110) und 162 ff. m.w.N.; vgl. zu Norwegen: Fritz, 155 und Bakke/Martinsen/Stensland, 126 ff. (127); vgl. zu Österreich: OHG, ÖBl. 1999, 194, 196 – Magic Joy.
[848] Bredow, 98/99; José Botana Agra, GRUR Int. 1991, 527 ff. (530).
[849] Schmidt–Szalewski/Pierre, 195; wohl auch Thrierr, GRUR Int. 1991, 516 ff. (517).
[850] Vgl. dazu die Ausführungen zur gesetzeshistorischen Auslegung oben, sowie Pohl/Gielen, Mitt. 1996, 156 ff. (158), Gielen/Strowel, Mitt. 1995, 198 ff. (204) und Strowel, EIPR 1995, 154 ff. (160).
[851] Court of Appeal, GRUR Int. 2000, 439 ff. – Rasierapparatkopf II (Philips Electronics NV v. Remington Consumer Products Ltd. v. 5.5.1999; Berufungsurteil zum Urteil des High Court of Justice vom 22.12.1997): „aesthetic–type shapes".
[852] Registry Work Manual, Kap. 6, S. 94.
[853] Kamperman Sanders, EIPR 1995, 67 ff. (68 „attractiveness"); Gyngell/Poulter, 2.10; Morcom, S. 17; Cornish, 594 („*capricious* .. feature"); Bainbridge, S. 426: „element of eye appeal").

geschützt werden müssen und deren Nutzung bei Schutzablauf anderen Mitbewerber offen stehen müssen[854]. Entscheidend sei, ob die Ware gerade aufgrund ihres Designs bzw. ihrer Form gekauft werde[855]. Nach Ansicht des Court of Appeals erfordere dies einen Vergleich der beanspruchten Form mit den Formen äquivalenter Artikel, wobei entscheidende Frage sei, „ob die ästhetische Form einen höheren Wert habe als andere gleich gute und gleichermaßen billig zu produzierende Formen“[856]. Justice Jacobs zitierte als Ergebnis einer Käuferbefragung im Zusammenhang mit der Ermittlung der Schutzfähigkeit eines Viennetta-Eiskuchens folgenden „Test“: „I buy it because it looks nice“[857]. Dabei soll nach Literaturauffassung der Begriff „wesentlich“ einschränkend so ausgelegt werden, dass der Wert des Geschmacks (Nahrungsmittel), der Berühmtheit („fame“), des „promotional appeals“ oder anderer beitragender Faktoren einer Form unberücksichtigt bleiben muss[858]. Diese Ansätze entsprechen im Grundsatz dem Ergebnis der bisherigen richtlinienkonformen Auslegung.

bb. Rechtsvergleichung außerhalb der Mitgliedsländer

(1) USA

Die markenrechtliche Schutzunfähigkeit bestimmter ästhetisch attraktiver Formgebungen wird in den USA bereits seit vielen Jahren unter der dort entwickelten „doctrine of aesthetic functionality“ diskutiert[859]. Diese wurde von der amerikanischen Rechtsprechung –allen voran die Pagliero–Entscheidung des 9. Circuits von 1952[860]– anhand des Konzeptes zur *technischen Funktionalität* entwickelt und aus einer Kommentierung zum „Restatement of Torts“ von 1938 hergeleitet, wonach Gestaltungselemente als funktional anzusehen sind und damit zur Wertschätzung beitragen, wenn die Waren aus ästhetischen Gründen erworben werden[861].

Das „Restatement (Third) of Unfair Competition“ konkretisierte die Doktrin im Jahre 1995 weitergehend: „Ein Hersteller büßt keine Markenrechte ein, bloß weil potentielle Käufer die Formgestaltung ästhetisch ansprechend finden. Eine Formgestaltung ist aufgrund ihres ästhetischen Wertes nur dann funktional, wenn dieser einen bedeutenden Vorteil verleiht, der praktisch nicht durch die Verwendung eines anderen Designs kopiert werden kann. Wegen der Schwierigkeiten bei Bestimmung der ästhetischen Überlegenheit eines bestimmten Designs wird eine Bejahung ästhetischer Funktionalität normalerweise nur erfolgen, wenn die objektive Beweislage das Fehlen adäquater alternativer Designs anzeigt. Solches Beweismaterial ist typi-

---

[854] Gyngell/Poulter, 2.10; Kamperman Sanders, EIPR 1995, 67 ff. (68).
[855] Cornish, 594; Bainbridge, 426; Firth/Gredley/Maniatis, [2001] E.I.P.R. 86 (94/95).
[856] Court of Appeal, GRUR Int. 2000, 439 ff. – Rasierapparatkopf II (Philips Electronics NV v. Remington Consumer Products Ltd. v. 5.5.1999; Berufungsurteil zum Urteil des High Court of Justice vom 22.12.1997).
[857] High Court, Société des Produits Nestlé SA v. Unilever plc, ITMA News & Information, No. 298, 2003, S. 17 – Viennetta.
[858] Kamperman Sanders, EIPR 1995, 67 ff. (68/69).
[859] Vgl. McCarthy, § 7:79 ff.; Harriman, 86 TMR 276 ff. (1996).
[860] Vgl. insbesondere Pagliero v. Wallace China Co., 95 USPQ 45 (9th Cir. 1952) – Blumenmuster auf Porzellangeschirr (umstrittener „important ingredient“ – Test).
[861] Restatement of Torts (1938), § 742, comment a („Süßigkeitenschachtel in Herzform“).

scherweise nur verfügbar, wenn die Auswahl alternativer Designs entweder durch die Art des Designmerkmals oder die Grundlage seiner ästhetischen Anziehungskraft begrenzt ist. Der entscheidende Test für [das Vorliegen von] ästhetischer Funktionalität ist wie bereits bei der technischen Funktionalität, ob die Anerkennung von Markenrechten den Wettbewerb bedeutend behindern würde."[862] Weiterhin weist das Restatement (Third) darauf hin, dass bei der Bestimmung von Funktionaltät „jegliche Vorteile, die der Bedeutung des Designs als Herkunftsanzeichen zugewiesen werden" außer Betracht zu bleiben haben[863]. Damit dürfte –wie schon beim Restatement of Torts (1938)– insbesondere auch die Nichtberücksichtigung der Wertsteigerung durch den „goodwill" des Herstellers gemeint sein.

Während in der amerikanischen Literatur Einigkeit darüber besteht, dass der ursprüngliche „important ingredient"–Test des 9. Circuit in Paglieri (1952)[864] zur Bestimmung ästhetischer Funktionalität als zu vage und zu weitgehend abzulehnen ist, da er fast allen ansprechenden Marken den Schutz verweigern würde[865], ist der weitere Anwendungsbereich der Doktrin umstritten. Von verschiedenen Autoren wird die „doctrine of aesthetic functionality" insgesamt für unnötig gehalten und angeführt, dass deren weite Anwendung eher zu Verwirrungen hinsichtlich der Herkunft von Produkten führen könne[866]. Berechtigte Ästhetik–Bedenken seien bereits durch die „merely ornamental–rule" gedeckt, nach welcher zierende (merely ornamental) Merkmale schon gar nicht vom Verbraucher als Herkunftszeichen angesehen werden, aber gegebenenfalls durch Verkehrsgeltung Schutz erlangt werden könnten[867]. Andere Teile der Literatur gehen dagegen von der Gültigkeit der Doktrin aus, wobei teilweise darauf abgehoben wird, in welchem Maß die Gestaltung von ästhetischen Erwägungen diktiert ist und ob ästhetisch gleichwertige Alternativen bestehen[868]. Entsprechend beurteilte auch die amerikanische AIPPI–Landesgruppe im Jahre 1988 die Rechtslage[869].

Auch in der amerikanischen Rechtsprechung wird die Doktrin unterschiedlich beurteilt: Während manche Circuit Courts das Konzept ästhetischer Funktionalität unter Verwendung unterschiedlichster Tests unterstützen[870], lehnen andere die Theorie

---

862 The Restatement (Third) of the Law of Unfair Competition § 17, cmt (c), S. 176 (American Law Institute 1995).

863 § 17 Restatement (Third), S. 172.

864 Vgl. oben, Pagliero v. Wallace China Co., 95 USPQ 45 (9th Cir. 1952) – Blumenmuster auf Porzellangeschirr (Schutzunfähigkeit bejaht).

865 Vgl. z.B. McCarthy, § 7:81; Kane, 47 ff.; Harriman 86 TMR 276, 281 (1996).

866 Vgl. z.B. McCarthy, § 7:81 und die Nachweise bei Harriman 86 TMR 276 (Fn. 4) und 282 (Fn. 47–49) (1996)

867 McCarthy, § 7:81.

868 Vgl. Fritz, 181/182,175; Henning–Bodewig/Ruijsenaars, GRUR Int. 1990, 821 ff. (829) m.w.N.; Neu, Rdn. 46 ff.; Firth/Gredley/Maniatis, [2001] E.I.P.R. 86 (98); Rechtsprechungsbericht, 86 TMR 709, 712 ff. (1996).

869 Fetterley, 66 ff. (70).

870 2. Circuit: Wallace Int'l Silversmiths, Inc. v. Godinger Silver Art Co., 16 USPQ2d 1555 (2d Cir. 1990) – Barockbesteck. Villeroy & Boch Keramische Werke K.G. v. THC Systems Inc., 27 USPQ2d 1866 (2d Cir. 1993) – Porzellangeschirr; Knitwaves Inc. v. Lollytogs Ltd., 36 USPQ2d 1737 (2d Cir. 1995) – Herbstmotivpullover; Landscape Forms Inc. v. Columbia Cascade Co., 36 USPQ2d 1790 (2d Cir. 1995) – Gartenmöbel. 3. Circuit: Keene Corp. v. Paraflex industries, Inc.,211 USPQ 201 (3d Cir. 1981) – Außenbeleuchtung; Standard Terry Mills, Inc. v. Shen Mfg. Co., 231 USPQ 555 (3d Cir. 1986) – Küchenhandtuch. 7. Circuit: W.T. Rogers Co. v. Keene 228 USPQ 145 (7th Cir. 1985) – Bürozubehör; Schwinn Bicycle Co. v. Ross Bicycles, Inc., 10 USPQ2d 1001 (7th Cir. 1989) – Fitnessgerät. 8. Circuit: Aromatique, Inc. v. Gold Seal, Inc., 31 USPQ2d 1481 (8th Cir. 1994) – Potpourriverpackung. 10. Circuit: Brunswick Corp. v. Spinit Reel Co., 4 USPQ2d 1497 (10th Cir. 1987).

der ästhetischen Funktionalität kategorisch ab[871] oder vertreten keine eindeutige Position[872]. Die befürwortenden Circuit Courts stellen zur Bestimmung ästhetischer Funktionalität meist darauf ab, ob das ästhetische Merkmal ein wichtiger Bestandteil des kommerziellen Erfolgs des Produktes darstellt und ob insoweit Alternativgestaltungen möglich erscheinen[873]. Auch der U.S. Supreme Court scheint die „doctrine of aesthetic functionality" zu begrüßen, hatte diese aber nie streitentscheidend zu beurteilen: So zitierte er 1995 in „Qualitex" mit Zustimmung die Definition ästhetischer Funktionalität des o.g. Restatement (Third) in einem „orbiter dictum"[874]. Entsprechend erklärte er in Sachen "Wal–Mart vs. Samara" im Jahre 2000 in einem Policy Statement: „Consumers should not be deprived of the benefits of competition with regard to the utilitarian and aesthetic purposes that product design ordinarily serves..."[875]. Und 2001 wies der Supreme Court in „Traffix Devices Inc. v. Marketing Displays Inc." darauf hin, dass im „Qualitex" – Urteil von 1995 die „ästhetische Funktionalität" die zentrale Frage gewesen und als Test die Frage nach einem „significant non–reputation–related disadvantage" richtig gewesen wäre[876]. Die Rechtsentwicklung seit 1995 spricht mithin dafür, dass die „doctrine of aesthetic functionality" in Zukunft im o.g. Sinne des Restatement (Third) ausgelegt werden dürfte[877]. Entgegen der verschiedentlich in der deutschen Literatur vertretenen Ansicht, wonach die „Doktrin der ästhetischen Funktionalität" in den USA nur noch wenig Bedeutung besitzen soll[878], ist festzustellen, dass diese vielmehr noch bzw. wieder lebendig ist. Lediglich die traditionelle Form der Doktrin im Sinne eines „important ingredient"–Tests oder eines Schutzausschlusses (allein) wegen ästhetisch attraktiver Gestaltung ist heute weitgehend bedeutungslos. Die Gerichte verwenden die Doktrin nunmehr eher bei Ermittlung der Schutzfähigkeit im Hinblick auf einen möglichen Effekt auf den Wettbewerb bzw. die Wettbewerber[879]. Entscheidend für die Bejahung „ästhetischer Funktionalität" nach aktuellem amerikanischen Recht ist daher, ob die Zuerkennung von Markenrechten den Wettbewerb wesentlich behindern würde, weil unter Berücksichtigung aller Umstände die objektive Beweislage das Fehlen adäquater alternativer Designs zur effektiven Teilnahme am Wettbewerb ergibt. Die ästhetische Funktionalität unterliegt damit in den USA inzwischen teilweise ähnlichen Beurteilungskriterien wie die technische Funktionali-

---

[871] 4. Circuit: Devan Designs, Inc. v. Palliser Furniture Corp., 27 USPQ2d 1399 (4th Cir. 1993). 5. Circuit: Sicilia Di R. Biebow & Co. v. Cox, 732 F2d 417 (5th Cir. 1984) – Zitonensaftflasche; Sno–Wizard Mfg., Inc. v. Eisemann Products Co., 230 USPQ 118 (5th Cir. 1986). 6. Circuit: Ferrari S.p.A. v. Roberts, 20 USPQ2d, 1001, 1011 (6th Cir. 1991) – Ferrari. 11. Circuit: John H. Harl and Co. v. Clarke Checks, Inc., 219 USPQ 515 (11th Cir. 1983). USPTO: In re Deere 7 U.S.P.Q. 2d. 1401 (TTAB, 1998).

[872] 9. Circuit: Vuitton Et Fils S.A. v. J. Young Enterprises, Inc., 210 USPQ 351 (9th Cir. 1981) – Reisegepäck; First Brands Corp. v. Fred Meyer, Inc., 1 USPQ2d 1779 (9th Cir. 1987). Federal Circuit (ehemals „CCPA", jetzt „Court of Appeals for the Federal Circuit, „CAFC"): In re D.C. Comics, 215 USPQ 394 (CCPA 1982) – Comic–Helden, vgl. McCarthy, § 7.80, Harriman, 86 TMR 276, 298/299 (1996) und Henning–Bodewig/Ruijsenaars, GRUR Int. 1990, 821, 829 m.w.N.

[873] Vgl. die Zusammenfassung im Restatement (Third) of Unfair Competition (1995), § 17, Reporters´ Note zu „comment c", S. 182 ff. m.w.N.

[874] Qualitex Co. v. Jacobson Prods. Co., 34 USPQ2d 1161, 1165 (1995), deutsche Übersetzung in GRUR Int. 1996, 961 ff. (964) – Grün–goldene Farbe (Funktionalität verneint); vgl. Harriman, 86 TMR 276, 277 (1996); McCarthy, §7:80; Jordan/Jordan 85 TMR 371, 388 ff. (1995).

[875] Wal–Mart–Stores Inc. v. Samara Bros. Inc., 120 S. Ct. 1339 (2000), 54 U.S.P.Q. 2d 1065.

[876] Traffix Devices, Inc. v. Marketing Displays, Inc., 58 USPQ2d 1001, 1006–07 (2001) (= TMR Vol 91, 641, 647).

[877] Vgl. auch Jordan/Jordan, 85 TMR 371, 375, 376 (1995) und Harriman, 86 TMR 276, 302 (1996).

[878] Kur, FS DPA 1994, 175 ff. (191).

[879] Jordan/Jordan, 85 TMR 371, 390 (1995).

tät[880]. Auch hier kommt es darauf an, wie viele (ästhetisch) gleichwertige Alternativgestaltungen im Einzelfall zur Verfügung stehen, was bei ästhetischen Gestaltungen aber seltener der Fall sein dürfte, etwa wenn die Auswahl alternativer Designs durch die Art des Designmerkmals oder die Grundlage seiner ästhetischen Anziehungskraft begrenzt ist.

Die in den USA entwickelten Kriterien bestätigen rechtsvergleichend das Ergebnis der bisherigen, insbesondere teleologischen richtlinienkonformen Auslegung. So besteht auch unter der „doctrine of aesthetic functionality" nach dem Verständnis des Restatement (Third) of Unfair Competition von 1995 kein genereller Ausschluss ästhetisch attraktiver Formgebungen[881]. Auch kommt das amerikanische Recht zum Ergebnis, dass die Schutzunfähigkeit entsprechender Gestaltungen nicht durch Verkehrsdurchsetzung überwindbar ist[882], bzw. eine Wertzumessung aufgrund eines „goodwill" außerachtzulassen ist[883]. Auch aus der Zweckrichtung des Schutzausschlusses nach US–Markenrecht, die Konfliktverhinderung mit den Grundsätzen der gestalterischen Leistungsschutzrechte[884], lassen sich noch keine Abgrenzungskriterien für die Praxis entnehmen. Entscheidend abgestellt wird stattdessen –ähnlich dem bisherigen Auslegungsergebnis– auf Freihaltebedürfnisse infolge ungerechtfertigter Wettbewerbsvorteile/–behinderung[885], wobei insoweit der Frage von Alternativmöglichkeiten und dem Einfluss des ästhetischen Merkmals für den kommerziellen Erfolg des Produkts besondere Bedeutung zugemessen wird[886]. Maßstab ist letztlich auch hier ein subjektiv-objektiver, denn einerseits wird objektiv auf das Vorhandensein von alternativen Formgestaltungen abgehoben[887], andererseits hängen diese wiederum von den Vorlieben der Verkehrskreise ab[888].

(2) Schweiz

„Ästhetische" Formgestaltungen werden in Schweiz an der Vorschrift des Art. 2 lit. b MSchG gemessen, wonach Formen vom Markenschutz ausgeschlossen sind, die das „Wesen der Ware" ausmachen[889].

---

880 Vgl. zur technischen Funktionalität etwa in re Morton–Norwich Products, Inc., 213 USPQ 9 (CCPA 1982).

881 S.o., § 17, comment c: „Ein Hersteller büßt keine Markenrechte ein, bloß schon weil potentielle Käufer die Formgestaltung ästhetisch ansprechend finden".

882 McCarthy, § 7:79 i.V.m. § 7:66, Supreme Court, GRUR Int. 1996, 961 ff. (962) – Qualitex/grün-goldene Farbe (am Beispiel einer neuen Glühbirnenform); Restatement of Torts von 1938, § 742, s. 628 ff. (629), comment a; § 17 Restatement (Third) von 1995, S. 172.

883 Restatement of Torts (1938), § 742, comment a; § 17 Restatement (Third) von 1995, S. 172; Fetterley, S. 66 ff. (70).

884 Vgl. Harriman, 86 TMR 276, 277 ff. (1996); McCarthy, § 7:63, § 7:79; Neu, Rdn. 46/47; Winkel, 86 m.w.N.

885 Vgl. Restatement of Torts (1938), § 742, comment a; Restatement (Third) of the Law of Unfair Competition, 1995, § 17, cmt (c), S. 176; Qualitex Co. v. Jacobson Prods. Co., 34 USPQ2d 1161, 1165 (1995), deutsche Übersetzung in GRUR Int. 1996, 961 ff. (964) – Grün–goldene Farbe.

886 Restatement (Third) of Unfair Competition (1995), § 17, comment c, S. 176 und Reporters´ Note zu „comment c", S. 182 ff. m.w.N.; Fritz, 181/182,175; Henning–Bodewig/Ruijsenaars, GRUR Int. 1990, 821 ff. (829) m.w.N.; Neu, Rdn. 46 ff.; Rechtsprechungsbericht, 86 TMR 709, 712 ff. (1996).

887 Restatement (Third) of the Law of Unfair Competition § 17, cmt (c), S. 176;; Qualitex Co. v. Jacobson Prods. Co., 34 USPQ2d 1161, 1165 (1995), deutsche Übersetzung in GRUR Int. 1996, 961 ff. (964) – Grün–goldene Farbe.

888 Vgl. Fetterley, 66 ff. (70).

889 Vgl. den Gesetzestext im Annex unter L.I.2.; Schweizerisches Bundesgericht, GRUR Int. 1995, 738 ff. (739) – The Original; Meisser/Bohren, SMI 1995, 225, 229); Arnet, S. 70 ff.; Wang, 356 ff.; Simon, 1999, 145, 155.

Wann eine entsprechende ästhetische Formgestaltung das „Wesen der Ware" ausmacht, wurde von der schweizerischen Rechtsprechung bislang nicht entschieden. Im RADO-Urteil wandte das BG den Ausschluss des „Wesens der Ware" lediglich i.S.d. § 3 Abs. 2 Nr. 1 MarkenG aufgrund „Gewöhnlichkeit" der Gestaltungselemente an, ließ einen (zusätzlichen) Schutzausschluss wegen ästhetischer Bedingtheit aber offen[890]. Im LEGO-Urteil sprach das Bundesgericht als Beispielsfall aber zumindest eine „künstliche Rose" an[891]

Die Mehrheit der schweizerischen Literatur grenzt den Anwendungsbereich hauptsächlich aufgrund einer Unterscheidung von Waren mit und ohne Gebrauchszweck ab. So sollen ästhetische Gestaltungen, die das „Wesen der Ware" ausmachen, hauptsächlich „Ziergegenstände ohne weitergehenden Gebrauchszweck" sein, da ästhetisch gestaltete Gegenstände mit bestimmtem Gebrauchszweck (Gebrauchsdesign oder Alltagsdesign) diesen in aller Regel in den verschiedensten Formen erfüllen können, mithin diese Formgebungen nicht für die Ware „wesensbestimmend" seien[892]. Dagegen möchte Wang auch Gestaltungen ausschließen, die neben ihrem Schmuckzweck auch einem „einfachen, technisch nicht weiter verfeinerbaren Gebrauchszweck" dienen, wie z.B. Möbel, Vasen, Geschirr, etc., da diese Produktbereiche weitgehend von der Verwendung oder Wiederbelebung altbekannter, zeitloser oder zumindest wieder in Mode gekommener Formgebungen leben. Es sei deshalb sinnvoll, gerade in diesem Bereich zu verhindern, dass über ein markenrechtliches Formmonopol an einer erfolgreichen Gestaltung bestehende Ausschließlichkeitsrechte perpetuiert werden bzw. Klassiker, wie etwa Nierentische oder andere bekannte Möbelstücke, durch ein solches wieder der freien Verwendung entzogen werden[893]. Wang spricht damit im Sinne der bisherigen Auslegung neben Kunstgegenständen zu recht auch „Freihaltebedürfnisse" von Wettbewerbern z.B. an bestimmten Stilrichtungen oder Designklassikern an. Denn eine grobe Abgrenzung nach schutzfähigen Gebrauchsgegenständen und schutzunfähigen Ziergegenständen vernachlässigt zu sehr die notwendige, am Käuferverhalten ausgerichtete Ermittlung ungerechtfertigter Wettbewerbsvorteile durch langfristigen Schutz sowie eine Interessenabwägung im Einzelfall. Gerade auch bei Gebrauchsgegenständen kann eine dauernde Monopolisierung von bestimmten, für das Publikum besonders attraktiven Warenformen (Stil- oder Moderichtung) zu unbilligen Wettbewerbsverzerrungen führen, die vom Markenrecht nicht beabsichtigt sind.

d. Unterschied zur Rechtslage unter dem WZG

Wie bereits dargelegt, kann das frühere deutsche Ausstattungsrecht kein maßgebliches Auslegungskriterium für die richtlinienkonforme Auslegung sein. Da die Problematik beim Ausschluss ästhetischer Formgestaltungen vom Ausstattungsschutz unter Geltung des § 25 WZG jedoch ähnlich gelagert war, weil in tatsächlicher Hinsicht ebenfalls „Freihalteinteressen" im Vordergrund standen, ist zu untersuchen,

---

[890] Schweizerisches Bundesgericht, GRUR Int. 1995, 738 ff. (739) – The Original.
[891] Schweizerisches Bundesgericht, sic! 2003, 892, 893 – LEGO III.
[892] Arnet, 69 (81 f., 84 f, 88 f.); David, Art. 2, Rdn. 46; Meisser/Bohren, SMI 1995, 225 ff. (229); Simon, 1999, 145, 155; Ineichen, GRUR Int. 2003, 193, 198.
[893] Wang, 370.

inwieweit sich aus dem WZG zumindest Orientierungshilfen geben, bzw. inwieweit die alte Dogmatik noch passt.

Auffällig ist zunächst, dass der Wortlaut des Ausschlusses nach § 3 Abs. 2 Nr. 3 MarkenG über die Rechtsprechung des BGH zum Ausschluss ästhetischer Formgebungen nach § 25 WZG hinausgeht. Dennoch dürften sich die Anwendungsbereiche im wesentlichen überschneiden, da nach dem Ergebnis der bisherigen Auslegung die neue Vorschrift einschränkend auszulegen ist, also beispielsweise nicht auf technisch-funktionale oder generell auf alle ästhetisch attraktive Produkte anzuwenden ist. Im übrigen stellt sich aber auch im Rahmen des § 3 Abs. 2 Nr. 3 MarkenG dieselbe Frage wie bereits im früheren Ausstattungsrecht, nämlich ob die Abgrenzung aus dem Begriff bzw. der Funktion der Marke als bloßem Kennzeichen („Wesen der Ware") oder aufgrund einer Interessenabwägung mit dem Freihalteinteresse der Mitbewerber zu erfolgen hat. Nach richtlinienkonformer Auslegung ist dies im letzteren Sinne zu beantworten. Denn auch der EuGH geht davon aus, dass den Schutzausschlüssen des Art. 3 der Richtlinie Allgemeininteressen zugrunde liegen und speziell Abs. 2 lit. e funktionelle Freihaltebedürfnisse schützt[894]. Darüber hinaus verdeckt eine Abgrenzung anhand des unbestimmten Rechtsbegriffs des „Wesens der Ware" die eigentlich dahinterliegende Interessenbewertung und ihre Nachvollziehbarkeit.

Vergleichbar mit der früheren BGH-Rechtsprechung ist aber die Unterscheidung von Waren mit und ohne Gebrauchszweck, die tendenzielle Schutzunfähigkeit von Kunstwerken bzw. kunstgewerblichen Erzeugnissen und die Schutzunfähigkeit eines ganzen „Stils". Des weiteren liegt die Nichtberücksichtigung einer etwaigen „Verkehrsdurchsetzung" bei genauerer Betrachtung ebenfalls auf der Linie des früheren Rechts. Zwar beteuerte der BGH verbal unter Geltung des Ausstattungsrechts, dass einer durchgesetzten Ausstattung Freihalteinteressen zu weichen hätten, ja sogar dabei unbillige Ergebnisse in Kauf zu nehmen seien[895]. Diese Haltung gründete jedoch einerseits am Wortlaut der Regelung des § 25 WZG, die -anders als heute § 3 Abs. 1 MarkenG- noch eine Verkehrsdurchsetzung zum Schutz von Formen erforderte. Andererseits war dieser Fatalismus ohnehin kaum ernst zu nehmen[896]. Denn es war schwer vorstellbar, dass ein Zivilgericht mit Bedauern einräumte, sein Urteil sei leider unbillig, es habe aber rechtlich nicht anders gekonnt. Tatsächlich kam der BGH auch nie in diese Verlegenheit, weil er i.d.R. bereits die Ausstattungsfähigkeit verneinte, bevor er zur Prüfung der Verkehrsdurchsetzung gelangte[897]. Weiterhin entspricht es der früheren BGH-Rechtsprechung, dass die Wertungen der befristeten Leistungsschutzrechte grundsätzlich kein maßgebliches Abgrenzungskriterium bilden können[898].

[894] EuGH, Case C-299/99, Urteil vom 18.06.2002 in Sachen Koninklijke Philips Electronics NV vs. Remington Consumer Products Ltd., MarkenR 2002, 231, 232, Erwägungsgrund 80; EuGH, Urteil v. 8.4.2003, C-53/01 bis C-55/01, Linde/Winward/Rado, Erwägungsgrund 72, WRP 2003, 627, 633.
[895] Vgl. z.B. GRUR 1962, 144 ff. (148) – Buntstreifensatin I.
[896] BGH GRUR 1968, 371 ff. (375) – Maggi.
[897] Vgl. Sambuc, GRUR 1989, 547 ff. (555) m.w.N.
[898] s.o., BGH GRUR 1959, 289 ff. (291) – Rosenthal-Vase; BGH GRUR 1962, 144 ff. (148) – Buntstreifensatin I.

Im Gegensatz zur früheren Rechtsprechung hat eine Abgrenzung jedoch stärker aufgrund objektiver Gesichtspunkte, insbesondere aufgrund einer offenen Interessenabwägung bzw. Berücksichtigung von Freihaltebedürfnissen zu erfolgen. Zwar wendete der BGH vorgeblich auch eine objektiv/subjektive Abgrenzung an. Jedoch beschränkte sich die objektive Abgrenzung in eine Aufteilung in Warenzwecke. Allein ausschlaggebend für den Ausschluss vom Ausstattungsschutz war jedoch -insbesondere im Bereich von Waren mit Gebrauchszweck- eine subjektive Beurteilung[899]. Freilich muss zur Abgrenzung von Ware und Kennzeichen (möglichst) im Wege der Demoskopie ermittelt werden, ob der Verkehr die konkrete Ware gerade wegen der anziehenden Form kauft. Als zweiter Schritt bzw. zur Konkretisierung dieser Verkehrsauffassung ist jedoch zu bestimmen, ob dieser Wettbewerbsvorteil auch durch Alternativgestaltungen erreichbar (gewesen) wäre und ob die Interessen der Wettbewerber bzw. der Allgemeinheit an einer Freihaltung dieser Form gegenüber den Schutzinteressen des Inhabers am kennzeichenrechtlichen Besitzstand an der Form überwiegen. Im Gegensatz zur früheren Rechtslage kann der BGH ein entsprechendes Freihalteinteresse nun aber nicht mehr am Grad einer „Verkehrsdurchsetzung" prüfen, sondern muss dies konsequenterweise im Rahmen der Ermittlung der Markenfähigkeit tun.

Divergierende Ergebnisse können allerdings auch nach dem Ergebnis der richtlinienkonformen Auslegung eintreten, da die Schutzfähigkeit jeder konkreten Gestaltung von der Bewertung der jeweiligen Wettbewerbssituation im Einzelfall abhängt und keine Warengattung von vornherein weder generell schutzfähig noch schutzunfähig ist. Auch bleibt die Notwendigkeit einer „Wahl von Vergleichsgruppen" bestehen - wenn auch nicht mehr zur Ermittlung, welche Form das „Wesen der Ware(ngattung)" ausmacht. Sie spielt aber eine Rolle bei der Bestimmung des Vorliegens alternativer Gestaltungen, die denselben ästhetischen Wettbewerbsvorteil gewähren können. Im Gegensatz zur früheren Rechtsprechung sollte die Wahl der Vergleichsgruppen nunmehr aber offen und nachvollziehbar anhand von Nachweisen des Anmelders für gleichermaßen ästhetische Gestaltungen, durch Gutachten über die tatsächliche oder voraussehbare Käuferakzeptanz der Gestaltung und durch eine umfassende Interessenabwägung belegt werden.

Viele vom BGH früher ausgeschlossene Formgestaltungen dürften zudem nach neuer Rechtslage schon deshalb schutzfähig sein, weil im Gegensatz zu früher der Wert der Ware, welcher durch den „goodwill" oder die Herkunft der Form bestimmt wird, (bei der „Wesensbestimmung") außer Acht zu lassen ist, wie z.B. im Fall von Hummel-Figuren, Rosenthal-Vasen oder Traininganzügen mit ADIDAS-Streifen, deren Wert wohl maßgeblich auf dem guten Ruf bzw. der Bekanntheit der Herkunftsstätte oder der Marke beruhen dürfte. Nicht vom Schutzausschluss umfasst wären dreigestreifte Trainingsanzüge ebenso wie farbig gestreifte Bettwäsche und strukturiertes Kunstleder aber auch schon deshalb, weil der Ausschlussgrund nicht auf zweidimensionale Gestaltungen Anwendung findet. Insgesamt kann davon ausgegangen werden, dass -auch aufgrund des Kriteriums der „Ausschließlichkeit"- der

---

[899] BGH GRUR 1986, 252 ff. (253) – Sportschuhe; GRUR 1962, 144 ff. (148) – Buntstreifensatin I; vgl. auch BGH GRUR 1959, 289 ff. (291) – Rosenthal-Vase; GRUR 1967, 315 – skai cubana; GRUR 1972, 546 ff. (547) – Trainingsanzug.

Ausschlussgrund für ästhetische Formgestaltungen eher noch seltener Anwendung finden dürfte als noch unter Geltung des Ausstattungsrechts.

e. *Fallgruppen*

aa. Anwendbarkeit des dritten Ausschlussgrundes

Vorbehaltlich einer konkreten Interessenabwägung im Einzelfall dürfte die Ausschlussvorschrift damit insbesondere Anwendung finden auf Kunstwerke und kunstgewerbliche Gegenstände [900], modische Formgestaltungen mit Verwendungszweck[901] und bei Schutzbegehren für ästhetische „Stilrichtungen". Folgende konkrete Anwendungsbeispiele, die z.T. schon in der europäischen Rechtsprechung und Literatur auftauchten, seien genannt:

- Wegen der begrenzten Zahl alternativer Designs zur Befriedigung der ästhetischen Wünsche der potentiellen Käufergruppe beispielsweise: Ein Teller, dessen Rand mit Edelsteinen eingefasst ist, eine Konfektschachtel in Herzform, Zuchtblumen[902], mit modernen Gebäuden kompatible Außenwandbeleuchtungen[903] und Besteck in „barocker" Gestaltung, wobei letzterenfalls der Schutzausschluss auch auf der Tatsache beruht, dass die Monopolisierung eines bestimmten Stils als Marke nicht möglich ist.

- Ein Miniatur-Porzellanhäuschen in altholländischem Stil (Ziergegenstand)[904], eine Kinderbadwanne in Muschelform[905], die kunstvolle Form eines Kristallservices[906], im Falle einer „künstlerisch" gestaltete Vase[907] oder einer (Harlekin-) Zierpuppe[908], es sei denn, dass die Gestaltungen gerade aufgrund ihrer Herkunft bzw. einem daraus resultierenden „goodwill" Wertschätzung gewinnen.

- „Designermode" oder „Designermöbeln", falls ein bestimmter „Stil"[909] oder eine Modeströmung geschützt werden soll. Unabhängig von der Frage, ob die Gestaltung hochwertig ist oder nicht[910], ist jedoch zu berücksichtigen, dass auch hier die Wertzumessung aufgrund des Rufs außer Acht gelassen wer-

---

[900] Im Ergebnis auch Winkler, MA 1996, 516 ff. (523); Giefers, S. 17; Fezer, § 3, Rdn. 231 i.V.m. § 4, Rdn. 85; Althammer/Klaka, § 3, Rdn. 24; Henning-Bodewig/Ruijsenaars, GRUR Int. 1990, 821 ff. (827, Fn. 92); wohl a.A. Ingerl/Rohnke, § 3, Rdn. 42.

[901] Im Ergebnis auch Ingerl/Rohnke, § 3, Rdn. 42.

[902] Arnet, 69 ff.(81 f., 84 f, 88 f.); David, Art. 2, Rdn. 46; Meisser/Bohren, SMI 1995, 225 ff. (229)

[903] Vgl. § 17 Restatement (Third), Illustrations Nr. 5-9, S. 176/177.

[904] Pres. Rb. Rotterdam, BIE 1984, 193 – Altholländisches Porzellanhäuschen; Henning-Bodewig/Ruijsenaars, GRUR Int. 1990, 821 ff. (827, Fn. 92); Henning-Bodewig/Bastian, a.a.O., Rdn. 56, Gielen/Strowel, Mitt. 1995, 198 ff. (204).

[905] Court of Appeal 's Hertogenbosch, BIE 1994, 46 – Kinderbadewanne, zitiert nach Gielen/Strowel, Mitt. 1995, 198, 204.

[906] Amtl. Begründung zu Art. 1 Abs. 2 BMW, zitiert nach Winkel, 178.

[907] Bredow, 98.

[908] Arnet, 69 (81 f., 84 f, 88 f.); David, Art. 2, Rdn. 46; Meisser/Bohren, SMI 1995, 225 ff. (229).

[909] Ullmann, NJW Sonderheft 2003, 83.

[910] Ingerl/Rohnke, § 3, Rdn. 42.

den muss. Es ist nicht ungewöhnlich, dass zu bestimmten Epochen gewisse Möbelstilrichtungen überdurchschnittlich gut verkäuflich sind (beispielsweise der „Nierentisch" in den sechziger Jahren). Deren Monopolisierung würde zu einer ungerechtfertigten Benachteiligung der Mitbewerber führen. Der markenrechtliche Schutz einer „Stilrichtung" (z.B. „Bauhausstil") ist in diesem Produktbereich deshalb gleichermaßen zu verhindern wie bei modischen Kleidungsstücken. Soweit eine Interessenabwägung allerdings ergibt, dass entsprechend verkäufliche Alternativgestaltungen in ausreichender Zahl zur Verfügung stehen, scheitert ein entsprechender Schutzausschluss, wie auch an der Tatsache, dass bei einzelnen „Designermöbeln" gerade die Herkunft, bzw. der „goodwill" der Herstellerfirma oder der Marke eine besondere Rolle für deren Wertzumessung spielt. Ein original „Mart Stam–Stahlrohrstuhl" oder echte „Le Corbusier"-Möbel[911] können daher nicht ohne weiteres vom Formmarkenschutz ausgeschlossen werden, wobei man den Schutzumfang im Kollisionsfall aber eher eng fassen sollte, also etwa nur ein Schutz gegenüber weitgehend identische Kopien gewähren sollte.

- Entsprechende Grundsätze gelten für Schmuckgegenstände oder Uhren. Deren außergewöhnliche ästhetisch attraktive Gestaltung kann grds. aufgrund des dritten Ausschlussgrundes als Marke schutzunfähig sein[912], es sei denn die Wertzumessung beruht maßgeblich auf dem Material oder dem „goodwill" des Herstellers bzw. dessen Marke[913].

- Ein naturgetreues Modell einer Lokomotive[914], weil es für die ästhetischen Wünsche der potentiellen Käufergruppe (Sammler, o.ä.) keine anderen Alternativmöglichkeiten geben kann, als die möglichst naturgetreue Miniaturreplika. Eine ewige Monopolisierung des Lokomotivmodells durch das Markenrecht würde unweigerlich zu ungerechtfertigter Benachteiligung der Mitbewerber oder der Verbraucher (Preisgestaltung) führen. Darüber hinaus kann das Modell je nach Ausgestaltung im Einzelfall auch ausschließlichen Dekorationscharakter haben.

bb. Keine Anwendbarkeit des dritten Ausschlussgrundes

Eher keine Anwendung des Ausschlussgrundes käme dagegen in Frage im Falle

- von besonders gestalteten Nahrungsmitteln, wie z.B. spiralförmigem Salzgebäck[915], einem VIENNETTA – Eiscremekuchen[916], einem Käse in Blüten-

---

[911] Vgl. BGH GRUR 1961, 635 – Stahlrohrstuhl I; GRUR 81, 820 – Stahlrohrstuhl II; GRUR 1987, 903 – Le Corbusier-Möbel, wobei es aber jeweils um Ansprüche aus UrhG, KUG und UWG, nicht aber aufgrund eines Ausstattungsrechts ging.
[912] Winkler, MA 1996, 516 ff. (523).
[913] Ingerl/Rohnke, § 3, Rdn. 42; Bauer, GRUR 1996, 319 ff. (320).
[914] Sambuc, GRUR 1997, 403 ff. (406), wonach hier der „wesentliche Wert" die Verkäuflichkeit als Modell sei, bei dem die Käufer auf Vorbildtreue großen Wert legen.
[915] HogeRaad, GRUR Int. 1986, 126 – Wokkels.
[916] President District Court 's Hertogenbosch, IER 1994, 16 (zitiert nach Gielen/Strowel, Mitt. 1995, 198 ff. (204, Fn. 38).

form[917] oder attraktiven Formen von Kuchen, Schokolade[918], Eis am Stiel, Schokolade und Lakritzstangen[919], weil hier der Wert der Form hauptsächlich vom Geschmack abhängt und die Zahl alternativer Formvarianten fast unbeschränkt ist.

- des Karomusters im Innenfutter von BURBERRYS-Regenmänteln[920], bei mit drei Streifen versehener ADIDAS-Sportbekleidung [921], LEGO-Klemmbausteinen[922], Hermès „Kelly"-Handtaschen, Rolex-Uhren[923] sowie bei Kühlerfiguren von Automobilen[924], da es sich hier um „goodwill"– bzw. Prestigemarkenformen handelt, bei denen bedeutender Grund für die Überwindung des Schutzausschlusses das Schutzbedürfnis für bekannte Marken(formen) mit gutem Ruf und prestigeträchtiger Herkunft ist[925]. Darüber hinaus kann die rein ästhetische Attraktivität entsprechender Produkte oft auch von ähnlichen auf dem Markt befindlichen Produkten erreichbar sein. Dies gilt insbesondere auch für Armbanduhren, die im direkten Vergleich zu anderen auf dem Markt befindlichen Modellen rein ästhetisch oft nicht geeignet sind, dem Betrachter als geradezu außergewöhnlich aufzufallen[926]. Grundsätzlich ausgeschlossen dürfte eine Anwendung des Ausschlussgrundes auch sein im Falle von Heizkörpern oder Kaffeemaschinen, da ästhetisch gestaltete Gebrauchsgegenstände den bestimmtem Gebrauchszweck in aller Regel in den verschiedensten Formen erfüllen können[927]. Dies gilt auch für die individuelle Gestaltung einer Teekanne[928].

- des IKEA – Holzregals „IVAR", denn trotz verbreiteter Kennzeichnungskraft in entsprechenden Käuferkreisen kann eine Produktform verhältnismäßig geringe Wertschätzung erlangen, falls es sich um eine bekanntermaßen „billige" Formgestaltung handelt. Darüber hinaus besteht auch hier die Möglichkeit vielfältiger gleich attraktiver Formvarianten.

- einer von den Verbrauchern geschätzten und mit einem bestimmten Unternehmen in Verbindung gebrachte besondere Flaschenform, wie z.B. der „San Pellegrino"–Flasche[929] oder der COCA-COLA-Flasche[930]. Ohne dem Produkt schon einen „speziellen Schmuck" zu verleihen, ist die Flaschenform unge-

---

[917] Ullmann, NJW Sonderheft 2003, 83.
[918] President Court of First Instance Brussels, Rev. de droit intellectuell 1983, 143, (zitiert nach Gielen/Strowel, Mitt. 1995, 198 ff. (204, Fn. 38); vgl. auch die amtl. Begründung zu Art. 1 Abs. 2 BMW, zitiert nach Winkel, a.a.O., 178.
[919] Vgl. Kur, in Schricker/Stauder, Rdn. 25, S. 613 ff. zum früheren skandinavischen Recht.
[920] Vgl. BenGH, GRUR Int. 1990, 863 ff. (864) – Burberrys I - und GRUR Int. 1992, 552 ff. (553) – Burberrys II.
[921] BenGH GRUR Int. 1987, 707 ff. (709) – Adidas; Hof Amsterdam, BIE 1982, 130 – Adidas.
[922] District Court of Haarlem, Urteil v. 14. Dez. 1993 in Sachen LEGO gg. BLOMSON, zitiert nach Gielen/Strowel, Mitt. 1995, 198 ff. (204); Pohl/Mollet-Viéville, Mitt. 1996,156, 158; Franzosi/Mollet-Viéville, 183, 193.
[923] Franzosi/Mollet-Viéville, 183, 193.
[924] Winkler, MA 1996, 516 ff. (524).
[925] Ingerl/Rohnke, § 3, Rdn. 42.
[926] In diesem Sinne das Urteil des Schweizerischen Bundesgerichts (ohne abschließende Entscheidung), GRUR Int. 1995, 738 ff. (739) – The Original („RADO").
[927] Arnet, 69, 81 f., 84 f, 88 f.; David, Art. 2, Rdn. 46; Meisser/Bohren, SMI 1995, 225 ff. (229).
[928] BGH GRUR 1968, 419 ff. (420) – feuerfest I (kein Schutzausschluss); vgl. Götting, Rdn. 18.
[929] Corte di Cassazione, GRUR Int. 1976, 359 - San Pellegrino - Flasche (Schutzfähigkeit bejaht).
[930] Gyngell/Poulter, 4; Cornish, 582; Gielen/Strowel, Mitt. 1995, 198 ff. (204); Strowel, EIPR 1995, 154 ff. (160).

wöhnlich genug um als Herkunftszeichen zu dienen und darüber hinaus mit „goodwill" belegt. Weiterhin dürfte sich der Kaufanreiz hier i.d.R. nicht so sehr auf die Flaschenform beziehen, sondern zum großen Teil auch auf deren Inhalt. Außerdem wird der Wettbewerb durch die Monopolisierung einer unüblichen Flaschenform (beispielsweise für Wein) nicht wesentlich beeinträchtigt[931].

- von Schlüsselanhänger mit Aigner-„A" oder Bergseilen mit eingeflochtenen Farblitzen, aufgrund vielfältiger anderer Gestaltungsmöglichkeiten und ersteren falls auch wegen maßgeblicher Wertzumessung durch „goodwill"[932].

- einer Seife in phantasievoller Tierform (Hase, o.ä.). Zwar würde die entsprechende Ware im Vergleich zu anderen Seifen wohl hauptsächlich wegen ihrer besonderen Gestalt gekauft. Jedoch dürfte es für deren Gestaltung als Gebrauchsgegenstand viele Alternativmöglichkeiten geben. Dagegen ist deren Schutzumfang im Kollisionsfall nicht sonderlich hoch. Mitbewerber wären im Falle eines Markenschutzes daher nicht gehindert, andere „Seifenhasen" auf den Markt zu bringen.

- Im Gegensatz zur früheren deutschen Rechtsprechung wäre mithin kein entsprechender Schutzausschluss für Hummel-Figuren[933], Rosenthal-Vasen[934] oder allgemeinhin für Sportbekleidung mit ADIDAS-Streifen[935] gegeben, da deren Wert wohl maßgeblich auf dem guten Ruf bzw. der Bekanntheit der Herkunftsstätte oder der Marke beruhen dürfte[936].

9. Anwendbarkeit des § 3 Abs. 2 MarkenG auf zweidimensionale Marken und Produktabbildungen?

a. Problemstellung

Freihaltebedürfnisse i.S.d. § 3 Abs. 2 MarkenG können sich möglicherweise auch aufgrund einer Monopolisierung zweidimensionaler Zeichen in Form von Warenabbildungen, Reproduktionen ehemals urheberrechtlich geschützter Kunstwerke, kennzeichnungskräftiger Muster/Dekors oder technischer Codes ergeben. So könnte beispielsweise ein absolutes Schutzrecht an Abbildungen der „Mona Lisa" durch das Markenrecht Freihalteinteressen der Allgemeinheit und der Mitbewerber beein-

---

931 Vgl. das Sondervotum von Judge Rich in re Mogen David Corp., 140 USPQ 575 (CCPA 1964) – Weinflasche.
932 Bauer, GRUR 1996, 319 ff. (320).
933 Es sei denn, man bejaht hier - wie ehemals der BGH – auch eine Anwendung des Ausschlußgrundes wegen Schutzbegehrens für einen bestimmten „Stil", BGH GRUR 1952, 516 ff., 518 – Hummelfiguren I; vgl. Fezer, § 4, Rdn. 91.
934 BGH GRUR 1959, 289 ff. (291) – Rosenthal-Vase.
935 BGH GRUR 1972, 546 ff. (547) – Trainingsanzug (Schutzausschluss); BGH GRUR 1986, 252 ff. (253) – Sportschuhe (kein Schutzausschluss); GRUR 1986, 2488 ff. (250) – Sporthosen (kein Schutzausschluss); Götting, Rdn. 18; Baumbach/Hefermehl, § 25, Rdn. 28; Pluta, 257 ff. (263).
936 Ingerl/Rohnke, § 3, Rdn. 42; a.A. wohl Giefers, S. 18, Klaka, GRUR 1996, 613 ff. (617) und Althammer/Klaka, § 3, Rdn. 24.

trächtigen[937], weil die betreffende Abbildung der Ware womöglich „einen wesentlichen Wert verleiht". Wertverleihende Muster und damit gegebenenfalls freihaltebedürftig könnte aber auch attraktives Blumendekor auf Porzellangeschirr[938], Drei-Streifen–Kennzeichnung auf Sportbekleidung[939], farbig gestreifte Bett-wäsche[940] oder strukturierte Kunstleder[941] darstellen und von daher vom Marken-schutz auszunehmen sein. An Freihaltebedürfnisse auf technisch-funktionellem Gebiet könnte man dagegen bei Zeichen denken, die von einem computergesteuerten Programm verwendet werden und die durch Ablesen mit einem Scanner in einem entsprechend programmierten Computer eine bestimmte Funktion auslösen, wie zum Beispiel „Strichcodes" auf Waren oder Markierungen auf Test-/Antwortbögen[942]. Bedenklich wären auch exklusive Abwehransprüche gegenüber Verwendern von Waren aufgrund der Registrierung ähnlicher Abbildungen ohne angemessene Interessenabwägung.

Vor Erörterung dieser „Freihalte"-Problematik bei zweidimensionalen Produktabbildungen war zuerst der (herkömmliche) Anwendungsbereich der absoluten Schutzausschlüsse des § 3 Abs. 2 MarkenG zu ermitteln. Die Schranken des § 3 Abs. 2 MarkenG schützen, wie oben dargelegt, gerade derartige Freihalteinteressen der Mitbewerber und der Allgemeinheit, sodass ihre Anwendung auf zweidimensionale Zeichen zu erwägen wäre, was voraussetzen würde, dass Dekor, Strich-Codes, Muster und Produktabbildungen, etc. als „Form" i.S.d. § 3 Abs. 2 MarkenG gelten. Dies ist umstritten und soll nachfolgend untersucht werden.

Die herrschende Meinung in der Literatur möchte den Begriff der „Form" in § 3 Abs. 2 MarkenG bzw. Art. 3 Abs. 1 lit. e der Richtlinie insbesondere aufgrund des „klaren" Gesetzeswortlauts und der Entstehungsgeschichte der Vorschrift nur auf dreidimensionale Gestaltungen und insbesondere auf die „Form der Ware" anwenden[943]. In dieselbe Richtung tendieren DPMA[944], BPatG[945] und BGH[946], die das Problem des Freihalteinteresses aber eher im Rahmen der Unterscheidungskraft thematisieren.

---

937 Allgemein zum Problem: BPatG GRUR 1998, 1021ff. – Mona Lisa; Marz, Diss., 152 ff., Meister, WRP 1005 ff. (1006); Nordemann, WRP 1997, 389 ff.; Osenberg, GRUR 1996, 101 ff.

938 § 17 Restatement (Third), Illustrations Nr. 5-9, S. 176/177.

939 BGH GRUR 1972, 546 ff. (547) – Trainingsanzug (Schutzausschluss); BGH GRUR 1986, 252 ff. (253) – Sportschuhe (kein Schutzausschluss); GRUR 1986, 2488 ff. (250) – Sporthosen (kein Schutzausschluss); Götting, Rdn. 18; Baumbach/Hefermehl, § 25, Rdn. 28; Pluta, 257 ff. (263).

940 BGH GRUR 1962, 144 ff. (148) – Buntstreifensatin I.

941 BGH GRUR 1967, 315 – skai cubana.

942 Moore Business Forms, Inc. v. National Computer Systems, Inc., 211 USPQ 909 (TTAB 1981); vgl. auch Atari, Inc. v. Mattel, Inc., 217 USPQ 816 (TTAB 1982) - Zeichenformen in einem Videospiel.

943 Fuchs-Wissemann in HK-MarkenR, § 3, Rdnr. 5; Eichmann, GRUR 1995, 184, 186; Fezer, § 3, Rdn. 1 und 222; Ingerl, S.66 (zur GMV); Ingerl/Rohnke, NJW 1994, 1247, 1249; Ingerl/Rohnke, MarkenG, § 3, Rdn. 1, 34; Klaka, GRUR 1996, 613, 614; Althammer/Ströbele/Klaka, § 3, Rdn. 22; Kur, FS DPA, 1994, 175, 185; Ruijsenaars, GRUR Int. 1992, 505 ff. (512) und Strowel, EIPR 1995, 154 ff. im Hinblick auf die Richtlinie; von Mühlendahl, GRUR Int. 1989, 353, 360 (für die GMV); Sambuc, GRUR 1997, 403 ff. (406/407); Marz, Diss., S. 75; Koppensteiner, § 38, Rdn. 16 im Hinblick auf die Richtlinie; Winkler, MA 1996, 516, 522/523 (noch a.A. in Mitt. 1995, 45, 47); Hacker, GRUR Int. 2004, 215, 221.

944 Mitteilung des Präsidenten des Deutschen Patentamts über das Inkrafttreten der Richtlinie für die Prüfung von Markenanmeldungen vom 27.10.1995, Ziff. III 4 c. (5), abgedruckt in: Bl.f.PMZ 1995, 378, 384.

945 BPatG GRUR 1995, 814 ff. (814 f.) – Absperrpoller.

946 BGH GRUR 1995, 732 ff. – Füllkörper (PVÜ einschlägig); BGH GRUR 1997, 527, 529 – Autofelge; BGH GRUR 1999, 495 – Etiketten; BGH MarkenR 2001, 34 – Zahnpastastrang.

Andere möchten dagegen die Vorschrift nicht allein auf dreidimensionale, sondern auch auf zweidimensionale Marken anzuwenden, da ohne weiteres auch funktionelle zweidimensionale Gestaltungen vorstellbar seien[947].

b. Diskussion und Entscheidung

aa. Grammatikalische Auslegung

§ 3 Abs. 2 MarkenG spricht in seinem Obersatz nur von „Zeichen", die ausschließlich aus einer „Form" bestehen, was sowohl eine Subsumtion „zweidimensionaler" als auch „dreidimensionaler" Gestaltungen zulässt. Auch die Bezugnahme auf „Waren" im ersten und dritten Ausschlussgrund deutet nicht zwingend auf dreidimensionale Zeichen. Denn Marken haben schon per definitionem einen Bezug zu Waren (oder Dienstleistungen). Entsprechendes gilt auch für den ersten und dritten Ausschlussgrund der Richtlinie („Form, die durch die Art der Ware selbst bedingt ist" oder „die der Ware einen wesentlichen Wert verleiht"). So dürfte beispielsweise ein aufwendiger Karodruck auf einem „Schottenrock/Kilt" diesem sowohl einen wesentlichen Wert verleihen als auch durch die „Art der Ware bedingt" sein.

Deutlicher ist dagegen die Bezugnahme des zweiten Richtlinienausschlussgrundes, der Zeichen ausschließt, die aus der „Form der Ware" (die zur Erreichung eines technischen Wirkung erforderlich ist) bestehen. Dies dürfte „Strichcodes" und Dekors/Muster ausschließen, wogegen „Abbildungen" der Warenformen noch vom Wortlaut umfasst zu sein scheinen. Davon geht auch der EuGH in „Philips" aus: „Wenn auch nur eines der in dieser Vorschrift [Artikel 3 Absatz 1 Buchstabe e der Richtlinie] genannten Kriterien erfüllt ist, kann das Zeichen, das ausschließlich aus der *Form der Ware* oder aus der *grafischen Darstellung dieser Form* besteht, nicht als Marke eingetragen werden"[948].
Nach richtlinienkonformer grammatikalischer Auslegung findet § 3 Abs. 2 MarkenG somit allein Anwendung auf die Form der Ware oder die grafische Darstellung dieser Form, nicht aber auf zweidimensionales Dekor der Ware oder ähnliche zweidimensionale Gestaltungen. Dies wird auch durch die teleologische Auslegung (unten) bestätigt.

bb. Gesetzeshistorische und systematische Auslegung

Eine Analyse der Gesetzesgeschichte und der Gesetzessystematik spricht für eine Anwendung auf dreidimensionale Formen:
Nach der Gesetzesbegründung zu § 3 Abs. 2 MarkenG sollen die Schutzausschließungsgründe nämlich weitgehend den Kriterien entsprechen, die die deutsche Rechtsprechung zur Ausstattungsfähigkeit dreidimensionaler Gestaltungen entwi-

---

[947] Vgl. Albert/Henning-Bodewig, GRUR Int. 1997, 449, 461; Winkler, Mitt. 1995, 45, 47; ders. MA 1996, 516, 522/523 8 („nicht völlig abwegig"); Starck, WRP 269 ff. (270); Würtenberger, GRUR 2003, 912, 915.
[948] EuGH, Case C-299/99, Urteil vom 18.06.2002 in Sachen Koninklijke Philips Electronics NV vs. Remington Consumer Products Ltd., MarkenR 2002, 231, 232, Erwägungsgründe 11, 48, 76.

ckelt hat[949]. In diese Richtung deutet auch die Entstehungsgeschichte der europäischen Ausschlussvorschriften. In der Begründung zum geänderten Richtlinien- und Verordnungsvorschlag von 1980 wurde die Anwendung des im Raum stehenden Freihaltebedürfnisses zwar nicht deutlich auf dreidimensionale Formgebungen beschränkt, der Eintragungsausschluss wurde jedoch insgesamt auf die „Form einer Ware“[950] und damit eher auf körperliche Gestaltungen bezogen. Dem entspricht insbesondere auch die Gesetzesgeschichte des dritten Ausschlussgrundes, der bis zum geänderten Richtlinienvorschlag von 1985 noch lautete: „.. aus der Form einer Ware, die ihren eigentlichen Wert beeinflusst“[951]. Zwar erklärten Rat/Kommission im Protokoll der Richtlinienannahme von 1988, dass der Begriff der Form i.S.d. Art. 2 Richtlinie auch eine dreidimensionale Form der Ware umfasse[952]. Wie der EuGH in „Libertel“ feststellte, können entsprechende Protokolle jedoch nicht zur Auslegung abgeleiteten Gemeinschaftsrechts herangezogen werden, wenn ihr Inhalt wie im vorliegenden Fall in der fraglichen Bestimmung keinen Ausdruck gefunden hat und ihr somit keine rechtliche Bedeutung zukommt[953].
Auch die Gesetzessystematik legt einen Bezug des verwendeten Formbegriffs auf dreidimensionale Gestaltungen nahe, weil § 3 Abs. 1 MarkenG bzw. Art. 2 der Richtlinie ausdrücklich zwischen „Abbildungen“ und „dreidimensionale Gestaltungen einschließlich der Form einer Ware“ unterscheiden. Bei der Auslegung von Sekundärrecht durch den EuGH tritt eine systematische Auslegung jedoch regelmäßig hinter einer teleologischen Auslegung zurück[954], was zuletzt auch die Philips-Entscheidung mit der "weiten" Auslegung einer Ausnahmeregelung belegte[955].

cc. Teleologische Auslegung: Differenzierung zwischen Produktabbildungen und anderen zweidimensionalen Marken

(1) Funktionale zweidimensionale Marken

Zwar wird man grundsätzlich nicht umhin können, auch ein Schutzbedürfnis an funktionalen zweidimensionalen Gestaltungen anzuerkennen, da beispielsweise gerade die Anbringung eines attraktiven Dekors auf einer Ware wertbestimmend sein kann[956]. Gleichwohl wird man z.B. ästhetisch besonders gelungenen Dessins auf

---

[949] Amtl. Begründung zu § 3, in v. Mühlendahl, Deutsches Markenrecht, a.a.O., S. 133.
[950] Begründung zu Art. 2 des Richtlinienvorschlag von 1980, Bulletin der Europäischen Gemeinschaften, Beilage 5/80, S. 15; vgl. Ruijsenaars, GRUR Int. 1992, 505 ff. (512).
[951] Art 2 Abs. 2 a) (alt) des geänderten Vorschlags einer Ersten Richtlinie des Rates zur Angleichung der Rechtsvorschriften der Mitgliedstaaten über die Marken, Abl.EG 1985, Nr. C 351/ 4 ff. (7); entsprechendes gilt für Art. 6 Abs. 2 a) (alt) des geänderten Verordnungsvorschlages von 1984, abgedruckt in Baumbach/Hefermehl, S. 1335 ff. (1336).
[952] Vgl. Nr. 2 b) und 4 der Gemeinsamen Erklärungen des Rates und der Kommission der Europäischen Gemeinschaften im Protokoll des Rates anläßlich der Annahme der Ersten Richtlinie vom 21. Dezember 1988 zur Angleichung der Rechtsvorschriften der Mitgliedstaaten über die Marken, erstmals veröffentlicht im ABl.HABM 1996, 606 ff. (606).
[953] EuGH, WRP 2003, Urteil vom 6.5.2003, Libertel Groep BV gegen Benelux-Merkenbureau, Case C-104/01, Erwägungsgrund 25; EuGH, Urteil v. 29.5.1997, VAG Sverige, Case C-329/95, Slg. 1997, I-2675, Erwägungsgrund 23; EuGH, Urteil v. 26.2.1991, Antonissen, Case C-292/89, Slg. 1991, I-745, Erwägungsgrund 18.
[954] EuGH Slg. 1982 S. 3415 ff., 3430 – C.I.L.F.I.T.; weitere Nachweise zur EuGH – Rspr. bei Lutter, JZ 1992, 593, 602, Fn. 114 und Bleckmann, NJW 1982, 1177, 1178, Fn. 12; ders., RIW 1987, 929, 930.
[955] EuGH MarkenR 2002, 231, 237 ff. – Philips vs. Remington.
[956] Dies erkennen auch Kur, FS DPA, 175 ff. (192) und Althammer/Klaka, MarkenG, 1997, § 3, Rdn. 24.

Waren keine „absolute“ Schutzbedürftigkeit entsprechend der Sachlage bei dreidimensionale Warenformen zubilligen können. Die Vorschrift des § 3 Abs. 2 MarkenG will nämlich nicht jede Art von Freihaltebedürfnissen der Mitbewerber schützen. Nach der Entscheidung des EuGH in „Philips“ soll Art. 3 Abs. 1 lit. e der Richtlinie „vermeiden, dass der durch das Markenrecht gewährte Schutz über den Schutz von Zeichen „hinausgeht“, anhand derer sich eine Ware oder Dienstleistung von den von Mitbewerbern angebotenen Waren oder Dienstleistungen unterscheiden lassen, und zu einem Hindernis für die Mitbewerber wird, Waren mit diesen technischen Lösungen oder Gebrauchseigenschaften im Wettbewerb mit dem Markeninhaber frei anzubieten“[957]. Herkömmliche zweidimensionale Gestaltungen in Form von Mustern oder Dekors dürften i.d.R. aber Regel nicht in der Lage sein, den Wettbewerb in dem Maße zu beeinträchtigen, dass Dritte ohne deren Verwendung am Verkauf ansonsten identischer Waren gehindert wären. Auch besitzen derartige Gestaltungen meist eine starke Unterscheidungskraft, erfordern hohe Investitionen, erlauben vielfältige Variationsmöglichkeiten und beinhalten deshalb auch meist ein geringeres schutzwürdiges „Kopierinteresse“ der Mitbewerber. Bei zweidimensionalen Dekors reicht in der Regel die Vorraussetzung einer Unterscheidungskraft aus, um zu verhindern, dass die Handelsfreiheit auf ungerechtfertigte Weise durch einen unbeschränkten markenrechtlichen Schutz von Zeichen, die redlicherweise auch von anderen für ihre Waren frei benutzt werden können, beschränkt würde. Eine Abgrenzung zwischen schutzunfähiger Dekorationsfunktion und der Unterscheidungsfunktion des Musters im Rahmen des § 8 MarkenG erscheint zur Ermittlung der Schutzfähigkeit daher ausreichend, zumal hier immer noch die Möglichkeit einer interessensgerechten Berücksichtigung der Verkehrsdurchsetzung besteht. Darüber hinaus handelt es sich hier i.d.R. um keine Zeichen/Formen, die technische Lösungen oder Gebrauchseigenschaften betreffen oder monopolisieren könnten. Zweidimensionale „Formen“ mit freihaltebedürftiger technischer Funktion dürften äußerst selten sein. Die einzigen bisher bekannt gewordenen Beispiele vermögen ein solches Freihaltebedürfnis jedenfalls nicht schlüssig zu belegen. Sie betreffen allesamt Zeichen, die von Scannern mittels computergesteuerten Programmen verwendet werden[958]. Diese Zeichen erhalten ihre jeweilige technische Funktion jedoch erst durch eine Programmierung des entsprechenden Computers und sind bei jeder anderen Programmierung willkürlich aus einer unbegrenzten Vielzahl von Variationsmöglichkeiten wählbar. Die Monopolisierung funktioneller zweidimensionaler Zeichen als Marke vermag damit in aller Regel keinen Wettbewerb im Hinblick auf wesentlicher Eigenschaften der Ware zu verhindern, sondern stellt allenfalls eine Wettbewerbsbehinderung dar, die kein absolutes Freihalteinteresse begründen kann und allenfalls im Rahmen der Unterscheidungskraft Berücksichtigung finden sollte.

Diesem Ergebnis entspricht auch die Rechtsprechung zu (u.U. ehemals urheberechtlich geschützten) ästhetisch-funktionalen zweidimensionalen Gestaltungen, denen Freihaltebedürfnisse einer Monopolisierung durch das Markenrecht entgegenstehen. So hatte das BPatG die Wiedergabe des weltbekannten Gemäldes der Mona Lisa von Leonardo da Vinci aufgrund fehlender Unterscheidungskraft und wegen

---

957 EuGH MarkenR 2002, 231, 237 ff., Erwägungsgrund Nr. 78 – Philips vs. Remington.

958 Moore Business Forms, Inc. v. National Computer Systems, Inc., 211 USPQ 909 (TTAB 1981); vgl. auch Atari, Inc. v. Mattel, Inc., 217 USPQ 816 (TTAB 1982) – Zeichenformen in einem Videospiel.

„üblicher Bezeichnung“ gem. § 8 Abs. 2 Nr. 3 MarkenG als nicht eintragungsfähig beurteilt[959]. Zum Vergleich: Auch der BGH hat die Ablehnung der Wortmarke „Winnetou“ mangels Unterscheidungskraft mit ähnlichen Argumenten bestätigt[960]: Der Name „Winnetou“ sei ein „Synonym“ für einen rechtschaffenen Indianerhäuptling und habe damit einen „beschreibenden Begriffsinhalt“.

Diese Auslegung findet ihre Bestätigung im Gemeinschaftsmarkenrecht. Dass auch die Ausschlussgründe des Art. 7 Abs. 1 Lit. e GMV für dreidimensionale Gestaltungen geschaffen wurden, bzw. auf diese anzuwenden sind, ergibt sich aus den Äußerungen des HABM zur Auslegung der entsprechenden Bestimmungen[961] und der Literatur[962].

Ein Rechtsvergleich ergibt dagegen kein einheitliches Bild: In den Benelux–Ländern gilt spätestens seit der „Burberrys II“–Entscheidung des Benelux–Gerichtshofs, dass nur dreidimensionale Formen von dem Ausschluss betroffen sind[963]. Ähnliches gilt für das schweizerische Recht[964]. Dagegen bezog das US–amerikanische Recht den Ausschlussgrund seiner „doctrine of functionality“ bislang auch auf zweidimensionale Zeichen. Ursprünglich wurde die „doctrine of aesthetic functionality“ sogar vorwiegend anhand flächiger Dekors entwickelt[965].

(2) Produktbildmarken

Dagegen ist eine Anwendung des § 3 Abs. 2 MarkenG auf sogenannte „Produktbildmarken“ zu bejahen. Denn wenn Ware und Marke eine körperliche Einheit bilden, besteht –wie bereits dargestellt– die Gefahr, dass die Ware trotz eventueller funktioneller „Freihaltebedürftigkeit“ auf unbestimmt lange Zeit monopolisiert werden kann. Dieses Problem löst das Markengesetz hinsichtlich der neu eingeführten dreidimensionalen Marken durch die Beschränkungen des § 3 Abs. 2 MarkenG.
Erfolgt dieselbe Anmeldung stattdessen als „(Produkt)Bildmarke“, hätte eine Schutzgewährung dieselben Auswirkungen wie im Falle des Schutzes der Formgebung selbst, nämlich die rechtliche Möglichkeit, Herstellung und Vertrieb der dreidimensionalen Gestaltung durch andere zu verbieten. Gleichwohl muss der Übergriff des Markenrechts (Verhinderung der Herstellung eines Konkurrenzprodukts) auf im Sinne des § 3 Abs. 2 MarkenG wesentliche Produktformen auf eine Art verhindert werden. Denn bei Entstehung einer dreidimensionalen Marke liegt der einzige essentielle Unterschied zu einer Bildmarke lediglich in der Bezeichnung, die im Anmeldeformular gewählt wird. Zur Lösung dieses Widerspruchs wurden bislang drei verschiedene Ansätze diskutiert:

---

[959] BPatG GRUR 1998, 1021ff. – Mona Lisa.
[960] BGH WRP 2003, 519 (520) – Winnetou.
[961] Mitteilung Nr. 2/98 des Präsidenten des HABM vom 8. April 1998 über die Prüfung von dreidimensionalen Marken, ABl. HABM 1998, 700 ff. (702); Prüfungsrichtlinien für die GMV, ABl. HABM 1996, 1300 ff. (1308).
[962] Ingerl, 66; v. Mühlendahl, GRUR Int. 1989, 353 ff. (360).
[963] BenGH, GRUR Int. 1992, 552, 553-Burberrys II; Kur, FS DPA, 175, 185, Fn. 43; Ruijsenaars, GRUR Int. 1992, 505, 508.
[964] David, Art. 2, Rdn. 45 und Art. 1, Rdn. 18.
[965] Vgl. Pagliero v. Wallace China Corp., 95 USPQ 45 (9th Cir. 1952) - Blumendesign auf Porzellantellern ging; a.A. Vuitton Et Fils v. J. Young Enterprises, Inc., 210 USPQ 351, 212 USPQ 85 (9th Cir. 1981).

Beschränkung des Schutzbereichs
Danach ist das aufgezeigte Problem durch eine „immanente Beschränkung des Schutzbereichs" von Flächenmarken dahingehend zu lösen, dass aus diesen Rechte gegenüber handelbaren (dreidimensionalen) Waren und Verpackungen nicht geltend gemacht werden können.[966].

Fehlende Unterscheidungskraft
Das BPatG, der BGH und ein Teil der Literatur[967] halten naturgetreue Abbildungen von Waren aufgrund ihres beschreibenden Charakters meist für nicht unterscheidungskräftig, es sei denn die in Rede stehende Ware weist über die technische Gestaltung der Ware oder über die durch die Art der Ware selbst bedingten Formelemente hinausgehende "charakteristische" Elemente auf[968]. Dies entspricht im wesentlichen der Rechtslage zum WZG[969].

Anwendung des § 3 Abs. 2 MarkenG
Nach anderer Ansicht soll die Prüfung der Schutzfähigkeit der dargestellten Ware letztlich auch auf die seiner Abbildung durchschlagen und § 3 Abs. 2 MarkenG Anwendung finden[970].

Die Frage dürfte nunmehr im Sinne der letzteren Lösung entschieden worden sein, nachdem der EuGH in seiner Entscheidung zu „Philips vs. Remington" den zweiten Ausschlussgrund des Art. 3 Abs. 1 lit. e der Richtlinie für einschlägig erachtete, obwohl die Marke des Ausgangsverfahrens lediglich in der „grafischen Darstellung" der oberen Fläche eines Rasierapparats und nicht der Form selbst bestand[971]. Dieser Lösung ist zuzustimmen. Denn durch die Registrierung von Waren-Bildmarken könnten die besonderen Schutzvoraussetzungen dreidimensionaler Marken nach § 3 Abs. 2 MarkenG umgangen werden, obwohl die praktischen Auswirkungen von Produktbildmarken und Formmarken dieselben sind, nämlich die Möglichkeit gegen identische oder ähnliche Konkurrenzprodukte vorzugehen. Eine spätere Allokation der Berücksichtigung von Freihalteinteressen im Rahmen der Unterscheidungskraft oder auf Ebene der Verletzungstatbestände würde dagegen zu einer ungerechtfertigten Besserstellung von Markeninhabern führen, die ihre Produktformen durch Bildmarken schützen. Denn zum einen kann eine mangelnde Unterscheidungskraft durch Verkehrsdurchsetzung überwunden werden, zum anderen möchte sich nicht jeder Markenanmelder oder Verwender von Warenformen nach Abmahnung durch

---

[966] Eichmann, GRUR Int. 2000, 488; ders., GRUR 1995, 184, 187/188, 194; ders., in FS Nirk, 1992, 165 ff. (172/173).
[967] Fezer, § 8, Rdn. 76, 77; § 3, Rdn. 258 ff. (schon keine Unterscheidungseignung); Klaka/Schulz, S. 19; Sambuc, GRUR 1997, 403 ff. (408); Althammer/Ströbele/Klaka, § 8, Rdn. 36.
[968] BGH MarkenR 2001, 34, 36 –Zahnpastastrang (Unterscheidungskraft wegen zusätzlicher charakteristischer Gestaltungsmerkmale bejaht); BGH GRUR 1999, 495 – Etiketten (Unterscheidungskraft bejaht); BGH GRUR 1997, 527, 529 – Autofelge (keine Unterscheidungskraft); BGH GRUR 1995, 732, 734 – Füllkörper (keine Unterscheidungskraft); BPatG (24. Senat) GRUR 1998, 713 ff. (714) – Zahnpastastrang (Unterscheidungskraft verneint) ; BPatG (28. Senat) GRUR 1995, 814 ff., 815, 816 – Absperrpoller (Unterscheidungskraft bejaht); BPatG Beschl. v. 9.4.1997, 32 W (pat) 429/95 – Schokoladenriegel (keine Unterscheidungskraft), BPatG Beschl. v. 5.11.1997, 26 W (pat) 64/96 – Transportbox für Tiere (keine Unterscheidungskraft).
[969] Vgl. Baumbach/Hefermehl, § 1, Rdn. 64, 66, m.w.N.; BGH GRUR 1964, 454, 455 – Palmolive.
[970] Kur, Anm. z. Urteil d. kanadischen Fed. Ct. of. App. – Rasierapparatkopf, GRUR Int. 1997, 1026 ff. (1028); dies., MarkenR 2000, 1 (3); Thewes, 140 f.; Ingerl/Rohnke, § 3, Rdn. 29, § 8, Rdn. 46.
[971] EuGH, Case C–299/99, Urteil vom 18.06.2002 in Sachen Koninklijke Philips Electronics NV vs. Remington Consumer Products Ltd., MarkenR 2002, 231, Erwägungsgründe 11, 48, 76.

den Inhaber auf einen ungewissen Verletzungsprozess einlassen, um den gegebenenfalls engen Schutzbereich der älteren Produktbildmarke bestimmen zu lassen. Dies geschieht nicht nur auf Kosten der Rechtssicherheit und –klarheit[972], auch gesetzessystematisch wäre eine Beschränkung bereits im Eintragungsverfahren und nicht erst vor dem Verletzungsgericht richtiger[973]. Denn das System der Richtlinie beruht auf einer der Eintragung vorausgegangenen und nicht auf einer nachträglichen Kontrolle. Aus Gründen der Rechtssicherheit und der ordnungsgemäßen Verwaltung ist mithin sicherzustellen, dass Marken, deren Benutzung vor Gericht mit Erfolg entgegengetreten werden kann, nicht eingetragen werden[974]. Auch eine Einschränkung des Schutzumfangs dahingehend, dass aufgrund einer zweidimensionalen Bildmarke oder Produktabbildung nicht gegen eine ähnliche dreidimensionalen Marke vorgegangen werden kann (und umgekehrt), ist abzulehnen, da beiden Markenformen grundsätzlich die gleiche Markenfähigkeit zukommt[975].

Rechtsvergleichend bestätigt wird dieser Ansatz durch die englische Literatur[976] und Rechtsprechung. Sowohl der High Court als auch der Court of Appeals wandten in Philips vs. Remington die absoluten Schutzausschlüsse für Formen sowohl auf naturgetreue Warenabbildungen als auch für deren dreidimensionale Gestalt an[977]. Eine entsprechende Gleichbehandlung von Form– und Produktbildmarken wird auch in der schweizerischen Literatur vertreten[978] und findet sich in Kanada[979]. Ähnlich ist die Rechtslage im US–amerikanischen Recht. Zwar bewerten die Gerichte naturgetreue Produktbildmarken i.d.R. als beschreibend („descriptive"), was sie zumindest beim Nachweis von Verkehrsdurchsetzung („secondary meaning") schutzfähig macht. Falls die Abbildung eines „funktionellen" oder nützlichen Produkts aber als Äquivalent der funktionellen Form selbst betrachtet werden kann, soll die Abbildung keine Markenfähigkeit erlangen können[980].

c. *Unterschied zur früheren Rechtslage*

Die Registrierung funktioneller „Produktbildmarken" dürfte sich im Vergleich zur Rechtslage unter Geltung des WZG etwas erschweren. Denn nach früherer Rechtslage entschied sich die Frage der Schutzfähigkeit naturgetreue Abbildungen von Waren erst im Rahmen der Unterscheidungskraft ohne die Möglichkeit eines absoluten Schutzausschlusses aufgrund Funktionalität des Abgebildeten. Sofern Abbil-

---

[972] Thewes, 139.
[973] Ähnlich Sambuc, GRUR 1997, 403, 408 a.E.
[974] EuGH, WRP 2003, 735, Urteil vom 6.5.2003 in Sachen Libertel Groep BV gegen Benelux-Merkenbureau, Case C-104/01, Erwägungsgrund 59.
[975] In diesem Sinne auch Thewes, MarkenR 1999, 145, 147 m.w.N.
[976] Firth/Gredley/Maniatis, [2001] E.I.P.R., 86, 88.
[977] Court of Appeal, GRUR Int. 2000, 439 ff. – Rasierapparatkopf II (Philips Electronics NV v. Remington Consumer Products Ltd. v. 5.5.1999); Urteil des High Court of Justice vom 22.12.1997, [1998] E.T.M.R. 124, 130.
[978] Ineichen, GRUR Int. 2003, 193, 197; a.A. wohl die Eidgenössische Rekurskommission für geistiges Eigentum, sic! 2001, 517 –Teebeutel.
[979] Kanadischer Fed. Ct. of App., GRUR Int. 1997, 1023 ff. (1023/1026) – Rasierapparatkopf.
[980] Vgl. z.B. In re Capri Macaroni Corp., 173 USPQ 630 (TTAB 1972) – Bild einer farbigen Makkaroni; Textron, Inc. v. Pilling Chai,n Co., 175 USPQ 621 (TTAB 1972) – Abbildung eines Reisverschlusses; McCarthy, § 7:37 m.w.N.

dungen der Ware oder Verpackung eine vom Herkömmlichen abweichende Wiedergabe darstellten, konnten sie unterscheidungskräftig und damit schutzfähig sein[981].

Dagegen sind übrige zweidimensionale funktionellen Gestaltungen im Gegensatz zu früher nicht mehr absolut vom Schutz ausgenommen. Der Ausstattungsbegriff des § 25 WZG umfasste jede äußere Form oder Aufmachung, inklusive zweidimensionaler Gestaltungen[982]. Entsprechend wurden im Rahmen des technisch-funktionellen Schutzausschlusses z.B. „PUMA"-Seitenstreifen an Sportschuhen als technisch-funktionell bedingt eingestuft[983] und Stoffmusterungen im Zusammenhang mit ästhetisch wertverleihenden Gestaltungen. Denn im Ausstattungsrecht war die Frage, inwieweit das Dessin das „Wesen der Ware" bestimmt und daher schutzunfähig ist, eine häufig erörterte Frage[984]. Im Unterschied zur früheren Rechtslage dürften nunmehr aber in Bettwäsche eingewebte Streifenmuster[985], Drei-Streifenmuster von Trainingsanzügen[986], die Bemusterung eines Kunststoffs nach Art einer Rindsledernarbung[987] oder das Dekor von Vasen[988] nicht mehr absolut schutzunfähig sein. Zwar steht vor der Eintragung noch das Schutzhindernis des § 8 Abs. 2 Nr. 1 MarkenG, besonders ästhetische zweidimensionale Gestaltungen werden jedoch meist konkrete Unterscheidungskraft entfalten und bereits deshalb eintragungsfähig sein.

10. Resümee

Zusammengefasst sind nach Ansicht des Verfassers damit Formgestaltungen nach § 3 Abs. 2 MarkenG markenunfähig, welche die elementare Grundform einer Warengattung darstellen (§ 3 Abs. 2 Nr. 1 MarkenG), deren wesentlichen Merkmale einem technischen Effekt zuzuschreiben sind (§ 3 Abs. 2 Nr. 2 MarkenG) oder die –bei Ermangelung gleichwertiger Ausweichmöglichkeiten– maßgeblich wegen ihrer ästhetischen Anziehungskraft gekauft werden (§ 3 Abs. 2 Nr. 3 MarkenG), sofern deren Gesamtform keine anderen, zusätzlichen Gestaltungselemente enthält ("Ausschließlichkeitserfordernis").

Dabei sind alle drei Ausschlussgründe gleichrangig nebeneinander zu prüfen[989], was ihrer möglichen kumulativen Anwendung aber nicht widerspricht[990]. Wortlaut und Systematik der deutschen und europäischen Ausschlussvorschriften („oder") weisen lediglich darauf hin, dass die einzelnen Schutzausschlüsse über unterschiedliche inhaltliche Anwendungsbereiche verfügen[991]. Sofern eine Formgestaltung unter einen

---

[981] Vgl. Baumbach/Hefermehl, § 1, Rdn. 64, 66, m.w.N.; BGH GRUR 1964, 454, 455 – Palmolive.
[982] Baumbach/Hefermehl, § 25, Rdn. 1, 2.
[983] BGH GRUR 1962, 299, 301- form-strip.
[984] Ausstattungsschutz verneint: BGH GRUR 1962, 144 – Buntstreifensatin; GRUR 1972, 546 ff. (547) - Trainingsanzug; GRUR 1967, 315 ff. (316) – skai cubana; bejaht: BGH GRUR 1959, 423 ff. (424) – Fußballstiefel; wohl auch GRUR 1957, 603 ff. (604) – Taschenstreifen; OLG Hamburg, GRUR 1973, 368 ff. (368) – Drei-Streifen-Kennzeichnung; vgl. Kur, FS DPA, 175 ff. (185) und Baumbach/Hefermehl, § 25, Rdn. 28 ff., m.w.N.
[985] Entgegen BGH GRUR 1962, 144 – Buntstreifensatin.
[986] Entgegen BGH GRUR 1972, 546 ff. (547) – Trainingsanzug.
[987] Entgegen BGH GRUR 1967, 315 ff. (316) – skai cubana.
[988] Entgegen Baumbach/Hefermehl, § 25, Rdn. 28.
[989] Thewes, 102.
[990] a.A. Eichmann, GRUR 1995, 184 ff. (191); ders., in FS Vieregge, 125 ff. (147, 151), etwas differenzierter.
[991] Eichmann, GRUR 1995, 184 ff. (191); a.A. Winkler, MA 1996, 516 ff. (523).

Schutzausschluss eingeordnet werden kann, steht einer gleichzeitigen Anwendbarkeit mehrerer Schutzausschlüsse im Einzelfall jedoch nichts entgegen. Denn es ist nicht ausgeschlossen, dass eine Form im konkreten Einzelfall aus mehreren Gründen freihaltebedürftig ist, weil sie z.B. eine elementare Grundform darstellt, die gleichzeitig eine technische Wirkung hat. Gleichermaßen kann eine technisch notwendige Form auch ästhetisch freihaltebedürftig ausgestaltet sein. Deshalb wird auch in der Literatur eine Anwendung mehrerer Schutzausschlüsse auf dieselbe Form bejaht, wenn auch ein unterschiedliches Verständnis hinsichtlich ihrer Anwendungsbereiche besteht [992]. Entsprechend weisen auch schon die HABM–Prüfungsrichtlinien zur GMV auf gewisse Überschneidungen hin[993].

IV. Unterscheidungskraft und Freihalteinteressen

Aus der Feststellung des Nichtvorliegens absoluter Ausschlussgründe nach § 3 Abs. 2 MarkenG kann für die dreidimensionale Marke noch nichts über das Fehlen von Schutzhindernissen wegen fehlender Unterscheidungskraft (§ 8 Abs. 2 Nr. 1 MarkenG) oder als "beschreibendes" bzw. "übliches" Zeichen (§ 8 Abs. 2 Nr. 2 und 3 MarkenG) hergeleitet werden.

Problematisch ist wegen der körperlichen Identität von Ware und Marke insbesondere die Frage ihrer Unterscheidungskraft. Kann eine Warenform letztlich nur auf sich selbst, also die Ware hinweisen? Oder bedarf es einer besonders gearteten Gestaltung, damit die Warenform als Herkunftshinweis dienen kann? Da ähnliche Produkte oft ein gleiches Aussehen haben, dürften unbedeutende Unterschiede jedenfalls weniger als Hinweis auf den Ursprung eines Erzeugnisses aufgefasst werden. Auch ist die „Aufmerksamkeit“ des Durchschnittsverbrauchers bei Marken, die aus der Form einer Ware bestehen, weniger stark als wie bei herkömmlichen Wort- oder Bildmarken.
Die Unterscheidungskraft von Formmarken ist daher möglicherweise "strengeren" Voraussetzungen zu unterwerfen oder schwieriger nachzuweisen als bei anderen Markenformen. Freihalteinteressen könnten –über § 3 Abs. 2 hinaus– aber auch in § 8 Abs. 2 Nr. 2 MarkenG oder im Schutzumfang eine Rolle spielen.

1. Theorie der fehlenden Unterscheidungskraft

Verschiedene Autoren sind der Ansicht, dass naturgetreue Wiedergaben von Waren/Warenteilen als dreidimensionale Marken nicht unterscheidungskräftig sind, da sie unmittelbar nur auf sich selbst und nicht auf ihre Herkunft hinweisen, die Ware als Objekt der Kennzeichnung nicht ihr eigenes Kennzeichnungsmittel sein könne,

---

[992] Strowel, EIPR 1995, 154 ff. (156) und Gielen/Strowel, Mitt. 1995, 198 ff. (202); Kur, FS DPA, 175 ff. (188); Fezer, § 3, Rdn. 230; § 4, Rdn. 70, 85 f.; Ingerl, 66; Ingerl/Rohnke, § 3, Rdn. 42, mit ihren Beispielen zum 1 und 3. Ausschlussgrund; z.T. auch Eichmann, FS Vieregge, 125 ff. (147, 151) und GRUR 1995, 184 ff. (191, Fn. 98); Meisser/Bohren, SMI 1995, 225 ff. (231), Fn. 231 (zur Rechtslage in der Schweiz).
[993] Prüfungsrichtlinien zur GMV, Abl.HABM 1996, 1300 ff., Ziff. 8.1.1.

sowie –teilweise auch– wegen einer notwendiger Abgrenzung zum Gebrauchsmusterschutz und den Freihalteinteressen der Mitbewerber[994].

2. Theorie der strengeren Voraussetzungen

Nach Ansicht des BPatG[995], eines Teils der Literatur[996] und der Beschwerdekammern des HABM[997] sollen strengere Anforderungen für Formmarken gelten und ihre

---

[994] Kur, GRUR 1997, 241, 247; dies., FS DPA 1994, 175 ff. (188, 194, 195); dies., MarkenR 2000, 1 ff. (5 f.); im Ergebnis auch Th. Sambuc GRUR 1997, 403 ff. (406 f.), der die Problematik aber schon durch § 3 Abs. 2 Ziff. 1 geregelt sieht; Ströbele in GRUR 1999, 1041 (1042).

[995] ***Unterscheidungskraft verneint***: BPatG GRUR 2001, 737, 740 – Waschmittelflasche, mit (noch anhängiger) EuGH-Vorlage zur Frage, ob a) die Verpackung als "Beschreibung" der Beschaffenheit der Ware i.S.v. Art. 3 Abs. 1 lit. c dienen kann, ob b) die Bejahung der Unterscheidungskraft davon abhängt, ob der Durchschnittsabnehmer die „von Norm oder Branchenüblichkeit abweichenden" maßgeblichen charakterisierenden Merkmale zu erkennen vermag und ob c) die Beurteilung der Unterscheidungskraft allein aufgrund des jeweiligen inländischen Verkehrsverständnisses erfolgen kann; BPatG GRUR 1998, 584 – Kleine Kullerflasche; GRUR 1998, 581–weiße Kokosflasche; BPatGE 38, 39 – Gebäckstück; BPatG GRUR 1998, 706 Montre–I; GRUR 1998, 710 – Montre II; BIPMZ 1998, 534 – Uhrengehäuse; BPatG GRUR 1999, 56 – Taschenlampen (Schutzfähigkeit nur bejaht in Kombination mit dem Schriftzug MAG–LITE); BPatGE 40, 98 – Trafogehäuse; BPatG BIPMZ 1998, 533 – Trinkglas mit Luftblase; BPatG v.17.12.1997, 28 W (pat) 63/97 – Gabelstapler; BPatG v.18.11.1998, 26 W (pat) 96/96 – Sessel mit Fußhocker; BPatG v.7.8.1998, 33 W (pat) 100/97 –Flacher Winkel; BPatG BIPMZ 2000, 194 – Tablettenform; BPatG v.19.3.1999, 33 W (pat) 173/98 –Grünes Rohr; BPatG v.19.3.1999, 33 W (pat) 214/98 –Rote Oberflächenstruktur; BPatG GRUR 1998, 1018–Honigglas; BIPMZ 1998, 541 –CD–Hülle; BPatG v.28.10.1998, 32 W (pat) 121/98 –Verpackung mit Deckel; BPatG v.14.4.1999, 32 W (pat) 208/98 –Pralinenschachtel; Beschl. v. 7.9.1999. 27 W (pat) 8/99, 9/99, 10/99, 12/99, 13/99 – Dosiergeräte; Beschl.v.13.10.1999, 29 W (pat) 182/98 – Schraubenmutter; BPatG Beschl. v. 9.10.2001 27 W (pat) 154/00 – Batteriepack; Beschl. v. 19.9.2001 28 W (pat) 187/00 – Armbanduhr; BPatGE 43, 258 – Joghurtbehälter mit Bördelkappe; Beschl. v. 15.3. 2001 – 25 W (pat) 75/00 – Kunststoffflasche; Beschl. v. 8.11.2000 – 32 W (pat) 78/00 (für Schokoladenwaren, etc.) – Mohrenkopfverpackung; BPatG Beschl. v. 18.5.2000 – 25 W (pat) 18/00 (für Säuglingsnahrung, etc.) – Flaschenform für Säuglingsnahrung; BPatG GRUR 2001, 341 – (für Käse, etc.) – Käse in Blütenform; BPatG, Beschl. v. 28.1.2000 – 32 W (pat) 238/99 und 294/99 – Auslaufendstück für Sanitärarmatur.
Unterscheidungskraft bejaht: BPatG, Beschl. v. 24.3.1999, 26 W (pat) 104 u. 113/96 – stilisierte Tierfiguren (für die Ware Spielzeug, u.a. Tierfiguren); BPatG GRUR 1998, 584 – kl. Kullerflasche; BPatG Beschl. v. 17.12.1997, 26 W (pat) 68/97 – Vierkantflaschen für Mineralwasser; BPatG GRUR 1998, 580 – Dimple–Flasche; BPatG Beschl. v. 24.1.2001 – 29 W (pat) 87/00 – Waschmittelbehältnis; Beschl. 30.1.2001 – 33 W (pat) 197/99 – farbige Kanister für Düngemittel; Beschl. v. 25.4.2001 – 26 W (pat) 282/00 – Getränkeflasche; Beschl. v. 4.12. 2000 –30 W (pat) 27/00 – Tablette mit gleichschenkeligem Dreieck; Beschl. v. 26.7.2000 – 26 W (pat) 158/99 (für Weine, Spirituosen, etc.) – Flasche mit Ringwulst; BPatG, Beschl. v. 24.5.2000 – 29 W (pat) 109/99 (für flüssige farbige Geschirrspülmittel) – Spülmittelbehälter; BPatG, Beschl. v. 6.12.2000 – 26 W (pat) 212/00 (für Etuis für Parfümfläschchen) – Zigarrenetui; BPatG, Beschl. v. 15.3.2000 – 29 W (pat) 44/99 – dreidimensionaler Füllkörper für Verpackungszwecke.

[996] Eichmann, GRUR 1995, 184 ff (187 f.); ders., in FS Vieregge, 125, 16; Winkler, MA 1996, 516 ff. (524); Thewes, 123 ff.; Marz, 113; Körner/Gründig–Schnelle, GRUR 1999, 535 ff. (538f.); Meister, WRP 1995, 1005 ff. (1009); ders., WRP 2000, 967 (972 f.); Althammer/Ströbele/Klaka, § 8, Rdn. 38.; Ströbele, GRUR 2001, 658, 665 ff.

[997] **Unterscheidungskraft bejaht**: HABM (BK), Entscheidung v. 12.4.1999, R 164/98–1, Rdn. 11/12 – VALIGERIA RONCATO; MarkenR 1999, 366 ff. (368) – GRANNINI–Flasche; GRUR Int. 2000, 549 ff. (551) – BRUNNEN–EINHEITSFLASCHE; HABM (1.BK), GRUR 2002 – Waffelform (in Sachen Kelloggs Company – Waffelförmiges Cornflake).
Unterscheidungskraft verneint: HABM (BK) R 237–241/1999–2, Entscheidung vom 14.2.2000 – Taschenlampe; GRUR Int. 2000, 360 ff. (362) – TABS, rund, rot/weiß; Mitt. 1999, 471 ff. (473) – TABS, viereckig, rot/weiß; Entscheidung v. 25. 11.1999, R 75/99–3, TABS, viereckig, rot/weiß; HABM IIC Vol. 32, 2/2001, 220 (221/222) – Rectangular Tab; Entscheidung v. 28.2.2000, R 489/1999–2 – Yplon SA's Application („Tabs, yellow and blue"); R 529/1999–1 – Procter&Gamble France's Application („soaps, white, green and blue"); MarkenR 2000, 37 ff. (39) – Strahlregler; Entscheidung v. 15.11.1999, R 142/99–1, BUCKLE; Entscheidung v. 1.2.2000, R 70/1998–1 – METAL CLOSURE; Entscheidung v. 15.03. 1999, R 74/98–3, Rdn. 25 – Seifenstück; HABM Abl. 2001, 1654 – Waschmittelnetz/Draw–string–purse; Entscheidung v. 22.2.2001, R 842/99–1– Waschmittelnetz/Clip purse; HABM (2.BK) Entscheidung v. 14.12.1998, R 55/98–2, Rdn. 22–25 – Ölkanister; HABM, Entscheidung v. 14.12.1998, R 60/98–2, Rdn. 22–25 – Ölkanister.

Unterscheidungskraft voraussetzen, dass diese besondere Gestaltungsmerkmale enthalten, die über die "üblichen" Produktgestaltungen auf dem betreffenden Warengebiet hinausgehen und eine gewisse „Originalität" aufweisen.

3. Theorie der Prüfung von Freihaltebedürfnissen in § 8 Abs. 2 Nr. 2

Nach Ansicht des BGH[998] und eines Teils der Literatur [999] kann auch bei Formmarken eine konkrete Unterscheidungskraft nach herkömmlichen Kriterien gegeben sein. Mögliche Freihalteinteressen an der Ware selbst sollten stattdessen im Rahmen des § 8 Abs. 2 Nr. 2 MarkenG anhand der unterschiedlichen Wertungen des Schutzes dreidimensionaler Formen durch Geschmacksmuster– und Urheberrechtsschutz geprüft werden.

4. Theorie des engen Schutzumfangs

Nach einer weiteren in der Literatur vertretenen Ansicht sollen die Schutzversagungstatbestände der §§ 3 Abs. 2 und 8 Abs. 2 Nr. 1 bis 3 MarkenG bei Formmarken dagegen „eng" ausgelegt werden und stattdessen deren Schutzumfang wegen Freihalteinteressen der Mitbewerber eingeengt werden[1000].

5. Richtlinienkonforme Auslegung

Eine Lösung ist im Wege richtlinienkonformer Auslegung zu ermitteln.

a. Wortlaut

Ein genereller Ausschluss der Unterscheidungskraft von Formmarken widerspräche der Grundentscheidung der § 3 Abs. 1 MarkenG und Art. 2 der Richtlinie, die „dreidimensionale Gestaltungen einschließlich der Form einer Ware" für markenfähig halten. Dies gilt umso mehr, als nach dem Wortlaut des § 8 Abs. 2 Nr. 1 MarkenG bereits "jegliche" Unterscheidungskraft ausreicht, also minimale Anforderungen gelten. Auch lässt sich aus keiner Bestimmung der Richtlinie entnehmen, dass dreidimensionale Formen einer Ware bei der Prüfung auf konkrete Unterscheidungskraft unterschiedlich –nämlich strenger– zu behandeln sind. Aus diesem Grund hat auch schon der EuGH festgestellt, dass sich weder aus dem Wortlaut noch aus dem Sinn

---

[998] BGH, WRP 2004, 492, 494 – Käse in Blütenform; vgl. bereits BGH MarkenR 2001, 67 (68 f.) – Gabelstapler (Linde), MarkenR 2001, 71 (72 f.)– Stabtaschenlampe und MarkenR 2001, 75 (76 f.) – RADO–Uhr, wobei der BGH dem EuGH im wesentlichen die Fragen vorlegte, ob a) bei (Waren–) Formmarken strengere Maßstäbe als bei anderen Markenformen gelten, b) Art 3 Abs. 1 lit. c neben Art. 3 Abs. 1 lit. e der Richtlinie eine eigenständige Bedeutung zukommt und falls ja, ob c) das „Freihalteinteresse" des Verkehrs dergestalt zu berücksichtigen sei, daß eine Eintragung grundsätzlich nur bei Verkehrsdurchsetzung in Betracht komme?
[999] Althammer/Ströbele/Klaka, § 8 Rdn. 18, 157; Körner/Gründig–Schnelle, GRUR 1999, 535 (539); Erdmann, GRUR 1996, 550, 553; Kiethe/Groeschke, WRP 1998, 541 f., 546 f. (Berücksichtigung von Freihalteinteressen in den Verletzungstatbeständen); HABM (BK), R 70/1998–1, Entscheidung v. 1.2.2000 – METAL CLOSURE.
[1000] Vgl. Kiethe/Groeschke, WRP 1998, 541 ff., 546 f.

und Zweck des Art. 3 Abs. 1 lit. b der Richtlinie ergebe, dass bei der Beurteilung der Unterscheidungskraft einer dreidimensionalen Marke „strengere" Maßstäbe angelegt werden müssen als bei anderen Markenformen[1001].

b. Systematik

Entsprechendes ergibt auch eine gesetzessystematische Betrachtung.
Ein zwingender Nachweis von Verkehrsgeltung oder Verkehrsdurchsetzung widerspräche der Systematik nach § 8 Abs. 2 Nr. 1 und Abs. 3 MarkenG, sowie der Vorgabe der Art. 3 Abs. 1 lit. b. und Abs. 3 der Richtlinie. Auch eine alleinige Prüfung von Freihalteinteressen im Kollisions– oder Verletzungsfall muss ausscheiden, denn wie der EuGH in Libertel bestätigte, beruht das System der Richtlinie auf einer der Eintragung vorausgehenden Kontrolle, nicht auf einer nachträglichen. Aus Gründen der Rechtssicherheit und der ordnungsgemäßen Verwaltung ist sicherzustellen, dass Marken, deren Benutzung vor Gericht mit Erfolg entgegengetreten werden kann, nicht eingetragen werden[1002].

c. Teleologie

Auszuschließen sind auch strengere rechtliche Voraussetzungen an das Erfordernis der Unterscheidungskraft von Formmarken zum Zwecke des Schutzes von Freihalteinteressen oder aufgrund von Wesensunterschieden zwischen dem Markenrecht und den befristeten Leistungsschutzrechten. Zwar ist nach EuGH-„Libertel" eine Berücksichtigung gewisser Freihalteinteressen im Rahmen der Unterscheidungskraft nicht ausgeschlossen.[1003] Der EuGH stellte in "Philips vs. Remington" und nachfolgenden Urteilen aber klar, dass die Unterscheidungskraft dreidimensionaler Marken nach denselben Kriterien zu bestimmen ist, die auch bei anderen Markenkategorien angewendet werden. Insbesondere verlange die Richtlinie in keiner Weise, dass die Form, für welche das Zeichen registriert ist, eine willkürliche Ergänzung („capricious addition") enthalten müsse, sondern lediglich, dass die fragliche Form fähig sein muss, das Produkt des Eigentümers der Marke von denen anderer Unternehmen zu unterscheiden und somit ihren eigentlichen Zweck, den Ursprung des Produkts zu garantieren, erfüllt[1004]. Ein qualitativer Vergleich mit bereits existierenden Formen

---

[1001] EuGH, Case C–299/99, Urteil vom 18.06.2002 in Sachen Koninklijke Philips Electronics NV vs. Remington Consumer Products Ltd., MarkenR 2002, 231, 236, Erwägungsgrund 48 ff.; EuGH, Urteil v. 8.4.2003, C-53/01 bis C-55/01, Erwägungsgründe 46 ff., WRP 2003, 627, 632 – Linde/Winward/Rado; Schlussanträge von Generalanwalt Ruiz-Jarabo Colomer vom 24. Oktober 2002 zum o.g. Fall, Erwägungsgrund Nr. 10 ff., [2003] E.T.M.R. 354 (358); Sandri/Rizzo, 55.

[1002] EuGH, WRP 2003, 735, Urteil vom 6.5.2003 in Sachen Libertel Groep BV gegen Benelux-Merkenbureau, Case C-104/01, Erwägungsgrund 59.

[1003] EuGH, WRP 2003, 735, Urteil vom 6.5.2003 in Sachen Libertel Groep BV gegen Benelux-Merkenbureau, Case C-104/01, Erwägungsgrund 60; EuGH MarkenR 1999, 189 (194) – Chiemsee.

[1004] EuGH, Case C–299/99, Urteil vom 18.06.2002 in Sachen Koninklijke Philips Electronics NV vs. Remington Consumer Products Ltd., MarkenR 2002, 231, 236, Erwägungsgrund 48 ff.; EuGH, Urteil v. 8.4.2003, C-53/01 bis C-55/01, Erwägungsgründe 46 ff., WRP 2003, 627, 630 – Linde/Winward/Rado; Schlussanträge von Generalanwalt Ruiz-Jarabo Colomer vom 24. Oktober 2002 im selben Fall, Erwägungsgrund Nr. 10 ff., [2003] E.T.M.R. 354 (358); EuGH, Urteile v. 29.4.2004 in den verbundenen Rechtssachen C-456/01 P /C-457/01 P (Henkel),Rdn. 38, C-468/01 P bis C-472/01 P (Procter&Gamble), Rdn. 36 und C-473/01 P bis C-474/01 P (Procals maßgebliches rechtliches Abgrenzungskriterium ist daher verfehlt. Denn auch eine Warenform, die nicht erheblich von anderen Warenformen abweicht, kann für sich genommen so einprägsam sein, dass sie dem Verkehrsteilnehmer ohne weiteres als Hinweis auf einen bestimmten Geschäftsbetrieb im Gedächtnis bleibt.

Allerdings kann es in der „Praxis" schwieriger sein, die Unterscheidungskraft einer aus der Form einer Ware bestehenden Marke nachzuweisen als die einer Wort- oder Bildmarke[1005]. Da die Funktion die Form bedingt und ähnliche Produkte deshalb oft gleiches Aussehen haben, gelingt ein entsprechender Nachweis ohne entsprechende Verkehrsdurchsetzung seltener. Denn nach Rechtsprechung des EuGH *nimmt* ein *Durchschnittsverbraucher* unbedeutende Unterschiede der Waren weniger als Hinweis auf den Ursprung eines Erzeugnisses *wahr*, als eine Wort- oder Bildmarke, die aus einem Zeichen besteht, das vom Erscheinungsbild der mit der Marke bezeichneten Ware unabhängig ist[1006]. Auch dürfte insbesondere bei Waren des täglichen Ge- bzw. Verbrauchs (Haushalts– bzw. Alltagsgegenstände, wie z.B. Geschirrspülmitteltabletten) der Grad der Aufmerksamkeit des durchschnittlichen Verbrauchers nicht besonders hoch sein[1007]. Diese praktischen Schwierigkeiten ergeben sich aber aus der Natur der dreidimensionalen Form und der Eigenart der Verbrauchergewohnheiten selbst, nicht etwa aus einer schärferen Beurteilung der Unterscheidungskraft von Formmarken[1008]. Unter dieser Prämisse wird die Untercheidungskraft einer Warenform (oder der Verpackung von Waren, die aus mit der Art der Ware selbst zusammenhängenden Gründen nur verpackt Gegenstand des Wirtschaftsverkehrs sind[1009]) zwar häufig verneint werden müssen[1010]. Sie ist aber in jedem Einzelfall aufgrund der tatsächlichen Umstände und der Wahrnehmung eines durchschnittlich informierten, aufmerksamen und verständigen Durchschnittsverbrauchers zu ermitteln. Hierbei kann die besondere Eigentümlichkeit einer Warenform ein Indiz oder Anhaltspunkt für das Vorliegen von Unterscheidungskraft sein[1011]. Denn „je mehr sich die angemeldete Form der Form annähert, in der die betreffende Ware am wahrscheinlichsten in Erscheinung tritt, umso eher ist zu erwarten, dass dieser Form die Unterscheidungskraft fehlt. Diese besitzt nur eine

---

ter&Gamble), Rdn. 36; entsprechend auch die Urteile des EuG, MarkenR 2001, 418, 422 Erwägungsgrund 50 – Waschmitteltablette, MarkenR 2001, 481 (485 f.) – Waschmitteltablette als Bildmarke, MarkenR 2002, 56 (59) Erwägungsgrund 33 – Mag Lite Stabtaschenlampen.

1005 EuGH, Urteil v. 8.4.2003, C-53/01 bis C-55/01, Erwägungsgrund Nr. 48, WRP 2003, 627, 631 – Linde/Winward/Rado; Ullmann, NJW Sonderheft 2003, 83.

1006 EuGH, Urteile v. 29.4.2004 in den verbundenen Rechtssachen C-456/01 P /C-457/01 P (Henkel), Rdn. 38, C-468/01 P bis C-472/01 P (Procter&Gamble), Rdn. 36, C-473/01 P bis C-474/01 P (Procter&Gamble), Rdn. 36.

1007 EuG MarkenR 2002, 56 (59) – Mag Lite Stabtaschenlampen; EuG, MarkenR 2001, 418, 422 – Waschmitteltablette; EuG MarkenR 2001, 481 (485 f.) – Waschmitteltablette als Bildmarke; EuG MarkenR 2003, 77 (81) – Seifenstück 2; EuG GRUR Int. 2003, 754, 758 – Ovoide Geschirrspülmitteltablette; zur fehlenden Unterscheidungskraft rechteckiger Geschirrspültabletten auch Generalanwalt Ruiz-Jarabo Colomer in seinen Schlussanträgen v. 6.11.2004 zu den verbundenen Rechtssachen C–456/01 bzw. C–457/01 (Henkel KGaA vs. HABM) und C-468/01 bis C-472/01 bzw. C-473/01 bis C-474/01 (Procter&Gamble vs. OHIM), online abrufbar unter http://www.curia.eu.int./jurisp/...; Sandri/Rizzo, 47 ff.; kritisch Renck/Petersenn, WRP 2004, 440 ff.

1008 In diesem Sinne auch Generalanwalt Ruiz-Jarabo Colomer in seinen Schlussanträgen vom 24. Oktober 2002 zu den verbundenen Rechtssachen C–53/01 bis C–55/01 in Sachen Linde AG, Winward Industries Inc. und Rado Uhren AG, Erwägungsgrund Nr. 12 ff., [2003] E.T.M.R. 354 (360); EuG, MarkenR 2003, 77 (81) – Seifenstück 2.

1009 EuGH, MarkenR 2004, 116 (120), Urteil vom 12.2.2004, C-218/01-Waschmittelflasche.

1010 Hacker, GRUR Int. 2004, 215, 220; Lawry/Dickerson, Trademark World # 164 (2004), 26, 27.

1011 BGH, WRP 2004, 492, 494 – Käse in Blütenform (Unterscheidungskraft bejaht); Hacker, GRUR Int. 2004, 215, 220.

Marke, die erheblich von der Norm oder der Branchenüblichkeit abweicht und deshalb ihre wesentliche herkunftskennzeichnende Funktion erfüllt"[1012]. Darüber hinaus kann von Bedeutung sein, ob der Verkehr auf dem beanspruchten Warengebiet bereits an die „kennzeichnende" Funktion bestimmter Warenformen "gewöhnt" ist, sofern dort nicht schon eine Formenvielfalt üblich ist[1013]. Dies kann etwa der Fall sein bei gewissen Bonbon-Gestaltungen, bei Weichkäse in Blütenform[1014], bei Flaschen mit charakteristischen und ungewöhnlichen Gestaltungsformen[1015], aber eher nicht bei Schokolade in der verbreiteten Zigarren-/ Goldbarrenform[1016], oder bei Wasch- bzw. Geschirrspülmitteltabletten in ihren üblichen Formen[1017].

d. Berücksichtigung von Freihalteinteressen in § 8 Abs. 2 Nr. 2

Zu berücksichtigen ist aber, dass die absoluten Schutzausschlüsse des § 3 Abs. 2 MarkenG und der Eintragungsausschluss mangelnder Unterscheidungskraft nach § 8 Abs. 2 Nr. 1 MarkenG nicht alle Fälle beachtlicher Freihaltebedürfnisses an Warenformen abdecken[1018]. Der EuGH hat in „Linde, u.a." insoweit klargestellt, dass der Eintragungsausschluss für „beschreibende" Marken, also Art. 3 Abs. 1 lit. c der Richtlinie auch für Formmarken unabhängig und neben den auf Formmarken zugeschnittenen absoluten Schutzausschlüssen des Art. 3 Abs. 1 lit. e der Richtlinie, wie auch neben den anderen Eintragungshindernissen von Art. 3 Abs. 1 lit. a bis e der Richtlinie anzuwenden ist und hierbei jede Vorschrift „in jedem Einzelfall im Licht des ihr jeweils zugrunde liegenden *Allgemeininteresses* auszulegen und anzuwenden ist"[1019]. Die im Vorlagebeschluss des BGH bei Formmarken zum Ausdruck gekommene Vorgehensweise, die Vorschrift des § 3 Abs. 2 MarkenG möglichst eng auszulegen, eine Unterscheidungskraft nach herkömmlichen Kriterien zu bejahen und die Prüfung von „Freihalteinteressen" auf eine alleinige Allokation im Rahmen des § 8 Abs. 2 Nr. 2 MarkenG zu beschränken[1020], wurde vom EuGH mithin entsprechend korrigiert.

Vielfach kann aber erst in diesem Teil der Prüfung auf freihaltebedürftige Aspekte von Formmarken eingegangen werden, weil z.B. die Ware zusätzliche Elemente, wie etwa eine Wortmarke, enthält und das Zeichen mithin nicht „ausschließlich" aus

---

[1012] EuGH, Urteile v. 29.4.2004 in den verbundenen Rechtssachen C-456/01 P /C-457/01 P (Henkel),Rdn. 39, C-468/01 P bis C-472/01 P (Procter&Gamble), Rdn. 37 und C-473/01 P bis C-474/01 P (Procter&Gamble), Rdn. 37.

[1013] Ullmann, NJW Sonderheft 2003, 83, 84; Hacker, GRUR Int. 2004, 215, 220.

[1014] BGH, WRP 2004, 492, 494 – Käse in Blütenform (a.A. noch BPatG GRUR 2001, 341, 342 f. – Blütenform-Weichkäse); BPatG, Beschl. v. 31.10.2001 – 32 W (pat) 241/00 – Bonbon.

[1015] EuG, GRUR Int. 2004, 326, 328 in Sachen Nestlé Waters France ./. HABM (Flaschenform).

[1016] EuG, GRUR Int. 2003, 944, 947 – Axions und Belce vs. HABM [Zigarren-, Goldbarrenform]; vgl. auch EuG, GRUR Int. 2003, 754, 759 – Ovoide Geschirrspülmitteltablette: „..geometrische Grundformen sind .. geeignet für diese Waren gewöhnlich verwendet zu werden.."

[1017] EuGH, Urteile v. 29.4.2004 in den verbundenen Rechtssachen C-456/01 P /C-457/01 P (Henkel),Rdn. 36 f., C-468/01 P bis C-472/01 P (Procter&Gamble), Rdn. 34 f. und C-473/01 P bis C-474/01 P (Procter&Gamble), Rdn. 34 f.

[1018] Nach Rechtsprechung des EuGH ist die Berücksichtigung von „Allgemeininteressen" bereits im Rahmen der Prüfung der Unterscheidungskraft möglich, vgl. EuGH, Urteil v. 29.4.2004 in der verbundenen Rechtssache C-456/01 P /C-457/01 P (Henkel).

[1019] EuGH, Case C-53/01 - C-55/01, Erwägungsgründe 67 f., WRP 2003, 627, 630/632 f. – Linde/Winward/Rado.

[1020] BGH MarkenR 2001, 67, 70 – Gabelstapler; MarkenR 2001, 71, 74 – Stabtaschenlampe; MarkenR 2001, 75, 79 – RADO.

der Warenform i.S.d. § 3 Abs. 2 MarkenG besteht. Auch kann u.U. eine Verpackung zur Bezeichnung bestimmter Merkmale der verpackten Ware dienen[1021]. Zum anderen schließt § 3 Abs. 2 MarkenG nur einen Markenschutz für Formmarken aus, wenn die wesentlichen Merkmale des Zeichens durch die Art der Ware selbst bedingt sind, einer technischen Funktion entsprechen oder dieser einen wesentlichen Wert verleihen. Im Gegensatz zu § 3 Abs. 2 MarkenG ist hier aber die flexiblere Schutzmöglichkeit durch § 8 Abs. 3 MarkenG gegeben, die den Weg zum Markenschutz über eine "Verkehrsdurchsetzung" offen hält. Damit ist in tatsächlicher Hinsicht meist nicht § 3 Abs. 2 MarkenG, sondern vielfach ein „Freihaltebedürfnis" nach § 8 Abs. 2 Nr. 2 MarkenG wesentlicher Prüfungsschwerpunkt bei der Eintragung von Formgebungen mit der Folge, dass ein Markenschutz in vielen Fällen (nur) bei Marken in Betracht kommt, die eine Verkehrsdurchsetzung nach § 8 Abs. 3 MarkenG erlangt haben. Entsprechend räumt auch Generalanwalt Ruiz-Jarabo Colomer in seinen Schlussanträgen in „Linde, u.a." ein, dass demnach nicht viele dreidimensionale Zeichen, welche aus der Form der Ware bestehen, die besonderen Hindernisse für ihre Eintragung überwinden werden können[1022].

In welchen Fallgestaltungen Art. 3 Abs. 1 lit. c der Richtlinie konkret eingreifen soll, lässt sich den Ausführungen des EuGH allerdings nicht entnehmen[1023]. Die vom BGH in seinen Vorlagebeschlüssen als Ausschlusskriterium vorgeschlagene „Zeitlosigkeit/Kurzlebigkeit" der Gestaltung erscheint jedenfalls als zu vage und subjektiv[1024]. In Rückbesinnung auf den Wortlaut der Vorschrift sollte stattdessen im Einzelfall ermittelt werden, ob die spezifische Warenform einen Hinweis auf die Art, die Beschaffenheit, die Menge oder Bestimmung, etc. der Ware oder Dienstleistungen geben kann, was bei dem/der spezifisch ausgestalteten Gabelstapler, Stabtaschenlampe und RADO-Uhr in den Vorlagebeschlüssen wohl nicht anzunehmen war[1025]. Ist eine Apfelform für Obst (ausgenommen Äpfel) noch unterscheidungskräftig, so scheitert sie als Marke doch am Interesse des Verkehrs, sich in diesem Bereich ungehindert bedienen zu können[1026]. Zu berücksichtigende Freihalteinteressen dürften auch vorliegen, wenn die Warenform im Rahmen der auf dem jeweiligen Warengebiet üblichen Formenvielfalt liegt und die Möglichkeiten einer Variierung der Produktgestaltung im Interesse einer Individualisierung beschränkt sind[1027]. Vermieden werden sollte aber, dass der vom EuGH geprägte Begriff des „Allgemeininteresses" zukünftig als generelles Einfallstor Verwendung findet für die Zurückweisung von dreidimensionalen Marken, die aus der Form der Ware bestehen[1028].

Als Konsequenz der Entscheidungen des EuGH in Philips ./. Remington und Linde, Winward und Rado ergibt sich, dass ein Anmelder sich nicht darauf verlassen kann, dass seinem dreidimensionalen, aus der Form der Ware bestehenden Zeichen

---

[1021] EuGH, MarkenR 2004, 116 (120), Urteil vom 12.2.2004, C-218/01-Waschmittelflasche.
[1022] Generalanwalt Ruiz-Jarabo Colomer in seinen Schlussanträgen vom 24. Oktober 2002 zu den verbundenen Rechtssachen C–53/01 bis C–55/01 in Sachen Linde AG, Winward Industries Inc. und Rado Uhren AG, Erwägungsgrund Nr. 31, [2003] E.T.M.R. 354 (360), Erwägungsgrund Nr. 31.
[1023] Thewes, WRP 2004, 168, 169.
[1024] BGH, a.a.O.
[1025] Thewes, WRP 2004, 168, 170.
[1026] Ullmann, NJW Sonderheft 2003, 83, 85.
[1027] BGH, WRP 2004, 492, 495 – Käse in Blütenform.
[1028] Renck/Petersenn, WRP 2004, 440, 447.

Schutz zuerkannt wird, solange nicht er nicht eine ganz außergewöhnliche Gestaltung oder ein außergewöhnliches zusätzliches Element zur Gestaltung oder Darstellung der Form des Produkts wählt.

Die Eintragung vorausgesetzt, dürfte sodann der Schutzumfang der Form wiederum davon abhängen, wie ungewöhnlich oder auffällig die Formgestaltung ist, ob die zu vergleichenden (dreidimensionalen) Marken zusätzliche Wort- oder Bildelemente enthalten und inwieweit die Zeichen durch die Form oder aber durch Zusatzelemente geprägt sind[1029]. Die Kennzeichnungskraft der Formmarke hängt in diesem Zusammenhang aber maßgeblich davon ab, inwieweit die beteiligten Wirtschaftskreise es durch Werbung und Marketingmaßnahmen vermocht haben, den Verkehr zu erziehen, dem entsprechenden Warenteil eine herkunftshinweisende Funktion beizumessen[1030].

7. Rechtsvergleichung

Rechtsvergleichend ergibt sich noch ein recht uneinheitliches Bild zur Schutzfähigkeit von Produktformen als Marke. Insgesamt besteht aber ebenfalls die Tendenz, eher hohe Anforderungen zu stellen.

a. Schutzfähigkeit bei herkömmlicher Unterscheidungskraft

Das Benelux-Recht dürfte noch die größten Möglichkeiten zum markenrechtlichen Schutz von Produktdesign bieten. Hier soll ohne weitergehende Anforderungen[1031] die Eignung ausreichen, diese Ware von den Waren anderer Hersteller zu unterscheiden, bzw. dass ein repräsentativer Teil der Verbraucher das Produkt als von einem bestimmten Unternehmen herkommend auffasst[1032]. Wie die Schutzfähigkeit des Philishave-Rasierkopfes (seit 1959)[1033] und die der Coca-Cola-Flasche (seit 1957)[1034] belegen, gelten Formmarken im Benelux-Markenrecht bereits seit langem als grundsätzlich unterscheidungskräftig[1035]. Unterscheidungskraft wurde beispielsweise auch anerkannt für die (VIENNETTA-) Eistorte, Zahnpasta mit Streifen, farbige Zahnstocher, Miniaturporzellanhäuschen[1036], sowie für schraubenförmiges Salzgebäck[1037].

1029 Renck/Petersenn, WRP 2004, 440, 450 f.
1030 Ullmann, NJW Sonderheft 2003, 83, 85/86.
1031 BenGH, GRUR Int. 1992, 552 ff. – Burberrys II; Strowel, [1995] EIPR 154 ff. (155/156); Gielen/Strowel, Mitt. 198 ff. (201); BenGH-GRUR Int. 2000, 371 ff. (373) – Herzförmiges Katzenfutter.
1032 Hoge Raad, GRUR Int. 1986, 126 ff. (127) – Wokkels.
1033 Gerechtshof Den Haag 11.2.1959, BIE 1960, 27 – Philishave (mit 2 Scherköpfen).
1034 Gerechtshof Den Haag 15.5.1957, BIE 1958, 22 – Coca-Cola Flasche.
1035 Strowel, [1995] EIPR 154 ff. (155/156); Gielen/Strowel, Mitt. 198 ff. (201).
1036 Verkade, GRUR Int. 2000, 304 ff., 307 f.
1037 Hoge Raad, GRUR Int. 1986, 126 ff. (127) – Wokkels.

b. Schutzfähigkeit bei besonderer Eigenart

Österreich[1038], Schweden[1039] und die Schweiz[1040] verlangen als Schutzvoraussetzung dagegen meist eine "besondere Eigenart" oder "Unüblichkeit" der Produktform, gestehen diese aber eher selten zu und/oder gewähren allenfalls einen Markenschutz aufgrund nachgewiesener Verkehrsdurchsetzung.

c. Mangelnde Schutzfähigkeit / nur mit Verkehrsdurchsetzung

In Großbritannien und den USA zeigt sich geradezu schon die Tendenz, einer Ausweitung des Markenschutzes für Warenformmarken entgegenzuwirken oder nur bei Verkehrsdurchsetzung zuzulassen:
So ist nach Ansicht des britischen Court of Appeal die naturgetreue Form eines Rasierapparatkopfes nicht nur technisch bedingt, ihr fehle –neben Unterscheidungskraft– viemehr schon die „Unterscheidungseignung"[1041]. Entsprechend lehnte Justice Jacobs im Fall der Form des „VIENNETTA"-Eiskuchens mangels Verkehrsdurchsetzung dessen Schutzfähigkeit ab, weil das bloße Wiedererkennen einer Produktform noch keine Unterscheidungskraft begründe, legte diese Frage aber zur Klärung dem EuGH vor[1042].
Und in den USA entschied der US Supreme Court –der Ansicht zahlreicher Gerichte und Kommentatoren folgend[1043]– im Fall „WAL–MART", dass reine Warenformen im Gegensatz zum weiteren „trade dress"[1044] keinerlei „ursprüngliche Unterscheidungskraft" besitzen und zur Erlangung von Schutzfähigkeit regelmäßig einer Verkehrsdurchsetzung ("secondary meaning") bedürfen, was der Supreme Court maßgeblich mit einem überwiegenden Freihaltebedürfnis und der Annahme, dass der Verkehr Warenformen zunächst nicht als Marken verstehe, begründete[1045].

[1038] OGH, ÖBl. 1999, 194, 196 – Magic Joy.
[1039] Schwedischer Oberster Gerichtshof, GRUR Int. 1988, 700 ff. – LEGO; Patent Appeal Court, TMR 1999, Vol. 89, 437 ff. – Zahnpastastrang (nicht unterscheidungskräftig); Patent Appeal Court, ETMR 1997, 377 - Philishave–Rasierkopf (unterscheidungskräftig).
[1040] Schweiz. BG, sic! 2003, 892, 897 – LEGO III (Unterscheidungskraft abgelehnt, aber zwecks Feststellung der Frage der Verkehrsdurchsetzung und der „technischen Notwendigkeit" zurückverwiesen); Schweiz. BG, GRUR Int. 1995, 738 ff. (739) – RADO/The Original (nicht unterscheidungskräftig); Schweiz. BG, MarkenR 2000, 55 ff. (56) – Tablette weiß/grün (nicht unterscheidungskräftig); Eidg. Rekurskommission für geistiges Eigentum, sic! 2003, 804, 805 – Zahnpastastränge (nicht unterscheidungskräftig, „Gemeingut" nach Art. 2 lit. a MSchG); Eidg. Rekurskommission für geistiges Eigentum, sic! 2000, 101 ff. (102) – Buttermödeli; Eidg. Rekurskommission für geistiges Eigentum, sic! 1998, 399 ff. (401) – Parfümflasche I und sic! 1999, 130 ff. (131) – Parfümflasche II; vgl. Simon, 1999, 145, 152 m.w.N.; Arnet, 40 f.; Meisser/Bohren, SMI 1995, 225, 227; Wang, 345. ff.; Prüfungsrichtlinie des EIGE in sic! Sondernummer 1997, 10; Ineichen, GRUR Int. 2003, 193, 198.
[1041] Court of Appeal, GRUR Int. 2000, 439, 445 – Rasierapparatkopf II (Philips Electronics NV v. Remington Consumer Products Ltd. v. 5.5.1999).
[1042] High Court, Société des Produits Nestlé SA v. Unilever plc, ITMA News & Information, No. 298, 2003, S. 17, 18.
[1043] McCarthy, § 7:62 m.w.N.; Mitchell/Auslander, TMR Vol. 88 [1998], 472, 474 f.; Adamo, 48 ff.; Harris/Winkelmann, TMR Vol. 91 [2001], 988 ff.
[1044] Supreme Court, Two Pesos, Inc. v. Taco Cabana, Inc., 23 USPQ2d 1081 (1992); Adamo, 44.
[1045] US Supreme Court, Wal–Mart Stores Inc. v. Samara Bros. Inc., U.S., No. 99–150, 3/22/2000 (in deutscher Sprache abgedruckt in GRUR Int. 2000, 812, 813); U.S. District Court of Massachusetts, BNA's Patent, Trademark&Copyright Journal, 2000, Vol. 60, No. 1495, 659 ff. – Wasserhahn; BNA's Patent, Trademark&Copyright Journal, 2000, Vol. 61, No.1499, 68 - Aufkleber.

V. Grafische Darstellbarkeit von (Register–)Formmarken

Die Vorschrift des § 8 Abs. 1 MarkenG verlangt ebenso wie Art. 2 der Richtlinie und 4 GMV im Interesse der Öffentlichkeit und der beteiligten Verkehrskreise eine „grafische Darstellbarkeit" der angemeldeten Zeichen als Erfordernis der Markenfähigkeit von Registerformarken[1046]. Entsprechend sind bei der Anmeldung einer dreidimensionalen Marke vier übereinstimmende zweidimensionale „grafische Wiedergaben" der Marke beizufügen, die aus Lichtbildern oder grafischen Strichzeichnungen bestehen können und durch eine Beschreibung der (Form–)Marke ergänzt werden kann (§ 9 Abs. 1 bis 3 MarkenV). Dasselbe gilt im Falle ihrer Anmeldung als Gemeinschaftsmarke nach Art. 26,27 GMV und Regel 3 Abs. 2 DV[1047]. Falls kein Lichtbild der Form eingereicht wird, wird deren Dreidimensionalität meist durch eine perspektivisch verjüngende Linienführung angedeutet.
Noch unter Geltung des WZG war es gerade die angeblich fehlende grafische Darstellbarkeit, die dreidimensionale Marken trotz erheblicher Kritik im Schrifttum vom formalen Zeichenschutz ausschloss[1048]. Nach heutiger Rechtslage gelten dreidimensionale Formen aber unbestritten als in der o.g. Weise (mittelbar) abbildbar und werfen in der Praxis keine Probleme auf, so dass sich eine abschließende Erörterung erübrigt.

VI. Besondere Form der dreidimensionalen Marke: Die „Kennfadenmarke"

Eine besondere Form der dreidimensionalen Marke ist die „Kennfadenmarke".
Darunter versteht man farbige Fäden oder Streifen, die in Textilien, Kabel, Drähte, Schläuche oder ähnliche Gegenstände eingewirkt, eingewoben, eingegossen oder auf sonstige Weise mit dem Produkt fest verbunden werden. Sie sind seit jeher bei Stoffen oder zur Ummantelung von Kabeln/Drähten üblich und stellen für diese Produkte zumeist das einzig sachgerechte Unterscheidungsmittel zur Kennzeichnung dar. Die Kennfadenmarke war bereits im früheren Recht eine anerkannte Markenform[1049]. Ihre Markenfähigkeit bestimmt sich nach den Voraussetzungen der dreidimensionalen Marke[1050]. Sie sind jedoch in § 10 MarkenV „speziell" geregelt, was im Hinblick auf die früher existierende KabelkennfadenV historische Gründe hat.
Als Markenform wird die Kennfadenmarke zwar nicht ausdrücklich in Art. 4 GMV aufgeführt, aufgrund des „weiten"[1051] europäischen Markenbegriffs ist aber in jedem Fall von ihrer Markenfähigkeit auszugehen. Hierbei ermöglicht die körperliche Ausgestaltung der eingewirkten Fäden/Streifen, sowie deren mögliche Funktionalität[1052]

[1046] Vgl. oben die Ausführungen zu Abschnitt C. I. 2. c.
[1047] HABM (2.BK), GRUR Int. 1998, 611 ff. – Vakuumverpackung (Beschreibung allein nicht ausreichend).
[1048] Vgl. Thewes, 105, m.w.N.
[1049] Althammer/Ströbele/Klaka, § 3, Rdn. 16; Fezer, § 3, Rdn. 292 a ff.; BGH GRUR 1975, 550 – Drahtbewehrter Gummischlauch; Giefers, 19; BGHE 35, 341 ff. – Buntstreifensatin; vgl. die Verordnung über den Warenzeichenschutz für Kabelkennfäden vom 29. November 1939, RGBl. II, S. 1005, die durch Art. 48 Nr. 2 MarkenRRG wieder aufgehoben wurde.
[1050] Fezer, § 3, Rdn. 292 a.
[1051] v. Mühlendahl/Ohlgart/v. Bomhard, § 3, Rdn. 2.
[1052] So erscheint es sinnvoll z.B. eingewirkte Fäden, welche die Elastizität von Kletterseilen fördern oder Drahtummantelungen von Schläuchen, welche deren Biegsamkeit/Haltbarkeit oder Steifigkeit erhöhen, an dem Schutzhindernis der technischen Erforderlichkeit von Formen (§ 3 Abs. 2 MarkenG, Art. 3 Abs. 1 lit. e der Richtlinie , Art. 7 Abs. 1 lit. e GMV) zu messen.

eine Zuordnung zu den dreidimensionalen Marken. Erfolgreich als Gemeinschaftsmarke angemeldet und als unterscheidungskräftig erachtet wurden Webkanten aber auch schon als Bildmarken[1053].
Dem entspricht rechtsvergleichend, dass Art. L. 711–1. c. des neuen französischen Markengesetzes ausdrücklich „Randstreifen" als Beispiel markenfähiger Zeichen nennt[1054]. „Rand– oder Salleisten" für Webstoffe waren im übrigen auch schon im früheren österreichischen Recht markenfähig, sofern sie eine eigenartige Form hatten[1055].

[1053] HABM (2.BK), MarkenR 2002, 454, 455 – Webkante; vgl. auch Art. L. 711–1. c. des neuen französischen Markengesetzes i.d.F. v. 1.7.1992 (abgedruckt in Schricker/Bastian/Albert, 329 ff.), das „Randstreifen" als Beispiel für „Bildzeichen" aufführt.
[1054] Vgl. Annex L. I.1.
[1055] Schönherr/Thaler, § 1, Ziff. 101 ff.

F. „Sonstige" Aufmachungen

§ 3 Abs. 1 MarkenG nennt im Anschluss an „dreidimensionale Gestaltungen einschließlich der Form einer Ware oder ihrer Verpackung" als weiteres Beispiel markenfähiger Zeichen sog. "sonstige Aufmachungen".
Im folgenden ist zu ermitteln, was nach richtlinienkonformer und rechtsvergleichender Auslegung unter diesem Begriff zu verstehen ist. Von Bedeutung ist insbesondere, ob die genannte Markenform auch Farben in Gestalt einer „Aufmachungsfarbmarke" umfasst oder ob darunter sowohl zwei– als auch dreidimensionale Gestaltungen fallen. Letzteres ist von Bedeutung ist für die Frage der Anwendbarkeit des § 3 Abs. 2 MarkenG. Aus diesem Grund ist die Markenform der „Aufmachung" aufbaumässig im Anschluss an die Formmarke an dieser Stelle zu behandeln. Ihre Nähe zur Formmarke bedarf einer Erörterung von Freihalteinteressen im Sinne der Vorschrift des § 3 Abs. 2 MarkenG, deren herkömmlicher Anwendungsbereich zunächst einer Klärung bedurfte.

I. Begriff und Anwendungsbereich

1. Grammatikalische Auslegung

Ausgehend vom Wortsinn des § 3 Abs. 1 MarkenG und des Art. 2 der Richtlinie ist unter dem Begriff einer „Aufmachung" zunächst einmal das „äußere Erscheinungsbild"[1056] zu verstehen. Da neben zweidimensionalen Applikationen auch Verpackungen, Formen und Farben zum „äußeren Erscheinungsbild" von Waren im weiteren Sinne zu zählen sind, scheinen auch diese dem Wortlaut nach vom Ausstattungsbegriff gedeckt zu sein, obgleich sie selbständig in § 3 Abs. 1 MarkenG genannt werden. Darauf deutet auch der grammatikalische Zusammenhang des § 3 Abs. 1 MarkenG hin, der nach Nennung von „dreidimensionale Gestaltungen einschließlich der Form einer Ware oder ihrer Verpackung" von *„sonstigen"* Aufmachungen (*einschließlich Farben)* spricht. Der Begriff der Ausstattung umfasst daher bereits dem Gesetzeswortlaut nach sowohl drei– wie auch zweidimensionale Gestaltungen.

Wegen der in § 3 Abs. 1 MarkenG systematisch getrennten Aufzählung kann eine "Aufmachung" dem Wortsinn nach aber auch jedes andere Produktbeiwerk sein, welches von der Ware völlig losgelöst sein[1057] und auch im Zusammenhang mit Dienstleistungen Verwendung finden kann, wie z.B. die Einrichtung eines Restaurants inklusive der Kleidung seines Personals[1058]. Dagegen ist der Richtlinienwortlaut –im Einklang mit Art. 4 GMV– insoweit etwas enger, als er in Art. 2 von der Form oder Aufmachung "der Ware" spricht.

[1056] Bünting, Deutsches Wörterbuch, 1996, 105.
[1057] Ingerl/Rohnke, § 3, Rdn. 31.
[1058] Vgl. den US Supreme Court in Two Pesos, Inc. v. Taco Cabana, Inc., 23 USPQ2d 1081 (1992), wo es um "trade dress protection" für "decor, menu and style of a restaurant" ging; McCarthy, § 7:54.

2. Historische, teleologische und gemeinschaftskonforme Auslegung

In dieselbe Richtung weist eine historisch–teleologische und gemeinschaftskonforme Auslegung.

Bereits der Verordnungsentwurf zur Gemeinschaftsmarke von 1978 verwendete in der Aufzählung beispielhafter Markenformen den Ausdruck „Aufmachung der Ware“[1059], während die Denkschrift von 1976 noch vom Begriff der „Verpackung“ ausging[1060]. Dies lässt zumindest auf die Absicht der Gesetzgeber schließen, den Verpackungsbegriff auch von dem der Aufmachung zu umschließen. Entsprechend benutzen die ausländischen Fassungen von Art. 2 der Richtlinie und 4 GMV beide Begriffe synonym und sprechen entweder von „Verpackung“ oder „Aufmachung“[1061]. Über Verpackungen hinaus kann die Markenform der „Aufmachung“ –entgegen dem Wortlaut der Richtlinie– aber auch auf Dienstleistungsmarken Anwendung finden. Denn Art. 2 der Richtlinie geht historisch–teleologisch von einem „weiten Markenbegriff“[1062] aus, wonach alle Zeichen markenfähig sind, die zur Unterscheidung von Waren oder Dienstleistungen geeignet sind und dass die genannten Zeichen nur Regelbeispiele darstellen[1063]. Der deutsche Gesetzgeber war daher nicht gehindert den Aufmachungsbegriff auch auf Dienstleistungsmarken auszudehnen.
Der Ausstattungsbegriff ist mithin weiter als die ebenfalls in § 3 Abs. 1 genannten Formen, Verpackungen, Farben und Farbzusammenstellungen. Überschneidungen mit anderen Markenformen, wie beispielsweise den dreidimensionalen Marken oder den „konkreten Aufmachungsfarbmarken“ sind daher unausweichlich. Als letztere bezeichnet man Farbmarken, die eine bestimmte Aufmachung wiedergeben, deren Schutzgegenstand also die konkrete Aufmachung der Ware in einer oder mehreren Farben darstellt[1064]. Denn wie schon der Wortlaut des § 3 Abs. 1 MarkenG („...sonstige Aufmachungen, einschließlich Farben und Farbzusammenstellungen“) andeutet, ist der Schutz von Waren in konkreten Farben oder Farbkombinationen letztlich auch ein Schutz der Aufmachung der Ware[1065].
Wohl nicht zuletzt wegen des umfassenden Ausstattungsbegriffs fehlt es im Bereich der Gemeinschaftsmarke noch weitgehend an einer Spruchpraxis zur Aufmachung. Entsprechende Gestaltungen werden bislang meist als Bild–oder 3-D–Marke angemeldet oder eingestuft, wie z.B. bei fünf eingeschliffenen Rippen am Rand von Lin-

---

[1059] Entwurf einer Verordnung des Rates über die Gemeinschaftsmarke, GRUR Int. 1978, 452 ff.; In der Richtlinie taucht eine entsprechende Beispielsliste dagegen erst 1988 auf, vgl. Abl.EG 1989, Nr. L 40/1 ff., 144 ff.

[1060] Kommission der Europäischen Gemeinschaften, Denkschrift über die Schaffung einer EWG–Marke, abgedruckt in GRUR Int. 1976, 481.

[1061] Vgl. Abl.EG 1989, L 40, 1ff.: UK: „shape of goods or of their packaging“, BX: „vormen van waren of van verpakking“, F: „forme du produit ou de son conditionnement“, ES: „forma del producto o de su presentación“, I: „forma del prodotto o il suo confezionamento“; vgl. auch v. Mühlendahl/Ohlgart/v. Bomhard, 24, Fn. 8. zur GMV.

[1062] Vgl. insoweit schon die Vorarbeiten zur GMV, die auch der Richtlinie als Grundlage dienten: Denkschrift der Kommission über die Schaffung der EWG–Marke, GRUR Int. 1976, 481 ff. (489); Begr. zu Art. 3 des Verordnungsvorschlag von 1980, GRUR Int. 1981, 86 ff. (87).

[1063] 7. Erwägungsgrund zur Richtlinie, abgedruckt in v. Mühlendahl, Deutsches Markenrecht, a.a.O., S. 305 ff. (306).

[1064] Althammer/Ströbele/Klaka, § 3, Rdn. 20; Grabrucker GRUR 99, 850, 853; BPatG GRUR 1998, 1016 - grün/gelb.

[1065] Ob der Begriff der „Aufmachung“ insoweit einzuschränken ist, dass darunter nur „flächenmäßig oder figürlich begrenzte“ Gestaltungen fallen, ist insbesondere wegen der Frage der Markenfähigkeit „abstrakter“ Farben umstritten. Insoweit wird auf die Ausführungen zu dieser Frage bei der Farbmarke verwiesen.

sen[1066], einem Wendelstreifen auf einem Schlauch[1067], oder einem umgekehrten "Y" auf Unterhosen[1068]. Die einzigen vom Bundespatentgericht unter dem Gesichtspunkt „Aufmachung" behandelten Gestaltungsformen („roter Streifen im Schuhabsatz"[1069], „Jeanstasche mit Ausrufezeichen"[1070]), wurden als Bild–, dreidimensionale oder „Positionsmarke" (s.u.) klassiert[1071].

3. Rechtsvergleichung

Rechtsvergleichend ergeben sich innerhalb Europas bislang nur wenige Anhaltspunkte für die Auslegung des Begriffs der „Aufmachung", da die Vorschriften der meisten Mitgliedsländern den Begriff der „Aufmachung (der Ware)" nicht extra als Regelbeispiel für markenfähige Zeichenformen aufführen[1072], was aber nicht bedeutet, dass entsprechenden Gestaltungen in diesen Ländern die Markenfähigkeit fehlt[1073].

Bestätigt wird der oben herausgearbeitete Anwendungsbereich der Aufmachung aber durch das US–amerikanischen Markenrecht, welches neben den herkömmlichen Warenformen auch den sogenannten „trade dress" schützt. Dieser beinhaltet die „Gesamtheit der Elemente, mit denen ein Produkt oder eine Dienstleistung verpackt ist oder präsentiert wird", wie das gesamte Aussehen eines Produkts, seine Verpackung, sein Design, seine Form, seine Farbe oder sogar eine bestimmte Verkaufstechnik[1074]. Im Gegensatz zu Warenformen[1075] kann ein „trade dress" nach Rechtsprechung des Supreme Court auch originär unterscheidungskräftig sein, falls er „suggestiv", „willkürlich" oder „phantasiereich" ist[1076].

4. Vergleich mit der Rechtslage unter Geltung des WZG

Unter Geltung des WZG umfasste eine „Ausstattung" i.S.d. § 25 WZG jede äußere Form oder Aufmachung, in der ein Unternehmen seine Waren oder Dienstleistungen

---

1066 Entscheidung vom 21.3.2001, R 448/99–2 – Five Ribs (als „dreidimensionale Marke" eingetragen, Nr. 19237).

1067 Entscheidung vom 13.6.2000, R 177/99–2 – Wendelstreifen (als „dreidimensionale Marke" eingetragen, Nr. 2868).

1068 Entscheidung vom 29.5.2000, R 608/99–3 – Bipod design (als „dreidimensionale Marke" eingetragen, Nr. 5437).

1069 BPatG, GRUR 1998, 390 ff. – Roter Streifen im Schuhabsatz; als „sonstige Aufmachung" angemeldet.

1070 BPatG, GRUR 1998, 819 ff. – Jeanstasche mit Ausrufezeichen; als „sonstige Aufmachung" angemeldet.

1071 Vgl. Grabrucker, GRUR 1999, 605 ff. (610); dies., GRUR 2000, 366; Schmieder, NJW 1999, 3088, 3089; BPatG BlPMZ 1999, 116, 117 – Zick–Zack Linie auf Turnschuh; BPatG, BlPMZ 2000, 197 ff. – Positionierungsmarke.

1072 Benelux, Österreich, Portugal, Großbritannien, Griechenland, Finnland (und Schweiz); in Italien, Schweden, Frankreich und Spanien wird dagegen die „Form" und die „Aufmachung der Ware" grammatikalisch unterschieden; vgl. die entsprechenden nationalen Regelungen im Annex L.I.1.

1073 Henning–Bodewig/Bastian, Rdn. 36 zu Art. 1 Abs. 1 des Benelux – Markengesetzes.

1074 McCarthy, § 8:01; Adamo, 4; John H. Harland Co. v. Clarke Checks, Inc., 219 USPQ 515 (11th Cir. 1983); bestätigt in Le Sportsac, Inc. v. K Mart Corp., 225 USPQ 654 (2d Cir. 1985).

1075 US Supreme Court, Wal–Mart Stores Inc. v. Samara Bros. Inc., U.S., No. 99–150, 3/22/2000 (in deutscher Sprache abgedruckt in GRUR Int. 2000, 812 ff.).

1076 US Supreme Court in Two Pesos, Inc. v. Taco Cabana, Inc., 23 USPQ2d 1081 (1992).

in den Verkehr bringt oder für sie wirbt, um sie von gleichen oder gleichartigen Waren oder Dienstleistungen anderer Herkunft zu unterscheiden. Der Begriff der Ausstattung war weit gefasst und beinhaltete nicht nur die konkrete Ausgestaltung einer Ware oder ihrer Verpackung, sondern auch die besondere Aufmachung von Werbeankündigungen, Preislisten, ebenso wie Werbeschlagworte und Werbeverse. Demnach konnten neben den warenzeichenfähigen Wörtern, Bildern und Zahlen auch dreidimensionale Gestaltungen, wie die Form oder Verpackung einer Ware oder (als unplastische Gestaltung) Farben und Farbkombinationen als Ausstattung einer Ware oder Dienstleistung geschützt sein[1077].

Abgesehen von der Tatsache, dass Ausstattungen i.S.d. § 25 WZG nicht eintragungsfähig waren und nur mit Hilfe von Verkehrsgeltung Schutz nach § 25 WZG erlangen konnten, entspricht mithin der in § 3 Abs. 1 MarkenG verwendete Begriff der „Aufmachung" auf den ersten Blick dem weiten Ausstattungsbegriff nach früherem deutschen Recht.
Dennoch ist die Rechtslage nach § 3 Abs. 1 MarkenG differenzierter zu sehen. Die grammatikalisch-systematische Trennung des deutschen Rechts zwischen „Form der Ware und Verpackung" einerseits und „Aufmachungen" andererseits ist zu beachten. Denn der deutsche Gesetzgeber hat hier eine Regelung i.S. einer gesetzlichen „Spezialität" vorgenommen, zu der er deshalb berechtigt war, weil der Markenbegriff der Richtlinie weit gefasst ist und die genannten Markenformen nur eine Beispielsliste darstellen. Eine entsprechende Regelung macht Sinn, weil die Probleme der spezielleren Markenformen spezifischer und meist anders geartet sind als die der Aufmachung als Ganzes. Dies belegt auch die Einordnung der Anmeldungen von Aufmachungen, bzw. aufmachungstypischer Gestaltungen unter die Kategorie speziellerer Markenformen durch das BPatG[1078], das HABM[1079] und die jeweiligen Anmelder.

II. Anwendbarkeit des § 3 Abs. 2 auf dreidimensionale Aufmachungen

Fraglich ist, ob der Schutzausschluss des § 3 Abs. 2 MarkenG nach richtlinienkonformer Auslegung auch Anwendung auf dreidimensionale „sonstige Aufmachungen" i.S.d. § 3 Abs. 1 MarkenG finden kann.

Dagegen sprechen auf den ersten Blick Wortlaut und Systematik des § 3 MarkenG und der Art. 2 und 3 Abs. 1 lit. e der Richtlinie, denn § 3 Abs. 1 MarkenG und Art. 2 der Richtlinie unterscheiden zwischen „Form" und „Aufmachung" der Ware, während die Ausschlussvorschriften des § 3 Abs. 2 MarkenG und Art. 3 Abs. 1 lit. e der Richtlinie nur Bezug auf die „Form" nehmen. Für eine Anwendung der Ausschlussvorschriften auf Aufmachungen lässt sich jedoch Wortsinn und Telos anführen. Denn

---

[1077] Vgl. Baumbach/Hefermehl, § 25 Rdn. 1 und 2.

[1078] BPatG, GRUR 1998, 390 ff. – Roter Streifen im Schuhabsatz; BPatG, GRUR 1998, 819 ff. – Jeanstasche mit Ausrufezeichen; BPatG BlPMZ 1999, 116, 117 – Zick-Zack Linie auf Turnschuh; BPatG, BlPMZ 2000, 197 ff. – Positionierungsmarke.

[1079] Vgl. HABM GRUR Int. 2000, 365 – (Jeans-)Tasche: Als Bildmarke angemeldet und beurteilt (fehlende Unterscheidungskraft). HABM, Entscheidung vom 21.3.2001, R 448/99-2 – Five Ribs (als „dreidimensionale Marke" eingetragen, Nr. 19237); Entscheidung vom 13.6.2000, R 177/99-2 – Wendelstreifen (als „dreidimensionale Marke" eingetragen, Nr. 2868).

der Begriff der „Aufmachung“ beinhaltet, wie gesagt, seinem Wortsinn nach als „äußeres Erscheinungsbild (der Ware)“ auch dreidimensionale Gestaltungen, wie z.B. die Verpackung oder Form der Ware. Die Freihalteinteressen der Mitbewerber für funktionelle Formgestaltungen i.S.d. § 3 Abs. 2 MarkenG müssen daher – vorbehaltlich besonderer Fallgestaltungen- grundsätzlich in gleichem Maße berücksichtigt werden. Ansonsten könnten die Schutzausschlüsse dadurch umgangen werden, dass die besondere Form einer Ware oder ihrer Verpackung als „sonstige Markenform“ mit der Erläuterung „Aufmachung“ anstatt „dreidimensionale Marke“ angemeldet wird.

Damit korrespondiert rechtsvergleichend, dass auch im US–Markenrecht die „doctrine of functionality“ nicht nur auf "product design“, sondern auch auf den sog. „trade dress“, der dem Begriff der „Aufmachung“ entspricht, Anwendung findet[1080]. Insoweit ergibt sich auch kein Unterschied zum früheren WZG, da auch eine „Ausstattung“ nach § 25 WZG schutzunfähig war, falls sie technisch oder ästhetisch funktionell war[1081].

Eine Anwendung der Ausschlussvorschriften auf „dreidimensionale Aufmachungen“ ist daher zu bejahen, ohne dass es hierfür einer „Analogie“ bedarf, da der Begriff der Form (einer Ware) dem Wortsinn nach von ihrer Aufmachung umfasst ist. Bei zweidimensionalen Aufmachungen, wie reinen Farbapplikationen, wäre gegebenenfalls eine Analogie zu erwägen. Abgrenzungskriterium hierbei ist die tatsächliche „Körperlichkeit“ des Gegenstandes, also ob das betreffende Element Höhe, Breite und Tiefe aufweist und nicht bloß flächig ist. In diesem Sinne sind bloße Farben, Muster oder Aufdrucke und grds. auch Einwebungen in Stoffen als zweidimensional, höhere Applikationen auf Kleidungsstücken wie z.B. Riemen, Streifen oder Stoffteile aber u.U. als dreidimensional anzusehen[1082].

III. Besondere Form einer „sonstigen Aufmachung“: Die „Positionsmarke“

Die „Positionsmarke“ stellt eine besondere Form der „sonstigen Aufmachung“ nach § 3 Abs. 1 MarkenG dar. Gegenstand ist die besondere Art und Weise der „Anbringung oder Anordnung“ eines Zeichens auf einem Produkt[1083] –wie zum Beispiel Schriftzeichen oder einfache geometrische Figuren und Symbole auf Textilien oder Schuhen (z.B. Schnallen/Verschlüsse von Chanel, Gucci, Ferragamo, etc.[1084])– die an stets derselben Stelle, in gleich bleibendem Größenverhältnis, in gleichem farblichen Kontrast oder in gleich bleibender formmäßiger Ausbildung angebracht sind und so der Identifizierung und Wiedererkennung der Ware eines bestimmten Herstellers dienen sollen[1085]. Nach Art der jeweils gewählten Aufmachung als zwei– oder dreidimensionale Wiedergabeform unterliegen „Positionmarken“ den Vorschrif-

---

[1080] Supreme Court, Two Pesos, Inc. v. Taco Cabana, Inc., – U.S. – 23 USPQ2d181 (1992).
[1081] Vgl. Baumbach/Hefermehl, § 25, Rdn. 14 ff.
[1082] BPatG GRUR 1998, 390 ff. (391) – Roter Streifen im Schuhabsatz (Anwendung des § 3 Abs. 2 Nr. 2 MarkenG mangels Funktionalität abgelehnt).
[1083] Althammer/Ströbele/Klaka, § 3, Rdn. 23; Fezer, § 3, Rdn. 294 a; Grabrucker, GRUR 2000, 366, 367.
[1084] Sandri/Rizzo, 152.
[1085] Schmieder, NJW 1999, 3088 (3089); Grabrucker, MarkenR 2001, 95 (102).

ten für Bildmarken oder dreidimensionale Marken (inklusive der Schutzausschlüsse des § 3 Abs. 2 MarkenG)[1086].

Das BPatG hat in einem Beschluss vom Oktober 1999, in der es um die Schutzfähigkeit einer "Röhre mit blauer axial verlaufender Linie" (angemeldet für medizinische Geräte) ging, den Begriff der „Positionsmarke" zum ersten Mal aufgenommen und entsprechend dem oben genannten Sinn definiert, eine Unterscheidungskraft der Marke im konkreten Fall jedoch abgelehnt[1087]. Es schloss sich dabei im wesentlichen den zu dieser Markenform bereits in den Vorjahren ergangenen Entscheidungen an, auch wenn in diesen Fällen noch der Begriff der „sonstigen Aufmachung" verwendet worden war[1088]. Auch im nachfolgenden Jahr erachtete es die Positionierung eines Etiketts auf einer Hose als schutzunfähig, weil der Verkehr an eine unterschiedliche Platzierung von Kleideretiketten gewöhnt sei, so dass er keine Veranlassung habe, allein hierin eine von Haus aus betriebskennzeichnende Besonderheit zu sehen[1089].

Auf gemeinschaftsrechtlicher Ebene fehlt es bislang noch an einer Diskussion zur Behandlung dieser speziellen Markenform. Entsprechend beurteilten die Beschwerdekammern des HABM die Positionierung einer „Jeans(hosen)tasche", der gezahnten Randstruktur einer „Bremstrommel" und der „Streifen auf einem Sportschuh" als Bildmarke[1090] bzw. ein Unterhosendesign in Form eines umgedrehten „Y" als dreidimensionale Marke[1091], auch wenn die Beschwerdeführer von einer „Positionsmarke" sprachen[1092].

[1086] Althammer/Ströbele/Klaka, § 3, Rdn. 23; Sandri/Rizzo, 152/153; vgl. BPatG GRUR 1998, 390 ff. (391) – Roter Streifen im Schuhabsatz, wo das BPatG § 3 Abs. 2 Nr. 2 prüfte; im Grunde auch BGH GRUR 2001, 158 - Drei-Streifen-Kennzeichnung) behandelte der BGH (die Bildmarke einer) Streifenkennzeichnung auf Bekleidungs-Seitennähten im Grunde genommen als Positionsmarke.

[1087] BPatG BlPMZ 2000, 197 ff. – Röhre mit blauer axial verlaufender Linie; vgl. Grabrucker, GRUR 2000, 366, 367.

[1088] BPatG, GRUR 1998, 390 ff. – Roter Streifen im Schuhabsatz („sonstige Aufmachung"); BPatG, GRUR 1998, 819 ff. – Jeanstasche mit Ausrufezeichen („sonstige Aufmachung"); BPatGE 40, 76 –Zick-Zack Linie auf Turnschuh.

[1089] BPatG (27. Senat) Beschl. 18.4.2000 – 27 W (pat) 109/99, 111/99 und 161/99 – Positionierung eines Hosenetiketts.

[1090] HABM GRUR Int. 2000, 365 – (Jeans-)Tasche (keine Unterscheidungskraft); HABM MarkenR 2000, 292 (294) – Bremstrommel (Zurückweisung aus verfahrensrechtlichen Gründen); HABM (1. BK), MarkenR 2002, 430 (432) – Positionsmarke auf Sportschuh.

[1091] HABM (3. BK), R 608/99-3 vom 29.5.2000 – BIPOD DESIGN; Bender/Kapff, IIC Vol. 32, 6/2001, 625 (634, 637).

[1092] HABM (1. BK), MarkenR 2002, 430 (432) – Positionsmarke auf Sportschuh.

G. Farbmarken

Noch unter Geltung des WZG waren Farben nicht als „Warenzeichen" eintragungs- bzw. schutzfähig. Schutz konnten sie allenfalls als „Ausstattung" nach § 25 WZG im Falle von Verkehrsgeltung erlangen, was beispielsweise bejaht wurde für die Farbzusammenstellungen gelb–rot (SHELL[1093] und MAGGI[1094]), blau–weiß (ARAL)[1095] und Blau–gold („4711")[1096], wobei der Schutz an die konkreten Erscheinungsformen anknüpfte, in denen die Farben und Farbkombinationen für die Waren oder Dienstleistungen verwendet wurden. Dagegen führt § 3 Abs. 1 MarkenG "Farben und Farbzusammenstellungen" nunmehr ausdrücklich als Regelbeispiel für ein als Marke schutzfähiges Zeichen auf.

I. Begriff

Unter dem Begriff der Farbmarke versteht man die isolierte Farbe oder Farbkombination als Herkunftszeichen. Diese darf nicht lediglich die in erster Linie vom Verkehr berücksichtigten Wort– oder Bildbestandteile fördern, sondern gerade das Farbelement muss als Herkunftshinweis dienen und sich, bei Benutzungsmarken, durchgesetzt haben[1097]. Die Farbmarke ist darüber hinaus abzugrenzen vom bloßen Wortzeichen, das aus einem Farbnamen besteht, der farbigen Abbildung und der farbigen dreidimensionalen Marke, bei denen es sich um Wort–, Bild– oder dreidimensionale Marken handelt und die nicht als „Farben oder Farbzusammenstellungen" i.S.v. § 3 Abs. 1 MarkenG zu verstehen und zu behandeln sind[1098]. Weiterhin ist zu differenzieren zwischen „abstrakten Farbmarken", durch die Schutz für konturunbestimmte Farben an sich begehrt wird und „konkreten Aufmachungsfarbmarken", deren Schutz die konkrete Aufmachung der Ware in einer oder mehreren Farben darstellen soll[1099]. Beide Formen verlangen eine unterschiedliche rechtliche Bewertung. Unter den nicht-konventionellen Marken hat die Farbmarke bislang zweifellos die größte Beachtung von Unternehmen, Gesetzgebern, Gerichten und Kommentatoren gefunden[1100].

II. Die „abstrakte" Farbmarke

Seit Geltung des neuen Markengesetzes dreht sich der Streit insbesondere um die Frage, ob bereits eine Farbe "an sich" als sogenannte „abstrakte" Farbmarke mar-

---

[1093] RG MuW 33, 74 – gelb–rote Tankstelle.
[1094] BGH GR 68, 371ff. – Maggi.
[1095] Düsseldorf MuW 30, 540 – blau–weiße Tankstelle.
[1096] Zitiert nach Steckler, 79.
[1097] Althammer/Ströbele/Klaka, § 4, Rdn. 14; siehe zum früheren Recht: BGH GRUR 1957, 369 – Rosa–Weiß–Packung für Seife (Schutz abgelehnt) und BGH GRUR 1968, 371 – Maggi (Schutz nach § 25 WZG gewährt); BGH GRUR 1966, 30 – Konservenzeichen; BGH GRUR 1982, 51 Rote–Punkt–Garantie; Baumbach/Hefermehl, § 25, Rdn.57; BGH GRUR 1979, 855 – LILA (Unterscheidungskraft abgelehnt).
[1098] Vgl. Ingerl/Rohnke, § 3, Rdn. 32; Althammer/Ströbele/Klaka, § 3, Rdn. 20; Ströbele, GRUR 1999, 1041 (1045); ders., IIC 2001, 161, 172.
[1099] Vgl. Althammer/Ströbele/Klaka, § 3, Rdn. 20; Ströbele, GRUR 1999, 1041 (1045); ders., IIC 2001, 161, 172; Grabrucker, GRUR 1999, 850 ff.
[1100] Sandri/Rizzo, 74,

ken– bzw. schutzfähig ist. Darunter versteht man Marken, die aus einer bestimmten Farbe bestehen, ohne dass ein Wort, ein Bild, irgendeine Strukturierung oder Kontur hinzutritt und die Farbe in wechselnden verschiedenen Formen eingesetzt werden soll[1101]. Ein solcher Farbenschutz war –wie gesagt– zu Zeiten des WZG nicht möglich, da erst eine figürliche Begrenzung der Farbe die Zeichenfähigkeit begründete, wenn sie sich im Verkehr durchgesetzt hatte[1102]. Während sich der damalige Gegenstand des Farbenschutzes auf eine konkrete Gestaltung bezog und damit klar abgegrenzt und definiert war, fehlt eine entsprechende „Bestimmtheit“ bei einer „abstrakten“ Farbmarke, die gerade nicht auf eine konkrete Kontur beschränkt sein soll. Das gilt insbesondere für Kombinationen mehrerer Farben, die eine Fülle von Verbindungen und Gestaltungsformen betreffen können und insoweit die Grenzen der Bestimmtheit -unter Berücksichtigung herkömmlicher Markenformen- überschreiten[1103]. Es fragt sich daher, ob die generelle Marken–, bzw. Schutzfähigkeit von Farben/Farbkombinationen durch die Bindung an eine bestimmte Kontur bedingt ist und damit möglicherweise einer entsprechenden Einschränkung bedarf.

1. Theorie der Markenfähigkeit konturloser Farben

Die herrschende Meinung in der Literatur[1104], der BGH[1105], verschiedene Senate des BPatG[1106] und nunmehr auch das DPMA[1107] vertreten die Auffassung, der Markenbegriff des § 3 Abs. 1 MarkenG umfasse Farben/Farbkombinationen schlechthin und unabhängig von einer formalen Begrenzung zweidimensionaler oder dreidimensionaler Art. Denn Farben seien generell und unabhängig von ihrer konkreten Aufmachung typischerweise zur Kennzeichnung von Waren oder Dienstleistungen geeig-

---

1101 Vgl. BGH GRUR 1999, 491 f. – Farbmarke gelb/schwarz; GRUR 1999; 730 ff. – Farbmarke magenta/grau; Sack, WRP 2001, 1022 (1022); Grabrucker, GRUR 1999, 850 ff.; Althammer/Ströbele/Klaka, § 3, Rdn. 20; Caldarola, Farbenschutz, 43.

1102 BGH GRUR 1968, 371, 374 – Maggi; BGH GRUR 1979, 853, 855 – (Deinhart) LILA; BGH GRUR 1970, 75 – Streifenmuster; BPatGE 7, 137, 139 – gelb–rot; Baumbach /Hefermehl, § 1, Rdn. 60; Eintragung von LILA für Schokolade als „durchgesetzte“ – Marke (WzBl II 1995, 4106, 4199); a.A.: Beier, GRUR 1980, 600, 606; Schulze zur Wiesche, GRUR 1965, 129, 130; Beier/Reimer, GRUR 1955, 266, 276; Götting, 1986, 199, 222; Eisenführ, FS GRUR II, 1991, 765, 797.

1103 Ströbele, GRUR 1999, 1041 (1045); ders., IIC 2001, 161 (17f f.).

1104 Erdmann, HABM.ABl. 2001, 22, 30; Fezer, § 3 Rdn. 267 a ff, § 4 Rdn. 191, § 8 Rdn. 89; ders., MarkenR 1999, 73 ff., 74/75; ders., WRP 1998, 1 (13); Wittenzellner, 333 (334 ff.); Sack, WRP 2001, 1022 (1023); v. Schultz, GRUR 1997, 714 (720 f.); Jaeger–Lenz, WRP 1999, 290, 291 f.; Völker/Semmler, GRUR 1998, 93 (95); Steinbeck, MarkenR 2002, 273, 275; Dierksen, 85; Völker, WRP 2002, 639 ff.; ders., MarkenR 2003, 49 (49/50); Grabrucker, GRUR 1999, 850 ff.; Schmieder, NJW 1999, 3088, 3089; Ingerl/Rohnke, § 3, Rdn. 32 und § 8, Rdn. 48; Althammer/Ströbele/Klaka, 5. A., 1997, § 3, Rdn. 18 f., knapper in 6. A., 2000, § 3, Rdn. 21, Fn. 47; Kur, FS DPA, 175 ff. (185, Fn. 45); Marz, 91; Berlit, Rdn. 7, 7a; Caldarola, Farbenschutz, 41.

1105 BGH MarkenR 2002, 118, 119 – Farbmarke gelb/grün; BGH GRUR 1999, 491 (491/492) = MarkenR 1999, 64 (Grundsatzentscheidung) – Farbmarke gelb/schwarz (GRIESHABER); GRUR 1999, 730 = MarkenR 1999, 198 – Farbmarke magenta/grau (TELEKOM); I ZB 24/98 – Farbmarke magenta, I ZB 5/98 – schwarz/zink/gelb (KÄRCHER).

1106 BPatG (28.Senat) GRUR 1999, 61 (62) – Aral/Blau I; BPatGE (28. Senat) 40, 158 – Aral/Blau II; BPatGE (28. Senat) 40, 167 – Aral/Blau III; BPatG (28. Senat) BlPMZ 1999, 77– Aral/Blau IV; BPatG (28. Senat) Mitt. 1999, 180 – violettfarben; BPatG (29. Senat), Mitt. 1997, 97, 98; BPatG (30. Senat) MarkenR 2000, 184 ff. – gelb/schwarze Farbmarke, nach Zurückverweisung durch den BGH; BPatG (32. Senat) Beschl. v. 19.4.2000 – 32 W (pat) 72/97 – magenta und 32 W (pat) 79/97 – magenta/grau, jeweils nach Zurückverweisung durch den BGH; BPatG (29. Senat) GRUR 2003, 149, 150 – abstrakte Farbmarke magenta/grau II.

1107 Vgl. Nr. 39407183.2, Klasse 7, Farbe grün/gelb für Land– und Forstmaschinen (John Deere), Nr. 39541406.7, Klasse 5, Farbe lila für zahnärztliche Abdruckmassen, Farbe orange für Zuckerrübensaatgut (KWS), Nr. 39875412.

net[1108]. Dafür spreche der uneingeschränkte und offene Markenbegriff des § 3 Abs. 1 MarkenG, der bewusst den neuen Begriff der „Aufmachung“ verwende[1109] und die Aufnahme von „Farben und Farbzusammenstellungen“ in die Regelbeispiele als Klarstellung, der es nicht bedurft hätte, wenn bloß die frühere Rechtslage übernommen worden wäre[1110].

2. Theorie der fehlenden Markenfähigkeit konturloser Farben

Nach einer anderen in Literatur[1111], einigen Senaten des BPatG[1112] und ursprünglich auch vom DPMA[1113] vertretenen Ansicht ist dagegen davon auszugehen, dass Farben und Farbdarstellungen nur in einer durch die Form der Ware oder ihrer Verpackung bestimmten grafischen Umgrenzung einer Eintragung zugänglich sind. Hinter der Anmeldung konturloser Farben verberge sich „in Wahrheit eine unendliche Vielzahl unterschiedlich konturierter Gestaltungen“, so dass bereits deren Zeicheneigenschaft bzw. Unterscheidungseignung fraglich sei[1114]. Dies führe zu einer Blockierung späterer Anmelder[1115] und kreiere mangels Bestimmtheit einen abenteuerlichen Schutzgegenstand[1116]. Teilweise wird auch eine notwendige Freihaltung des begrenzten Vorrats an Farben angeführt[1117]. Darüber hinaus sei aber auch schon die Zeicheneigenschaft konturloser Farben/Farbkombinationen zweifelhaft, da ihr Hinzuzählen zur Liste in § 3 Abs. 1 MarkenG schon dem allgemeinen Sprachgefühl widerspräche[1118] und sie keinerlei „Information“ beinhalten[1119]. Im übrigen habe der Gesetzgeber mit „sonstigen Aufmachungen einschließlich Farben und Farbzusammenstellungen“ nur die unter dem früher gebräuchlichen Begriff „Ausstattung“ bekannten Kennzeichnungsmittel einbeziehen wollen, es einen abstrakten Schutz konturloser Farben im Ausstattungsrecht des § 25 WZG aber nicht gegeben habe[1120].

[1108] Fezer, § 3 Rdn. 267 a ff., § 4 Rdn. 191, § 8 Rdn. 89; ders., MarkenR 1999, 73 ff., 74/75; ders., WRP 1998, 1 (13); Völker/Semmler, GRUR 1998, 93 (95); Jaeger–Lenz, WRP 1999, 290 (291 f.).

[1109] v. Schultz, GRUR 1997, 714 ff.; Völker/Semmler, GRUR 1998, 93 (95); Jaeger–Lenz, WRP 1999, 290 (292); Ingerl/Rohnke, § 3, Rdn. 32 und § 8, Rdn. 48.

[1110] Wittenzellner, 333 (334 ff.); v. Schultz, GRUR 1997, 714 ff.; Völker/Semmler, GRUR 1998, 93 (96/97); Jaeger–Lenz, WRP 1999, 290 (292 f.); Grabrucker, GRUR 1999, 850 ff.

[1111] Johannes, MarkenR 2001, 46 ff.; ders., MarkenR 1999, 377 ff.; Johannes/Zurkinden, MarkenR 2000, 153 ff.; Winkler, MA 1996, 516, 517 ff.; v. Bechtolsheim/Gantenberg, GRUR 2001, 705, 707.

[1112] BPatG (33. Senat) GRUR 2002, 429 (LS) – abstrakte Farbmarke; BPatG (30. Senat) GRUR 1996, 881 – Farbmarke (gelb/schwarz); BPatG GRUR 1998, 574 – Schwarz/Zink–Gelb; BPatG (32. Senat) GRUR 1998, 1015 – Weiß/Zink–Gelb; BPatG (32. Senat) vom 28.1.1998, 32 W(pat) 72/97 – magenta; abweichend nunmehr der 30. Senat in BPatG MarkenR 2000, 184 ff. – gelb/schwarze Farbmarke, sowie der 32. Senat in den Beschl. v. 19.4.2000 – 32 W (pat) 72/97 – magenta und 32 W (pat) 79/97 – magenta/grau, jeweils nach Zurückverweisung durch den BGH.

[1113] Mitteilung Nr. 29/95 des Präsidenten des Deutschen Patentamts über das Inkrafttreten der Richtlinie für die Prüfung von Markenanmeldungen, BlPMZ 1995, 378, 379; Winkler, MA 1996, 516, 517; Völker/Semmler, GRUR 1998, 93 ff. (Ausnahme: Farbmarke LILA mit Verkehrsdurchsetzung, WzBl. II 1995, 4106, 4199).

[1114] BPatG (30. Senat) GRUR 1996, 881, 882 – Farbmarke.

[1115] Johannes, MarkenR 1999, 377 ff.; Johannes/Zurkinden, MarkenR 2000, 153 (158).

[1116] Winkler, MA 1996, 516 (518); BPatG GRUR 2002, 429, 436 – abstrakte Farbmarke.

[1117] Vgl. BPatG (28. Senat), WRP 1999, 334 (337) – Blau/Weiß II (Eintragungsfähigkeit verneint); Johannes/Zurkinden, MarkenR 2000, 153 (158).

[1118] Johannes/Zurkinden, MarkenR 2000, 153 (154).

[1119] Johannes, MarkenR 2001, 46 (47), der sich fragt, ob „reinweiß“ etwa für „bedingungslose Kapitulation“ oder „Jungfräulichkeit“ stehen solle; vgl. auch Johannes/Zurkinden, MarkenR 2000, 153 (154).

[1120] BPatG (30.Senat) GRUR 1996, 881, 882 – Farbmarke.

In einer neueren Entscheidung lehnt auch der 33. Senat des BPatG die Markenfähigkeit abstrakter Farbmarken im wesentlichen mit dem Argument ab, dass eine abstrakte Farbmarke im Zeitpunkt der Anmeldung hinsichtlich ihrer tatsächlichen Benutzungsform -insbesondere bei Mehrfarbenmarken- zu unbestimmt sei, weil sie eine unendliche Vielzahl von Gestaltungsformen zulasse. Dieser unabsehbar weitgehende, möglicherweise ausufernde Schutzumfang gewähre zu umfangreiche und unzumutbare Monopolrechte oder gehe zumindest zu Lasten der erforderlichen Rechtssicherheit[1121]. Der Senat legte das Problem dem EUGH zur Klärung vor. Im wesentlichen ging es dem BPatG dabei um die Klärung, ob eine „abstrakte Farbmarke" a) ein *Zeichen*, b) zur herkunftskennzeichnenden *Unterscheidung* geeignet und c) *grafisch darstellbar* i.S.d. Art. 2 der Richtlinie ist[1122].

3. Richtlinienkonforme und rechtsvergleichende Auslegung

Zur Klärung dieser Frage ist § 3 Abs. 1 MarkenG möglichst richtlinienkonform und unter Zuhilfenahme der Rechtsvergleichung auszulegen.

a. Wortlaut

Dass eine Farbe nur mit einer grafischen Begrenzung markenfähig ist, kann aus dem Gesetzeswortlaut nicht abgeleitet werden. Denn der „offene" Markenbegriff des § 3 Abs. 1 MarkenG umfasst unter ausdrücklicher Nennung von „Farben und Farbzusammenstellungen" ohne Einschränkungen jedes Zeichen, dass der Unterscheidung von Unternehmensleistungen im Marktwettbewerb dient. Aus diesem Grund spricht gegen einen abstrakten Farbenschutz auch nicht die Tatsache, dass die Richtlinie in Art. 2 lediglich „Aufmachungen" und nicht ausdrücklich Farben aufführt. Im übrigen lassen sich dem Wortsinn nach Farben oder Farbkombinationen unter den Begriff der „Aufmachung" subsumieren, worauf bereits die Formulierung in § 3 Abs. 1 MarkenG „sonstige Aufmachungen einschließlich Farben und Farbzusammenstellungen" hinweist.

b. Gesetzesgeschichte

Laut amtlicher Begründung sind „Farben und Farbzusammenstellungen", wie auch die anderen Regelbeispiele eintragbarer Zeichenformen, lediglich zur „Klarstellung" in § 3 Abs. 1 MarkenG genannt[1123]. Einer solchen hätte es aber nicht bedurft, wenn der Gesetzgeber Farben nur in der konkreten Gestalt hätte schützen wollen, da diese Möglichkeit schon nach dem WZG gegeben war. Dass der deutsche Gesetzgeber mit der Formulierung "Aufmachung" nur die unter dem früher gebräuchlichen Begriff „Ausstattung" bekannten Kennzeichnungsmittel einbeziehen wollte, ist aber auch aus einem anderen Grund zweifelhaft: Zum einen erfolgte die Wahl des

---

[1121] BPatG (33.Senat) GRUR 2002, 429 (436 ff.) – abstrakte Farbmarke.
[1122] BPatG (33.Senat) GRUR 2002, 429 (LS) – abstrakte Farbmarke.
[1123] Amtliche Begründung zu § 3, in v. Mühlendahl, 133.

Begriffs der „Aufmachung" in bewusster Abgrenzung zu dem im früheren § 25 WZG verwendeten Ausdruck, zum anderen kann die Auslegung eines aus der Richtlinie wörtlich übernommenen Markenbegriffs nicht ohne weiteres von den Grenzen des bisherigen nationalen Ausstattungsschutzes abhängig gemacht werden. Zwar wird dies auch unterstützt durch die Gemeinsame Erklärung des Rates und der Kommission im Richtlinienprotokoll, wonach „.. Art. 2 der Richtlinie nicht die Möglichkeit ausschließt, als Marke eine Farbe oder Farbzusammenstellung einzutragen"[1124]. Wie vom EuGH in „Libertel" erneut bestätigt, kann eine entsprechende Erklärung jedoch nicht zur Auslegung abgeleiteten Gemeinschaftsrechts herangezogen werden, wenn ihr Inhalt, wie im vorliegenden Fall, in der fraglichen Bestimmung keinen Ausdruck gefunden hat und ihr somit keine rechtliche Bedeutung zukommt[1125].

c. Teleologie

aa. Gesetzeszweck

Nach dem Gesetzeszweck möchte § 3 Abs. 1 MarkenG alle Zeichen schützen, die als Herkunftshinweis bzw. zur Produktidentifikation dienen können. Nicht anders als Wörter, Bilder oder Töne lassen sich auch Farben als Unterscheidungsmittel zur Produktidentifikation im Marktwettbewerb verwenden, wie ein Blick in die Reklame jeden Warengebiets bestätigt. Dies war bereits unter Geltung des WZG anerkannt, auch wenn der Ausstattungsschutz nach § 25 WZG noch an die konkreten Erscheinungsformen anknüpfte, in denen Farben und Farbkombinationen für Waren verwendet wurden[1126].

Das Argument, einzelne Farben (wie etwa „reinweiß") enthielten keine Informationen und entbehrten deshalb der Zeicheneigenschaft[1127], überzeugt nicht. Zwar ist es richtig, dass Farben von Natur aus kaum geeignet sind, eindeutige Informationen zu übermitteln und sie in der Werbung und bei der Vermarktung von Waren und Dienstleistung wegen ihrer Anziehungskraft gewöhnlich in großem Umfang ohne eindeutigen Inhalt verwendet werden. Es ist aber nicht auszuschließen, das es Situationen gibt, in denen eine Farbe als solche auf die Herkunft der Waren oder Dienstleistungen eines Unternehmens hinweisen kann[1128]. Markenrechtliche Relevanz hat allein die "Information", die ein Zeichen im Hinblick auf die Herkunft einer Ware/Dienstleistung geben kann, nicht aber über den Bedeutungsgehalt des Zeichens selbst. Demnach ist auch „reinweiß" grundsätzlich objektiv geeignet, auf irgendeine Ware oder Dienstleistung, wie z.B. die Dienstleistungen eines Schornsteinfegers hinzuweisen. Auch die Erwägung, eine Farbe per se sei kein unabhängiges Element, sondern immer nur Attribut von etwas anderem und von daher markenunfä-

---

[1124] Gemeinsame Erklärung des Rates und der Kommission der Europäischen Gemeinschaften im Protokoll des Rates anläßlich der Annahme der Markenrechtsrichtlinie vom 21.12.1988, ABl. HABM 1996, 606 ff.

[1125] EuGH, WRP 2003, 735, Urteil vom 6.5.2003, Libertel Groep BV gegen Benelux-Merkenbureau, Case C-104/01, Erwägungsgrund 25; EuGH, Urteil v. 29.5.1997, VAG Sverige, Case C-329/95, Slg. 1997, I-2675, Erwägungsgrund 23; EuGH, Urteil v. 26.2.1991, Antonissen, Case C-292/89, Slg. 1991, I-745, Erwägungsgrund 18.

[1126] Völker/Semmler, GRUR 1998, 93 (95) m.w.N.

[1127] Johannes, MarkenR 2001, 46 (47).

[1128] EuGH, WRP 2003, 735, Urteil vom 6.5.2003 in Sachen Libertel Groep BV gegen Benelux-Merkenbureau, Case C-104/01, Erwägungsgründe 27 und 39-41.

hig[1129], verfängt nicht. Denn der Umstand, dass eine Farbe nur dann wahrgenommen werden kann, wenn sie auf ein bestimmtes Objekt angebracht ist, gilt gleichermaßen auch für Wort-, Bild-, Buchstaben- und Zahlenmarken.

Berücksichtigt man, dass gerade Farben und Farbkombinationen aufgrund ihrer einfachen Erkennbarkeit[1130] und vorzüglichen Einprägsamkeit in besonderem Maße als Herkunftshinweise geeignet sind, können grundsätzlich aber auch „abstrakte“ Farben und Farbkombinationen die grundsätzliche Eignung zur „Unterscheidung“ i.S.d. § 3 Abs. 1 MarkenG besitzen. Denn diese kommt Farbzeichen im Grundsatz unabhängig von ihrer konkreten Erscheinungsform zu, was insbesondere gilt, wenn sie –wie z.B. von Mineralölfirmen oder im Logistikbereich– für vielfältige Objekte als sogenannte „Hausfarben“ verwendet werden, die für den Verbraucher das gesamte Erscheinungsbild eines Unternehmens, seiner Produkte und seiner Werbung zu prägen vermögen.

Entsprechend bestätigte der EuGH in „Philips“, dass die Beispielsliste des Art. 2 der Richtlinie nicht abschließend ist[1131] und es somit grundsätzlich keine Kategorie von Zeichen gibt, die von vornherein ungeeignet wäre, Waren und Dienstleistungen i.S.d. Art. 2 der Richtlinie zu unterscheiden. Folgerichtig führte er dann in „Libertel“ aus, dass auch eine (Einzel-)Farbe als solche in Bezug auf eine Ware oder Dienstleitung unter Umständen ein Zeichen im Sinne des Art. 2 der Richtlinie darstellen kann[1132].

bb. Problem der „Unbestimmtheit“ - Notwendigkeit teleologischer Reduktion?

Möglicherweise ergibt sich jedoch (bereits im Rahmen des § 3 Abs. 1 MarkenG) die Notwendigkeit einer teleologischen Reduktion des o.g. Auslegungsergebnisses.

Denn bei einer abstrakten Farbmarke ist im Zeitpunkt der Anmeldung noch ungewiss, in welcher Form sie tatsächlich konkret benutzt wird. Möglich ist insoweit eine unendliche Vielzahl unterschiedlich konturierter Gestaltungen. Insbesondere Farbkombinationen bieten durch unterschiedlich verteilbare Relationen, Anordnungen und Konturen der Farben unabsehbar vielfältige Variationsmöglichkeiten, die völlig verschiedene Gesamteindrücke hervorrufen können. Es könnte daher möglich sein, dass der Schutzgegenstand der Farbmarke zu „unbestimmt“ ist, was zu Lasten der Rechtsicherheit, bzw. der Mitbewerber ginge.
Aus diesem Grunde den Schutz abstrakter Farben oder Farbkombinationen schon im Bereich des § 3 Abs. 1 MarkenG einschränkend auszulegen, so dass bereits deren „Zeicheneigenschaft“ oder „Unterscheidungseignung“ in Frage stünde, wäre

---

[1129] Generalanwalt Léger, Schlussanträge in der Rechtssache C–104/01 Libertel Groep BV gegen Benelux-Merkenbureau, Erwägungsgrund 90, vgl. http://www.curia.eu.int./jurisp/cgi-bin/...; kritisch hierzu Völker, MarkenR 2003, 49, 50 f.

[1130] v. Schultz, 714, 716, Fn. 32: Farben können ca. zweihundertmal schneller wahrgenommen werden als Text und Bild.

[1131] EuGH, Urteil vom 12.12.2002 – Rs. C-273/00, Ralf Sieckmann/Deutsches Patent- und Markenamt, GRUR 2003, 145 (147), Erwägungsgründe 44.

[1132] EuGH, WRP 2003, 735, Urteil vom 6.5.2003 in Sachen Libertel Groep BV gegen Benelux-Merkenbureau, Case C-104/01, Erwägungsgründe 27 und 39-41.

aber verfehlt. Denn der Bestimmtheitsgrundsatz ist ein Grundsatz des Registerrechts ("tragenden Grundsatz des registerrechtlichen Markenrechts"[1133]) und für die Frage der Markenfähigkeit i.S.d. § 3 Abs. 1 MarkenG an sich noch von keiner Bedeutung. Auch bestimmt sich der Schutzgegenstand einer Marke erst durch den Rechtserwerb mit Eintragung des Zeichens oder aufgrund ihrer tatsächlichen Benutzung mit Verkehrsgeltung. Die „Zeicheneigenschaft“ von Farben und Farbkombinationen an sich, also mit oder ohne konkrete Konturen, wird dadurch nicht berührt, da beide je nach Fall in der Lage sind „Informationen“ zu übermitteln. Dasselbe gilt für die „Unterscheidungseignung“. Selbst eine Farbkombination kann „möglicherweise“ trotz ihrer Erscheinung in unterschiedlichsten Gestaltungen vom Verkehr als das "gleiche Zeichen" für irgendwelche Waren oder Dienstleistungen erkannt werden[1134]. Mehr verlangt eine abstrakte Unterscheidungseignung aber nicht. Einer differenzierteren Betrachtung zwischen Ein- und Mehrfarbmarken schon im Bereich des § 3 Abs. 1 MarkenG bedarf es folglich nicht. Ob entsprechende Einschränkungen oder Differenzierungen erforderlich sind, bleibt im Rahmen der „konkreten Unterscheidungskraft“ abstrakter Farbmarken zu untersuchen.

Entsprechendes gilt für die Allokation der Prüfung etwaiger „Freihaltebedürfnisse“ anderer Wirtschaftsteilnehmer. Denn die Anzahl von Farben, die ein Durchschnittsverbraucher unterscheiden kann, ist wegen der meist fehlenden unmittelbaren Vergleichsmöglichkeit von Waren mit unterschiedlichen Farbtönen gering, so dass eine Monopolisierung zu ungerechtfertigten Beschränkungen führen kann. Der EuGH sah es daher als richtig an, entsprechende Freihalteinteressen (erst) im Rahmen der Unterscheidungskraft nach Art. 3 Abs. 1 lit. b der Richtlinie zu prüfen.

d. Gemeinschaftskonformität

Auch im Gemeinschaftsmarkenrecht wird von der generellen Markenfähigkeit einer Farbe an sich ausgegangen, obwohl Farbmarken in Art. 4 GMV nicht erwähnt sind. Für den insoweit identischen Text gelten jedoch die gleichen grammatikalischen und historisch–teleologischen Erwägungen wie zur Art. 2 der Richtlinie[1135]. In diesem Sinne gehen das Gericht Erster Instanz der Europäischen Gemeinschaften[1136] und die Beschwerdekammern des HABM[1137] im Einklang mit den Prüfungsrichtlinien des

[1133] BPatG (33. Senat) GRUR 2002, 429, 436 – abstrakte Farbmarke.

[1134] Steinbeck, MarkenR 2002, 273, 275.

[1135] Begründung zu Art. 3 des GMV-Vorschlags von 1980, die auch einheitliche Farben und Farbzusammenstellungen als gemeinschaftsmarkenfähig erachtet, GRUR Int. 1981, 86, 87.

[1136] EuG, Urteil vom 9.10.2002, Case T–173/00, KWS Saat AG gegen HABM (Shade of Orange), Ziff. 25, MarkenR 2002, 412; EuG, Case T-316/00, Ziff. 23, GRUR Int. 2003, 59, 60 – Viking Umwelttechnik vs. HABM [Grau und Grün].

[1137] HABM (1.BK) GRUR 2002, 449 – Farbmarke orange/hellgrau; HABM (1. BK) HABM Abl. 2001, 44 (54) – GELB; HABM (2. BK) GRUR Int. 2001, 69 ff. – ARAL BLAU WEISS; HABM (3. BK) IIC 2000, 1010 ff. – Colour Cobalt Blue; HABM (3. BK) GRUR Int. 1999, 543 ff. – HELLGRÜN; HABM (3. BK) v. 22.1.1999, R 169/98–3 – YELLOW (Parallelfall zu HELLGRÜN; für dieselben Waren angemeldet); HABM (3. BK), GRUR Int. 1998, 612 – Orange; HABM (1. BK) GRUR Int. 2000, 556 ff. (558) – Schwarz–Grün–Schwarz; HABM (1.BK) HABM Abl. 2001, 710 ff – zweifarbige Waschmitteltablette (Unterscheidungskraft der „Formmarke“ abgelehnt); Jaeger–Lenz, WRP 1999, 290, 293; Völker/Semmler, GRUR 1998, 93 (98); Schmieder, NJW 1999, 3088, 309; Bender, MarkenR 1999, 117 (119 f.); ders., MarkenR 2000, 118, 119; Völker/Schuster, MarkenR 2000, 10 (14 f.).

HABM[1138] davon aus, dass abstrakte Farbmarken/–kombinationen prinzipiell gemeinschaftsmarkenfähig sind.

e. *Rechtsvergleichung*

Für eine grundsätzliche Markenfähigkeit abstrakter Farben spricht der Wortlaut der meisten harmonisierten Vorschriften nach Übernahme des offenen Markenbegriffs in den Mitgliedsländern[1139], sowie ein Blick in die ausländische Rechtspraxis. Wenn auch rechtsvergleichend die Eintragbarkeit abstrakter Farben meist von einer Verkehrsdurchsetzung im Einzelfall abhängt, wird an deren grundsätzlicher Unterscheidungseignung i.d.R. nicht gezweifelt:
So betrachtet das Benelux–Markenamt und der Benelux-Gerichtshof bereits seit vielen Jahren nicht nur Farbnuancen, sondern auch Grundfarben als grundsätzlich markenfähig[1140]. Dem folgt auch das österreichische Markenamt,[1141] und die österreichische Literatur[1142], während die österreichische Rechtsprechung unter Geltung des neuen Rechts bislang nur über einen Ausstattungsschutz nach § 9 Abs. 3 UWG zu entscheiden hatte[1143]. Die prinzipielle Schutzfähigkeit abstrakter Farbmarken ist auch im finnischen Recht nach Auffassung von Literatur und Amt anerkannt[1144]. Zwar lässt das portugiesische Markengesetz die Eintragung von Farben nur zu, wenn sie untereinander oder mit einer Grafik bzw. einem Schriftzug verbunden sind, ein Schutz abstrakter Farbkombinationen ist damit aber grundsätzlich denkbar[1145]. In Frankreich ist die grundsätzliche Markenfähigkeit abstrakter Farbmarken ebenfalls anerkannt[1146] wie im übrigen auch in Italien[1147] und Großbritannien[1148]. Der Wegfall des spanische Eintragungsverbotes für abstrakte Farben[1149] mit Neuregelung des spanischen Markengesetzes im Jahre 2001[1150] spricht ebenfalls für ihre grundsätzli-

---

[1138] Ziff. 8.2 der Prüfungsrichtlinien, abgedruckt in v. Mühlendahl/Ohlgart/v. Bomhard, 386 (399).
[1139] Vgl. Annex L.I.1.: Die meisten Mitgliedstaaten haben mittlerweile den Wortlaut des Art. 2 der Richtlinie übernommen. Ausdrücklich eintragbar sind Farben und Farbzusammenstellungen aber in Deutschland, Frankreich und Italien. Das portugiesische Gesetz lässt allerdings in Art. 166, Abs. 1 lit. einen Farbenschutz nur zu, wenn die Farbe in unterscheidungskräftiger Weise mit einer Grafik, einem Wort oder anderen Merkmalen „verbunden" ist.
[1140] v. Schultz, GRUR 1997, 714/720 m.w.N.; Jaeger–Lenz, WRP 1999, 290, 293; Verkade, GRUR Int. 2000, 304 (305,306); BenGH Ing. Cons. 1977, 64 – Capsule Coloree pour Antibiotique; BenGH, GRUR Int. 1979, 117 (118)– Farben einer Gasflasche (m. Anm. Bodewig, 119 ff.).
[1141] Eintragung der Farbmarke „lila" im Jahre 1964 (mit Verkehrsdurchsetzung); v. Schultz, GRUR 1997, 714, 720 ff. m.w.N.
[1142] Schanda, § 1, Rdn. 30 und Pöchhacker, Kap. 5.2.3.1.
[1143] OGH v. 25.2.1997, GRUR Int. 1998, 331 – MANZ–Rot; OGH ÖBl. 2001, 124 (125) – Hellblau; vgl. zur früheren Rspr.: OGH ÖBl. 1994, 223, 226 – Zeitrelais; OGH GRUR Int. 1975, 60 – ARAL II; OGH GRUR Int. 1970, 58 – ARAL–Blau–Weiß.
[1144] Vgl. Heitto, GRUR Int. 2000, 488 (492 f., 495).
[1145] Völker/Semmler, GRUR 1998, 93, 102.
[1146] Tribunal de Grande Instance de Paris, PIBD 1997, 627 – Marques TRESOR, („rose" gem. PANTONE 1555 und 1565 C); Tribunal Civil de Paris, ANN 1938, 140 - „Azurblau"; Cour de Paris, ANN 1971, 41 - gelb/rot (Maggi); Völker/Semmler, GRUR 1998, 93, 101; Kur, in Schricker/Bastian/Albert, 13; Stauder, GRUR Int. 1976, 116 ff.
[1147] Eintragung der Marken GRÜN, Nr. 652897 (= IR 647827) und GOLD, Nr. 679569 (= IR 655898) im Jahre 1996, vgl. die Nachweise bei v. Schultz, GRUR 1997, 714, 720.
[1148] Eintragung der internationale Marke Nr. 690863 abstrakte Farbmarke "Purple" (Kardinalsrot) mit britischer Heimatmarke (Nr. 19950519, 2020876) im Namen der Cadbury Ltd.; Jaeger–Lenz, WRP 1999, 290, 293.
[1149] Art. 11 Abs. 1 lit.g des span. Markengesetz (alt); vgl. Botana Agra, GRUR Int. 1991, 527 ff. (537); Albert/Gomez–Segade, 449, 459 ff.; Völker/Semmler, GRUR 1998, 93, 102; Fritz, 146.
[1150] Vgl. Art. 5 des neuen spanischen Markengesetzes vom 7.12.2001 im Annex L.I.1.

che Markenfähigkeit In Spanien. Im Nicht–Mitgliedstaat Schweiz ist die Markenfähigkeit abstrakter Farben grundsätzlich ebenso anerkannt[1151]. Entsprechendes gilt für das australische Recht[1152]. Eine Markenfähigkeit von Farben entspricht zudem der amerikanischen Rechtsprechung[1153] und Literaturansicht[1154], da " kein besonderer gesetzlicher Grund eine Farbe als solche daran hindere, als Marke zu dienen“ (US-Supreme Court in *QUALITEX*)[1155]. Zu beachten ist aber, dass nach amerikanischer Eintragungspraxis lediglich ein „Elementenschutz“ besteht, da bei Anmeldung der Marke dem PTO stets anzugeben ist, an welcher Stelle der Ware die Farben angebracht sind, die sodann stets gleichbleibend geschützt sind[1156]. Und als Benutzungsmarke ergibt sich die Verteilung der Farbe auf einer Ware jeweils aus der konkreten Verwendung. Einen abstrakten formalen Markenschutz im eigentlichen Sinn einer Konturunbestimmtheit gibt es in den USA daher nicht[1157].

4. Grafische Darstellbarkeit, § 8 Abs. 1 MarkenG

Problematisch ist bei konturlosen Farbmarken auch das Erfordernis ihrer „grafischen Darstellbarkeit“ nach § 8 Abs. 1 MarkenG. Zu dieser Frage werden verschiedene Ansichten vertreten.

a. Wiedergabe durch Farbmuster und/oder Farbskalanummer

Während manche Autoren eine flächenhafte Wiedergabe durch Hinterlegung eines Farbmusters (ggf. mit Beschreibung) verlangen[1158], lassen andere die Angabe der Nummer einer allgemeingültigen Farbskala (z.B. RAL, Pantone, etc.) ausreichen[1159]. Wieder andere fordern ein Farbmuster (ggf.) ergänzt durch die Angabe der Farbskalennummer[1160]. Der BGH und der 29. Senat BPatG sind dagegen der Auffassung,

---

[1151] Marbach, in v. Büren/David, 22 f.; David, Art. 2, Rdn. 15; BG, MarkenR 2000, 55, (56) – Tablette weiß/grün (absolute Schutzfähigkeit aber wg. „Gemeinfreiheit“ nach Art. 2 a MSchG abgelehnt); Eintragung „LILA“ unter CH–Nr. 419 105 (= IR 644 464); Eidgenössische Rekurskommission für Geistiges Eigentum, sic! 1998, 300 – kobalt–blaue Flasche; Eidgenössische Rekurskommission für Geistiges Eigentum, sic! 2002, S. 242 ff. – DIE POST.

[1152] Federal Court of Australia, Philmac (Farbe „Terracotta“ für Rohrverbindungen), zitiert nach Managing Intellectual Property, Issue 126, Feb. 2003, S. 12.

[1153] Vgl. Minnesota Mining and Manufacturing Co. V. Beautone Specialities Co., D. Minn, BNA Patent, Trademark & Copyright Journal, Vol. 59, No. 1460, 2000, 530 (531); In re Denticator International , Inc., 38 USPQ 2d 1218 (TTAB 1995) – GREEN (für zahnhygienische Instrumente); Ct. of App., Fed. Circuit, GRUR Int. 1987, 116 ff. – ROSA; Master Distribs., Inc. v. Pako Corp., 986 F.2d (8th Cir. 1993); vgl. auch Wittenzellner, 333 (334 ff.); Völker/Semmler, GRUR 1998, 93, 102; v. Schultz GRUR 1997, 714, 721; Kane, 40; McCarthy, § 7:40 ff. m.w.N.

[1154] McCarthy, § 7:40; Ebert, TMR Vol. 85, 1995, 100 ff.; Jordan/Jordan, TMR Vol. 85, 1985, 371 (388 f., 397); Adamo, 60.

[1155] U.S.–Supreme Court, Qualitex Co. v. Jacobson Products Co., No. 93–1577 vom 28. März 1995, 34 USPQ 2nd 1161–1167, auf deutsch abgedruckt in GRUR Int. 1996, 961, – grün–goldene Farbe.

[1156] T.M.E.P. 1202.04(e)(i)(A and B) (1997); In re International Flavors and Fragrances Inc., 47 U.S.P.Q.2d 1314 (T.T.A.B. 1998), affirmed, 51 U.S.P.Q.2d 1513 (Fed. Cir. 1999).

[1157] Caldarola, GRUR Int. 2002, 112, 113 ff.; dies., Farbenschutz, 81 ff.; 43; McCarthy, § 7:40.

[1158] v. Schultz, GRUR 1997, 714, 717; Fuchs–Wissemann, MarkenR 1999, 183 ff. (186).

[1159] Marz, 90; Fezer, MarkenR 1999, 73 ff. (76, 77); Johannes, MarkenR 2001, 46 (47); Caldarola, Farbenschutz, 48.

[1160] Grabrucker, WRP 2000, 1331, 1332/1335; Althammer/Ströbele/Klaka, § 3, Rdn. 22; Ingerl/Rohnke, § 8, Rdn. 12/13; Ströbele, GRUR 1999, 1042 ff. (1046 ff.); ders., IIC 2001, 161, 174 ff.; Jaeger–Lenz, WRP 1999, 290 ff. (294); Völker/Semmler, GRUR 1998, 93, 98.

dass es –um den Zwecken des Erfordernisses der grafischen Darstellbarkeit gerecht zu werden– nicht notwendig der unmittelbaren grafischen Wiedergabe der Farbe selbst bedürfe, sondern die Umschreibung der Marke mit hinreichend eindeutigen Symbolen, wie z.B. der Einreichung eines Farbmusters *oder* durch Bezugnahme auf ein Klassifizierungssystem wie „RAL" oder „PANTONE" genüge[1161].

b. Wiedergabe durch Farbmuster und Angabe zu Verhältnis/Abfolge der Farben

Das BPatG (28. Senat) verlangt als Mindestkriterium eine flächenhafte Wiedergabe auf Papier, sowie trotz Anerkennung der Markenfähigkeit abstrakter Farbmarken bei Farbkombinationen zusätzlich eine Angabe zum quantitativem Verhältnis und der Abfolge der Farben[1162].

c. Keine graphische Darstellbarkeit

Nach Ansicht des 33. Senats des BPatG sind dagegen weder Farbmuster noch Farbklassifikationssysteme ausreichend, um den Umfang des Schutzgegenstands einer abstrakten Farbmarke klar darzustellen. Abstrakte Farbmarken seien daher insbesondere auch als Mehrfarbenmarke aufgrund ihrer Komplexheit und Unbestimmtheit nicht grafisch darstellbar. Das BPatG legte dem EuGH folgende Fragen vor: „Erfüllen abstrakte Farbmarken, deren Farbtöne unter Einreichung eines Farbmusters wörtlich benannt sowie nach einem anerkannten Farbklassifizierungssystem genau bezeichnet sind, die Anforderungen an die Markenfähigkeit nach Art. 2 der Richtlinie? Ist eine sogenannte „abstrakte Farbmarke" i.S.d. Art 2 der Richtlinie insbesondere a) ein Zeichen, b) zur herkunftskennzeichnenden Unterscheidung geeignet, c) grafisch darstellbar?"[1163]

d. Rechtslage nach EuGH-„Libertel"

Nach der Entscheidung des EuGH in Libertel vom 6.5.2003 dürfte diese Streifrage zumindest für Einfarbenmarken geklärt sein.
Bezugnehmend auf seine Entscheidung zur Geruchsmarke („Sieckmann")[1164] führte der EuGH in „Libertel" aus, eine grafische Darstellung i.S.v. Art. 2 der Richtlinie müsse es ermöglichen, das Zeichen insbesondere mit Hilfe von „Figuren, Linien

---

[1161] BPatG (29. Senat) GRUR 2003, 149, 150 – abstrakte Farbmarke magenta/grau II; BGH MarkenR 2002, 118, 120 – Farbmarke gelb/grün; BGH BlPMZ 2001, 350, 351 – violettfarben; BGH MarkenR 1999, 198 (199) – magenta/grau (Einreichung eines „Farbmusters" ODER Bezugnahme auf ein Farbklassifikationssystem ausreichend); BGH GRUR 1999, 491 (491) – Farbmarke gelb/schwarz.

[1162] BPatG GRUR 1999, 61, 63 – Aral/Blau I; auch Sack, WRP 2001, 1022, 1023 bezweifelt die grafische Wiedergabemöglichkeit einer abstrakten Mehrfarbenmarke durch ein einziges Zeichen.

[1163] BPatG (33.Senat) GRUR 2002, 429, 438 – abstrakte Farbmarke; ähnlich Generalanwalt Léger, Schlussanträge in der Rechtssache C–104/01 Libertel Groep BV gegen Benelux–Merkenbureau, Erwägungsgrund 47 ff., 68, 78, vgl. http://www.curia.eu.int./jurisp/cgi-bin/...

[1164] EuGH, Urteil vom 12.12.2002 – Rs. C-273/00, Ralf Sieckmann/Deutsches Patent- und Markenamt, GRUR 2003, 145 (147), Erwägungsgründe Nr. 46, 47-55.

oder Schriftzeichen" sichtbar so wiederzugeben, dass es genau identifiziert werden könne. Um ihre Funktion (Identifizierbarkeit, Rechtssicherheit und ordnungsgemäße Verwaltung[1165]) zu erfüllen, müsse die grafische Darstellung i.S.v. Art. 2 der Richtlinie „klar, eindeutig, in sich abgeschlossen, leicht zugänglich, verständlich, dauerhaft und objektiv" sein[1166]. Bei einer „Farbe als solcher" entspreche die Hinterlegung eines bloßen „Farbmusters" [allein] diese Anforderungen nicht. Auf Papier angebracht könne es sich altersbedingt verändern und erfülle daher nicht das Erfordernis der „Dauerhaftigkeit". Dagegen sei die sprachliche Beschreibung einer Farbe eine grafische Darstellung und „könne unter Umständen" allein oder in Verbindung mit einem Farbmuster eine grafische Darstellung i.S.v. Art. 2 der Richtlinie sein, sofern die Beschreibung klar, eindeutig, in sich abgeschlossen, leicht zugänglich, verständlich und objektiv sei. Die Bezeichnung einer Farbe nach einem international anerkannten Kennzeichnungscode könne aber regelmäßig als grafische Darstellung angesehen werden, da solche Codes als genau und dauerhaft gälten[1167].

Anmelder, die sicher gehen wollen, ist daher empfohlen in jedem Fall eine Angabe zur Klassifizierung der Farbe nach einem international anerkannten Farbklassifikationssystem (RAL, PANTONE oder HKS) zu machen. Auch wenn der EuGH nur über eine Einzelfarbmarke zu entscheiden hatte, müssen im Hinblick auf die grafische Darstellbarkeit gleiche Kriterien auch für Farbkombinationen gelten. Denn dafür kommt es allein darauf an, ob der „Schutzgegenstand" einer abstrakten Mehrfarbmarke exakt bestimmt werden kann, indem man sie grafisch darstellt. Schutzgegenstand ist aber allein die Farbkombination und nicht etwa auch die Kontur oder das relative Verhältnis der Farben. Zweck der grafischen Darstellbarkeit ist es, im Interesse der Rechtssicherheit sicherzustellen, dass der Schutzgegenstand einer Marke unmittelbar aus dem Register ersichtlich wird[1168]. Dies ist der Fall bei Angabe der entsprechenden Farben der Farbkombination unter Zuhilfenahme eines international anerkannten Klassifikationssystems.

Die Forderung nach weiteren Kriterien im Rahmen des Erfordernisses der „grafischen Darstellbarkeit", wie zusätzliche Angaben zum quantitativen Farbenverhältnis zueinander und der Verteilung der Farben bei "Farbverbindungen" übersieht, dass sich die Vorschrift des § 8 Abs. 1 MarkenG allein mit der "grafischen Darstellbarkeit" befasst, die mit einem weitergehenden registerrechtlichen Bestimmtheitsgrundsatz nichts zu tun hat[1169].
Entsprechend sah auch der EuGH in „Libertel" keinerlei Veranlassung im Rahmen der grafischen Darstellbarkeit abstrakter Einzelfarbmarken auf die mögliche Verwendbarkeit der Farbe „orange" in beliebigen Konturen einzugehen. Ähnliche Schwierigkeiten mit der konkreten Verwendung der Marke ergeben sich schon bei Dienstleistungsmarken. Daraus möglichicherweise resultierende Unklarheiten, insbesondere bei der Mehrfarbenmarke, sind jedoch Konsequenz der mit der Richtlinie

[1165] Vgl. EuGH, Urteil vom 12.12.2002 – Rs. C-273/00, Ralf Sieckmann/Deutsches Patent- und Markenamt, GRUR 2003, 145 (147), Erwägungsgründe Nr. 37, 46, 48 ff.
[1166] EuGH, WRP 2003, 735, Urteil vom 6.5.2003 in Sachen Libertel Groep BV gegen Benelux-Merkenbureau, Case C-104/01, Erwägungsgründe 28 f.
[1167] EuGH, WRP 2003, 735, Urteil vom 6.5.2003 in Sachen Libertel Groep BV gegen Benelux-Merkenbureau, Case C-104/01, Erwägungsgründe 31-37.
[1168] BGH MarkenR 2002, 118, 119 – Farbmarke gelb/grün.
[1169] BGH MarkenR 2002, 118, 120 – Farbmarke grün/gelb.

neu eingeführten konturlosen Farbmarke, denen durch sachgerechte Prüfung der Unterscheidungskraft und der Anwendung im Kollisionsvorschriften im Rahmen der Prüfung des Schutzumfangs und der Verwechslungsgefahr begegnet werden kann.

e. Gemeinschaftsrecht

Auch im Gemeinschaftsmarkenrecht sind abstrakte Farbmarken grafisch darstellbar. Allerdings wird hier bislang die Hinterlegung eines Farbmusters für erforderlich gehalten. Entsprechende Anforderungen halten auch die Durchführungsverordnung zur Gemeinschaftsmarke[1170] und die Beschwerdekammern des HABM[1171] für notwendig aber auch ausreichend. Folgerichtig genügte dem HABM die bloße Beschreibung der Farbmarken ORANGE und YELLOW/GREY nicht[1172], auch nicht unter zusätzlicher Angabe der Pantone–Farbskalennummer[1173]. Dagegen wurde die grafische Darstellbarkeit einer Farbkombination, wiedergegeben durch ein grünes Rechteck mit dem Farbton Pantone 369c und ein graues Rechteck mit dem Farbton 428u[1174], bzw. einer Einzelfarbmarke im Farbton orange entsprechend der Eintragungsnummer HKS7[1175] nicht beanstandet.

f. Rechtsvergleichung

Die Angabe der Farbbezeichnung nach einer gängigen Farbtabelle alternativ zur Vorlage eines Farbmusters bestimmt rechtsvergleichend (auch) die Eintragungspraxis anderer Staaten[1176]:
So verlangt Art. 1 der Ausführungsverordnung zum Benelux–Markengesetz, dass die Hinterlegung einer Marke u.a. durch Darstellung des Warenzeichens und „Angabe" der Farbe erfolgt[1177]. Entsprechend erfolgte bereits die Anmeldung in BenGH–„Farben einer Gasflasche"[1178] als Viereck in der spezifischen Farbe unter Angabe des damals üblichen technischen Färbungskoeffizienten.
Auch in der Schweiz reicht die Hinterlegung des entsprechenden Farbmusters[1179] oder der Farbenkennzahl nach einem anerkannten Farbklassifikationssystem (etwa PANTONE)[1180]. Die Beschwerdestelle des britischen Markenamts entschied, dass zwar eine bloße Beschreibung der Farbe „Kobalt Blau" nicht ausreicht, ein entspre-

---

1170 Vgl. Regel Nr. 3 Abs. 5 und 2 der Verordnung (EG) Nr. 2868/95 der Kommission zur Durchführung der Verordnung (EG) Nr. 40/94 des Rates über die Gemeinschaftsmarke, ABl.EG Nr. L 303 v. 15. Dezember 1995.; vgl. Jaeger–Lenz, WRP 1999, 290 (294), und v. Mühlendahl/Ohlgart/v. Bomhard, § 13, Rdn. 12 ff.

1171 HABM (3. BK) GRUR Int. 1999, 543 ff. (545) – HELLGRÜN.

1172 HABM (3. BK) Mitt. 1998, 192 ff. – Orange; HABM (2. BK) MarkenR 1999, 326 ff. (327) = IIC 2000, 1007 ff. – YELLOW/GREY.

1173 HABM, 2. Beschwerdekammer v. 29.6.1999, MarkenR 1999, 326 ff. (327) = IIC 2000, 1007 ff. – YELLOW/GREY.

1174 EuG GRUR Int. 2003, 59 - Viking Umwelttechnik gg. HABM (Grau und Grün).

1175 EuG GRUR Int. 2003, 168 – KWS Saat AG gg. HABM (Orangeton).

1176 Jaeger–Lenz, WRP 1999, 290 ff. (294); Völker/Semmler, GRUR 1998, 93/98.

1177 Vgl. BIPMZ 1992, 26 in deutscher Übersetzung und Sieckmann, MarkenR 2001, 236 (237) m.w.N.

1178 BGH, GRUR Int. 1979, 117, 118 – Farben einer Gasflasche (Markenfähigkeit eines Blautons für Gasflaschen bejaht).

1179 Eintragung von LILA für Schokolade nach erneuter Hinterlegung unter CH–Nr. 419 105; Marbach, in v. Büren/David, 23.

1180 Eidgenössische Rekurskommission für geistiges Eigentum, sic! 2002, S. 242 ff. – DIE POST.

chendes Zeichen aber grafisch wiedergegeben werden könne, selbst wenn eine weitere Interpretation oder Analyse erforderlich sei[1181]. Art. 2 des französischen „Arrêté“ vom 31. Januar 1992 sieht dagegen lediglich vor, dass ein entsprechendes Markenmuster bei Anmeldung in Farbe dargestellt sein muss und eine zusätzliche kurze Beschreibung der Farbe(n) fakultativ ist[1182]. In den USA, wo es registerrechtlich nur einen „Elementenschutz“ einer Farbe oder Farbkombination gibt, muss der Anmelder einer Farbmarke dagegen neben einer grafischen Darstellung der Farben seiner Ware (ursprünglich Linienmuster, nunmehr Originalmuster) in einer beigefügten Beschreibung den Namen und die Platzierung der Farbe auf der Ware angeben. Die Verwendung von Farbklassifizierungsnummern ist nicht erforderlich[1183].

5. Unterscheidungskraft abstrakter Farbmarken, § 8 Abs. 2 Nr. 1 MarkenG

Die grundsätzliche Markenfähigkeit konturloser Farben und Farbkombinationen sagt noch nichts über deren absolute Schutzfähigkeit. Um eintragbar zu sein, muss ihnen insbesondere auch konkrete Unterscheidungskraft nach § 8 Abs. 2 Nr. 1 MarkenG (oder eine Verkehrsdurchsetzung nach § 8 Abs. 3 MarkenG) zukommen.
Ob abstrakte Farbmarken unterscheidungskräftig sind, ist insbesondere im Hinblick auf die Frage ihrer (Un)Bestimmtheit, ihres Schutzumfangs und der Freihaltebedürftigkeit äußerst umstritten. Der eigentliche Schwerpunkt der Diskussion sollte daher bei der Frage der Unterscheidungskraft liegen[1184].

a. Theorie fehlender Unterscheidungskraft

Nach einer Auffassung, die in der Literatur[1185] und im Hinblick auf Einzelfarben auch vom HABM[1186] und von Senaten des BPatG[1187] vertreten wird, soll abstrakten Farbmarken in der Regel keine originäre Unterscheidungskraft nach § 8 Abs. 2 Nr. 1 MarkenG zukommen und ihre Schutzfähigkeit allenfalls mit Verkehrsdurchsetzung nach § 8 Abs. 3 MarkenG ermöglicht werden können. Dies wird damit begründet, dass eine „Farbe per se“ vom Verbraucher primär nicht als Herkunftshinweis, sondern eher als dekoratives Werbemittel verstanden würde[1188], es nur eine begrenzte

---

1181 The Appointed Person, Ty Nant Spring Water Ltd's Application, [2000] R.P.C., 55 f.
1182 Chavanne, Rz. 939, m.w.N.
1183 Caldarola, GRUR Int. 112, 114; dies., Farbenschutz, 106 ff.
1184 Draheim, 27, 33.
1185 Althammer/Ströbele/Klaka, § 3, Rdn. 22, § 8, Rdn. 44; Ströbele, GRUR 1999, 1041(1048 f.); Schmieder, NJW 1999, 3088, 3089.
1186 HABM (1. BK) GRUR 2002, 449 – Farbmarke orange/hellgrau; HABM (1. BK) HABM Abl. 2001, 44 (54) – GELB; HABM (2. BK) GRUR Int. 2001, 69, 70 – ARAL BLAU WEISS; HABM (3. BK) IIC 2000, 1010 ff. – Colour Cobalt Blue; HABM (3. BK) GRUR Int. 1999, 543 ff. – HELLGRÜN; HABM (3. BK) v. 22.1.1999, R 169/98–3 – YELLOW; HABM, Entsch. v. 28.7. 1999, R 110/99–3, ROSE PANTONE, RdnNr. 8–13; HABM (3. BK), GRUR Int. 1998, 612 – ORANGE; Gold/Abnett/Farwell, 6–24.
1187 BPatG (33. Senat) GRUR 2002, 429 – abstrakte Farbmarke (bereits Unterscheidungseignung verneint); BPatG (30. Senat) MarkenR 2000, 184 ff. – gelb/schwarze Farbmarke; BPatG (32. Senat), BlPMZ 1999, 117 - Farbmarke Magenta (bereits Markenfähigkeit verneint); BPatG (30. Senat) GRUR 1996, 881 – Farbmarke (bereits Markenfähigkeit verneint).
1188 Althammer/Ströbele/Klaka, § 8, Rdn. 44; Ströbele, GRUR 1999, 1041(1048).

Anzahl von Primär- und Grundfarben gebe und ein Freihaltebedürfnis der anderen Unternehmen bestehe[1189].

b. Theorie möglicher Unterscheidungskraft

Ein Großteil der Literatur[1190], der BGH[1191], verschiedene Senate des BPatG[1192] und das Gericht Erster Instanz der Europäischen Gemeinschaften[1193] vertreten dagegen die Ansicht, dass auch abstrakten Farbmarken grundsätzlich (bzw. ausnahmsweise) konkrete Unterscheidungskraft zukommen kann. Unterschiedslos bei allen Markenformen sei davon auszugehen, dass jede noch so geringe Unterscheidungskraft ausreiche, um diese Eintragungsvoraussetzung zu erfüllen. Eine Ablehnung bedürfe besonderer Feststellungen zur Übung im Verkehr und zum Verständnis des mit den jeweiligen Waren angesprochenen Publikums.

c. Richtlinienkonforme Auslegung

aa. Unterscheidungskraft nur unter bestimmten Umständen

Grundsätzlich gilt, dass nach § 8 Abs. 2 Nr. 1 MarkenG -der nur Marken ausschließt, denen „jegliche" Unterscheidungskraft fehlt- bei allen Markenformen die Anforderungen an den Grad der Kennzeichnungskraft für konkrete Waren oder Dienstleistungen nicht sonderlich hoch ist[1194]. Auch widerspräche eine „generelle" und „absolute" Ablehnung der Unterscheidungskraft abstrakter Farbmarken „de jure" dem erweiterten Markenbegriff der Richtlinie, der nach Rechtsprechung des EuGH und des

[1189] HABM (1. BK) GRUR 2002, 449 – Farbmarke orange/hellgrau; HABM (1. BK) HABM Abl. 2001, 44 (54) – GELB; HABM (2. BK) GRUR Int. 2001, 69 ff. – ARAL BLAU WEISS; HABM (3. BK) IIC 2000, 1010 ff. – Colour Cobalt Blue; HABM (3. BK) GRUR Int. 1999, 543 ff. – HELLGRÜN; HABM (3. BK) v. 22.1.1999, R 169/98-3 – YELLOW; HABM (3. BK), GRUR Int. 1998, 612 – Orange.

[1190] Jaeger-Lenz, WRP 1999, 290, 295; Ingerl/Rohnke, § 3 Rdn. 32 und § 8 Rdn. 48; Völker/Semmler, GRUR 1998, 93, 98; Völker, WRP 2002, 639, 647; Dierksen, 85; v. Schultz, GRUR 1997, 714, 718; Fezer, § 8, Rdn. 89; ders., MarkenR 1999, 73, 78; Grabrucker WRP 2000, 1331, 1332 ff.; dies., GRUR 1999, 850 ff.; Albrecht, WRP 2002, 876, 877; Böhmann, GRUR 2002, 658, 659 ff.; wohl auch Erdmann, HABM.Abl. 2001, 22, 42 ff.; Sack, WRP 2001, 1022 (1024 "ausnahmsweise"); Erdmann, HABM ABl. 2001, 22, 54; Caldarola, Farbenschutz, 41, 50 ff.

[1191] BGH MarkenR 2002, 118, 121 – Farbmarke gelb/grün; BGH BlPMZ 2002, 350, 351 – Farbmarke violettfarben; BGH MarkenR 1999, 198 (199) –Magenta/Grau.

[1192] BPatG (29. Senat) GRUR 2003, 149, 150 – abstrakte Farbmarke magenta/grau II, BPatG (32. Senat) MarkenR 2002, 31, 32 – Gold/Gelb (Unterscheidungskraft für Sanitärinstallationen bejaht); BPatG (28. Senat) BlPMZ 1999, 117 – Farbmarke Blau; BPatG (28. Senat) Mitt. 1999, 180 – violettfarben; BPatG (28. Senat), GRUR 1999, 61 – ARAL/BLAU I; BPatG (28. Senat) WRP 1999, 334 (337 f.) – Blau/Weiß II.

[1193] EuG (2. Kammer), Case T-173/00, KWS Saat AG gegen HABM („Orange"), Erw.Gr. Nr. 29, MarkenR 2002, 412.

[1194] Amtl. Begr. zu § 8, in v. Mühlendahl, a.a.O., S. 143; Fezer, § 8, Rdn. 26, 36; Althammer/Ströbele/Klaka, § 8, Rdn. 19; Ingerl/Rohnke, § 8, Rdn. 21; Eichmann, FS Vieregge, 125 ff. (160); BGH GRUR 1997, 366, 367 – quattro II.

EuG[1195] auch im Hinblick auf die Unterscheidungskraft keine Unterschiede zwischen den einzelnen Markenformen macht[1196].

Gleichzeitig gilt aber, dass –ebenfalls nach Rechtsprechung des EuGH[1197]- bei Feststellung der Unterscheidungskraft sowohl die gewöhnliche Benutzung der Marken in den betroffenen Bereichen, wie auch die Wahrnehmung des maßgeblichen Publikums zu berücksichtigen ist. Soweit es um Waren/Dienstleistungen geht, die für „alle" Verbraucher bestimmt sind, sind maßgebliches Publikum die normal informierten, aufmerksamen und verständigen Durchschnittsverbraucher. Einem Durchschnittsverbraucher bietet sich aber nur selten die Möglichkeit, Waren mit unterschiedlichen Farbtönen unmittelbar miteinander zu vergleichen. Vielmehr muss er sich auf das unvollkommene Bild verlassen, welches er von der jeweiligen Ware(nfarbe) im Gedächtnis behalten hat. Ein Zeichen, das aus einer Farbe als solcher besteht, wird vom maßgeblichen Publikum daher nicht notwendig in der gleichen Weise wahrgenommen wie eine Wort- oder Bildmarke, die aus einem Zeichen besteht, das vom Erscheinungsbild der Ware, welche die Marke kennzeichnet, unabhängig ist. Ist das Publikum auch gewohnt, Wort- oder Bildmarken unmittelbar als Zeichen aufzufassen, die auf eine bestimmte Herkunft der Ware hinweisen, so gilt das Gleiche nicht zwingend für Zeichen, die mit dem Erscheinungsbild der Ware, für welche die Eintragung des Zeichens als Marke beantragt wird, verschmelzen. So sind die Verbraucher es i.d.R. nicht gewöhnt, aus der Farbe von Waren oder ihrer Verpackung ohne weiteres auf die Herkunft der Waren zu schließen, da eine Farbe als solche nach den derzeitigen Gepflogenheiten des Handels grundsätzlich nicht als Mittel der Identifizierung verwendet wird, sondern dekorativen Zwecken dient[1198]. Unter Berücksichtigung dieser Umstände stellten der EuGH in „Libertel" [1199] und das EuG[1200] in verschiedenen Entscheidungen daher fest, dass Farben als solche *unter gewöhnlichen Umständen nicht* die Eigenschaft besitzen, die Waren eines bestimmten Unternehmens von anderen zu unterscheiden. Der EuGH wendet mithin äußerste Vorsicht bei der Bejahung eines abstrakten Farbmarkenschutzes an[1201]. Außergewöhnliche Umstände können aber gegeben sein, wenn die Zahl der Waren oder Dienstleistungen, für die die Marke angemeldet wird, sehr beschränkt und der maßgebliche Markt sehr spezifisch ist[1202]. Im letzten Fall dürfte es sich nicht um Durchschnittsverbraucher handeln und von daher insbesondere die Wahrnehmung der Abnehmer gesteigert sein. Ein weiteres Kriterium dürfte sein, ob die gleiche(n) Farbe(n) bereits von Wettbewerbern für die betreffenden Waren oder Dienstleistun-

---

[1195] EuGH, MarkenR 2002, 231, 236 (Erwägungsgrund 48) – Philips/Remington; EuG (2. Kammer), Case T–173/00, KWS Saat AG gegen HABM (Orange), Ziff. 29, MarkenR 2002, 412 im Hinblick auf Art. 7 Abs. 1 lit. b GMV.

[1196] EuGH, MarkenR 2002, 231, 236, Erwägungsgrund 49 – Philips/Remington; EuGH MarkenR 1999, 189 (194) Erwägungsgrund Nr. 49 ff. – Chiemsee.

[1197] EuGH, WRP 2003, 735, Urteil vom 6.5.2003 in Sachen Libertel Groep BV gegen Benelux-Merkenbureau, Case C-104/01, Erwägungsgründe 45 ff., 64 f.

[1198] Caldarola, Farbenschutz, 51 f.

[1199] EuGH, WRP 2003, 735, Urteil vom 6.5.2003 in Sachen Libertel Groep BV gegen Benelux-Merkenbureau, Case C-104/01, Erwägungsgründe 45 ff., 64 f.

[1200] EuG (2. Kammer), Case T–173/00, KWS Saat AG gegen HABM (Orange), Ziff. 29 ff., MarkenR 2002, 412.; EuG, Case T-316/00, Viking Umwelttechnik vs. HABM; Ziff. 27, GRUR Int. 2003, 59, 60 – Grau und Grün.

[1201] Sandri/Rizzo, 87.

[1202] EuGH, WRP 2003, 735, Urteil vom 6.5.2003 in Sachen Libertel Groep BV gegen Benelux-Merkenbureau, Case C-104/01, Erwägungsgrund 66; vgl. insoweit auch Meinel/Bonn, MarkenR 2004, 1, 5.

gen verwendet wurden, und falls ja, ob die Farbe unter Berücksichtigung der bisherigen Farbaufteilung zwischen den Wettbewerbern als „übliche" oder aber eher „ungewöhnliche" Farbe der Ware erachtet wird[1203]. Die Antwort auf letzte Frage kann auch davon abhängen, wer zum relevanten Teil der Verbraucher gehört und auf den Grad der Aufmerksamkeit und Kenntnis dieser Verbraucher[1204]. Eine Unterscheidungskraft abstrakter Farben für Dienstleistungen aber generell zu bejahen, weil diese ihrer Natur nach sowieso keine Farbe haben[1205], erscheint allerdings fraglich. Denn auch gewisse Dienstleistungen können farbbezogen sein, wie z.B. "grün" für Dienste einer Gärtnerei, die Zucht von Pflanzen, die Forstwirtschaft, etc.

Dies entspricht teilweise den Kriterien, die von BPatG und BGH bereits für andere Markenformen entwickelt wurden, denen der Verkehr –anders als bei Wort– oder Bildzeichen– nicht in erster Linie einen Herkunftshinweis entnimmt. So bemaß das BPatG die Unterscheidungskraft bei Verpackungsformen danach, ob die Hersteller die jeweilige Aufmachung hier generell zur Markengestaltung und –differenzierung einsetzen, das auf Seiten der Abnehmer auch so verstanden wird, und sich daraus eine branchenmäßige Übung entwickelt hat[1206]. Ähnlich macht die Rechtsprechung des BGH in verschiedenen Entscheidungen die Bejahung einer Unterscheidungskraft davon abhängig, inwieweit sich das Publikum an den Tendenzen des Marktes auf einen betriebskennzeichnenden Einsatz der Zeichenform ausrichten konnte oder sich eine "Gewöhnung" anbahnte[1207].

bb. Einschränkende Auslegung wegen Unbestimmtheit?

Zu untersuchen bleibt, ob dieser (enge) Bereich konkreter Unterscheidungskraft wegen möglicher „Unbestimmtheit" abstrakter Farbmarken weiterhin einzuschränken ist.

(1) Problem

Wie bereits im Rahmen der Markenfähigkeit dargelegt, gewährt die Anmeldung einer abstrakten Farbmarke Schutz für eine unbestimmte Vielzahl von Waren in jedweder Gestaltungsform. Insbesondere Farbkombinationen bieten durch unterschiedlich verteilbare Relationen, Anordnungen und Konturen der Farben unabsehbar vielfältige Variationsmöglichkeiten, die völlig verschiedene Gesamteindrücke hervorrufen können. Es ist daher möglich, dass nicht nur der Schutzgegenstand der Farbmarke zu Lasten der Rechtsicherheit zu „unbestimmt" und weitgehend ist[1208], sondern gerade Mehrfarbenanmeldungen infolge der Vielzahl ihrer möglichen Benutzungsformate den Abnehmer nicht befähigen, sich eine bestimmte Kombination zu verinnerlichen, auf die er sich beim Kauf berufen könnte.

[1203] BPatG GRUR 2003, 521 (LS) – Farbkombination bei Medikamentenkapsel (keine Unterscheidungskraft); Caldarola, Farbenschutz, 52 f.
[1204] Draheim, 27, 33.
[1205] EuG, KWS Saat AG gegen HABM (Orange), Ziff. 42 ff., MarkenR 2002, 412 (425).
[1206] Vgl. z.B. BPatG Mitt. 198, 304 ff. – Honigglas.
[1207] BGH GRUR 2001, 56, 57 – Likörflasche; BGH Mitt. 1999, 231, 232 – Magenta/Grau; BGH GRUR 1999, 495, 496 – Etiketten; BGH GRUR 1998, 1018 –Honigglas.
[1208] BPatG (33.Senat) GRUR 2002, 429 (436 ff.) – abstrakte Farbmarke.

(2) Differenzierung zwischen Ein- und Mehrfarbenmarken

Eine einschränkende Auslegung im Hinblick auf abstrakte Einfarbenmarken muss jedoch ausscheiden. Anders als bei Mehrfarbenmarken sind hier lediglich die endgültigen Konturen des tatsächlichen Auftritts der Farbe auf den beanspruchten Waren unbekannt, während Relation und Anordnung von Farben keinerlei Variationsmöglichkeiten bieten. Ein Konsument dürfte sich daher für seine zukünftige oder wiederholte Kaufentscheidung problemlos an den Farbton erinnern können, der auf wie auch immer geartete Gestaltungen der angemeldeten Ware angebracht ist. Eine funktionsgerechte Nutzung einer abstrakten Farbmarke dürfte allerdings nur vorliegen, wenn die Farbe nicht nur in einer einzigen konkreten Gestaltung, sondern in einer gewissen Vielfalt unterschiedlicher Gestaltungen verwendet wird[1209].
Zu verlangen ist hier aber ein möglichst enges und spezifisches Warenverzeichnis, also z.B. „Heckenschere, Hacke, etc." anstatt von „Gartengeräte". Schutzgegenstand und –umfang dürften bei einer Anmeldung wie „orange / HKS-7" für „Telefone, Telefaxgeräte, Anrufbeantworter" problemlos ermittelt werden können. Dass die Produkte der Gestaltung nach verschieden sind, spielt unter diesen Umständen keine Rolle. Denn für den Verbraucher bedingt sich ihre "Ähnlichkeit" dadurch, dass sie die gleiche Farbgestaltung aufweisen, was bei Produkten dieser Art den Schluss zulässt, dass sie vom selben Hersteller stammen. Entsprechend führte der EuGH in „Libertel" aus, der Umstand der Eintragung „einer Farbe als solcher" für eine Vielzahl von Waren und Dienstleistungen oder aber die Beantragung für nur eine spezifische Ware/Dienstleistung bzw. eine Gruppe spezifischer Waren und Dienstleistungen sei von Bedeutung für die Frage der Unterscheidungskraft. Auch insgesamt hatte er im Rahmen der Unterscheidungskraft keinerlei Bedenken hinsichtlich der „Bestimmtheit" abstrakter Einzelfarbmarken[1210]. Im Einzelfall ergebende Probleme sollten daher dem flexibleren Kollisionsverfahren überlassen werden[1211].

Anders könnte es sich mit der Mehrfarbmarke verhalten. Diese bietet durch unterschiedlich verteilbare Relationen, Anordnungen und Konturen der Farben unabsehbar vielfältige Variationsmöglichkeiten, die völlig verschiedene Gesamteindrücke hervorrufen und einen abenteuerlichen Schutzumfang schaffen könnten: So kann z.B. die angemeldete Farbvariation „gelb/blau" für „Gartengeräte" sich in ihrer tatsächlichen Verwendung als „blauer Rasenmäher mit kleinem gelben Punkt" darstellen[1212]. Gleichwohl dürfte der Markeninhaber gegen die Verwendung „gelber Heckenscheren mit kleinem blauem Viereck" und „gelb/blau gestreifter Rechen", vorgehen, nicht aber gegen andere „blaue Rasenmäher", es sei denn sie besäßen zumindest ein kleines Element in gelber Farbe. Entsprechend führte der EuG im Fall der Farbkombination Grau/Grün für „motorbetriebe Gartengeräte" aus, dass „die abstrakte Gegenüberstellung zweier Farben Raum für eine Vielzahl von Gestaltungen lasse, weshalb sich die Verbraucher kein bestimmtes Bild einprägen könnten. Die bloße Zusammenstellung der Farben Grün und Grau habe in Bezug auf die frag-

---

[1209] Steinbeck, MarkenR 2002, 273, 274; Dierksen, 246.
[1210] EuGH, WRP 2003, 735, Urteil vom 6.5.2003 in Sachen Libertel Groep BV gegen Benelux-Merkenbureau, Case C-104/01, Erwägungsgrund 71.
[1211] Steinbeck, MarkenR 2002, 273, 274; Dierksen, 85.
[1212] Vgl. Steinbeck, MarkenR 2002, 273, 278 und Dierksen, 254, wonach registrierte Mehrfarbenmarken zumindest so benutzt werden müssen, dass der Verkehr die Farbkombination auch tatsächlich wahrnehmen kann.

lichen Waren abstrakten und unbestimmten Charakter und bilde keine in einer bestimmten Anordnung dieser Farben bestehende Kombination. Damit könne das Zeichen aber auch nicht wahrgenommen und wieder erkannt werden, denn eine angeordnete Verteilung der Farben auf den Waren lasse zahlreiche unterschiedliche Gestaltungen zu, die es dem Verbraucher nicht erlauben, eine bestimmte Kombination zu erkennen und in Erinnerung zu behalten, auf die er sich unmittelbar und mit Gewissheit für weitere Käufe beziehen könnte. Der Verbraucher werde deshalb die Zusammenstellung von Grün und Grau nicht ohne weiteres als ein Zeichen auffassen, das auf die Herkunft der Waren aus einem bestimmten Unternehmen hinweist, sondern eher als ein Gestaltungselement der fraglichen Waren"[1213].

Die konkrete Unterscheidungskraft abstrakter Farbkombinationsmarken kann demnach -nicht zuletzt wegen der Gefahr eines ausufernden Schutzumfangs- im Einzelfall fraglich erscheinen, insbesondere wenn sich die abstrakte Mehrfarbenmarke auf ein wenig spezifisches Warenverzeichnis bezieht[1214]. Dies ließe aber immer noch den Ausweg für bekannte abstrakte Farbkombinationen, als Marke Unterscheidungskraft durch Benutzung zu erlangen (§ 8 Abs. 3 MarkenG), womit der Schutzumfang klar durch die jeweilige Benutzung festgelegt wäre. Anmeldern von Farbkombinationsmarken ist daher im Zweifel eher zu raten, gewisse Angaben zum Verhältnis der Farben zueinander und zur Form zu machen, welche die Farben annehmen soll, was das Zeichen zu einer konkreten „Aufmachungsfarbmarke" (s.u.) macht.

cc. Berücksichtigung von Freihaltebedürfnissen

Im Rahmen der Unterscheidungskraft nach § 8 Abs. 2 Nr. 1 MarkenG sind weiterhin „Freihaltebedürfnisse" zu berücksichtigen, die bei der Anmeldung abstrakter Farbmarken einer Monopolisierung entgegenstehen können. Entsprechend bestätigte der EuGH in „Philips", dass die Eintragungshindernisse des Art. 3 der Richtlinie im Lichte des Allgemeininteresses auszulegen sind, das ihnen jeweils zugrunde liegt[1215] und in „Libertel", dass Art. 3 Abs. 1 lit. b der Richtlinie ein solches auch für die Eintragung abstrakter Farbmarken vorsieht[1216]. Zu nennen ist hier insbesondere der begrenzte Vorrat an (Grund)Farben[1217], was den EuGH zu der Feststellung veranlasste, dass die Zahl der Farben, die das angesprochene Publikum unterscheiden könne, gering sei, da sich ihm selten die Gelegenheit zum unmittelbaren Vergleich von Waren mit unterschiedlichen Farbtönen biete. Folglich sei die Zahl der tatsächlich als potentielle Marken zur Unterscheidung von Waren oder Dienstleistungen verfügbaren Farben als gering anzusehen. Die geringe Zahl der tatsächlich verfügbaren Farben habe zur Folge, dass mit wenigen Eintragungen der

---

[1213] EuG, Case T-316/00, Viking Umwelttechnik vs. HABM; Ziff. 34 ff., GRUR Int. 2003, 59, 60 – Grau und Grün; ebenso EuG, Case T-234/01, Andreas Stihl AG & Co. KG vs. HABM, GRUR Int. 2003, 836, 839 – Farbkombination Orange-Grau.

[1214] a.A. BPatG (29. Senat) GRUR 2003, 149, 150 – abstrakte Farbmarke magenta/grau II; Sandri/Rizzo, 92.

[1215] EuGH, Urteil v. 18.6.2002, Case C-299/99, Philips Electronics NV vs. Remington Consumer Products Ltd., MarkenR 2002, 231, 236, Ziff. 77.

[1216] EuGH, Urteil vom 6.5.2003 in Sachen Libertel Groep BV gegen Benelux-Merkenbureau, Case C-104/01, LS und Erwägungsgrund 54 f.

[1217] BPatG (28. Senat), WRP 1999, 334 (337) – Blau/Weiß II; Johannes/Zurkinden, MarkenR 2000, 153 (158); Fezer, § 3 Rdn. 267 a ff, § 4 Rdn. 191, § 8 Rdn. 89; ders., MarkenR 1999, 73 ff., 74/75; ders., WRP 1998, 1 (13).

ganze Bestand an verfügbaren Farben erschöpft werden könne und Monopole entstünden, die mit dem System eines unverfälschten Wettbewerbs[1218] unvereinbar wäre. Daher sei ein Allgemeininteresse anzuerkennen, dass die Verfügbarkeit der Farben für die anderen Wirtschaftsteilnehmer, die Waren oder Dienstleistungen der von der Anmeldung erfassten Art anbieten, nicht ungerechtfertigt beschränkt wird[1219]. Während Teile der Literatur dem Problem der „Farberschöpfung" allein durch eine Begrenzung des Schutzumfangs Rechnung tragen wollen[1220], geht der EuGH mithin von einem abstrakten und generellen Freihaltebedürfnis aus, welches bereits im Rahmen des Eintragungsverfahrens zu berücksichtigen ist. Dies ist wegen der nur begrenzten Anzahl von Primärfarben (rot, gelb, blau), Grundfarben (weiß, schwarz, grün) und Signalfarben (gelb, orange, rot) gerechtfertigt, da diese zum Gemeingut gehören und die Gefahr besteht, dass ihre Monopolisierung als Marke diejenigen Unternehmen, die sich keine Farbe rechtzeitig sichern, ernsthaft benachteiligen würde[1221]. Zwar garantieren die Farbsysteme HKS, RAL, PANTONE, etc. rein technisch gesehen einen großen Fundus an Farbvarianten[1222]. Aus dem Erinnerungsvermögen kann ein Verbraucher herkömmlicherweise aber nur verhältnismäßig wenige Farben voneinander unterscheiden[1223] und besonders bei Produkten des täglichen Lebens in der Regel nicht auf die exakten Farbschattierungen achten[1224]. Im übrigen hindert auch die große Zahl unterschiedlicher Farbnuancen keinen Anmelder und insbesondere nicht große Monopolisten daran, durch die Eintragung einer Reihe von ähnlichen Farbtönen, eine oder mehrere Farben in allen möglichen Facetten mittel- bis langfristig für die Branche zu blockieren. Vor diesem Hintergrund kann eine Monopolisierung entsprechender "wesentlicher" Farben nicht Aufgabe des Markenschutzes sein[1225].

Zwar galt bislang für das deutschen Recht, dass ein Freihaltebedürfnis immer nur im Einzelfall "konkret" für die beanspruchten Waren und Dienstleistungen, sowie für ein bestimmtes Zeichen festzustellen ist[1226], so dass vorgeschlagen wurde, den Bedenken durch eine sachgerechte Begrenzung des Schutzumfangs Rechnung zu tragen[1227]. Eine abstrakte Farbmarke richtete sich aber schon per definitionem nicht an „konkret" umrissene Warenformen, was ihr Monopolrecht ja gerade so umfangreich macht. Außerdem würden damit Probleme und Schwierigkeiten des Eintragungsverfahrens -i.d.R. zu Lasten des wirtschaftlich Schwächeren- auf das

---

[1218] Nach ständiger Rechtsprechung des EuGH stellt das Markenrecht einen wesentliche Bestandteil des „Systems eines unverfälschten Wettbewerbs" dar, das der EG-Vertrag schaffen und erhalten will, vgl. EuGH, WRP 2003, 735, Urteil vom 6.5.2003 in Sachen Libertel Groep BV gegen Benelux-Merkenbureau, Case C-104/01, Erwägungsgrund 48; EuGH Urteil v. 17.10.1990, Case C-10/89, HAG II, Slg. 1990, I-3711, Erwägungsgrund 13; EuGH, Urteil v. 23.2.1999, Case C-63/97, BMW, Slg. 1999, I-905, Erwägungsgrund 62.

[1219] EuGH, WRP 2003, 735, Urteil vom 6.5.2003 in Sachen Libertel Groep BV gegen Benelux-Merkenbureau, Case C-104/01, Erwägungsgründe 47, 54, 55, 64.

[1220] Vgl. z.B. Steinbeck, MarkenR 2002, 273, 277; Dierksen, 173; wohl auch Sandri/Rizzo, 102.

[1221] Sack, WRP 1022, 1023; HABM, GRUR Int. 2001, 69, 70 –ARAL BLAU WEISS; HABM–HABM.ABl 2001, 44, 56 – GELB; Grabrucker, MarkenR 2001, 95, 102; BPatG (28. Senat), WRP 1999, 334 (337) – Blau/Weiß II.

[1222] Vgl. Jaeger–Lenz, WRP 1999, 290 (295).

[1223] Sack, WRP 2001,1022; Althammer/Ströbele/Klaka, § 8, Rdn. 45; Beier, GRUR 1980, 600 (607); vgl. EuGH, WRP 2003, 735, Libertel Groep BV gegen Benelux-Merkenbureau, Case C-104/01, Erwägungsgründe 47, 64.

[1224] HABM–HABM.ABl 2001, 44, 56 – GELB.

[1225] Sack, WRP 2001, 1022 (1024).

[1226] Althammer/Ströbele/Klaka, § 8, Rdn. 70; Ingerl/Rohnke, § 8, Rdn. 55 f.; BGH GRUR 1997, 634, 636 – Quattro II.

[1227] BGH, GRUR 2001, 1154, 1156 – Farbmarke violettfarben; Steinbeck, MarkenR 2002, 273, 275; Völker/Semmler, GRUR 1998, 93, 99; vgl. Sack, WRP 2001, 1022, 1031.

verfahrens -i.d.R. zu Lasten des wirtschaftlich Schwächeren- auf das Markenverletzungsverfahren verschoben[1228]. Das Freihalteinteresse ist daher bereits zum Zeitpunkt der Eintragung und nicht erst im Rahmen des Schutzumfangs der Marke (etwa in §§ 14 oder 23 MarkenG) zu berücksichtigen. Ansonsten würde der zuständigen Behörde die Aufgabe der Beurteilung der Eintragungshindernisse des Art. 3 der Richtlinie (bzw. § 8 Abs. 2 MarkenG) im Zeitpunkt der Eintragung der Marke genommen und auf die Gerichte übertragen. Eine solche Auffassung ist aber mit dem System der Richtlinie unvereinbar, das auf einer der Eintragung vorausgegangenen und nicht auf einer nachträglichen Kontrolle beruhe. Wie der EuGH bereits in CANON[1229] entschied, ist aus Gründen der Rechtssicherheit und der ordnungsgemäßen Verwaltung sicherzustellen, dass Marken, deren Benutzung vor Gericht mit Erfolg entgegengetreten werden könnte, nicht eingetragen werden sollen[1230].

Darüber hinaus ist aufgrund der weiten Verbreitung von Farben als Mittel der dekorativen Warengestaltung nicht nur eine konkrete Unterscheidungskraft abstrakter Farbmarken in der Praxis um so weniger zu bejahen, je breiter das Warenverzeichnis definiert ist[1231], sondern auch umso eher Freihalteinteressen der Mitbewerber. Entsprechend führte der EuGH in „Libertel" aus: „Je größer die Zahl der Waren und Dienstleistungen ist, für die die Eintragung der Marke beantragt wird, umso eher kann sich das durch die Marke gewährte Ausschließlichkeitsrecht als übertrieben erweisen und dadurch der Aufrechterhaltung eines unverfälschten Wettbewerbssystems sowie dem Allgemeininteresse zuwiderlaufen, dass die Verfügbarkeit der Farben für die anderen Wirtschaftsteilnehmer, die Waren oder Dienstleistungen der von der Anmeldung erfassten Art anbieten, nicht ungerechtfertigt beschränkt wird. Der Umstand, das die Eintragung einer Farbe als solcher für eine Vielzahl von Waren und Dienstleistungen oder aber nur für eine spezifische Ware oder Dienstleistungen beantragt wird, ist mit anderen Umständen des Einzelfalls daher [u.a.] von Bedeutung für die Frage des Freihalteinteresses"[1232].

Freihaltebedürfnisse und damit fehlende Unterscheidungskraft dürften aber auch gegeben sein, wenn bestimmte technische, Markt– oder sonstige Gegebenheiten eine beanspruchte Farbe zu einer „gängigen" Farbe machen. Gleiches gilt für ästhetisch, technisch–funktionell bedingte oder natürliche/übliche Farbgebungen einer Ware. Ein Beispiel dafür wäre etwa der kürzlich vom EuG entschiedene Fall „KWS Saatgut (Orange)", wo eine Farbgebung für die spezifischen Abnehmer als „übliche" Farbe der Ware oder zumindest als „technischer Hinweis" (mit Fungiziden/Insektiziden "behandeltes" Saatgut) erachtet wurde[1233]. Weitere Beispiele (aus der früheren Rechtsprechung) wären etwa die bräunliche Färbung eines Pflasters, eine Zweifarbenkombination für Zweiphasenmittel[1234], die farbige Bemusterung von Textilerzeugnissen und Farbgebungen, die –insbesondere im Falle von "Grundfar-

---

[1228] Johannes/Zurkinden, MarkenR 2000, 153, 158 a.E.; Sack, WRP 2001, 1022, 1023, Fn. 122.
[1229] EuGH, Urteil v.29.9.1998, Case C-39/97, Canon, Slg. 1998, I-5507, Erwägungsgrund 21.
[1230] EuGH, WRP 2003, 735, Libertel Groep BV gegen Benelux-Merkenbureau, Case C-104/01, Erwägungsgründe 57 f.
[1231] So schon der BenGH, GRUR Int. 1979, 117, 118 – Farben einer Gasflasche und Winkler, MA 1996, 526.
[1232] EuGH, WRP 2003, 735, Libertel Groep BV gegen Benelux-Merkenbureau, Case C-104/01, Erwägungsgrund 56, 71.
[1233] EuG, Case T–173/00, KWS Saat AG gegen HABM (Orange), Ziff. 33 ff., MarkenR 2002, 412 (415).
[1234] Vgl. österreichisches OGH ÖBl. 1999, 194, 196 – MAGIC JOY (Zweiphasenbräunungsmittel).

ben"– häufig den „üblichen“ Verkehrsgepflogenheiten im Hinblick auf bestimmte Waren entsprechen, wie z.B. „blau“ für Mineralwasser[1235]. Gleiches wird gelten, wenn die Farbe eine beschreibende Funktion im Hinblick auf Eigenschaften[1236], Qualitäten oder das „natürliche“ farbliche Aussehen der Waren/Dienstleistungen hat, wie z.B. „braun“ für Schokolade, "gelb" für Käse, "braun" für Kaffee, "grün" für Rasensamen oder Gärtnereiprodukte/–dienstleistungen.

Die bisher in Deutschland vorherrschende großzügige Eintragungspraxis hat insoweit eine deutliche Korrektur erfahren. Während der BGH im Regelfall -d.h. vorbehaltlich besonderer Umstände- von der konkreten Unterscheidungskraft einer Farbe/Farbkombination ausging, wird künftig dem Allgemeininteresse an der freien Verwendung von Farben schon im Eintragungsverfahren angemessen Rechnung zu tragen sein, d.h. deren konkrete Unterscheidungskraft wird -von Sonderfällen abgesehen- zu verneinen sein[1237].

6. Beschreibende und übliche Farben, § 8 Abs. 2 Nr. 2 und 3 MarkenG

Neben der im Einzelfall meist fraglichen Unterscheidungskraft steht der Eintragung einer abstrakten Farbmarke oft aber auch ein beachtliches "Freihaltebedürfnis" i.S.d. § 8 Abs. 1 Nr. 2 und 3 MarkenG entgegen. Danach sind "beschreibende" und "üblich gewordene" Aussagen freizuhalten, was übertragen auf die abstrakte Farbmarke der Fall ist, wenn die Farbe für die konkret beanspruchte Ware, Verpackung oder Dienstleistung "Symbolfarbe" oder "wesensbestimmend" bzw. „natürlich“ ist oder wurde, wie z.B. „braun“ für Holzwaren, „pink“ für Bekleidung[1238], grün oder gelb für vegetabile Lebensmittel, blau und weiß für Putzmittel, rot für sportliche Autos, grün für Produkte und Dienstleistungen der Land–, Garten– und Forstwirtschaft, etc. Außerdem könne sich in bestimmten Branchen Farben als beschreibende Hinweise für bestimmte Eigenschaften (z.B. „rot“ und „blau“ für Warm- und Kaltwasser), für Geschmacks- oder Duftrichtungen (z.B. „gelb“ für Zitronengeschmack oder –duft) oder für Qualitätsunterschiede (z.B. „silber“ oder „gold“ für Spitzenqualitäten) entwickelt haben[1239]. Passend dazu wies Generalanwalt Ruiz-Jarabo Colomer in seinem Schlussexkurs zu „Shield vs. Kist“ erst kürzlich darauf hin, dass die Lehre vom Freihaltebedürfnis vom EuGH mittlerweile anerkannt sei und er nur mit Mühe akzeptieren könne, dass durch eine Marke ausschließliche Rechte an Zeichen erworben werden, die unmittelbarer Ausdruck der Natur sind[1240].

Insoweit kommt es zu Überschneidungen mit dem Schutzausschluss mangelnder Unterscheidungskraft, wonach ebenfalls Farbgebungen für Produkte, die den „üblichen“ Verkehrsgepflogenheiten entsprechen, oder im Hinblick auf Eigenschaften, Qualitäten oder das natürliche farbliche Aussehen der Waren/Dienstleistungen be-

---

[1235] Völker/Semmler, GRUR 1998, 93, 98; Jaeger–Lenz, WRP 1999, 290, 295; v. Schultz, GRUR 1997, 714, 718

[1236] EuG, Case T–173/00, KWS Saat AG gegen HABM (Orange), Ziff. 33 ff., MarkenR 2002, 412 (414).

[1237] Hacker, GRUR Int. 2004, 215, 218.

[1238] BPatG GRUR 1999, 60 – Rechteck in Pink.

[1239] Hacker, GRUR Int. 2004, 215, 218.

[1240] Generalanwalt Ruiz-Jarabo Colomer, Schlussanträge v. 3. 4.2003, Case C-283/01, Shield Mark BV gegen Joost Kist, Erwägungsgrund Nr. 53, online abrufbar unter http://www.curia.eu.int./jurisp/...

schreibend wirken, auszuschließen sind. Eine Überschneidung der Anwendungsbereiche dieser Vorschriften ist aber schon von den Wortmarken her vertraut[1241]. Die Vorschrift ist aber auch anwendbar auf bestimmte, üblicherweise als allgemeine Werbeelemente eingesetzte Farben (z.B. Hellgrün für Kaugummis), die in erster Linie Aufmerksamkeit erregen sollen[1242].

7. Freihaltebedürfnisse auf Ebene der Verletzungstatbestände

Zwar ist nach dem Ergebnis der bisherigen Auslegung das Freihalteinteresse bereits zum Zeitpunkt der Eintragung und nicht erst im Rahmen des Schutzumfangs der Marke zu berücksichtigen[1243]. Dennoch spielen die Eintragungshindernisse des § 8 Abs. 2 Nr. 1 bis 3 MarkenG bei abstrakten Farbmarken -wie bei anderen Markenformen- auch im Verletzungsprozess eine Rolle und können im Wege des Löschungsverfahren nach § 50 MarkenG geltend gemacht werden. Die Frage des „Schutzumfangs" abstrakter Farbmarken ist im Verletzungsverfahren daher weiterhin bedeutsam, zumal sich hier noch flexiblere Lösungswege finden lassen als im Eintragungsverfahren[1244]. Allerdings befindet sich hier die Diskussion noch in einem deutlich früheren Stadium als bei der Schutzfähigkeit[1245]. Erforderlich ist jedenfalls, dass auch bei Auslegung der Verletzungsvorschriften des § 14 Abs. 2 Nr. 1 und 2 MarkenG (bzw. gegebenenfalls auch § 23 MarkenG) bestehende Freihaltebedürfnisse von den Gerichten ausreichend berücksichtigt und mit dem Schutzinteresse des Markeninhabers abgewogen werden[1246].

So dürfte im Falle der Geltendmachung eines Verstoßes gegen § 14 Abs. 2 Nr. 1 MarkenG wegen Identität von Zeichen und Ware/Dienstleistung eine Verletzung nur bei vollständiger Farbübereinstimmung anzunehmen sein[1247]. Im Ähnlichkeitsbereich des § 14 Abs. 2 Nr. 2 MarkenG ist im übrigen eine „Verwechslungsgefahr" zu verlangen, die nach dem 10. Erwägungsgrund der Präambel zur Richtlinie „von einer Vielzahl von Umständen" abhängt, wie z.B. dem Bekanntheitsgrad der Marke oder der gedanklichen Verbindung, die das benutzte/eingetragene Zeichen zu ihr hervorrufen kann. Insoweit bilden die Kriterien der Verwechslungsgefahr ein sogenanntes „bewegliches System". Letztendlich muss damit eine umfassende Interessenabwägung über das Vorliegen einer Verwechslungsgefahr entscheiden[1248].

Eine Verletzung dürfte z.B. nicht gegeben sein, wenn beispielsweise die Farbe einer abstrakten Einfarbenmarke von einem Dritten in einer Farbkombination übernommen, nur als Untergrundfarbe von Wortmarken oder in der Werbung als dekoratives Gestaltungsmittel verwendet wurde. Eine Verletzung wird aber in Frage kommen,

---

[1241] Grabrucker, MarkenR 2001, 95, 101 m.w.N.
[1242] HABM (3.BK) MarkenR 1999, 108, 111 – HELLGRÜN; Sack, WRP 2001, 1022, 1024.
[1243] EuGH, WRP 2003, 735, Libertel Groep BV gegen Benelux-Merkenbureau, Case C-104/01, Erwägungsgründe 57 f.
[1244] Steinbeck, MarkenR 2002, 273, 274; Dierksen, 85.
[1245] Vgl. Hacker, GRUR Int. 2004, 215, 223, m.w.N.
[1246] Jaeger–Lenz, WRP 1999, 290 (299); Sack, WRP 2001, 1022 (1025 ff.); Völker/Semmler, GRUR 1998, 93 (99).
[1247] BGH, WRP 2004, 227, 231 – Farbmarkenverletzung I; Sack, WRP 2001, 1022, 1025.
[1248] Sack, WRP 2001, 1022 (1025 ff.).

wenn der Dritte eine ähnliche oder identische Farbe ebenfalls als abstrakte Farbmarke oder als „prägende“ Bildmarke benutzt, mithin „kennzeichenmäßig“ als Herkunftshinweis verwendet. Wie schon oben bei der Frage der Unterscheidungskraft erläutert, geht die Rechtsprechung des EuGH davon aus, dass die angesprochenen Verkehrskreise nicht-konventionelle Marken wie abstrakte Farben häufig nicht als Herkunftszeichen auffassen, so dass solchen Zeichen oft die markenmäßige konkrete Unterscheidungskraft fehlt. Dasselbe gilt umgekehrt für das angegriffene Zeichen im Verletzungsfall, so dass es nicht selten an dem für die Feststellung einer Markenverletzung erforderlichen markenmäßigen Gebrauch fehlen wird[1249]. Dies ist nach Rechtsprechung des BGH bei Verwendung der Farbe in einer Werbeanzeige in besonderem Masse zu berücksichtigen, da die Verbraucher hier ohne das Hinzutreten von graphischen Elementen oder Wortelementen in der Farbe nicht in erster Linie einen Herkunftshinweis sehen. Vielmehr ist erforderlich, dass die Farbe als solche im Rahmen aller sonstigen Elemente in einer Weise hervortritt, dass sie als Kennzeichnungsmittel verstanden wird, was vom BGH bei der Farbgestaltung der MOBILCOM-Anzeigen, die dem „magenta“-Farbton der TELECOM sehr ähnlich waren, bejaht wurde[1250]. Wird die Farbe in einer Werbeanzeige „blickfangartig“ verwendet, kann deren kennzeichenmäßige Benutzung zwar vielfach, aber nicht durchweg angenommen werden[1251].

Folgerichtig genießt der Inhaber einer abstrakten Farbmarke keinen Schutz vor allen denkbaren Abbildungen oder Aufmachungen, in der diese Farbe Verwendung findet[1252]. Weiterhin ist nach Ansicht des BGH der Schutzumfang einer konturlosen Farbmarke danach zu bestimmen, dass bei Kollisionen die Frage der Verwechslungsgefahr nach allen Umständen des Einzelfalls zu beurteilen ist. Entsprechend wird eine nur geringe Kennzeichnungskraft einer konturlosen Farbmarke für die mit ihr gekennzeichneten Waren oder Dienstleistungen in der Regel auch nur zu einem geringeren Schutzumfang führen[1253]. Je höher jedoch der durch Benutzung erworbene Grad der Kennzeichnungskraft der Farbmarke ist, umso eher wird die Verwendung der Farbe -etwa in einer Anzeige- als Herkunftshinweis verstanden und ihr auch eine selbständige Funktion beigemessen[1254]. I.d.R. ist auch nur ein bestimmter Farbton aus einem bestimmten Farbengemisch geschützt, so dass Mitbewerbern hinreichende Ausweichmöglichkeiten durch die Verwendung anderer Farbtöne zur Verfügung stehen[1255]. Ein Markenanmelder kann durch die Zuerkennung der Schutzfähigkeit seiner abstrakten Farbmarke also nicht eine komplette Farbskala für eine bestimmte Branche blockieren, mit der Folge, dass der Schutzumfang der abstrakten Farbmarke auf den konkreten Farbton –allenfalls bei erweitertem Schutzumfang auf angrenzende Farbnuancen– beschränkt ist. Auch wird man in Fällen, in denen die Farbe für das gekennzeichnete Produkt nicht völlig ungewöhnlich ist, da-

---

1249 Hacker, GRUR Int. 2004, 215, 222, m.w.N.

1250 BGH, WRP 2004, 227, 231 – Farbmarkenverletzung I; BGH, WRP 2004, 232, 233/234 – Farbmarkenverletzung II.

1251 BGH, WRP 2004, 232, 234 – Farbmarkenverletzung II.

1252 Steinbeck, MarkenR 2002, 275, 278; Dierksen, 193 ff.; Caldarola, Farbenschutz, 76ff.

1253 BGH MarkenR 2002, 118, 120 – Farbmarke gelb/grün.

1254 BGH, WRP 2004, 227, 231 – Farbmarkenverletzung I; BGH, WRP 2004, 232, 234 – Farbmarkenverletzung II.

1255 BGH WRP 2001, 1198/1201 – "Violettfarben"; BGH GRUR 1999, 988, 990 – HOUSE OF BLUES; Albrecht, WRP 2002, 876, 877. vgl. bereits Jaeger-Lenz, WRP 1999, 290/296.

von ausgehen könne, dass einer abstrakten Farbe nur eine geringe Kennzeichnungskraft zukommt, was wiederum zu einem nur geringen Schutzumfang führt[1256].

8. Ergebnis und Rechtsvergleichung

Im Ergebnis ist daher zu sagen, dass (originäre) Unterscheidungskraft abstrakter Einfarbenmarken unter bestimmten, außergewöhnlichen Umständen gegeben sein kann, bei Mehrfarbenmarken aber meist auszuschließen ist. Aufgrund der genannten Einschränkungen wird aber auch die Eintragung abstrakter Einzelfarbmarken in der Praxis meist nur über den Nachweis der Verkehrsdurchsetzung nach § 8 Abs. 3 MarkenG möglich sein[1257].

Diesem Ergebnis entspricht rechtsvergleichend, dass abstrakte Farbmarken in den Mitgliedstaaten, der Schweiz und den USA häufig auch nur mit Hilfe einer Verkehrsdurchsetzung schutzfähig sind. Insgesamt gibt es in den untersuchten Ländern jedoch keine einheitliche Linie:
So gelten Grundfarben nach schweizerischem Recht für Waren des allgemeinen Konsums als "zwingend freihaltebedürftig", nicht aber für von Fachleuten gekaufte Spezialwaren oder Dienstleistungen. Letztere, wie etwa die konturlose Farbe "gelb" für Dienstleistungen der Post, können dagegen aufgrund von Verkehrsdurchsetzung eingetragen werden[1258]. Entsprechend wurde der Farbe Kobalt-Blau[1259], wie auch einer Zwei-Farben-Kombination[1260] die Eintragungsfähigkeit über den –durch Verkehrsdurchsetzung überwindbaren– Ausschluss als „Gemeingut" i.S.d. Art. 2 a MSchG abgesprochen. Auch im bisher als liberal geltenden französischen Recht waren „Grundfarben" nicht schutzfähig[1261]. Das österreichische Markenamt trug bereits 1964 die Farbmarke „lila" ebenfalls nur aufgrund von Verkehrsdurchsetzung ein[1262]. Rechtsprechung zur Markenfähigkeit "abstrakter" Farben findet sich in Österreich –anders als zum Ausstattungsschutz nach § 9 Abs. 3 UWG– bislang aber noch nicht. Letzterenfalls sah der österreichische OGH einen (Ausstattungs–) Schutz an der Farbe "rot" für juristische Fachbücher jedoch erst bei einem Zuordnungsgrad von über 90% als gegeben an[1263]. Auch in der Praxis der Benelux–

[1256] Steinbeck, MarkenR 2002, 273, 278.

[1257] Vgl. das DPMA: Reg.Nr. 39407183.2, Klasse 7, Farbe grün/gelb für Land– und Forstmaschinen (John Deere), Reg.Nr. 39541406.7, Klasse 5, Farbe lila für zahnärztliche Abdruckmassen.

[1258] Eidgenössischen Rekurskommission für geistiges Eigentum, sic! 2002, S. 242 ff. – DIE POST; a.A. David, Art. 2, Rdn. 15, wonach auch Grundfarben als Einzelfarben aufgrund ihrer zahlenmäßigen Beschränkung zum Gemeingut (Art 2 a MSchG) zählen und damit durch Verkehrsdurchsetzung überwindbar sind.

[1259] Eidgenössische Rekurskommission für Geistiges Eigentum, sic! 1998, 300 – kobalt–blaue Flasche.

[1260] Schweizerisches BG, MarkenR 2000, 55, (56) – Tablette weiß/grün.

[1261] Fischer, GRUR Int. 1989, 522 ff. (526) m.w.N.; v. Schultz, GRUR 1997, 714, 720; Bodewig, GRUR Int. 1979, 119 (Anm. zum Urteil des BenGH – Farben einer Gasflasche); Jaeger–Lenz, WRP 1999, 290, 293; Kur, in Schricker/Bastian/Albert, 13 („Farben als solche"); Chavanne, Rz. 938 ff., bereits „Uni–Farben" oder Farbanmeldungen in „facon abstraite" schutzunfähig; vgl. zu Farbnuancen dagegen: Tribunal de Grande Instance de Paris, PIBD 1997, 627 – Marques TRESOR (Farbton „rose" gem. PANTONE 1555 und 1565 C schutzfähig); Tribunal Civil de Paris, ANN 1938, 140 - „Azurblau" für Treibstoffe; Cour de Paris, ANN 1971, 41 - gelb/rot (Maggi); weitere Nachweise bei Völker/Semmler, GRUR 1998, 93, 101 („kodakgelb" und „kongorot",) und Stauder, GRUR Int. 1976, 116 ff.

[1262] v. Schultz, GRUR 1997, 714, 720 ff. m.w.N.

[1263] OGH, GRUR Int. 1998, 331, 333– MANZ–Rot; in OGH ÖBl. 2001, 124 (125) – Hellblau (offengelassen wg. Einschlägigkeit von § 1 Ö–UWG); vgl. zur früheren Rspr.: OGH ÖBl. 1994, 223, 226 – Zeitrelais; OGH GRUR Int. 1975, 60 – ARAL II; OGH GRUR Int. 1970, 58 – ARAL–Blau–Weiß.

Länder wird von Anmeldern einer abstrakten Einzel- oder Mehrfarbenmarke i.d.R. der Nachweis einer gewissen Unterscheidungskraft durch Verkehrsbekanntheit verlangt[1264]. In Finnland können abstrakte Farbmarken ebenfalls nur mit dem Nachweis hinreichender Verkehrsbekanntheit eingetragen werden[1265]. In Italien wurden die abstrakten Farbmarken GRÜN und GOLD eingetragen. Nicht bekannt ist, ob dies aufgrund von Verkehrsdurchsetzung erfolgte[1266]. Im Vereinigten Königreich wurde die abstrakte Farbmarke „Purple" eingetragen (keine Grundfarbe)[1267]. Die britische Literatur prophezeit aber insgesamt eine eher konservative Linie des britischen Markenamtes im Hinblick auf Einzelfarben[1268]. Auch in Irland wird damit gerechnet, dass das irische Markenamt zumindest in gewissem Umfang Benutzungsnachweise verlangen wird[1269]. Für das amerikanische Recht erklärte der Supreme Court in „Wal–Mart" dass „product color" keine ursprüngliche Unterscheidungskraft zukommt und daher regelmäßig einer Verkehrsdurchsetzung ("secondary meaning") bedarf[1270].

III. Die konkrete Aufmachungsfarbmarke

Im Vergleich zur abstrakten Farbmarke stellt die konturgebundene oder „konkrete Aufmachungsfarbmarke" eine nach dem Markengesetz eher unproblematische Gruppe der Farbmarke dar[1271].

Wie bereits ausgeführt, ist ihr Gegenstand von vornherein auf eine konkrete (körperliche) Aufmachung der Ware in einer oder mehreren Farben bezogen und damit klar abgegrenzt und definiert (z.B. ein „grünes Gehäuse" für „elektronische Bauteile"[1272]), während die „abstrakte" Farbmarke gerade nicht auf eine konkrete Kontur beschränkt ist[1273]. Damit bewegt sich die konkrete Aufmachungsfarbmarke weitgehend im Rahmen der bisherigen Rechtsprechung zu Ausstattungsfarbmarken[1274], denn die figürliche Begrenzung der Farbe begründete schon damals die Zeichenfähigkeit, wenn sie sich im Verkehr durchgesetzt hatte[1275]. Da sich für die konkrete Aufmachungsfarbmarke keine der abstrakten Farbmarke entsprechenden Probleme

---

[1264] BenGH, Ing. Cons. 1977, 64 – Capsule Coloree pour Antibiotique; BenGH, GRUR Int. 1979, 117 (118)– Farben einer Gasflasche; Völker/Semmler, GRUR 1998, 93, 101; Jaeger–Lenz, WRP 1999, 290, 293; v. Schultz, GRUR 1997, 714, 720; Verkade, GRUR Int. 2000, 304 (305,306).

[1265] Heitto, GRUR Int. 2000, 488 (492 f., 495) m.w.N.; Völker/Semmler, GRUR 1998, 93, 101.

[1266] GRÜN, Nr. 652897 (= IR 647827) und GOLD, Nr. 679569 (= IR 655898), vgl. v. Schultz, GRUR 1997, 714, 720 m.w.N.

[1267] Nr. 19950519, 2020876 im Namen der Cadbury Ltd.; vgl. Jaeger–Lenz, WRP 1999, 290, 293.

[1268] Kerly´s, 69.

[1269] Völker/Semmler, GRUR 1998, 93, 101.

[1270] US Supreme Court, Wal–Mart Stores Inc. v. Samara Bros. Inc., 54 USPQ2d 1065 (1066, 1068), in deutscher Übersetzung abgedruckt in GRUR Int. 2000, 812, 813 – Wal–Mart v. Samara; schon in „Qualitex" konnte sich der Supreme Court auf eine erhebliche Verkehrsdurchsetzung („secondary meaning") der schutzfähigen grün–goldenen Farbe für Kleiderpressen berufen, US Supreme Court, Qualitex Co. v. Jacobson Products Co. No. 93–1577 v. 28.3.1995, 34 USPQ 2nd 1161 ff., deutsche Übersetzung in GRUR int. 1996, 961, 962 – grün–goldene Farbe.

[1271] Grabrucker, MarkenR 2001, 95, 99.

[1272] Vgl. BPatG Beschl.v.18.11.1998, 29 W (pat) 43/98.

[1273] Vgl. Ströbele, GRUR 1999, 1041 (1045); ders., IIC 2001, 161 (17f f.); Althammer/Ströbele/Klaka, § 3, Rdn. 20; Grabrucker, GRUR 1999, 850, 853.

[1274] Grabrucker, WRP 2000, 1331, 1333.

[1275] BGH GRUR 1968, 371, 374 – Maggi; BGH GRUR 1979, 853, 855 – (Deinhart) LILA; BGH GRUR 1970, 75 – Streifenmuster; BPatGE 7, 137, 139 – gelb–rot; Baumbach /Hefermehl, § 1, Rdn. 60.

mit der „Bestimmtheit“ ergeben, steht ihre grundsätzliche Markenfähigkeit erst recht außer Frage. Bei der Anmeldung einer Aufmachungsfarbmarke ist die Verteilung der Farbe/Farbkombination auf Waren bzw. mit Dienstleistungen in Verbindung stehenden Gegenständen durch präzise Angaben zu ihrer jeweiligen, stets gleichbleibenden Platzierung festgelegt, wobei auch in der Beschreibung auf die Möglichkeiten nach §§ 9 und 8 MarkenV zurückgegriffen werden kann[1276]. Entsprechend behandelt das BPatG die Anmeldung einer Farbmarke unter detaillierter Verteilung der Farben auf einer Ware oder einem mit einer Dienstleistung in Zusammenhang stehendem Gegenstand automatisch als Aufmachungsfarbmarke mit anderen Voraussetzungen als die einer abstrakten Farbmarke[1277]. Für die Darstellung der farblichen Aufmachung genügt insoweit die Festlegung der Farbe durch die RAL–Nummer und die Bindung an die beanspruchten Waren[1278].

Der Schutzgegenstand der konkreten Aufmachungsfarbmarke betrifft im Ergebnis bereits einige vom BPatG[1279] und dem BGH entschiedene Fälle[1280]. Demnach sind Farben als Aufmachungen der in Anspruch genommenen Waren (ebenfalls) grundsätzlich abstrakt markenfähig nach § 3 Abs. 1 MarkenG. Entgegen der Ansicht des BPatG dürfen aber auch bei Aufmachungsfarbmarken im Rahmen der Unterscheidungskraft keine strengeren Anforderungen gestellt werden als bei herkömmlichen Markenformen. Aufgrund der Konturgebundenheit und der Bezugnahme auf konkrete Gegenstände muss aber das Interesse an einer Freihaltung von Farben –ungeachtet seiner konkreten Berücksichtigung im Rahmen des § 8 Abs. 2 Nr. 2 MarkenG, sowie bei der Bestimmung des Schutzumfangs– im Rahmen der Prüfung der Unterscheidungskraft nach § 8 Abs. 2 Nr. 1 MarkenG eine weit geringere Rolle spielen als bei der abstrakten Farbmarke. Abzuheben ist vielmehr auf ihre Eignung vom Verkehr als Unterscheidungsmittel aufgefasst zu werden, ihren möglicherweise beschreibenden Begriffsinhalt oder ihre möglicherweise bloß dekorative Gestaltung.

IV. Funktionalität von Farbmarken

1. Problem des Freihaltebedürfnisses

Ob und in welcher Form eine Farbe über § 25 WZG als Ausstattung monopolisiert werden konnte, war unter Geltung des WZG Gegenstand lebhafter Diskussionen[1281]. Nachdem nunmehr ausdrücklich Farben und Farbzusammenstellungen in § 3 Abs. 1 MarkenG als zulässige Kennzeichen erwähnt sind und § 3 Abs. 2 MarkenG sich nur auf die Form, nicht aber auch auf die Farbe einer Ware bezieht, scheint sich dieser Streit erübrigt zu haben.

[1276] Jaeger–Lenz, WRP 1999, 290 ff.
[1277] BPatG GRUR 1999, 61 ff. – Aral/Blau I.
[1278] BPatG MarkenR 2002, 31, 32 – Gold/Gelb.
[1279] BPatG MarkenR 2002, 31, 32 – Gold/Gelb für Vorwandinstallationselemente; BPatGE 39, 192 – grün–gelb für Traktoren; BPatG 40, 136 – pink für Bekleidung; BPatGE 40, 177 – ARAL–BLAU; BPatG Beschl.v. 19.3.1999, 33 W (pat) 173/97 – „grünes Rohr“ für Rohre für die Trankwasserversorgung; BPatG Beschl.v.18.11.1998, 29 W (pat) 43/98 – „grünes Gehäuse“ für „elektronische Bauteile“.
[1280] BGH WRP 2002, 452, 453 f. – grün eingefärbte Prozessorgehäuse.
[1281] Vgl. Baumbach/Hefermehl, § 25, Rdn. 53 ff. und Götting, 234 ff.

Gleichwohl kann eine Farbe grundsätzlich durch die Art einer Ware bedingt sein, wie z.B. die „übliche" Farbe von Alufolie oder von Weinflaschen[1282] oder die Rotfärbung einer herzförmigen Vase[1283], oder sie kann insoweit technische Bedeutung haben, als sie z.B. gegen Korrosion, Lichteinwirkung[1284] oder Verschmutzung[1285] schützt. Eine Monopolisierung entsprechender Farben als (i.d.R. Aufmachungs-) Farbmarke erweckt Bedenken, weil offensichtliche Freihaltebedürfnisse zugunsten der Mitbewerber und der Allgemeinheit bestehen. Es fragt sich deshalb, welchen Einfluss dieses Freihaltebedürfnis auf die Markenfähigkeit von Farben unter Geltung des MarkenG hat, genauer gesagt, ob die Grundsätze des § 3 Abs. 2 MarkenG auf diesem Weg (ggf. im Wege der Analogie) Eingang in die Prüfung der Marken finden[1286], oder ob das genannte Freihalteinteresse erst im Rahmen der Eintragungsfähigkeit Berücksichtigung finden kann[1287].

2. Analoge Anwendung des § 3 Abs. 2 MarkenG

Wegen ähnlicher Funktionalitätsproblematik bei Formen und Farben wäre insbesondere zu untersuchen, ob die absoluten Schutzausschlüsse des § 3 Abs. 2 MarkenG auch auf Farben Anwendung finden können. Eine direkte Anwendung der Schutzausschlüsse scheitert jedoch bereits am Wortlaut des § 3 Abs. 2 MarkenG, der –wie auch Art. 3 Abs. 1 lit. e der Richtlinie– lediglich eine Anwendung für „Formen" (der Ware) vorsieht. Eine Einbeziehung von Farben unter den Begriff der „Form" wäre vom Wortsinn nicht mehr gedeckt, insbesondere wenn man –wie hier– einen grundsätzlichen Schutz konturloser, sprich „formloser" Farbmarken vertritt. Dem entspricht auch die in der bisherigen Literatur vertretene Auffassung[1288].

In Frage käme aber eine analoge Anwendung des § 3 Abs. 2 MarkenG auf Farbmarken. Wie bereits oben dargelegt[1289], steht die analoge Anwendung harmonisierter Vorschriften einer richtlinienkonformen Auslegung grundsätzlich nicht entgegen, da auch der EuGH im Sekundärecht das Mittel der Analogie anwendet[1290]. Voraussetzung wäre mithin eine planwidriger Gesetzeslücke und die Ähnlichkeit der Tatbestände, was insbesondere im Wege der historischen und teleologischen Auslegung zu ermitteln ist[1291].

[1282] BPatG Mitt. 1998, 227, 228: „Übliche Einfärbungen von Flaschen unterliegen einem allgemeinen Freihaltungsbedürfnis".

[1283] BGH GRUR 55, 418, 419 – Rote Herzwandvase.

[1284] Vgl. RG GRUR 40, 45, 47 – Lavendelwasser–Flasche.

[1285] Vgl. RG GRUR 41, 238 – Hansaplast.

[1286] Meister, WRP 2000, 967 (973); v. Schultz, 714 ff. (717/718, möglich aber nicht sachgerecht); Kur MarkenR 2000, 1 (3).

[1287] Althammer/Ströbele/Klaka, § 4 Rdn. 14; Eichmann, GRUR 1995, 184 ff. (186) und FS Vieregge, 125 ff. (153); Kur, FS DPA, 175 ff. (185); Wittenzellner, 333 ff., (336 f.); Marz, 116; Ingerl/Rohnke, § 3, Rdn. 38; Völker/Semmler, GRUR 1998, 93, 98, 99.

[1288] Althammer/Ströbele/Klaka, § 4 Rdn. 14; Eichmann, FS Vieregge, 1995, 125 ff. (153); ders., GRUR 1995, 184 ff. (186); Kur, FS DPA, 175 ff. (185); Marz, 75; Völker/Semmler, GRUR 1998, 93 ff. (95); v. Schultz, GRUR 1979, 714 ff. (717 f.); Wittenzellner, 333 ff. (336 f.); Ingerl/Rohnke, § 3, Rdn. 38; Fezer, § 3, Rdn. 267a.

[1289] S.o. die Ausführungen zur Anwendbarkeit der Vorschrift auf Verpackungen.

[1290] Vgl. Bleckmann, NJW 1982, 1177, 1181 m.w.N.

[1291] Vgl. Larenz, 373, 381 f. zu den allgemeinen Voraussetzungen einer Analogie.

Eine historische Interpretation spricht zunächst einmal nicht für eine Einbeziehung von Farben im Rahmen des § 3 Abs. 2 MarkenG. Denn nach der Gesetzesbegründung sollen die Schutzausschlüsse weitgehend den Kriterien entsprechen, die die deutsche Rechtsprechung zur Ausstattungsfähigkeit dreidimensionaler Gestaltungen entwickelt hat[1292]. Und in den Begründungen zu den europäischen Ausschlussvorschriften wurde das Freihaltebedürfnis zwar nicht deutlich auf dreidimensionale Formgebungen beschränkt, der Eintragungsausschluss wurde jedoch insgesamt auf die „Form einer Ware" bezogen[1293]. Ferner stellte der Benelux–Gerichtshof in „Burberrys II" fest, dass der historisch vorbildhafte Art. 1 Abs. 2 BMW nicht auf eine Farbkombination, wie z.B. das „Karomuster" eines Regenmantels, anwendbar ist[1294]. Zu bedenken ist aber, dass der EuGH bereits in „Philips vs. Remington" entgegenstehendes Benelux-Recht unbeachtet gelassen hat, da die Richtlinie eigenständig auszulegen ist[1295]. Darüber hinaus wird Art. 3 Abs. 1 lit. e der Richtlinie durch den EuGH entgegen der Gesetzesgeschichte auch auf Produktabbildungen angewendet[1296]. Eine planwidrige Gesetzeslücke für Farbmarken könnte daher angenommen werden.

Eine Anwendung des Schutzausschlusses auf funktionelle Farben ist auch vom Gesetzeszweck der Vorschrift gedeckt. Nach Rechtsprechung des EuGH verfolgt die zugrundeliegende Norm der Richtlinie gerade das im Allgemeininteresse begründete Ziel, dass eine Form, deren wesentliche Merkmale einer technischen Funktion oder Gebrauchseigenschaft der Ware entsprechen und gewählt wurden, um diese zu erfüllen, von allen frei verwendet werden kann[1297]. Nicht nur Warenformen, auch Produktfarben können aber „einer technischen Funktion oder Gebrauchseigenschaft der Ware entsprechen und gewählt worden sein, um diese zu erfüllen," wie z.B. die Rotfärbung einer herzförmigen Vase oder die Hautfarbe eines Heftpflasters. Aufgrund der funktionellen Bedeutung der Farbgebung für diese Produkte wäre ein Monopol mit dem System eines unverfälschten Wettbewerbs unvereinbar, weil entsprechende Farben im Hinblick auf die gekennzeichneten Produkte für alle Wirtschaftsteilnehmer freizuhalten sind. Auch hier handelt es sich mithin um ein Freihalteinteresse „im Sinn" des Art. 3 Abs. 1 lit. e der Richtlinie, bzw. von § 3 Abs. 2 MarkenG. Eine analoge Anwendung des § 3 Abs. 2 MarkenG auf für bestimmte Produkte funktionelle Farben ist mithin anzuerkennen, sodass sie „absolut" vom Markenschutz ausgenommen sind, also auch nicht durch eine Verkehrsdurchsetzung Schutz erlangen können[1298]. Im Hinblick auf die Bedeutung des geschützten Freihalteinteresses wä-

---

[1292] Amtl. Begründung zu § 3, abgedruckt in v. Mühlendahl, Deutsches Markenrecht, a.a.O., 133.

[1293] Begr. zu Art. 2 des Richtlinienvorschlag von 1980, Bulletin der Europäischen Gemeinschaften, Beilage 5/80, 15, unter Verweis auf die Erläuterungen zu Art. 6 (alt) des VO-Vorschlags auf S. 58, 59; Ruijsenaars, GRUR Int. 1992, 505, 512.

[1294] BenGH, GRUR Int. 1992, 552 ff. (553) – Burberrys II.

[1295] EuGH (Rs. C–299/99), MarkenR 2002, 231, 239, Erwägungsgrund 72. – Philips/Remington.

[1296] EuGH, Case C–299/99, Koninklijke Philips Electronics NV vs. Remington Consumer Products Ltd., MarkenR 2002, 231, 232, Erwägungsgrund 11, 48, 76.

[1297] EuGH, Case C–299/99, Koninklijke Philips Electronics NV vs. Remington Consumer Products Ltd., MarkenR 2002, 231, 232, Erwägungsgrund Nr. 80; EuGH, GRUR 2003, 515, verbundene Rechtssachen C–53/01 bis C–55/01, Linde/Winward/Rado, Erwägungsgrund 72; EuGH, WRP 2003, 735, Libertel Groep BV gegen Benelux-Merkenbureau, Case C-104/01, Erwägungsgrund 53.

[1298] In diesem Sinne auch Koschtial, GRUR Int. 2004, 106, 107; gegen ein „absolutes" Freihaltebedürfnis aber: Althammer/Ströbele/Klaka, § 4 Rdn. 14; Eichmann, GRUR 1995, 184 ff. (186) und in FS Vieregge, 125 ff. (153); Kur, FS DPA, 175 ff. (185); Wittenzellner, 333 ff., (336 f.); Marz, 116; Ingerl/Rohnke, § 3, Rdn. 38; Völre eine Lösung über §§ 8 Abs. 2 Ziff. 1-3, Abs. 3 MarkenG nicht angemessen, da Freihaltebedürfnisse weiter bestünden, auch wenn sich eine Farbgestaltung im Verkehr durchgesetzt hat. Das amerikanische Recht kennt ebenfalls absolute, also nicht durch Verkehrsdurchsetzung („secondary meaning") überwindbare Schutzausschlüsse für (technisch und z.T. auch ästhetisch) „funktionale" Farben nach der allgemeinen, nicht normierten Regel, dass keine funktionelle Gestaltung markenfähig ist („functionality doctrine")[1299].

Andere Autoren kommen zum selben Ergebnis über eine Anwendung des Grundsatzes der „Selbständigkeit der Marke vom Produkt". Danach sollen Farben und Farbzusammenstellungen, die ein „wesensbestimmendes" Merkmal des Produkts darstellen, keine markenfähige Zeichen sein[1300]. Diese Auffassung entspricht weitgehend der früheren BGH–Rechtsprechung zum Ausstattungsrecht nach § 25 Abs. 1 WZG, wonach Farben über das Erfordernis der „begrifflich trennbaren Zutat zur Ware" bzw. dem „Wesen der Ware" gleichsam durch die „Art einer Ware bedingt" sein konnten[1301]. Der BGH schien diese Auffassung zunächst auch unter Geltung des neuen MarkenG weiterführen zu wollen. Denn in seinen ersten beiden Entscheidungen zur Markenfähigkeit von Farben stellte er fest, dass Farben den Grundsatz der „Selbständigkeit" der Marke als allgemeiner Voraussetzung der Markenfähigkeit erfüllen müssten[1302]. Wie bereits festgestellt[1303], ist ein allgemeines Erfordernis der „Selbständigkeit" als zusätzliches Kriterium der Markenfähigkeit von Zeichen aber abzulehnen. Dennoch dürfte eine analoge Anwendung des § 3 Abs. 2 MarkenG auf funktionelle Farben im wesentlichen zu ähnlichen Resultaten wie unter Geltung des WZG führen.

Eine Zurückweisung sollte allerdings nur in eindeutigen Fällen erfolgen. Zu denken wäre hier beispielsweise an die hautfarbene Färbung von Heftpflaster[1304], die rote Signalfarbe für Feuerlöscher oder die orange Färbung von Zeichenschablonen[1305]. Wegen „technischer Funktionalität" der Farbgestaltung dürften auch „beige Tropenkleidung", „orangefarbene Kleidung" (Signalfarbe) von Straßenkehrern oder violette

---

ker/Semmler, GRUR 1998, 93 ff. (98/99); v. Schultz, 714 ff. (717, analoge Anwendung des ersten Ausschlußgrundes auf Farben aber zumindest möglich).

[1299] Supreme Court, Qualitex Co. v. Jacobson Products Co., 34 USPQ2d 1161 (1995), in deutscher Fassung abgedruckt in GRUR Int. 1996, 961 ff. (962 f.) – Grün–goldene Farbe – (Funktionalität im Fall verneint); Funktionalität wurde auch verneint in In re Owens–Corning Fiberglas Corporation, Fed. Cir. 1985, GRUR Int. 1987, 116 ff. – ROSA (für Isoliermaterialien) und Master Distribs., Inc. v. Pako Corp., 986 F.2d 219, 224–25 (8th Cir.1993) – Aquamarinblau für Klebeband. Bejaht wurde die Funktionalität von Farben aber in: Deere & Co. v. Farmhand, Inc., 217 USPQ 252, 261ff., S.D. Iowa 1982– „John Deere Grün" (grün für Farm Equipment); Brunswick Corp. v. British Seagull Ltd., 35 F.3d 1527, 1532 (fed. Cir.1994) – Schwarze Außenbordmotoren; Speciality Surgical Instrumentation, Inc. v. Philips, 844 F.Supp.1211, 1217 (M.D.Tenn.1994) Grau für Chirurgieinstrumente–Literatur; R.L. Winston Rod Co. v. Sage Mfg. Co., 838 F. Supp.1396, 1400 (D.Mont.1993) –Grün für Angeln; Nor–Am Chemical v. O.M. Scott & Sons Co., 4 USPQ2d 1316, 1320 (E.D. Pa.1987) – Blau für Dünger; vgl. McCarthy, § 7:49 m.w.N.; Blechman, MA 1983, 96 f.; Adamo, S. 60 ff.; Jordan/Jordan, Vol. 85 TMR (1995), 371 ff. (388 f.); Ebert, Vol. 85 TMR (1995), 100 ff. (100); Völker/Semmler, GRUR 1998, 93, 102; Caldarola, Farbenschutz, 109 ff.

[1300] Fezer, § 3, Rdn. 265; § 4, Rdn. 168; MarkenR 1999, 73 (74 f.); Erdmann, HABM.Abl. 2001, 22, 38.

[1301] BGH GRUR 55, 418, 419 – Rote Herzwandvase; RG GRUR 40, 45, 47 – Lavendelwasser–Flasche; RG GRUR 41, 238 – Hansaplast/Leukoplast.

[1302] BGH GRUR 1999, 491, 492 – Farbmarke gelb/schwarz; BGH MarkenR 1999, 198, 199 – Farbmarke magenta/grau.

[1303] Vgl. die Ausführungen zu Abschnitt C.I.2.a.

[1304] Vgl. RG GRUR 1941, 238 – Hansaplast/Leukoplast.

[1305] Vgl. BGH GRUR 1972, 122 – Schablonen.

zahnmedizinische Abdruckmassen[1306] ausscheiden. Ähnlich ist die Situation bei der quasi-natürlichen Rotfärbung einer in Form eines Herzens gestalteten Wandvase[1307]. Die farbiger Ausgestaltung von Bettwäsche, von Mustern auf Kleidungsstücken oder Stoffen, wie etwa farbige Außenriemen von Sportschuhen[1308] oder farbige Streifen auf Trainingsanzügen[1309] dürfte heute allerdings kaum mehr an technischer oder ästhetischer Funktionalität scheitern[1310].

[1306] Im Ergebnis auch BPatG, Beschl. V. 30.12.1999 – 39 W (pat) 287/96. – Farbmarke Violett.
[1307] BGH GRUR 1955, 418, 419 – Rote Herzwand-Vase.
[1308] BGH GRUR 62, 299, 393 - form-strip.
[1309] BGH GRUR 72, 547 – Trainingsanzug.
[1310] Im Ergebnis auch Eichmann, FS Nirk, 125 ff. (153, Fn. 195) und Kur, FS DPA, 175 ff. (185).

H. Hörmarken

Akustische Erkennungsmittel haben im Zeitalter von Radio– und Fernsehwerbung erhebliche Bedeutung erlangt. Das gilt insbesondere für kurze musikalische Erkennungsmelodien („Jingles")[1311]. Es fragt sich daher, ob sich entsprechende Klänge markenrechtlich in Form von "Hör-„ bzw. „Klangmarken" monopolisieren lassen. Darunter versteht man Zeichen, die vom Gehör wahrgenommen werden, ohne Sprache zu sein, wie z.B. Töne, Tonfolgen, Melodien[1312], aber auch sonstige Klänge und Geräusche[1313], wie z.B. das „Gebrüll des MGM–Löwen"[1314].

I. Markenfähigkeit

Während § 3 Abs. 1 MarkenG ausdrücklich von „Hörzeichen" spricht, listen Richtlinie und GMV die Hörmarke nicht als Markenform auf, sondern erwähnen nur visuell wahrnehmbare Marken. Daraus darf aber nicht geschlossen werden, dass der europäische Gesetzgeber akustische Zeichen nicht als markenfähig angesehen hat. Denn die Aufzählung der Markenformen in den jeweiligen Regelungen ist nur beispielhaft, auch darin nicht aufgeführte Kategorien von Zeichen können markenfähig sein[1315]. Nach Ansicht des EuGH gilt dies auch für nicht visuell wahrnehmbare Zeichen wie etwa Klänge[1316]. Entsprechend hieß es bereits in der gemeinsamen Erklärung des Rates und der Kommission zum Richtlinienprotokoll, dass Art. 2 der Richtlinie und Art. 4 GMV auch „Tonzeichen" erfassen[1317], wenn auch dem Protokoll keine rechtliche Bedeutung zukommt[1318].

1. Abstrakte Unterscheidungseignung

Als primärem Erfordernis der Markenfähigkeit müsste einem Hörzeichen insbesondere abstrakte Unterscheidungseignung als Marke zukommen, es also grundsätzlich geeignet sein, irgendwelche Waren oder Dienstleistungen ihrer unternehmerischen Herkunft nach zu unterscheiden. Normalerweise wird man nicht davon ausgehen, dass Klänge Zeichen i.S.d. § 3 Abs. 1 MarkenG sind, da Klänge oder Melodien gewöhnlich eher zur Unterhaltung, Untermalung oder als Werbemittel eingesetzt werden.

[1311] Ingerl/Rohnke, § 3 Rdn. 27.

[1312] z.B. Erkennungsmelodien der Radio–Fernsehwerbung („SWF-3 Nachrichten").

[1313] z.B. der „Microsoft Windows -Sound", der beim Hochfahren von mit entsprechender Software ausgestatteten Computern entsteht.

[1314] Fezer, § 3, Rdn. 268; Marz, 63; Becker, WRP 2000, 56 (57); Ingerl/Rohnke, § 3, Rdn. 27.

[1315] Ingerl, 55; v. Mühlendahl/Ohlgart/v. Bomhard, § 3, Rdn. 7; Gyngell/Poulter, I.16; Althammer/Ströbele/Klaka, § 3, Rdn. 18; Klaka/Schulz, 18.

[1316] EuGH, GRUR 2004, 54, 56, Urteil vom 27.11.2003 in Sachen Shield Mark gegen Kist, Case 283/01, Erwägungsgrund 35.

[1317] Gemeinsame Erklärung des Rates und der Kommission der EG im Protokoll des Rates anlässlich der Annahme der ersten Richtlinie des Rates vom 21.12.1988 zur Angleichung der Rechtsvorschriften der Mitgliedstaaten über die Marken, HABM.ABl. 1996, 606.

[1318] EuGH, WRP 2003, Urteil vom 6.5.2003 in Sachen Libertel Groep BV gegen Benelux-Merkenbureau, Case C-104/01, Erwägungsgrund 25.

Dies schließt jedoch nicht aus, dass Klänge unter Umständen auch als Zeichen eingesetzt werden können. Je nachdem, in welchem Zusammenhang ein Ton oder eine Tonfolge verwendet wird, kann er bzw. sie durchaus in Bezug auf eine Ware oder Dienstleistung Zeicheneigenschaft haben. Dass Klänge nicht optisch wahrgenommen werden, spielt spätestens seit der Entscheidung des EuGH in „Siekmann" keine Rolle mehr, wonach auch (Riech-) Zeichen, die nicht visuell wahrnehmbar sind, Marken nach Art. 2 der Richtlinie sein können[1319]. Der EuGH bestätigte dies nunmehr für Klänge in Sachen „Shield Mark gegen Kist", wonach Hörzeichen von Natur aus nicht ungeeignet sind, Waren oder Dienstleistungen eines Unternehmens von denen eines anderen Unternehmens zu unterscheiden[1320]. Dies leuchtet ein, denn der Mensch nimmt Botschaften auch mit anderen Sinnen als dem Gesichtssinn wahr. Die Kennzeichnungskraft von Klängen und insbesondere von Musik ergibt sich dabei aus ihrer suggestiven Intensität, die die Klänge in eine Sprache verwandelt[1321]. Insbesondere Erkennungsmelodien („Jingles") oder Werbemelodien sind zweifellos geeignet, als Kennzeichen zur Unterscheidung irgendwelcher Waren oder Dienstleistungen (z.B. Fernsehsendungen) zu dienen[1322]. Diese ist unter Zugrundelegung einer „abstrakten" Betrachtungsweise großzügig zu beurteilen und regelmäßig zu bejahen, soweit das Entstehen von Verkehrsdurchsetzung i.S.d. § 8 Abs. 3 MarkenG denkbar ist. Entsprechend dürften sich kaum Hörzeichen finden, denen eine abstrakte Unterscheidungseignung abzusprechen ist, da sogar „Alltagstönen" wie z.B. dem Anlassgeräusch eines Motors, durchaus konkrete Unterscheidungskraft zukommen kann. Ein Beispiel mangelnder Unterscheidungseignung wäre allenfalls ein einzelner Ton, dem es grundsätzlich an der Erkennbarkeit als eigentümlicher betrieblicher Herkunftshinweis fehlen dürfte[1323]. Akustische Botschaften sind demnach grundsätzlich markenfähig[1324].

Gleiches gilt für das Gemeinschaftsmarkenrecht: Die vierte Beschwerdekammer des HABM erklärte im Fall der Anmeldung von „Löwengebrüll", dass die grundsätzliche Registrierbarkeit von Hörmarken als Gemeinschaftsmarke nicht bestritten werde[1325]. Entsprechendes ergibt sich aus den „Prüfungsrichtlinien" des HABM[1326] und der bisherigen Literatur zur Gemeinschaftsmarke[1327].

[1319] EuGH, C-273/00, Siekmann vs. DPMA, Erwägungsgrund 45, GRUR 2003, 145 (147).

[1320] EuGH, GRUR 2004, 54, 56, Urteil vom 27.11.2003 in Sachen Shield Mark gegen Kist, Case 283/01, Erwägungsgrund 36.

[1321] Generalanwalt Ruiz-Jarabo Colomer, Schlussanträge v. 3.4.2003, Shield vs. Kist, Case C-283/01, online abrufbar über http://curia.eu.int./jurisp/..., Rdnr. 16 ff.

[1322] Marz, 68; INTA, Amicus Letter zur EuGH-Vorlage in Sachen „Shield Mark v. Kist", [2001] TMR Vol. 91, 1269 ff.

[1323] Becker, WRP 2000, 56 (61 f.).

[1324] EuGH, GRUR 2004, 54, 56, Urteil vom 27.11.2003 in Sachen Shield Mark gegen Kist, Case 283/01, Erwägungsgrund 37; Sandri/Rizzo, 136 f.

[1325] HABM (4.BK), GRUR 2003, 1054, 1055 – Grafische Darstellbarkeit von Schallmarken (R 781/99–4 vom 25.8.2003 – Roar of a Lion).

[1326] Ziff. 8.2 der Prüfungsrichtlinien, in v. Mühlendahl/Ohlgart/v. Bomhard, 386 ff. (Anmeldung von Hörmarken möglich).

[1327] Ingerl, 55; v. Mühlendahl/Ohlgart/v. Bomhard, § 3, Rdn. 7; Gyngell/Poulter, I.16. und V.3.

2. Kein Erfordernis einer „Selbständigkeit" und „Einheitlichkeit"

Nach einer Literaturansicht stellen auch die Erfordernisse der „Selbständigkeit" und "Einheitlichkeit" Voraussetzungen der Markenfähigkeit von Hörmarken dar[1328]. So soll längeren Melodien oder Hörzeichen mit lang anhaltenden Pausen die Markenfähigkeit wegen fehlender „Einheitlichkeit" fehlen[1329]. Auch müsse das akustische Zeichen eine willkürliche, freigewählte und von Tönen, „die das Produkt darstellen", unabhängige Lautfolge sein, die nicht für die mit der Marke beanspruchte Ware wesensbedingt sei[1330]. Wie bereits oben festgestellt[1331], ist ein allgemeines Erfordernis der „Selbständigkeit" als zusätzliches Kriterium der Markenfähigkeit von Zeichen aber abzulehnen. Denn über die Ausschlussgründe für Formmarken[1332] hinaus, findet sich für das Erfordernis der „begrifflichen" Selbständigkeit weder eine gesetzliche Grundlage, noch bietet es für sich allein im Streitfall brauchbare Abgrenzungskriterien[1333]. Im übrigen dürfte sich die Frage der "Selbständigkeit" von Hörmarken von vornherein bloß bei solchen Produkten stellen, die ihrerseits einen (auch) akustischen Inhalt haben. Bei solchen Produkten ist aber kaum denkbar, dass sie einen „bestimmten" akustischen Bestandteil „wesensnotwendig beinhalten müssen", da zum Beispiel ein „krähender Hahn" als Zeitansagezeichen für Nachrichtensendungen auch durch ein „Piepsen" ersetzt werden kann[1334]. Entscheidendes Kriterium in § 3 Abs. 1 MarkenG bleibt auch für Hörmarken vielmehr das Erfordernis abstrakter Unterscheidungseignung. Bei den angesprochenen Bedenken geht es richtig gesehen auch nicht um den Zeichenbegriff, sondern eher um den der Unterscheidungskraft. Sie müssen daher in eine Prüfung nach § 8 Abs. 2 Nr. 1 MarkenG einfließen.

Auch das Ausschlusskriterium der „Einheitlichkeit" der Marke ist –wie bereits dargelegt[1335]– kein zusätzliches Erfordernis der Markenfähigkeit von Zeichen im allgemeinen bzw. der Hörmarke im speziellen. Entsprechendes wird weder vom Text des deutschen Markengesetzes, noch von dem der Richtlinie oder der GMV verlangt und wäre zudem nur schwer mit dem in § 3 Abs. 1 MarkenG bzw. Art. 2 der Richtlinie zugrundeliegenden „weiten Markenbegriff" zu vereinbaren, wonach grundsätzlich alle Zeichen mit Unterscheidungseignung markenfähig sind. Davon abgesehen müssen dem Erfordernis einer „gewissen Geschlossenheit" zwangsläufig schon die anderweitig geregelten Kriterien der „grafischen Darstellbarkeit" und der „Unterscheidungseignung/–kraft" gerecht werden, so dass bereits durch diese das notwendige Erscheinungsbild der Marke ausreichend beschränkt wird. Gerade die von der Gegenansicht angesprochene „Merkbarkeit des Zeichens"[1336], also die Eignung, beim Betrachter eine gewisse Erinnerung zurückzulassen, stellt bereits ein Element der

---

[1328] Fezer, § 3, 272; Meister, WRP 2000, 967 (971); Fritz, 274.
[1329] Fezer, § 3, 272; vgl. Nr. 2 der Mitteilung des Präsidenten des DPA über die Form der Darstellung von Hörmarken durch Sonogramm und ihre klangliche Wiedergabe gem. § 11 Abs. 5 der Markenverordnung vom 16. Dez. 1994, BlPMZ 1994, Sonderheft, 156; Fritz, 274; Becker WRP 2000, 56 (62); Meister, WRP 2000, 967 (971).
[1330] Fritz, 274 (Fälle, in denen die Ware selbst aus Lauten besteht, wie Radiosendungen oder Musikstücke); Grabrucker, MarkenR 2001, 95, 98 (auch Hupton, Kfz–Geräusch, etc.).
[1331] Vgl. Kapitel C.I.2.a.
[1332] § 3 Abs. 2 MarkenG, Art. 3 Abs. 1 lit. e der Richtlinie und Art. 7 Abs. 1 lit. e GMV.
[1333] So auch schon Lüdecke, 22.
[1334] Becker, WRP 2000, 56, 61 f., 62.
[1335] Vgl. die Ausführungen zu Abschnitt C.I.2.b.
[1336] Vgl. Becker, WRP 2000, 56, 61f., 62.

Unterscheidungseignung/–kraft dar[1337], mit welcher sich längere Melodien als Marke ausschließen lassen.

II. „Grafische Darstellbarkeit" von Hörmarken

Wie bereits ausgeführt, ist die Unterscheidungseignung für die Zulassung als Marke unerlässlich, jedoch nicht ausreichend. Um als Registermarke eintragbar zu sein, müsste sich eine Hörmarke nach § 8 Abs. 1 MarkenG zudem "grafisch darstellen" lassen. Zwar konkretisiert die Verordnung zur Ausführung des Markengesetzes in § 11 die Anmeldung von Hörmarken durch die Einreichung grafischer Wiedergaben in Form von „„üblicher Notenschrift" oder –falls nicht anders möglich– durch „Sonagramm"[1338]. Das Gebot der grafischen Darstellbarkeit erschöpft sich aber nicht in der Erfüllung nachrangiger Formvorschriften der MarkenV, sondern muss im Lichte des registerrechtlichen Eintragungsverfahrens gesehen werden. In der deutschen Literatur drehte sich daher der Streit bislang hauptsächlich um die Frage, welche Anforderungen an die im Eintragungsverfahren für § 32 Abs. 2 Nr. 2 MarkenG maßgebliche "Wiedergabe" von Hörmarken, insbesondere im Hinblick auf den mit Eingang der Anmeldeunterlagen zu erteilenden Anmeldetag (Priorität) nach § 33 MarkenG zu stellen sind.

1. Weite Auslegung

Vor dem Hintergrund, dass sich die Mehrzahl aller hörbaren Laute nicht durch Notenschrift allein beschreiben lassen (z.B. Kfz–Fahrgeräusch, Löwengebrüll, Hahnenschrei)[1339] bzw. eine Hörmarke nur unvollkommen der grafischen Wiedergabe zugänglich sei[1340] soll nach einer Ansicht der Begriff der grafischen Darstellbarkeit insgesamt weit ausgelegt werden. Dabei wird davon ausgegangen, dass es im Hinblick auf die Priorität auf Grafik (Notenschrift/Sonagramm) und Klang[1341], Grafik (Notenschrift/Sonagramm) oder Klang[1342]oder allein auf den Klang[1343] ankomme.

[1337] Ähnlich v. Mühlendahl/Ohlgart/v. Bomhard, § 3, Rdn. 6; vgl. zum schweizerischen Markenrecht: David, Art. 1, Rdn. 12, 16 (Subsumption unter „Kennzeicheneignung"); Marbach, in Büren/David, 21, 22.

[1338] Zusätzlich ist eine "klanglichen Wiedergabe" einzureichen und fakultativ kann nach Abs. 4 eine zusätzliche Beschreibung der Marke eingereicht werden, Verordnung zur Ausführung des Markengesetzes v. 30.11.194, BGBl. I, 3555; vgl. Ausführungsbestimmung des Präsidenten des DPA, Mitteilung Nr. 16/94, Bl.PMZ 1994, 180; , neugefasst durch Nr. 15/96, BlPMZ 1996, 392.

[1339] Vgl. Fritz, 198 ff. (203, 212).

[1340] Winkler, MA 1996, 516 (520) m.w.N.

[1341] DPMA, Anlass zur Entscheidung des BPatG GRUR 1997, 60 f. – SWF–3 NACHRICHTEN; Fritz, 198 ff. (235, 284).

[1342] Becker, WRP 2000, 56 (59).

[1343] Siekmann, MarkenR 2001, 236 (239 f.), mit einer weiten Auslegung als „darstellen", „elektronisch darstellen" oder „in anderer Weise hinterlegen".

2. Enge Auslegung

Nach einer anderen in Literatur[1344] und Rechtsprechung[1345] vertretenen Auffassung soll –ausgehend vom Wortlaut des Art. 2 der Richtlinie und des § 8 Abs. 1 MarkenG- dagegen allein die „grafische Darstellung" die „Wiedergabe" i.S.d. § 32 Abs. 2 Nr. 2 MarkenG verkörpern und für die Zuerkennung eines Anmeldetages ausreichen. Die klangliche Wiedergabe solle lediglich von Bedeutung für das folgende Prüfungsverfahren sein[1346].

3. Richtlinienkonforme Auslegung

a. Wortlaut / Gesetzesgeschichte

§ 8 Abs. 1 MarkenG und Art. 2 der Richtlinie verlangen den Ausschluss von Zeichen, die sich nicht „grafisch darstellen lassen" und gehen daher bereits grammatikalisch von der Maßgeblichkeit der "grafischen" Darstellung aus. Ein Erfordernis der „klanglichen" Wiedergabe von Hörmarken sieht dagegen allein die Verordnung zur Ausführung des Markengesetzes vor. Mangels Ermächtigungsgrundlage kann diese die Erfordernisse für die Zuerkennung eines Anmeldetages (§ 32 Abs. 2 MarkenG) aber –wie bereits festgestellt– nicht bindend regeln. Ihre Vorschriften sind nur "sonstige Anmeldeerfordernisse" i.S.d. §§ 32 Abs. 3, 36 Abs. 1 MarkenG.
Auch die Gesetzesbegründung zu § 8 MarkenG weist für die Darstellung von Hörmarken auf die grafische Interpretation (in Notenschrift und Sonagramm) hin[1347].

b. Teleologie

aa. Zweck des Erfordernisses der grafischen Darstellbarkeit

Eine Bevorzugung der grafischen Darstellung entspricht auch dem Sinn und Zweck der Vorschrift. Wie der EuGH in "Siekmann" feststellte, stellt das System der Eintragung von Marken ein wesentliches Element ihres Schutzes dar, das zur Rechtssicherheit und zur ordnungsgemäßen Verwaltung beiträgt. Insoweit hat das Erfordernis der grafischen Darstellung insbesondere den Zweck, die Marke selbst festzulegen, um den genauen Gegenstand ihres Schutzes zu bestimmen. Weiterhin wird die Marke dadurch den zuständigen Behörden und der Öffentlichkeit, insbesondere

---

[1344] Winkler MA 1996, 516: (519/520); ders., Fezer, § 3, Rdn. 273; Althammer/Ströbele/Klaka, § 3, Rdn. 18; Ströbele, GRUR 1999, 1041 ff. (1044, 1046 f.); Meister, WRP 2000, 967, 968; Fuchs-Wissemann, MarkenR 1999, 183 (186); Albert/Henning-Bodewig, GRUR Int. 1997, 449, 460; Marz, 92; wohl auch Kur, MarkenR 2000, 1 ff. (2/3) 101 ff. und Schmieder, NJW 1997, 2908 (2909).

[1345] BPatG Beschl. v. 11.12. 2000 – 30 W (pat) 43/00; BPatG, Beschluss vom 17. Juni 1998 – 32 W (pat) 69/96 – „Merci, dass es Dich gibt"; BPatG GRUR 1997, 134 (135) – Anmeldetag; BPatG GRUR 1997, 60 (61) – SWF-3 Nachrichten; BPatG GRUR 1997, 62 –INDIKATIV SWF-3; BGH MarkenR 1999, 198 (199) – Farbmarke magenta/grau und BGH GRUR 1999, 491(491) – Farbmarke gelb/schwarz unter Hinweis, dass bei Hörmarken die erforderliche graphische Wiedergabe in Notenschrift oder durch Sonogramm erfolgen „könne".

[1346] Fezer, § 3, Rdn. 273; Marz, 67; Althammer/Ströbele/Klaka, § 3, Rdn. 18; Ströbele, GRUR 1999, 1041 ff. (1044, 1046 f.); Winkler, Mitt. 1995, 45 (47); Fuchs-Wissemann, MarkenR 1999, 183 (186).

[1347] Gesetzesbegründung zu § 8 MarkenG, abgedruckt in v. Mühlendahl, Deutsches Markenrecht, 143.

den Wirtschaftsteilnehmern zugänglich gemacht. Denn die zuständigen Behörden müssen klar und eindeutig die Ausgestaltung des Zeichens erkennen können, aus denen eine Marke besteht, damit sie in der Lage sind, ihren Verpflichtungen in Bezug auf die Vorprüfung der Markenanmeldungen sowie auf die Veröffentlichung und den Fortbestand eines zweckdienlichen und genauen Markenregisters nachzukommen. Andererseits müssen aber auch die Wirtschaftsteilnehmer klar und eindeutig in Erfahrung bringen können, welche Eintragungen oder Anmeldungen ihre gegenwärtigen oder potentiellen Wettbewerber veranlasst haben (Stichwort: „Recherchierbarkeit") und auf diese Weise einschlägige Informationen über die Rechte Dritter erlangen können. Eine entsprechende Darstellung muss daher das entsprechende Zeichen mit Hilfe von Figuren, Linien oder Schriftzeichen, sprich grafisch sichtbar wiedergeben[1348]. Der EuGH hat dem Begriff der „grafischen Darstellbarkeit" daher seinem herkömmlichen Sinn nach eng ausgelegt.

Zwar ist es theoretisch möglich, aufgezeichnete Töne und Geräusche auch elektronisch zu versenden oder herunterzuladen[1349], diese Technologie dürfte aber bislang den wenigsten Markenrechtskanzleien, Unternehmen oder Ämtern zur Verfügung stehen. Verbraucher und Wettbewerber hätten daher keine ausreichende und schnelle Möglichkeit sich über Inhalt und Umfang der registrierten Tonmarke zu informieren. Im Gegensatz zu grafischen Wiedergaben dürften rein klangliche Wiedergaben für zukünftige Markeninteressenten kaum recherchierbar sein.
Aber auch praxisbezogene Erwägungen, wie der Umstand, dass die Markenämter bekanntermaßen auf die Erledigung einer Vielzahl von Anmeldungen angelegt sind, sprechen für eine ausschließliche Prüfung der grafischen Darstellung zum Zwecke der Feststellung eines Anmeldetages. Eine Überprüfung der Übereinstimmung von klanglicher und grafischer Abbildung kann je nach Hörzeichen recht langwierig sein[1350].

Damit hat die grafische Darstellung kennzeichenrechtlichen Vorrang zur Begründung eines Anmeldetages. Der klanglichen Wiedergabe als unmittelbar konservierte Fassung des zu schützenden akustischen Zeichens ist dagegen von Bedeutung für das folgende Prüfungsverfahren im Hinblick auf Bestimmtheit, Unterscheidungseignung/–kraft, Schutzumfang/–bereich, Schutzfähigkeit, Ähnlichkeit, Kollisionsverfahren und rechtserhaltender Benutzung[1351], was der Beurteilung in Österreich[1352], Dänemark[1353] und den USA[1354] gleicht. Entsprechend verlangt auch der EuGH in

1348 EuGH, C-273/00, Siekmann vs. DPMA, Erwägungsgründe 37 f., 48-51, GRUR 2003, 145 (147/148); in diesem Sinne auch Generalanwalt Ruiz-Jarabo Colomer, Schlussanträge v. 3.4.2003, Shield Mark BV vs. Joost Kist, Case C-283/01, Rdnr. 28/29, online abrufbar über http://curia.eu.int./jurisp/...
1349 Vgl. Siekmann, MarkenR 2001, 236 (239 f.).
1350 Ströbele, GRUR 1999, 1041 ff. (1044, 1046 f.).
1351 Fezer, § 3, Rdn. 273; Marz, 67; Althammer/Ströbele/Klaka, § 3, Rdn. 18; Ströbele, GRUR 1999, 1041, 1044, 1046 f.; Winkler, Mitt. 1995, 45 (47); Fuchs-Wissemann, MarkenR 1999, 183 (186).
1352 § 16 MSchG sieht nur „zusätzlich" eine klangliche Wiedergabe auf einem Datenträger vor, vgl. Schanda, § 16, Rdn. 1, 2.
1353 „Information Letter Dec. 1999" der „SANDEL Trademark & Law Firm": Die Einreichung eines Klangnachweises ist –neben einer notwendigen grafischen Wiedergabe– fakultativ möglich.
1354 Bei Anmeldung einer Hörmarke muss "neben" der Beschreibung des Klangs eine "Klangwiedergabe" hinterlegt werden, vgl. Fritz, 182 und McCarthy, § 7:104.

„Shield Mark gegen Kist“ für die Markenfähigkeit von Hörmarken deren grafische Darstellbarkeit[1355].

bb. Differenzierung zwischen Darstellungsformen / EuGH–„Shield Mark vs. Kist“

Zwar ergibt sich aus der Zulassung neuer Markenformen durch den offenen Markenbegriff des Art. 2 der Richtlinie, dass –wie im Falle abstrakter Farben oder dreidimensionaler Formen– eine „hinreichend exakte“ Darstellung des Zeichens ausreichen muss. Das Ziel von Rechtssicherheit und einer ordnungsgemäßen Verwaltung ist aber nicht mit jeder mit dem Gesichtssinn wahrnehmbaren Wiedergabe zu erreichen. Denn seit EuGH-Siekmann muss die grafische Darstellung eines (Riech-) Zeichens „klar, eindeutig, in sich abgeschlossen, leicht zugänglich, verständlich, dauerhaft und objektiv sein“[1356], was der EuGH in „Shield Mark gegen Kist“ nunmehr auch für Hörmarken bestätigte[1357]. Diese Voraussetzungen erfüllte im Hinblick auf Geruchsmarken bereits eine „chemische Formel“ nicht[1358]. Auf derselben Basis erschien es daher möglich, dass der EuGH auch die grafische Darstellbarkeit von Hörmarken ablehnt, weil z.B. „Notenschrift“ -entsprechend der chemischen Formel bei Geruchsmarken- für durchschnittliche Benutzer des Markensystems als ebenso unzugänglich und gleichermassen unpräzise erachtet werden könnte[1359].

In „Shield Mark gegen Kist“ wich der EuGH jedoch von seinen restriktiven Kurs ab und lies die grafische Darstellung von Hörmarken durch „Notenschrift“ unter bestimmten Voraussetzungen zu: Danach soll zwar keine Notenfolge ohne weitere Erläuterung (wie z.B. e, dis, h, etc.), wohl aber ein in Takte gegliedertes Notensystem mit Notenschlüssel, Noten- und Pausenzeichen, deren Form ihren relativen Wert angibt und gegebenenfalls Vorzeichen –die alle zusammen die Höhe und Dauer der Töne bestimmen- eine getreue Darstellung der Tonfolge darstellen können aus der die zur Eintragung angemeldete Melodie besteht. Eine Beschreibung durch Schriftsprache oder „Onomatopoetika“ (z.b. „Kukekekuuuu“, bzw. „Kikerikiiiii“ für das Krähen eines Hahnes) soll jedoch grundsätzlich nicht ausreichen. Zur Frage der Verwendbarkeit von Sonogrammen schwieg der EuGH jedoch[1360].

Die Auffassung des EuGH, eine Ausnahme für Marken zu machen ist, die durch Notenschrift darstellbar sind, erscheint richtig. In Anbetracht der Tatsache, dass die Zeichen, aus denen eine Marke bestehen kann, seit EuGH-Siekmann nicht unbedingt visuell sein müssen, sollte die Art der Darstellung jeweils an die spezielle Art des Kennzeichen angepasst werden. Zu fragen wäre etwa: Kann ein Klang ge-

---

[1355] EuGH, GRUR 2004, 54, 56, Urteil vom 27.11.2003 in Sachen Shield Mark gegen Kist, Case 283/01, Erwägungsgrund 37, 55 f.

[1356] EuGH, C-273/00, Ralf Sieckmann/Deutsches Patent- und Markenamt, GRUR 2003, 145 (147), Erwägungsgründe 45 ff.

[1357] EuGH, GRUR 2004, 54, 56, Urteil vom 27.11.2003 in Sachen Shield Mark gegen Kist, Case 283/01, Erwägungsgrund 55.

[1358] EuGH, C-273/00, Ralf Sieckmann/Deutsches Patent- und Markenamt, GRUR 2003, 145 (147), Erwägungsgründe 45 ff.; Generalanwalt Ruiz-Jarabo Colomer, Schlussanträge v. 3.4.2003, Shield Mark BV vs. Joost Kist, Case C-283/01, Rdnr. 31, online abrufbar über http://curia.eu.int./jurisp/...

[1359] Vgl. Stone, 13, 21.

[1360] EuGH, GRUR 2004, 54, 56, Urteil vom 27.11.2003 in Sachen Shield Mark gegen Kist, Case 283/01, Erwägungsgrund, 59 f.

zeichnet werden, bzw. ein akustisches Zeichen für alle präzise und klar dargestellt werden". Anders als bei Gerüchen, ist bei Klängen eine kategorische Lösung aber nicht möglich. Denn die mündliche Sprache ist nichts anderes als Kommunikation durch Klänge und die Schrift ist ihre grafische Darstellung[1361]. Im Unterschied zu einer chemischen Formel dürfte es auch erheblich mehr Leute geben, die in der Lage sind, Noten zu lesen und diese im Kopf oder für weniger erfahrene Dritte am Klavier ohne weiteres in Klänge umzusetzen können. Von daher gilt es zwei Kategorien zu unterscheiden: Die der Klänge, welche durch Musiknoten ausgedrückt werden können, und jene andere, zu der alle übrigen Geräusche gehören[1362].

(1) Formen/„Bestimmtheit" der grafischen Darstellung von Klängen

(a) Notenschrift

Ein Problem ist die „Bestimmtheit" der Wiedergabe der Hörmarke durch „Notenschrift", wenn es unterlassen wurde, durch Angabe von Takt, Pausen, Tempi und Instrumentalisierung eine genaue Abfolge des Klangs festzulegen, was die Wiedergabe in verschiedenen Interpretationen offen lässt. Im Einklang mit dem EuGH hat schon das BPatG solche Fallgestaltungen für zu unbestimmt gehalten: „An der Bestimmtheit der Notenschrift fehle es, wenn nach der Darstellung die Abfolge mehrerer Bestandteile der Marke offen bleibe. Des weiteren sei zu erwägen, ob die Darstellung Angaben zu Tempo, Dynamik, Instrumentation, Ausdruck, o.ä. enthalten müsse"[1363], was auch von einem Großteil der Literatur so gesehen wird[1364]. Richtigerweise kann dies aber nicht generell, sondern nur unter Berücksichtigung der Eigenart des jeweiligen konkreten Hörzeichens gelten. Denn der Schutzumfang einer einfachen Melodie wird sich meist nicht nur auf die eingereichte Interpretation, sondern auch auf eine andere Instrumentation, Tonart oder ein anderes Arrangement etc. erstrecken[1365]. Entsprechend betonte Generalanwalt Ruiz-Jarabo Colomer in seinen Schlussanträgen zu „Shield-Mark", dass auf Notenlinien geschriebene Noten mit dem Notenschlüssel, der die Tonführung angibt, der Taktangabe, die den Rhythmus und den relativen Notenwert angibt, sowie der Angabe der Instrumente, mit denen die Noten gespielt werden sollen, eine getreue „Fotografie" der Klangfolge darstellen. Es genüge, wenn die Adressaten der Registereintragung mittels zuverlässiger und objektiver Spiel-, Vortrags- oder Wiedergabeinstrumente vollständig Kenntnis von dem Unterscheidungszeichen erlangen. Die Technik, richtig nach Noten zu singen, werde zwar von den meisten Adressaten des Zeichens nicht beherrscht. Laien können aber dadurch, dass sie die Partitur durch eine entsprechend geübte Person lesen lassen, das Hörzeichen ohne Verwechslungsgefahr erfas-

[1361] Generalanwalt Ruiz-Jarabo Colomer, Schlussanträge v. 3.4.2003, Shield Mark BV vs. Joost Kist, Case C-283/01, Rdnr. 32 ff., online abrufbar über http://curia.eu.int./jurisp/...
[1362] So unterscheidet auch Generalanwalt Ruiz-Jarabo Colomer, Schlussanträge v. 3.4.2003, Shield Mark BV vs. Joost Kist, Case C-283/01, Rdnr. 32 ff., online abrufbar über http://curia.eu.int./jurisp/...
[1363] BPatG GRUR 1997, 134 (135) – Anmeldetag; BPatG GRUR 1997, 60 (61) – SWF–3 Nachrichten; BPatG GRUR 1997, 62 –INDIKATIV SWF–3.
[1364] Grabrucker, MarkenR 2001, 95 (97 f.); Althammer/Ströbele/Klaka, § 3, Rdn. 17; 32 Rdn. 13; Fezer, § 32, Rdn. 28; Meister, WRP 2000, 967, 968.
[1365] Becker WRP 2000, 56 (61); Schmieder, NJW 1997, 2908 (2909).

sen[1366]. Grundsätzlich ist daher von ausreichender „Bestimmtheit" einer Notenschrift zum Zwecke der Wiedergabe einer Hörmarke auszugehen, sofern sie genügend detailliert ist[1367]. Nicht-musikalische Klänge oder Geräusche, wie das Brüllen eines Löwen, das Krähen eines Hahns oder der Klang eines Motors dürften allerdings kaum mit ausreichender Klarheit und Präzision durch Notenschrift darzustellen sein[1368].

(b) Sonagramm

„Sonagramme" oder „Sonogramme" (beide Schreibweisen finden Verwendung) -wie ursprünglich in § 11 Abs. 2 MarkenV vorgesehen[1369]- sind zeitabhängige Frequenz–Amplituden–Spektren, die in einem Koordinatensystem dargestellt werden[1370]. Als Sonagramm lassen sich grundsätzlich auch bestimmte Klangfarben oder bloße Geräusche grafisch erfassen, wenn eine grafische Darstellung mit Notenschrift nicht möglich ist, wie zum Beispiel ein Gewitter, das Zufallen einer Autotüre, indische Musik, Löwengebrüll, etc.[1371]. Fraglich ist allerdings, ob Sonagramme tatsächlich auch hinreichend bestimmte grafische Wiedergaben von Hörmarken sind. Denn Sonagramme dürften allenfalls einer winzigen Gruppe von Fachleuten verständlich sein und es kann bezweifelt werden, dass die zuständigen Beamten und Richter der jeweiligen Markenämter und Gerichte oder durchschnittlich verständige Dritte/Wettbewerber in der Lage sind, diese zu lesen[1372], geschweige denn zu reproduzieren[1373]. Auch ist die grafische Wiedergabe im Falle von Sonagrammen unter dem Gesichtspunkt der Aufgebotswirkung rechtspolitisch nicht unbedenklich, weil der Gegenstand der Marke allenfalls mit speziellen technischen Hilfsmitteln der Allgemeinheit ersichtlich gemacht werden kann[1374]. Zwar bestünde grundsätzlich die Möglichkeit einer näheren „Beschreibung" der spezifischen Darstellung[1375]. Im Falle eines Sonagramms wäre eine solche aber in tatsächlicher Hinsicht nicht lediglich ergänzende, sondern vielmehr maßgebliche Quelle der Bestimmung der Marke. Mangels ausreichender Bestimmtheit der grafischen Wiedergabe erscheinen Sonagramme mithin als untauglich zur registerrechtlichen Verkörperung von Hörmarken[1376].

Abzuwarten bleibt aber, ob infolge weiteren technologischen Fortschritts mit Einrichtung vollelektronischer Register beim Deutschen Patent und Markenamt oder beim

---

1366 Generalanwalt Ruiz-Jarabo Colomer, Schlussanträge v. 3.4.2003, Shield Mark BV vs. Joost Kist, Case C-283/01, Rdnr. 41 ff., online abrufbar über http://curia.eu.int./jurisp/...

1367 EuGH, GRUR 2004, 54, 56, Urteil vom 27.11.2003 in Sachen Shield Mark gegen Kist, Case 283/01, Erwägungsgrund, 62; Hacker, GRUR Int. 2004, 215, 221; Sandri/Rizzo, 142 f.

1368 Sandri/Rizzo, 142.

1369 Mit Verordnung vom 1.9.2003 ist die Vorschrift mittlerweile dahingehend abgeändert worden, dass Sonagrammdarstellungen nicht mehr zugelassen sind.

1370 Becker, WRP 2000, 56 (58); Meister, WRP 2000, 967, 968.

1371 Becker, WRP 2000, 56 (58); Schmieder, NJW 1997, 2908 (2909).

1372 Johannes, MarkenR 2001, 46 (48).

1373 Winkler MA 1996, 516: (519/520).

1374 Ströbele, GRUR 1999, 1041 ff. (1044, 1046 f.).

1375 Meister, WRP 2000, 967, 968, für tabellarische Unterlegung und zusätzliche Hinweisen/Erläuterungen.

1376 In diesem Sinne auch Becker, WRP 2000, 56 (58); Schmieder, NJW 1997, 2908 (2909); Johannes, MarkenR 2001, 46 (48); Marz, 92 ff.; Hacker, GRUR Int. 2004, 215, 221; Lawry/Dickerson, Trademark World # 164 (2004), 26, 28; wohl auch Sandri/Rizzo, 142; a.A. HABM (4.BK), GRUR Int. 2004, 333 – Geräuschmarken.

HABM in Zukunft eine graphische Darstellung und Hinterlegung entsprechender Geräusche mittels elektronischer „Sound-Files" (als e-mail Anhang einer elektronischen Markenanmeldung) insbesondere im Hinblick auf die Publizität des Registers für interessierte Dritte akzeptiert werden kann[1377].

(c) Beschreibung

„Beschreibungen" nach § 11 Abs. 4 MarkenV sind keine unmittelbare Wiedergabe i.S.d. § 32 Abs. 2 Ziff. 2 MarkenG, sondern lediglich „weitere Anmeldeerfordernisse" nach §§ 32 III, 36 I 1 MarkenG. Eine grafische Wiedergabe nur mit Worten, sei es durch Schriftsprache oder „Onomatopoetika", ist mithin nicht ausreichend[1378]. Davon geht richtigerweise auch der EuGH aus[1379]. Denn Beschreiben entspricht nicht Darstellen im Sinne einer Wiedergabe. Jede Beschreibung leidet zudem an Unbestimmtheit und entbehrt der Klarheit und Genauigkeit. Das gilt sowohl für die Angabe der Töne (e, dis, etc.) wie auch die Beschreibung in lautmalerischen Wörtern (die im übrigen in jeder Amtssprache anders ausfällt). Wie die entsprechende Beschreibung eines Geruchs, ist die eines Klangs auch von Subjektivität und Relativität durchdrungen, was im Gegensatz zur geforderten Genauigkeit und Klarheit steht. Beschreibungen können und sollten daher ergänzend die grafische Wiedergabe einer Hörmarke näher konkretisieren, erfüllen für sich gesehen aber nicht das Bestimmtheitserfordernis. Die Einreichung einer Beschreibung des Klangs, ggf. mit einer klanglichen Wiedergabe, reicht daher nicht zur Prioritätsbegründung, ist aber zur näheren Bestimmung des Schutzumfangs[1380], der Unterscheidungskraft, der Verwechselbarkeit und der rechtserheblichen Benutzung als „weiteres Anmeldeerfordernis" zu verlangen.

(2) Schutzbedürfnis

Eine Unterscheidung zwischen durch Notenschrift darstellbaren Klängen und nicht durch Notenschrift darstellbaren Klängen ist auch im Hinblick auf die unterschiedlichen Schutzbedürfnisse gerechtfertigt. Denn Melodien sind herkömmlicherweise nicht nur einfacher darzustellen, sondern auch komplexer und variierbarer als Geräusche. Ein alleiniger Rechtsschutz über den unlauteren Wettbewerb dürfte daher häufig gerade nicht ausreichen, um einen effektiven Schutz gegen die Nachahmung oder Annäherung an akustische Erkennungsmelodien eines Unternehmens zu bieten. Während beispielsweise Erkennungsmelodien von Radiosendern meist das Ergebnis schöpferischer Kreationen sind, der Kunde an deren Verwendung gewöhnt ist und i.d.R. sie auch bestimmten Unternehmen/Sendern zuordnen kann, handelt es sich bei nicht durch Notenschrift darstellbaren Tönen dagegen meist um „natürliche Geräusche" (von Tieren, Autos, etc.), die nur in weit geringerem Ausmaß monopoli-

---

[1377] Vgl. auch Sandri/Rizzo, 144.
[1378] Becker, WRP 2000, 56 (58); Schmieder, NJW 1997, 2908 (2909); Johannes, MarkenR 2001, 46 (48); Marz, 92 ff.; Meister, WRP 2000, 967, 968.
[1379] EuGH, GRUR 2004, 54, 56, Urteil vom 27.11.2003 in Sachen Shield Mark gegen Kist, Case 283/01, Erwägungsgrund, 59 f.
[1380] Hacker, GRUR Int. 2004, 215, 223.

sierbar sind. Auch werden durch das „Krähen eines Hahns" oder dem „Brüllen eines Löwens" i.d.R. eher Ideen oder Werbekonzepte geschützt, für die eine bloße Benutzungsmarke oder ein wettbewerblicher Nachahmungsschutz ausreichend erscheint. Der § 1 UWG erlaubt hier alle Kriterien zur Ermittlung einer möglichen Unlauterkeit im Sinne eines „beweglichen Systems" zu berücksichtigen[1381]. Entsprechend hatte auch das Berufungsgericht von Den Haag in „Shield Mark v. Kist"[1382], wo es u.a. auch um das Kopieren des „Krähen eines Hahnes" ging, nur Ansprüche aus „Unfair Competition" bejaht.

Andererseits darf bei durch Notenschrift hinreichend exakt darstellbaren Klängen dem Markenamt nicht die Aufgabe der Beurteilung von Eintragungshindernissen im Zeitpunkt der Markeneintragung genommen und auf die Gerichte übertragen werden. Dies wäre unvereinbar mit dem System der Richtlinie, das auf einer der Eintragung vorausgegangenen und nicht auf einer nachträglichen Kontrolle beruht[1383].

c. Gemeinschaftskonforme Auslegung

In dieselbe Richtung weist das Gemeinschaftsmarkenrecht. Auch das HABM stellt bei Hörmarken –entsprechend seinen Prüfungsrichtlinien[1384]– maßgeblich auf die "grafische" Wiedergabe ab, wie die Eintragung des mittels Notenschrift eingetragenen „YAHOO"–Jingles belegt[1385]. „Beschreibungen" lassen die Beschwerdekammern des HABM dagegen ebenfalls nichts als ausreichende „transcription du son" ausreichen[1386]. Im Gegensatz zur oben vertretenen Ansicht möchte das HABM im Grundsatz aber „Sonagramme" unter der Voraussetzung zulassen, dass sie (insbesondere im Hinblick auf Zeit-/Frequenz-Achsen) „vollständig" sind, was im Fall der sonografischen Darstellung eines „Löwengebrülls" nicht der Fall war. Das HABM meint, wie Notenschrift seien Sonogramme für Prüfer mit etwas Training und Praxis so lesbar, dass der dargestellte Klang bzw. das angezeigte Geräusch verstanden werden könne[1387]. Wie oben dargelegt, dürften diese für interessierte Dritte oder Wettbewerber mit durchschnittlichem Informationsstand und Verständnis aber nicht erfassbar sein, so dass schriftliche Publikationen entsprechend dargestellter Hörmarken kaum recherchierbar sind.
Entsprechend löst auch die Literatur zu Gemeinschaftsmarke das Dilemma der grafischen Darstellbarkeit von Hörmarken pragmatisch durch einen Verzicht auf eine unmittelbare akustische Wiedergabe zugunsten einer nur mittelbaren, aber dafür

---

[1381] Vgl. zu „beweglichen Systemen", Sack, in FS für Wilburg, 1986, 177 ff.; ders. WRP 1998, 1127 ff. (1132 m.w.N.); ders., WRP 1998, 264 ff. (269); ders., WRP 1985, 459 ff., 460 f.; ders., ZHR 1996, 493 ff. (497 f. m.w.N.); WRP 2001, 1022, 1026.
[1382] Court of Appeal of Den Haag, [2000] ETMR. 147; vgl. auch Hoge Raad [2002] E.T.M.R. 1198, 1199 mit EuGH-Vorlage.
[1383] Vgl. EuGH, WRP 2003, 735, Libertel Groep BV gegen Benelux-Merkenbureau, Case C-104/01, Erwägungsgründe 57 f.
[1384] Vgl. Ziff. 8.2 der Prüfungsrichtlinien, Abl. HABM 9/96, S. 1300 („Notenschrift").
[1385] Reg.Nr. 1772086 (Yahoo! Inc., USA).
[1386] HABM (2.BK), R 1/98–2 vom 7. Oktober 1998 – déclic.
[1387] HABM (4.BK), GRUR 2003, 1054, 1056 - (MGM)–Löwengebrüll (= GRUR Int. 2004, 333 – Geräuschmarken), grafische Darstellbarkeit wegen Unvollständigkeit des Sonogramms aber abgelehnt; anhängig ist noch ein durch Sonagramm dargestellter „Tarzanschrei" (Nr. 737827, Prüfungsverfahren).

grafisch darstellbaren Wiedergabe durch Hilfsmittel wie Notenschrift (oder Sonagramm)[1388].

d. Rechtsvergleichung

Eine Wiedergabe von Hörmarken durch grafische Mittel wird rechtsvergleichend mehrheitlich bestätigt. Dabei wird in den meisten Mitgliedsländern und der Schweiz hauptsächlich eine Wiedergabe durch Notenschrift (allein oder ergänzt durch andere Mittel der Darstellung) zur Bestimmung einer Hörmarke anerkannt:

So verlangt das österreichische Markenschutzgesetz, welches nach § 1 MSchG grafische Darstellbarkeit als Element der Markenfähigkeit voraussetzt, in § 16 MSchG für Klangmarken ausdrücklich die Darstellung der Marke in Notenschrift oder Sonagramm und lediglich „zusätzlich" eine klangliche Wiedergabe auf einem Datenträger. Die Vorlage der akustischen Wiedergabe ist zur Prioritätsbegründung nicht erforderlich[1389]. Auch in Dänemark erfolgt die Darstellung einer Hörmarke durch Notenschrift oder Oszillogramm/Sonagramm (bei letzteren mit notwendiger Beschreibung), die Einreichung eines Klangnachweises ist dagegen fakultativ[1390]. Nach Ansicht der britischen[1391] und französischen[1392] Literatur kann eine Hörmarke ebenfalls durch herkömmliche Notenschrift („musical notation" / "portée musicale") grafisch repräsentiert werden. Und in der Schweiz wird aufgrund des Erfordernisses der grafischen Darstellbarkeit gleichermaßen die Hinterlegung von „Melodien" in Notenschrift gefolgert, während für „Geräusche" die Möglichkeit einer markenrechtlichen Registrierung entfallen soll, weil diese –so kennzeichnend sie auch sein mögen– nie mit der gebotenen Verständlichkeit graphisch dargestellt werden können[1393]. Entsprechend sollen auch unterschiedliche Bild– und Tonträger dieses Kriterium nicht erfüllen können[1394]. Auch in Argentinien, Brasilien, Paraguay und Uruguay wird die erforderliche grafische Darstellung von Hörmarken i.d.R. mittels Musikpartitur oder Notenblatt bejaht[1395].

Dagegen wird beim Hinterlegungsgesuch einer Hörmarke in den USA die grafische Darstellung durch eine adäquate „Beschreibung" ersetzt. Darüber hinaus muss die Anmeldung eine Klangwiedergabe des Zeichens auf einem Tonträger enthalten[1396]. Die Frage, ob eine Priorität durch Hinterlegung der Beschreibung oder des Klangs begründet wird, stellt sich aber nicht in gleichem Maße, da in den USA ein Markenschutz grundsätzlich erst durch tatsächliche Benutzung einer Marke entsteht[1397] und daher naturgemäß die klangliche Wiedergabe im Vordergrund steht.

[1388] v. Mühlendahl/Ohlgart/v. Bomhard, § 3, Rdn. 7 und § 13, Rdn. 12 und 14; Viefhues, MarkenR 1999. 249 ff.; Ingerl, 1996, 56; Gyngell/Poulter, I.17, I.19, V.3/4; etwas offener sind hier Sandri/Rizzo, 142 f.
[1389] Schanda, § 16, Rdn. 1, 2.
[1390] „Information Letter Dec. 1999" der „SANDEL Trademark & Law Firm".
[1391] Kerly's, 2–21 („Geräusche" sollen dagegen durch Lautsprache dargestellt werden können).
[1392] Schmidt–Szalewski / Pierre, Rdn. 427.
[1393] Marbach, in Büren/David, 16, 21.
[1394] David, Art. 1, Rdn. 8 und 16; Marbach, in Büren/David, 16, 21; vgl. auch Fezer, § 3, Rdn. 271.
[1395] Leguizamon, GRUR Int. 2003, 397.
[1396] Fritz, 182; McCarthy, § 7:104 („audio cassette tape recording").
[1397] Vgl. Lanham Act, Sect. 1(15 U.S.C.A. 1051) (a) (1); McCarthy, Appendix A 1 und § 2:7; Neu, 806 ff.; Henning–Bodewig, GRUR Int. 1985, 445 ff. (447); Reimann, 156.

In Schweden und den Benelux–Ländern wird die grafische Darstellbarkeit von Hörzeichen und damit ihre Schutzfähigkeit dagegen bereits insgesamt in Frage gestellt: Entsprechend lehnte das schwedische Markenamt die Anmeldung einer Hörmarke in „Notenschrift“ ab, weil eine entsprechende Anmeldung nur für Personen mit absolutem Gehör verständlich sei und daher nicht die Anforderungen an eine grafische Darstellung der Marke erfülle[1398]. Und der "Gerechtshof Den Haag“ entschied in einem Kollisionsverfahren, dass eine grafische Darstellung in „Notenschrift“ zum Erwerb einer Hörmarke nicht ausreiche und ein neuer gesetzgeberischer Akt notwendig sei, um Hörmarken eintragungsfähig zu machen[1399]. Dieser Fall veranlasste im weiteren Verlauf den niederländischen obersten Gerichtshof (Hoge Raad), die Frage, ob nach Art. 2 der Richtlinie überhaupt Töne als Marken in Betracht kommen und wenn ja, welche Anforderungen an deren grafische Darstellbarkeit zu stellen sind, dem EuGH zur Entscheidung vorzulegen[1400].

III. Unterscheidungskraft und Freihaltebedürfnis bei Hörmarken

Trotz Markenfähigkeit können selbstverständlich auch der Eintragung einer Hörmarke im Hinblick auf die beanspruchten Waren und Dienstleistungen „absolute Schutzhindernisse“ i.S.d. § 8 Abs. 2 MarkenG entgegenstehen. Das DPMA hat allerdings bislang nur wenige Hörmarken wegen absoluter Schutzhindernisse zurückgewiesen und Beschwerdeentscheidungen liegen hierzu noch keine vor[1401]. Da sich das HABM in seiner bislang einzigen Entscheidung zum Hörmarkenschutz nur mit den formalen Anmeldevoraussetzungen einer Hörmarke befasst hat[1402], bleibt auch im Gemeinschaftsmarkenrecht noch offen, welche materiellen Anforderungen an die Eintragbarkeit einer Hörmarke gestellt werden müssen. Aufgrund der Neuheit der Markenform fehlt es in den Mitgliedsländern im selben Maße an entsprechender Kasuistik[1403]. Es wird deshalb notwendig sein, neue Grundsätze zu entwickeln, wobei durchaus an Kriterien, die bereits bei anderen Markenformen gelten, angeknüpft werden kann.

1. Unterscheidungskraft

Eine unterscheidungskräftige Hörmarke setzt voraus, dass diese geeignet ist, für die konkreten Waren oder Dienstleistungen als unterscheidendes Identifikationszeichen zu wirken. Dies dürfte in den meisten Fällen der Fall sein, da selbst einfache Melodien vom Verbraucher als betrieblicher Herkunftshinweis aufgefasst werden können

---

[1398] Vgl. Kur, in Schricker/Bastian/Albert, 12, m.w.N.
[1399] Gerechtshof Den Haag, GRUR Int. 1999, 810 – Hahnenschrei / "Für Elise" (= Court of Appeal of Den Haag, [2000] E.T.M.R. 147); vgl. insofern auch Verkade, GRUR Int. 2000, 304 (308/309 m.w.N.) und Kerly's, S. 14, Fn. 14.
[1400] Hoge Raad, Shield Mark B.V. gegen J. Kist, [2002] E.T.M.R. 1198, 1999.
[1401] Ströbele, GRUR 1999, 1041 (1045).
[1402] HABM (2.BK), R 1/98–2 vom 7. Oktober 1998 – déclic.
[1403] DK: Schutzfähigkeit bejaht für das „INTEL sound logo“ und den Slogan des TV/Videospiel–Charakters „Hugo“, vgl. „Information Letter Dec. 1999“ der „SANDEL Trademark & Law Firm“; BX: Zwar erfolgreiche Anmeldung von Beethovens Melodie „Für Elise“. Im Kollisionsverfahren wurde die Anmeldung aber wegen fehlender grafischer Darstellbarkeit vom Gerechtshof Den Haag wieder aufgehoben, s.o.

und mit einem Unternehmen assoziiert werden, sofern eine auch nur ansatzweise eingängige Melodie zu entnehmen ist[1404]. Die unzähligen Kombinationen von Tönen ermöglichen es, eine Vielzahl origineller Lautfolgen zu erstellen, die Unterscheidungskraft aufweisen können. Dabei kann die Eigentümlichkeit nicht nur in einem Gegensatz zwischen Tonfolge und dem jeweiligen Produkt liegen, sondern auch in mittels einer originellen bestätigenden Untermalung eines Produkts durch ein „Jingle" zum Ausdruck kommen. Als Beispiel können hier Erkennungsmelodien von Radio- und Fernsehsendungen („SWF-3-Nachrichten" – Jingle[1405]), Werbespots[1406] oder ungewöhnliche Klingeltöne im Bereich der Telekommunikation dienen. Dabei hängt die Kennzeichnungskraft einer Hörmarke nicht nur von der Tonfolge, sondern auch von der Klangfarbe ab[1407]. Trotz ihrer „Unsichtbarkeit" kann Hörmarken mithin konkrete Unterscheidungskraft zukommen[1408].

An Unterscheidungskraft wird es einer Hörmarke aber immer dann mangeln, wenn –vergleichbar mit anderen Markenformen– den Tönen und Geräuschen für die in Frage stehenden Waren ein im Vordergrund stehender beschreibender Begriffsgehalt zugeordnet werden kann oder es sich um so gebräuchliche Töne oder Geräusche handelt, dass sie vom Verkehr stets nur als solche und nicht als Unterscheidungsmittel verstanden werden. Nimmt man die weiteren Präzisierungen des BGH im Hinblick auf die Voraussetzungen, die er zu Slogans[1409] und zur Warenverpackungsform[1410] aufstellte hinzu, so können damit auch Geräusche/Töne gemeint sein, die im Alltag oder in der Werbung in Verbindung mit den beanspruchten Waren so „üblich" geworden sind, dass sie nur noch als werbendes oder nichts sagendes Klangstück vom Verkehr aufgefasst werden. Dazu können z.B. auch Töne/Geräusche zählen, die sich in der hier wohl überwiegenden Hörfunkwerbung als Symbol für eine bestimmte Ware oder Dienstleistung etabliert haben, wie das Knallen von Sektkorken für Schaumwein, das Schluckgeräusch für Bier oder fröhliches Stimmengewirr für die Veranstaltung von Partys[1411], wobei es diesen nach dem Ergebnis der bisherigen Auslegung aber schon an grafischer Darstellbarkeit fehlt . Ähnlich erklärte das amerikanische TTAB, dass Hörmarken, die „alltägliche" Klänge imitieren oder darstellen, mangels Unterscheidungskraft („inherent distinctiveness") des Nachweises von Verkehrsdurchsetzung („secondary meaning") bedürften[1412]. Tonfolgen allgemein bekannter klassischer Musik, die häufig und vielfältig als Werbemotiv und Hervorhebungsmittel eingesetzt werden, sind ebenfalls nach § 8 Abs. 2 Nr. 1 MarkenG auszuschließen, da ein Bezug zu einem bestimmten Warenhersteller fern liegt. Darüber hinaus dürfte insoweit ein Freihaltebedürfnis bestehen, da es kaum akzeptiert werden kann, dass durch eine Marke ausschließliche und unbegrenzte Rechte an geistigen Werken erworben werden, die Teile des Weltkulturerbes sind und damit eine Rechtsposition schaffen,

---

1404 Althammer/Ströbele/Klaka, § 8, Rdn. 49; Marz, 117.
1405 Vgl. BPatG GRUR 1997, 60, 61 – SWF-3-Nachrichten.
1406 Marz, 117; Fritz Diss. 1992 , 277.
1407 Fezer, § 3, 272.
1408 Lawry/Dickerson, Trademark World # 164 (2004), 26, 27.
1409 BGH GRUR 2000, 323 –Partner with the Best; GRUR 2000, 321 – Radio von hier.
1410 BGH GRUR 2001, 56, 57 – Likörflasche.
1411 Grabrucker, MarkenR 2001, 94 (99).
1412 In re General Electric Broadcasting Co., 199 U.S.P.Q. 560 (T.T.A.B. 1978).

bes sind und damit eine Rechtsposition schaffen, die nicht einmal die Erben des Urhebers genießen[1413].

Auch wird einer Hörmarke die Unterscheidungskraft dann fehlen, wenn es sich um eine Melodie handelt, die dem Verkehr als Signal für bestimmte inhaltliche Aussagen erscheint, z.B. ähnlich klingt wie ein Zeitzeichen, eine Polizeisirene („Tatü-Tata"), oder herkömmliche Klingeltöne für Handys. Auch hier wird aber jedes Mal zu prüfen sein, ob gerade für die jeweiligen Waren und Dienstleistungen dieser Bezug festzustellen ist: So mag für eine Nachrichtensendung das Zeitzeichen nicht unterscheidungskräftig sein, eine Polizeisirene aber möglicherweise doch[1414]. Dieselben Zweifel bestehen bei „sachbezogenen" Geräuschen, die eine Ware oder Dienstleistung unmittelbar betreffen, wie z.B. ein typisches Motorengeräusch für „Kraftfahrzeuge" oder die Dienstleistung einer Reparaturwerkstatt. Nach dem Ergebnis bisheriger Auslegung fehlt es hier aber bereits an grafischer Darstellbarkeit.

Schwieriger zu entscheiden ist die weitere Frage, welchen Grad von Originalität und Einprägsamkeit „Einzeltöne" oder „einfachste Lautfolgen" haben müssen, um das Mindestmaß der Unterscheidungskraft zu erfüllen: Zwar dürften hier keine hohen künstlerischen und ästhetischen Anforderungen gestellt werden, gleichwohl ist die Frage zu stellen, ob eine hinreichende Erkennbarkeit und Merkfähigkeit gewährleistet ist, was u.a. von der jeweiligen Branchenübung/Werbegepflogenheit auf dem einschlägigen Waren– und Dienstleistungsgebiet abhängt. Entsprechendes gilt für „lange, umfangreiche" Musikstücke[1415].

Zusammengefasst kann damit die notwendige Kennzeichnungskraft und Eignung zur Ausübung der Herkunftsfunktion fehlen bei[1416]:
– einem einzelnen Ton (oder eine Folge identischer Laute), soweit dieser keine besondere, charakteristische Klangfarbe hat;
– einem umfangreichen Musikstück, da auch die Länge der angemeldeten Lautfolge von Bedeutung ist;
– lediglich produktbeschreibend wirkenden Hörmarken, was jeweils mit Blick auf die konkreten Produkte zu beurteilen ist;
– allgemein bekannten und für die Produkte sehr häufig eingesetzten, bloß die Aufmerksamkeit erweckende Melodien, insbesondere bei engem Bezug zwischen Tonfolge und beanspruchten Waren/Dienstleistungen (z.B. weltbekanntes Weihnachtslied für Christbaumschmuck[1417], etc.).

Die Entscheidung über die konkrete Unterscheidungskraft von Hörmarken ist naturgemäß aber eine Einzelfallentscheidung unter Berücksichtigung der konkreten Umstände. Entsprechend lehnte in den „Hörmarken–erfahrenen" USA das T.T.A.B. die Unterscheidungskraft („inherent distinctiveness") des Läutens einer Schiffsglocke

---

[1413] Generalanwalt Ruiz-Jarabo Colomer, Schlussanträge v. 3.4.2003, Shield Mark BV vs. Joost Kist, Case C-283/01, Rdnr. 53 (Schlussexkurs), online abrufbar über http://curia.eu.int./jurisp/...
[1414] Ingerl/Rohnke, § 3, Rdn. 27 und § 8 Rdn. 51.
[1415] Ströbele, GRUR 1999, 1041 (1045); Althammer/Ströbele/Klaka, § 8, Rdn. 49.
[1416] Vgl. Althammer/Ströbele/Klaka, § 8, Rdn. 49; Becker, WRP 2000, 56 (63/64).
[1417] Vgl. auch BPatG für Bildzeichen in GRUR 1998, 1021, 1022 – Mona Lisa.

zur Kennzeichnung von „Radio Broadcasting Services“ ab[1418], bejahte sie aber beim Klang der „Freiheitsglocke“ für ein Hörfunk-Nachrichtenprogramm[1419], einer „quietschenden Türe“ für ein Hörspieldrama[1420], der Melodie der "Lone Ranger"–Fernsehserie[1421] und des (sich annähernden) „weißen Hais“[1422], dem Klang eines Glockenspiels für Rundfunksendungen[1423] oder einer sich drehenden Münze für Bankdienstleistungen[1424], bei einer Serie hörbarer Impulse für „Television and Radio Broadcast Services“[1425], einer Folge elektronisch produzierte Töne für „Broadcasting of Television Programs“[1426] und dem Klang des „Harley–Davidson“–Motors[1427].

2. Freihaltebedürfnis an beschreibenden/üblichen Klängen

Zusätzlich kann auch ein Freihaltebedürfnis nach § 8 Abs. 2 Nr. 2 MarkenG zu bejahen sein, so z.B. bei rein sachbezogenen Melodien, welche die beanspruchten Waren oder Dienstleistungen unmittelbar betreffen (z. B. „Oh Tannenbaum“ für Tannenbäume, Weihnachtsschmuck etc.). Bei der Prüfung des Freihaltebedürfnisses wird Ausgangspunkt die Frage sein, inwieweit die Töne unmittelbar beschreibend für die Waren oder Dienstleistungen sind und ob die Wettbewerber noch andere Möglichkeiten haben[1428], die Melodie in Varianten wiederzugeben, wobei warenbezogene Differenzierungen vorzunehmen sind[1429]. Als Faustregel müssen die akustischen Zeichen aus ihrem „normalen“ Umfeld in ein anderes übertragen werden, um nicht freihaltebedürftig zu sein (bzw. um kennzeichnend wirken zu können). Auch dürften unter den Ausschlussgrund vor allem Hörmarken fallen, die „geräuschhaft“ sind, weniger aber „musikalische“ Hörmarken. Ersteren fehlt es nach dem Ergebnis der bisherigen Auslegung bereits auch schon an der grafischen Darstellbarkeit durch Notenschrift.

IV. Vergleich mit der Rechtslage unter Geltung des WZG

Unter Geltung des WZG galten Hörzeichen als schutzunfähig, da sie auf der Ware nicht angebracht werden könnten, ihnen von daher die für den zeichenmäßigen Gebrauch erforderliche Beziehung des Zeichens zur Ware fehle[1430] und eine entsprechende Rechtsfortbildung Aufgabe des Gesetzgebers sei[1431].

1418 Vgl. In re General Electric Broadcasting Co., 199 U.S.P.Q. 560 (T.T.A.B. 1978).
1419 Registration No. 548,458 für „Information Services In The Nature Of A Radio News Program“,vgl. Fritz, 183.
1420 Registration No. 556,780 für „Entertainment Service Rendered Through The Medium Of A Series Of Dramatic Radio Broadcast Programs“, vgl. Fritz, 183.
1421 Reg. No. 2155923 (May 12, 1998).
1422 Vgl. Fun–Damental Too, Ltd. V. Universal Music Group, Inc. 43 USPQ2d 1595 (E.D.Pa.1997).
1423 Reg. Nr. 916,522.
1424 Reg. Nr. 641,872.
1425 Reg. Nr. 922,585.
1426 Reg. Nr. 928,479.
1427 vgl. Adamo, 66 m.w.N.
1428 Auf Grundlage der Rechtsprechung des EuGH GRUR 1999, 723, 726 – Chiemsee.
1429 Grabrucker, MarkenR 2001, 94 (99); Becker, WRP 2000, 56 (63/64).
1430 Vgl. etwa Baumbach/Hefermehl, § 1 WZG, Rdn. 67.
1431 BGH GRUR 1988, 306 (307) – Hörzeichen (ARD–Signet); BPatGE 29, 150 (152) – Hörzeichen.

I. Sensorische Marken

Als weitere Markenform kommen grundsätzlich auch sogenannte „sensorische Marken“[1432] in Betracht. Bei diesen handelt es sich um Zeichen, bei denen nicht das Auge oder das Gehör, sondern der Geruchs–, Geschmacks– oder Tastsinn angesprochen wird. Ihre Eigenschaft als nicht-visuelle Zeichen bereitet -wie schon bei der Hörmarke- im Hinblick auf die graphische Darstellbarkeit gewisse Schwierigkeiten[1433].

I. Geruchsmarken

„Geruchsmarken“ sind sensorische Marken, die ein Produkt „olfaktorisch“ identifizieren[1434], bei denen also der Geruchssinn angesprochen wird[1435]. Sie werden auch Duft–, Riech– oder olfaktorische Marken genannt[1436]. Mehr als früher kann heute davon ausgegangen werden, dass Geruchsstoffe gezielt als Erkennungszeichen für Waren oder Dienstleistungen verwendet werden können. Hierzu gehört der Einsatz von Gerüchen auf der Ware und ihrer Verpackung, aber auch in der Werbung und schließlich auch am Verkaufsort. Hierbei kann die konsequente Verwendung desselben Geruchs darauf abzielen, eine gedankliche-emotionale Verbindung zwischen dem Geruch und dem Unternehmen bzw. seinen Produkten/Dienstleistungen herzustellen[1437]. Ein Beispiel ist die Parfümierung von Waschmitteln, die einen markentypischen frischen Duft abgeben sollen. Auch werden bei Autos Versuche gemacht, bestimmte Gerüche in die Fahrzeuge einzubringen, indem beim Gerben bestimmter Ledersorten darauf geachtet wird, dass stets ein besonderer, als typisch angesehener Geruch entsteht[1438]. Und insbesondere in den USA versprühen bestimmte Geschäfte (z.B. „Victoria´s Secret“) oder Malls spezielle Düfte im Eingangsbereich. Weitere Beispiele für die mögliche Kennzeichnung von Produkten mit Gerüchen wären Radiergummis, Glückwunschkarten, Mouse–Pads, T–Shirts oder Schnürsenkel, die mit einem bestimmten Duft ausgestattet werden und womöglich auch Parfüms.

1. Markenfähigkeit

In Anbetracht des möglichen wirtschaftlichen Interesses an Geruchszeichen[1439] fragt es sich, ob Gerüche überhaupt nach dem neuen Markengesetz als Marke schutzfähig und damit zugunsten einzelner (Unternehmen) monopolisierbar sind. Die potentielle Markenfähigkeit von Geruchsmarken begründet sich –wie bei anderen Markenformen auch– primär durch das Element der „abstrakten Unterscheidungseignung“.

[1432] Vgl. Fezer, § 3, Rdn. 280, 284, 287; Grabrucker, MarkenR 2001, 95 (95).
[1433] Lawry/Dickerson, Trademark World # 164 (2004), 26, 28.
[1434] Fezer, § 3, Rdn. 279.
[1435] Fritz, 70, 281; Marz, 71.
[1436] BPatG GRUR 2000, 1044 (1044) – Riechmarke.
[1437] Vgl. z.B. Sandri/Rizzo, 111 ff.
[1438] Fritz, 196, 281.
[1439] Vgl. schon Kunz–Hallstein, GRUR Int. 1990, 747, 751 zur Rechtslage unter dem WZG; a.A. v. Bomhard, MarkenR 2002, 374, 378.

Während vereinzelt deren Markenfähigkeit schlechthin[1440], bzw. ihre „Zeicheneigenschaft“ in Frage gestellt wurde[1441], ist die Markenfähigkeit von Riechmarken unter dem Gesichtspunkt ihrer „abstrakten Unterscheidungseignung“ aber zu Recht bisher weder in der Literatur noch in der Rechtsprechung ernsthaft in Frage gestellt worden[1442].

Auch der EuGH ging in "Siekmann" unter Zugrundelegung des weiten, nicht abschließenden Markenbegriffs des Art. 2 der Richtlinie davon aus, dass selbst „visuell nicht wahrnehmbare Zeichen“ (im Falle ihrer grafischen Darstellbarkeit) Marken sein können und bejahte die abstrakte Markenfähigkeit von Geruchsmarken[1443]. Dem ist beizupflichten. Zwar erwähnt weder § 3 Abs. 1 MarkenG, noch Art. 2 der Richtlinie die Markenform der Geruchsmarke. Die Aufzählungen der schutzfähigen Zeichen innerhalb dieser Vorschriften sind aber nicht abschließend, was der jeweilige Gesetzgeber durch die Formulierung „insbesondere“ klar zum Ausdruck gebracht hat. § 3 Abs. 1 MarkenG eröffnet damit die Möglichkeit des Markenschutzes für jede denkbare Form von Zeichen. Während Bild–, Farb–, Buchstaben–, oder Formzeichen mit dem Auge wahrgenommen werden und Hörzeichen mit dem Ohr, erfolgt dies bei Geruchszeichen lediglich mit einem anderen Sinnesorgan, der Nase. Auch sie sind generell und grundsätzlich in der Lage, Produkte ihrer Herkunft nach zu unterscheiden. Gerade Düfte können beim Verbraucher –bewusst oder unbewusst– Assoziationen mit bestimmten Orten, Gegenständen oder Erinnerungen hervorrufen, auch wenn der Geruchssinn bei vielen Leuten unterschiedlich ausgeprägt ist[1444]. Die menschliche Sensorik bestimmt damit die Vielfalt der anzuerkennenden Markenformen. Geruchszeichen kann damit eine grundsätzliche „abstrakte Unterscheidungseignung“ zukommen[1445].

Dieses Verständnis entspricht auch einer gemeinschaftskonformen Auslegung, da auch Art. 4 GMV weiteren Markenformen wie Gerüchen nicht entgegensteht, was die Spruchpraxis des HABM[1446] und die Literatur zur Gemeinschaftsmarke bestätigt[1447]. Eine Markenfähigkeit von Geruchsmarken unter dem Gesichtspunkt grundsätzlicher Unterscheidungseignung wird rechtsvergleichend auch in zahlreichen anderen Rechtsordnungen, wie z.B. in Österreich, Großbritannien, Benelux, Frankreich, der Schweiz und den USA grundsätzlich bejaht[1448].

1440 Steckler, 77; Meister, WRP 2000, 967 (968); vgl. auch die zugrundeliegende DPMA-Entscheidung zu BPatG GRUR 2000, 1044, 1045/1046 - Riechmarke.
1441 Meister, WRP 1995, 366 f. (366).
1442 Vgl. BPatG (33. Senat), GRUR 2000, 1044 (1046) – Riechmarke; Althammer/Ströbele/Klaka, § 3, Rdn. 24; Fezer, § 3, Rdn. 280; Ingerl/Rohnke, § 3, Rdn. 33; Viefhues, MarkenR 1999, 249; Sandri/Rizzo, 114 ff.
1443 EuGH, Ralf Sieckmann/Deutsches Patent- und Markenamt, GRUR 2003, 145 (147), Erwägungsgründe 42-45.
1444 Vgl. die Schlussanträge des Generalanwalts am EuGH Ruiz-Jarabo Colomer vom 6.11.2001 in der Rechtssache C–273/00 – Siekmann/Deutsches Patent– und Markenamt, Erwägungsgrund 29, GRUR Int. 2001, 1071.
1445 Fezer, WRP 1999, 575 ff, ders., § 3, Rdn. 280 f.; Ingerl/Rohnke, § 3, Rdn. 8, 33, § 8, Rdn. 13; v. Mühlendahl/Ohlgart/v. Bomhard, § 3, Rdn. 8; Fritz, 70 ff, 281 ff, 285; Nordemann/Nordemann/Nordemann, Rdn. 428 a; Meister WRP 1995, 366; Marz, 71 f.; Siekmann WRP 1999, 618 ff; Viefhues MarkenR 1999, 249 ff.; Althammer/Ströbele/Klaka, § 3, Rdn. 24; Sandri/Rizzo, 114 ff.
1446 HABM, MarkenR 1999, 142 ff. (144) – The smell of fresh cut grass.
1447 Viefhues, MarkenR 1999, 249; Ingerl, 55/56; v. Mühlendahl/Ohlgart/v. Bomhard, § 3, Rdn. 7; Gyngell/Poulter, I.17, V.4.
1448 Vgl. dazu die rechtsvergleichenden Ausführungen zur „graphischen Darstellbarkeit“ von Geruchsmarken unten.

2. Fehlende grafische Darstellbarkeit von Geruchsmarken

Fraglich ist dagegen, ob Geruchsmarken auch i.S.d. § 8 Abs. 1 MarkenG bzw. Art. 2 der Richtlinie „grafisch darstellbar" sind.

a. Theorie fehlender grafische Darstellbarkeit

Nach einer vom BPatG[1449] und Teilen der Literatur[1450] vertretenen Ansicht kann keine grafische Wiedergabe von Geruchsmarken den "Grundsätzen eines markenrechtlichen Registerschutzes" in ausreichendem Masse gerecht werden, mit der Folge, dass Geruchszeichen nicht schutzfähig sind. Nur die "präzise" Festlegung des Anmeldungsgegenstandes im Register nach Entstehung, Art, Umfang, Bestand des Rechts ermögliche eine zuverlässige und sachgerechte Prüfung. Auch müsse ein Zeichen in einer für die Allgemeinheit nachvollziehbaren Bestimmtheit ersichtlich sein, ohne dass sich Inhaber einer älteren Marke oder Dritte umfangreichen und zeitaufwendigen Beschaffungsmaßnahmen ausgesetzt sehen, wie im Falle lediglich abstrakt nachvollziehbare grafische Wiedergaben. Eine Darstellung einer Geruchsmarke durch "chemischen Formel", "Beschreibung" oder "Hinterlegung" der chemischen Reinsubstanz beim DPMA erfülle diese Voraussetzungen jedenfalls nicht. Das BPatG legte dem EuGH im folgende Fragen zur Vorabentscheidung vor: Können Zeichen im Register auch mittelbar durch Surrogat wiedergegeben werden und wenn ja, genügt es, wenn ein Geruch wiedergegeben wird durch 1. eine chemische Formel, 2. eine Beschreibung, 3. eine Hinterlegung oder 4. eine Kombination der genannten Wiedergabesurrogate?[1451].

b. Theorie „mittelbarer" grafischer Darstellbarkeit

Andere Teile der Literatur vertreten dagegen die Auffassung, dass auch solche Zeichen, die sich „nach dem gegenwärtigen Stand der Technik" nicht „unmittelbar" grafisch darstellen lassen, wie z.B. Geruchsmarken, dem Markenschutz zugänglich sein müssen, sofern sie hinreichend bestimm- und reproduzierbar wiedergegeben werden[1452]. Grundentscheidung des Gesetzgebers sei nämlich, die Markenformen nicht zu beschränken und damit auch ungewöhnliche grafische Darstellungen zulassen, wenn sie hinreichend eindeutig sind, was ein Vergleich mit der Zulassung und grafi-

---

[1449] BPatG GRUR 2000, 1044 (1046 ff.) – Riechmarke.

[1450] Vgl. Johannes, MarkenR 2001, 46, 48; Meister, WRP 2000, 967 (968 ff.); ders., WRP 1995, 366; Marz, 97 ff.; Steckler, 77; wohl auch Althammer/Ströbele/Klaka, § 3, Rdn. 24.

[1451] BPatG (33. Senat) GRUR 2000, 1044 (LS) – Riechmarke.

[1452] Sessinghaus, WRP 2003, 478, 479 f.; ders., WRP 2002, 650 (652); Hildebrandt, MarkenR 2002, 1 (1 ff.); Sieckmann, WRP 1999, 618 ff. (620); ders., MarkenR 2001, 236 ff.; ders., MarkenR 2002, 149 f.; Ingerl/Rohnke, § 3, Rdn. 8; ders., MarkenR 2001, 12, 13/14; Kur, MarkenR 2000, 1 (2/3); Viefhues, MarkenR 1999, 249 (249 ff.) zur GMV; Fezer, § 3, Rdn. 280; ders., WRP 1999, 575 ff. (578); Grabrucker, MarkenR 2001, 95 (96/97); Albert/Henning-Bodewig, GRUR Int. 1997, 449 ff. (460); Ilzhöfer, 99; wohl auch Sandri/Rizzo, 119 ff.; vgl. auch die Nachweise bei Fritz, 70, 281 zum früheren Recht.

scher Darstellung anderen Markenformen, insbesondere von Hörmarken zeige[1453]. Sinn und Zweck der grafischen Darstellung sei nämlich, nicht den Schutzumfang eines Zeichens für den Verkehr eindeutig zu bestimmen, sondern die Zweckmäßigkeit einer zweidimensionalen Aktenführung und die Reproduzierbarkeit des Zeichens[1454]. Die vorgeschlagenen Formen der Dokumentation von Geruch variieren hierbei zwischen alternativer und kumulativer Verwendung der chemischen Formel[1455], einer Beschreibung des Geruchs[1456] und der Hinterlegung des Riechstoffes[1457].

c. Rechtslage nach EuGH – „Siekmann"

Die Streitfrage wurde mittlerweile vom EuGH in der Entscheidung „Siekmann" im Sinne der „Theorie fehlender grafischer Darstellbarkeit" beantwortet:
Danach können zwar grundsätzlich auch „visuell nicht wahrnehmbare Zeichen" Marken sein, sofern sie mit Hilfe von Figuren, Linien oder Schriftzeichen grafisch dargestellt werden können und diese Darstellung klar, eindeutig, in sich abgeschlossen, leicht zugänglich, verständlich, dauerhaft und objektiv ist. Bei einem „Riechzeichen" soll den Anforderungen an die grafische Darstellung aber weder durch eine chemische Formel, noch durch eine Beschreibung in Worten, die Hinterlegung einer Probe des Geruchs oder einer Kombination dieser Elemente genügt werden können. Insbesondere sei eine chemische Formel nicht verständlich genug und gebe nicht den Geruch der Substanz, sondern die Substanz selbst wieder. Darüber hinaus fehle es ihr an der nötigen Klarheit und Eindeutigkeit. Bei einer Beschreibung des Geruchs handele es sich zwar um eine grafische Darstellung. Diese sei aber nicht klar, eindeutig und objektiv genug. Dagegen stelle die Hinterlegung einer Geruchsprobe schon gar keine grafische Darstellung i.S. von Art. 2 der Richtlinie dar. Auch fehle es ihr an der nötigen Stabilität und Dauerhaftigkeit. Da bei einem Riechzeichen mithin keine der genannten Möglichkeiten den Anforderungen an die grafische Darstellung genügten, sprach der EuGH auch ihrer Kombination die Erfüllbarkeit dieser Kriterien ab[1458].

[1453] Ingerl/Rohnke, § 8, Rdn. 12/13; ders., MarkenR 2001, 12, 13/14; Albert/Henning–Bodewig, GRUR Int. 1997, 449 ff. (460); Kur, MarkenR 2000, 1 (2/3); Hildebrandt, MarkenR 2002, 1 (2); Ilzhöfer, 99; Viefhues, MarkenR 1999, 249 (249 ff.).

[1454] Ingerl/Rohnke, § 8, Rdn. 13; Hildebrandt, MarkenR 2002, 1, 2; Fezer, § 3, Rdn. 280; Grabrucker, MarkenR 2001, 95, 97.

[1455] Sessinghaus, WRP 2002, 650, 658; Ingerl/Rohnke, § 8, Rdn. 12/13; ders., NJW 1994, 1247, 1249; ders., MarkenR 2001, 12, 13/14; Siekmann, WRP 1999, 618, 620; ders., MarkenR 2001, 236, 240; Hildebrandt, MarkenR 2002, 1, 4; Viefhues, MarkenR 1999, 249, 249 ff.; Ilzhöfer, 99; Albert/Henning–Bodewig, GRUR Int. 1997, 449, 460; Fezer, § 3, Rdn. 280; ders., WRP 1999, 575, 578; Kur, MarkenR 2000, 1, 2-3; Althammer/Ströbele/Klaka, § 3, Rdn. 24 und Fritz, 70, 281 (zum WZG).

[1456] Fezer, WRP 1999, 575 ff. (578); Sieckmann, MarkenR 2001, 236 ff.; Hildebrandt, MarkenR 2002, 1 (4); Viefhues, MarkenR 1999, 249 (249 ff.); Sessinghaus, WRP 2002, 650, 660; wohl auch Sandri/Rizzo, 119 ff.

[1457] Sieckmann, WRP 1999, 618 ff. (620); ders., MarkenR 2001, 236 ff.; ders., MarkenR 2002, 149; Sessinghaus, WRP 2002, 650, 660.

[1458] EuGH, C-273/00, Ralf Sieckmann/Deutsches Patent- und Markenamt, GRUR 2003, 145 (147), LS sowie Erwägungsgründe 45 ff. und 69 ff.

d. Kommentierung

Der EuGH begründete seine Entscheidung hauptsächlich mit dem Zweck des Erfordernisses der grafischen Darstellung. Allerdings wäre dem Wortlaut nach sowohl eine unmittelbare, wie auch eine mittelbare Wiedergabeform für Geruchsmarken in Betracht gekommen. Denn „grafische Darstellbarkeit" i.S.d. deutschen und europäischen Regelungen[1459] bzw. „grafische Repräsentation" nach den anderssprachlichen Richtlinienfassungen[1460] bedeutet vom Wortsinn her zunächst einmal nicht, dass Zeichen notwendigerweise selbst abgebildet werden müssen, sondern nur, dass sie zweidimensional eindeutig definierbar sein müssen[1461], bzw. „mit Symbolen, die gezeichnet werden können, beschreibbar sind"[1462], wie das Beispiel der Notenschrift bei Hörmarken zeigt[1463]. Dagegen musste eine Dokumentation durch "Hinterlegung" einer Duftprobe bereits nach grammatikalischer Auslegung ausscheiden. Systematische Erwägungen stellte der EuGH ebenfalls nicht an, obgleich die Anerkennung von Hörmarken oder dreidimensionalen Marken auf eine ausreichende „hinreichend exakte" Darstellbarkeit von Markenformen hätte hindeuten können. Wie bereits ausgeführt, sind teleologische Erwägungen in der Rechtsprechung des EuGH aber vorrangig[1464]. Im übrigen ist der Umstand, dass mit Ablehnung der grafischen Darstellbarkeit von Geruchszeichen zwar ein Markenschutz durch Benutzung nach § 4 Nr. 2 MarkenG erworben werden kann, nicht aber als Registermarke, nichts ungewöhnliches, da auch bisher die Benutzungsmarke (Ausstattung) im deutschen Recht schon weiter reichen konnte als die Registermarke. Gesetzeshistorische Argumente spielten in der Entscheidung des EuGH richtigerweise ebenfalls keine Rolle. Der europäische Gesetzgeber hatte bereits in seiner Begründung zu Art. 3 (heute Art. 4) des Verordnungsvorschlags betont, dass die Zulassung von Zeichen, die den Geruchs- oder Geschmackssinn ansprechen, im Einzelfall dem Gemeinschaftsmarkenamt und den Gerichten obliegen soll[1465]. Eine Antwort auf die Frage, ob bzw. welche Art der mittelbaren Reproduktion einer Geruchsmarke den Anforderungen an deren „grafische Darstellung" nach Art. 2 der Richtlinie erfüllt, war daher hauptsächlich aus dem „Zweck" des Erfordernisses der grafischen Darstellbarkeit herzuleiten.

aa. Zweck des Erfordernisses der grafischen Darstellung

Wie bereits oben dargelegt[1466], führte der EuGH zum Zweck des Erfordernisses einer grafischen Darstellbarkeit aus, dass das System der Eintragung von Marken zur Rechtssicherheit und zur ordnungsgemäßen Verwaltung beiträgt und die grafische

---

[1459] § 8 Abs. 1 MarkenG, Art. 2 der Richtlinie und Art. 4 GMV.
[1460] Vgl. Art. 2 der Richtlinie in anderen (Amts–) Sprachen (Official Journal EC No. L 40, 11/02/1989 p. 1-7): „*..represented graphically ...*", „*..représentation graphique..*", „*..representación gráfica ...*", etc.
[1461] Ingerl/Rohnke, § 8, Rdn. 12, 13.
[1462] Schlussanträge des Generalanwalts am EuGH Ruiz-Jarabo Colomer vom 6.11.2001 in der Rechtssache C–273/00 – Siekmann/Deutsches Patent- und Markenamt, referiert in GRUR Int. 2001, 1071 (1071).
[1463] Vgl. Gyngell/Poulter, V.4.
[1464] Bleckmann, NJW 1982, 1177 (1178, Fn. 12, 1180 m.w.N.); ders., RIW 1987, 929, 930; EuGH Slg. 1982 S. 3415 ff., 3430 – C.I.L.F.I.T.; Lutter, JZ 1992, 593, 602, Fn. 114 m.w.N.
[1465] Vorschlag für eine Verordnung des Rates über die Gemeinschaftsmarke, Bulletin der EG, Beilage 5/80, S. 58.
[1466] Abschnitte C.I.2.c. und H.II.3.c.

Darstellung hierbei insbesondere den Zweck habe, die Marke selbst festzulegen, um den genauen Gegenstand ihres Schutzes zu bestimmen. Auch werde nur so die Marke den zuständigen Behörden und der Öffentlichkeit, insbesondere den Wirtschaftsteilnehmern in ausreichendem Masse zugänglich gemacht. Die zuständigen Behörden müssten klar und eindeutig die Ausgestaltung des Zeichens erkennen können, aus denen eine Marke besteht, damit sie in der Lage seien, ihren Verpflichtungen in Bezug auf die Vorprüfung der Markenanmeldungen, sowie auf die Veröffentlichung und den Fortbestand eines zweckdienlichen und genauen Markenregisters nachkommen. Andererseits müssten aber auch die Wirtschaftsteilnehmer klar und eindeutig in Erfahrung bringen können, welche Eintragungen oder Anmeldungen ihre gegenwärtigen oder potentiellen Wettbewerber veranlasst haben und auf diese Weise einschlägige Informationen über die Rechte Dritter erlangen. Nach Ansicht des EuGH muss eine entsprechende Darstellung daher das entsprechende Zeichen „mit Hilfe von Figuren, Linien oder Schriftzeichen“ wiedergeben[1467].

Dem ist grundsätzlich beizupflichten. Denn ein Amt, welches Anmeldungen, Widersprüche und Löschungsbegehren zu bearbeiten und zu dokumentieren hat, benötigt zur Durchführung seiner Aufgaben, sowie zur Erleichterung der administrativen Handhabung, ein materielles Substrat in fixierter Form, welches die erforderlichen Informationen in umfassender und verlässlicher Form enthält und eine Beurteilung durch den Prüfer erlaubt[1468]. Eine zweidimensionale Darstellung ist hierfür schon aus Zweckmäßigkeitsgründen (Aktenführung) notwendig. Es liegt aber auch im Interesse der Allgemeinheit, durch die Veröffentlichung eindeutig über die in Kraft stehenden Marken und ihren Schutzbereich informiert zu werden. Entsprechend dem das Registerrecht tragenden „Bestimmtheitsgrundsatzes“ muss daher der Inhalt einer Markenanmeldung von Anfang an deutlich festgelegt sein und erkennen lassen, was nach dem Willen des Anmelders Gegenstand des Schutzes sein soll, der sich aus der angemeldeten Marke ergibt. Denn Sinn des Registers ist, dass einem potentiellen Anmelder oder Widerspruchskandidaten, aber auch jedem anderen Interessenten, eine exakte Angabe dieser Marke vermittelt wird. Gerade im Interesse zukünftiger Markeninteressenten muss die Möglichkeit einer einfachen und akkuraten Markenrecherche gegeben sein, damit in ausreichendem Masse existierende Marken mit angemeldeten verglichen werden können[1469]. Das Gebot der grafischen Darstellbarkeit von Marken besteht insoweit im Interesse der Rechtssicherheit.

bb. Bestimmtheit der Darstellungsformen von Geruchszeichen

Fraglich ist jedoch, ob es eine Darstellungsform von Geruchsmarken gibt, die diesen Anforderungen gerecht wird. Der EuGH hatte, wie gesagt, zu den vom BPatG vorgeschlagenen Wiedergabeformen chemische Formel, Beschreibung, Hinterlegung, bzw. deren Kumulation Stellung genommen und deren Geeignetheit abgelehnt.

[1467] EuGH, C-273/00, Siekmann vs. DPMA, Erwägungsgründe 37 f., 48-51, GRUR 2003, 145 (147/148); in diesem Sinne auch Generalanwalt Ruiz-Jarabo Colomer, Schlussanträge v. 3.4.2003, Shield Mark BV vs. Joost Kist, Case C-283/01, Rdnr. 28/29, online abrufbar über http://curia.eu.int./jurisp/...
[1468] Kur, MarkenR 2000, 1 ff. (2), vgl. auch Ingerl/Rohnke, § 8, Rdn. 12.
[1469] Stone, 13, 14.

(1) Chemische Formel

Dem EuGH ist beizupflichten, dass eine chemische Formel nicht den Geruch der Substanz, sondern lediglich die Substanz wiedergibt und an sich nicht verständlich genug ist[1470]. Denn die Darstellung der Inhaltsstoffe durch Angabe der entsprechenden chemischen Struktur– oder Summenformel erlaubt nur, die „chemische Zusammenstellung" des Geruchs zu spezifizieren. Selbst Fachleuten dürfte sich beim Lesen entsprechender chemischer Formeln ein Geruch kaum sensorisch erschließen, selbst wenn nach Ansicht der Strukturformel oder dem Lesen der chemischen Bezeichnung die Bezeichnung „Menthol" fällt. Die theoretische Kenntnis des Geruchs ersetzt nicht den Sinneseindruck des „kühlenden, frisch–süßen, leicht stechenden Geruchs in der Nase, der kühlend auf der Zunge wirkt". Da Riechstoffe je nach Temperatur und Konzentration anders riechen oder sich verändern können, wären ohnehin zusätzliche Angaben zu diesen Parametern erforderlich. Auch würde eine Charakterisierung durch chemische Formeln wegen der Komplexität von Gerüchen nicht zur Beurteilung von Kollisionsfällen ausreichen. Darüber hinaus macht die Angabe der genauen chemischen Formeln, Rezepte und Verfahren und damit die Offenlegung der Geruchskomponenten auch aus Gründen des Nachahmungsschutzes (Parfümindustrie) wirtschaftlich keinen Sinn.
Ähnliches gilt auch für eine Darstellung durch „Gaschromatographie". Diese erscheint aber schon aus juristischer Sicht zu unsicher, da sich mit ihr einerseits auch Beimischungen aufzeichnen lassen, die für den Geruch nicht entscheidend sind, bestimmte geruchsentscheidende Substanzen teilweise aber überhaupt keinen Niederschlag finden[1471].
Die Zulassung von Notenschrift bei Hörmarken steht dazu nicht im Widerspruch. Denn im Unterschied zu chemischen Formeln bei Gerüchen können Klangzeichen mit einem verhältnismäßig hohen Grad an Bestimmtheit des Schutzgegenstandes grafisch durch Notenschrift wiedergegeben werden. Auch dürfte der durchschnittliche Verbraucher eher in der Lage sein, Notenschrift zu lesen und zu interpretieren, bzw. sich -ohne die Hinzuziehung ausgesprochener Fachleute- am Klavier interpretieren zu lassen, als dies bei chemischen Formeln der Fall ist. Selbst Chemikern wird sich der durch eine chemische Formel geschützte Geruch nicht ohne weiteren Aufwand, sondern nur bei entsprechender Anwendung im Labor erschließen. Ein Klang kann per Notenschrift somit graduell „unmittelbarer" abgerufen und verstanden werden als ein Geruch anhand einer Formel.

(2) Beschreibung

Die Ablehnung von „Beschreibungen" als grafische Darstellung von Gerüchen als „nicht klar, eindeutig und objektiv genug"[1472], ist ebenfalls korrekt[1473]. Eine Beschreibung von Geruch in grafischer Form kann zwar grundsätzlich aufgrund subjek-

---

[1470] EuGH, C-273/00, Ralf Sieckmann/Deutsches Patent- und Markenamt, GRUR 2003, 145, 147, LS, Erwägungsgrund 69.
[1471] Fritz, 282; Hawes, 79 TMR 134 ff. (1989).
[1472] EuGH, C-273/00, Ralf Sieckmann/Deutsches Patent- und Markenamt, GRUR 2003, 145, 147, LS, Erwägungsgrund 69 f.
[1473] a.A. wohl Sandri/Rizzo, 119 ff.

tiver Assoziationen, wie zum Beispiel „süßer Duft", „blühende Wiese", „frisch geschnittenes Gras", etc. oder nach –in Fachkreisen– allgemein gebräuchlichen Kriterien, wie beispielsweise „balsamig–fruchtig mit einem Anklang an Zimt" erfolgen. Eine Gleichstellung von Beschreibungen mit grafischen Darstellungen im engeren Sinn ist aber abzulehnen, da sie nicht in der Lage sind, die für die Zwecke des Registerrechts benötigten eindeutigen und verlässlichen Information zu liefern und dem Gesetzeszweck der grafischen Darstellbarkeit und den Interessen des Amtes bzw. der Allgemeinheit nicht gerecht werden. Zumindest komplexere Düfte dürften mit Worten kaum präzise zu beschreiben sein. Auch rein "qualitative" Beschreibungen („holziger Grundton mit frischer Kopfnote") reichen insoweit nicht aus. Ob dies bei „bekannten" Düften wie „frisch geschnittenem Gras" anders ist, erscheint zumindest zweifelhaft. Denn im Gegensatz zu Farben („orange"), bei denen verschiedene „Farbtöne" vom optischen Wahrnehmungsvermögen differenziert werden können, können bei Gerüchen nicht mit gleicher Eindeutigkeit „Geruchstönungen" innerhalb eines Geruchsbereichs auseinandergehalten werden, was Auswirkungen auf den Schutzbereich zugunsten des Anmelders hätte[1474]. Auch hier reicht die Beschreibung einer von jedem Verbraucher anders im Gehirn gespeicherten, wahrgenommenen und aus der Erinnerung wiedergegebenen Geruchsvorstellung kaum aus, um eine objektive, also grafische Darstellbarkeit zu erzielen[1475].

(3) Hinterlegung einer Probe

Wie der EuGH richtig feststellte, stellt die Hinterlegung einer Geruchsprobe keine grafische Darstellung i.S. von Art. 2 der Richtlinie dar[1476]. Sie widerspräche nicht nur dem Wortlaut des Gesetzes, welcher einer grafische Darstellung bzw. eine Wiedergabe erfordert (§ 8 Abs. 1 MarkenG, Art. 2 der Richtlinie, bzw. §§ 33 Abs. 1 i.V.m. 32 Abs. 2 Ziff. 2 MarkenG), sondern auch dem Zweck dieses Erfordernisses. Denn zum einen benötigt das Amt zur administrativen Handhabung (Aktenführung) und Veröffentlichung zumindest ein materielles Substrat in fixierter zweidimensionaler Form, zum anderen müssen interessierte Dritte in der Lage sein, sich über den wesentlichen Inhalt der Markenanmeldung und seines Schutzumfangs ohne weiteres zu informieren. Die Vielzahl der angemeldeten Marken und die Markenrecherche über computergestützte Datenbanken (ggf. auch in Drittstaaten) erfordert aber eine Markenregistrierung, die über herkömmliche technische Mittel recherchierbar ist und keine logistisch schwierigen Transporte von Proben in alle Himmelsrichtungen erforderlich macht[1477]. Die vom EuGH und anderen erhobene Kritik, einer Geruchsprobe fehle die nötige Stabilität und Dauerhaftigkeit[1478], verfängt dagegen weniger, wenn spezielle Verpackungs- und Aufbewahrungsmethoden, wie Verschweißen der Pro-

---

[1474] Vgl. Viefhues, MarkenR 1999, 249 ff. (249/250).

[1475] Vgl. Ingerl/Rohnke, § 8, Rdn. 12/13; ders., MarkenR 2001, 12, 13/14; Kur, MarkenR 2000, 1 (2/3); dies., in Schricker/Bastian/Albert, 13; Althammer/Ströbele/Klaka, § 3, Rdn. 24; Fritz, 282; Sieckmann, WRP 1999, 618 ff. (620); ders., MarkenR 2001, 236 ff.; a.A.: Fezer, WRP 1999, 575 ff. (578); Viefhues, MarkenR 1999, 249 (249 ff.) zur GMV.

[1476] EuGH, C-273/00, Ralf Sieckmann/Deutsches Patent- und Markenamt, GRUR 2003, 145, 147, LS, Erwägungsgrund 71.

[1477] Ingerl/Rohnke, MarkenR 2001, 12, 13/14.

[1478] EuGH, C-273/00, Ralf Sieckmann/Deutsches Patent- und Markenamt, GRUR 2003, 145, 147, LS, Erwägungsgrund 71; Althammer/Ströbele/Klaka, § 3, Rdn. 24; Fritz, 283; BPatG GRUR 2000, 1044 (1048) – Riechmarke.

ben in licht– und luftundurchlässigen Materialien, Aufbewahrung in kühlen, abgedunkelten Räumen, etc., eingehalten werden.

(4) Kombination

Dass nach Auffassung des EuGH auch eine Kombination dieser ungeeigneten Wiedergabeoptionen den Anforderungen an die grafische Darstellung, insbesondere der Klarheit und Eindeutigkeit nicht genügt[1479], leuchtet ein. Anders als im Fall einer abstrakten Farbmarke, wo der EuGH in „Libertel" die Hinterlegung eines Farbmusters allenfalls „in Kombination" mit einer Beschreibung als möglicherweise ausreichende Darstellung erachtete[1480], handelt es sich bei der Hinterlegung einer Geruchsprobe noch nicht einmal um ein grafisches Darstellungsmittel.

cc. Keine teleologische Reduktion der „grafischen Darstellbarkeit" von Geruchsmarken

Vereinzelt wird gefordert, den Begriff der „grafischen Darstellung" von Geruchsmarken teleologisch dahingehend zu reduzieren, dass eine grafische Darstellung auch unmittelbare Wiedergabe durch elektronische Register mit Hilfe von Duftwiedergabegeräten beinhaltet oder eine grafische Wiedergabe durch „Reproduzierbarkeit" anhand einer Formel, eines Rezepts oder einer Lieferadresse ersetzt wird, da ansonsten die theoretische Anerkennung nicht-visueller Marken keinen praktischen Wert habe[1481].

Dies liefe jedoch dem oben dargestellten Zweck des Erfordernisses der grafischen Darstellbarkeit, insbesondere unter dem Gesichtspunkt der Rechtssicherheit und einer ordnungsgemäßen Verwaltung, zuwider. Denn weder das DPMA noch die meisten Marktteilnehmer werden in absehbarer Zeit über entsprechende „Duftwiedergabegeräte" verfügen. Die Verwendung entsprechend ausgestatteter elektronischer Register dürfte „Zukunftsmusik" sein und noch in weiter Ferne liegen, nachdem bislang noch nicht einmal abstrakte Farbmarken in befriedigender Weise elektronisch bzw. online recherchierbar sind. Darüber hinaus ist es aber auch Behörden, Inhabern älterer Marken oder Dritten nicht zuzumuten, sich umfangreichen und zeitaufwendigen Beschaffungsmaßnahmen spezieller Wiedergabegeräte, Geruchsinhaltsstoffen oder der Produktion chemischer Endsubstanzen auszusetzen, um die Ausgestaltung des angemeldeten Geruchszeichens eindeutig erkennen zu können.
Darüber hinaus fehlt es aber auch an einem erforderlichen Schutzbedürfnis zur Vornahme einer entsprechenden teleologischen Reduktion. Denn trotz mangelnder grafischer Darstellbarkeit von Geruchsmarken und damit einhergehendem fehlendem Markenschutz ist der Verwender von Geruchszeichen im Waren- oder Dienstleistungsverkehr nicht schutzlos. In der Regel genügt dem Schutzbedürfnis eine Benutzungsmarke nach § 4 Ziff. 2 MarkenG oder ein ergänzender lauterkeitsrechtli-

---

[1479] EuGH, C-273/00, Ralf Sieckmann/Deutsches Patent- und Markenamt, GRUR 2003, 145, 147, Erwägungsgründe 69 ff.
[1480] EuGH, WRP 2003, 735, Libertel Groep BV gegen Benelux-Merkenbureau, Case C-104/01, Erwägungsgrund 36.
[1481] Sessinghaus, WRP 2003, 478, 479 f., 481.

cher Leistungsschutz[1482]. Häufig will man in der Praxis nämlich eher eine bestimmte „Geschäftsidee" schützen, wie etwa das Versprühen eines Duftes im Eingangsbereich einer Warenhauskette (vgl. etwa den süßen „Potpourri–Duft", den die VICTORIA´S SECRET - Unterwäschegeschäfte verwenden, oder den „Pfirsichduft" der Kette IT´S REALLY $ 1.00[1483]) oder die Verwendung von Duftwiedergabegeräten an Kinosesseln, die je nach Ereignis auf der Leinwand bestimmte Gerüche verströmen können, um das Kinoerlebnis noch authentischer zu gestalten[1484]. Entsprechende nicht-visuelle Zeichen werden oft auch nur „in Verbindung" mit traditionellen Marken, insbesondere Wort- und Bildmarken als Teil einer umfassenden „Branding Strategy" verwendet[1485]. Hierfür bietet § 1 UWG mit seinem "beweglichen System" adäquate Abwehrmittel gegen Nachahmer[1486]. Letztlich befinden wir uns bei „Geruchszeichen" auch häufig schon auf einem dem Leistungsschutz nahen Gebiet, wie die Beispiele von Parfüms, Zimtaroma zur Kennzeichnung von Möbeln[1487], „Neufahrzeug"-Geruch bei KFZ oder Frischeduft von Waschmitteln zeigen. Die Grenze zwischen Marken- und Leistungsschutz verläuft hier fließend, insbesondere wenn der Geruch -wie bei einem Parfüm- das eigentlichen „Wesen der Ware" ist[1488]. Entsprechend wird bislang in Großbritannien davon ausgegangen, dass der Duft von Parfüms nicht als Marke eintragbar ist[1489]. Und in den USA behielt sich das USPTO in „re Celia Clark" vor, dass die positive Entscheidung über die Schutzfähigkeit des Pflaumendufts von Nähgarn nichts aussage über Waren wie „Scents or fragrances of products which are noted for their features, such as perfumes, colognes or scented household products"[1490].

e. *Gemeinschaftskonformität und Rechtsvergleichung*

In einer Entscheidung aus dem Jahre 2000 lies die zweite Beschwerdekammer des HABM den Schutz von Geruchsmarken zu und trug den „Geruch frisch geschnittenen Grases" für Tennisbälle ein. Dabei reichte dem Amt schon die alleinige „Beschreibung" des Geruchs als hinreichend klare und präzise Wiedergabe der Marke, weil der Geruch von frisch geschnittenem Gras „ein charakteristischer Geruch sei, den jeder sofort aus der Erfahrung heraus erkenne"[1491]. In der Folge scheiterten verschiedene Geruchsmarkenanmeldungen aber an fehlender Unterscheidungs-

---

[1482] Vgl. schon Pohl/Kur, Mitt. 1996, 156, 157.
[1483] McCarthy, § 7:105.
[1484] Vgl. Essl, ÖBl. 2001, 51, 55.
[1485] Lawry/Dickerson, Trademark World # 164 (2004), 26, 28 zur Frage des möglichen Erwerbs von Unterscheidungskraft in derartigen Fällen.
[1486] Vgl. zu „beweglichen Systemen", Sack, in FS für Wilburg, 1986, 177 ff.; ders. WRP 1998, 1127 ff. (1132); ders., WRP 1998, 264 ff. (269); ders., WRP 1985, 459 ff., 460 f.; ders., ZHR 1996, 493 ff. (497 f. m.w.N.); WRP 2001, 1022, 1026.
[1487] Vergleiche die zurückgewiesene Anmeldung Nr. 2000169 durch das britische Markenamt.
[1488] Fezer, § 3, Rdn. 282 und WRP 1999, 575, 578; ähnlich Viefhues, MarkenR 1999, 249, 251 ff. (entsprechend Art. 7 Abs. 1 lit. e GMV).
[1489] Vgl. Kur, in Schricker/Bastian /Albert, 13.
[1490] In re Celia Clark, 17 USPQ 2d 1238 (TTAB 1990); Elias, 82 TMR 475 ff. (1992); a.A. Chai, 82 TMR 368 ff. (1990); Hawes, 79 TMR 134 ff. (1989).
[1491] HABM, MarkenR 1999, 142 (143 f.) – The smell of fresh cut grass (Reg.Nr. 428870, eingetragen am 10.10.2000 zur Kennzeichnung von Tennisbällen); Beschwerdesache R 156/1998–2, HABM Abl. 1999, 1239 (1250).

kraft[1492], während andere noch anhängig sind[1493]. Insbesondere im Hinblick auf die grafischen Wiedergabe durch Beschreibung wurde die Entscheidung des HABM im o.g. Fall in der Gemeinschaftsmarkenliteratur –nicht zuletzt wegen ihrer gewagten Begründung– zumeist kritisch kommentiert[1494]. Im übrigen herrscht aber dieselbe Uneinigkeit hinsichtlich der grafischen Darstellbarkeit von Geruchsmarken wie in der deutschen Literatur: Teils wird eine solche mittels chemischer Formel oder Gaschromatographie bejaht[1495], teils wegen fehlender (gegenwärtiger) Möglichkeit einer ausreichenden grafischen Repräsentation verneint[1496].

Die Entscheidung des EuGH in „Siekmann“ lässt in jedem Fall erhebliche Zweifel an der Gültigkeit und Durchsetzbarkeit der vom HABM eingetragenen Geruchsmarke „The smell of fresh cut grass“ aufkommen. Dem EuGH folgend dürfte es Geruchszeichen in Zukunft wohl wegen fehlender grafischer Darstellbarkeit als Gemeinschaftsmarke ablehnen.

Dasselbe gilt für alle Mitgliedstaaten, die "Geruchszeichen" bereits zugelassen haben, da diese Rechtspraxis europäischem Recht widerspricht. So hatte beispielsweise das britische Markenamt Richtlinien zur Prüfung von Geruchsmarken entwickelt[1497] und entsprechende Marken kurz nach Einführung des Trade Marcs Act 1994 eingetragen. Dabei genügte als grafische Darstellung grundsätzlich schon die Beschreibung eines Geruchs[1498], teilweise wurde aber auch Gaschromatographie vorgeschlagen[1499]. Allerdings lehnte das britische Amt im Jahre 2000 die Eintragung einer Marke ab, die aus Zimtaroma zur Kennzeichnung von Möbeln und deren Zubehör bestand[1500]. Auch das Benelux-Markenamt hatte bereits Geruchsmarken lediglich anhand ihrer „Beschreibung“ eingetragen, etwa „den Geruch von frisch geschnittenem Gras“, dessen Priorität (19.7.1996) bei der o.g. Gemeinschaftsmarke in Anspruch genommen wurde[1501], oder ein Duftzeichen für Mittel zur Körper– und Schönheitspflege[1502]. Der Hinweis des Handelsgericht Paris (in einem Urheberrechtsfall von 1999) auf die positive Entscheidung des HABM und dass die „Formu-

---

1492 Anmeldung EM 566.596 für „Amber“ (International Flavors & Fragrances, USA), fehlende Unterscheidungskraft und fehlende grafische Darstellbarkeit durch Gaschromatogramm beanstandet, zurückgezogen; HABM (3.BK), GRUR 2002, 348, 350 – Der Duft von Himbeeren.

1493 z.B. Anmelde–Nr. 1807353 – The Smell Of Vanilla (angemeldet am 14.8.2000 für Kosmetika, Pharmazeutika, sowie andere Waren (Kl. 3, 5, 14, 16, 21, 25, 26 und 30), Anmeldetag wurde zuerkannt, Stand: 17–02–2002); vgl. Siekmann MarkenR 2001, 236 (246) und MarkenR 2002, 149, 150 m.w.N.

1494 Bender, MarkenR 1999, 117, 122 ff.; Schmieder, NJW 1999, 3088, 3089; Kur, MarkenR 2000, 1 ff. (2/3); Gold/Abnett/Farwell, 5–018; Viefhues, MarkenR 1999, 249 (249 ff.); a.A. Völker/Schuster, MarkenR 2000, 10, 16.

1495 Ingerl, 55, 56 Fn. 182; Gyngell/Poulter, V.4; Viefhues, MarkenR 1999, 249, 249 f.; Völker/Schuster, MarkenR 2000, 10, 16.

1496 v. Mühlendahl/Ohlgart/v. Bomhard, § 3, Rdn. 7.

1497 The Trade Mark Registry, Chapter 6 – Examination, 6.3 Smells.

1498 Kur, in Schricker/Bastian/Albert, 13 m.w.N.; Meister WRP 2000, 967, 971 und Siekmann, MarkenR 2001, 236, 245 unter Verweis auf Reg.Nr. 2000234 (v. 3.5.1996)–„Bierduft für Dartpfeile“ und Reg.Nr. 2001416 (vom 9.4.1996)–„Rosenduft für Autoreifen“; vgl. The Appointed Person, Ty Nant Spring Water Ltd's Trade Mark Application, [2000] R.P.C. No. 2, 55 (56); The Appointed Person, Swizzels Matlow LTD's Application for a Three Dimensional Trademark, [1999] R.P.C. No. 25, 879 (884); Lewin, EIPR 1994, 91; Robertson/Horton, EIPR 1995, 568 ff. (570); a.A. Elmslie, EIPR 1994, 119, 120.

1499 Kerly's, 5–25, 2–23.

1500 Anmelde–Nr. 2000169.

1501 Nr. 875407 v. 19.7.1996; Meister, WRP 2000, 967 (971); Siekmann MarkenR 2001, 236 (245).

1502 Nr. 925.979 für Lancôme Parfums et Beauté & Cie.

lierung" eines Duftes ebenso gut mit einer Partitur für Musik verglichen werden könne[1503] dürfte im Falle der fünf derzeit im französischen *Bulletin Officiel de la Propriété Industrielle* angezeigten Geruchsmarken mithin nicht mehr verfangen. Französische Kommentatoren wiesen im übrigen schon früh auf Schwierigkeiten möglicher Geruchsmarken hin[1504]. Entsprechend sollen in Österreich Geruchsmarken nach Erläuterungen der Regierungsvorlage zum neuen MSchG mangels grafischer Darstellbarkeit vom Markenschutz ausgeschlossen bleiben[1505]. Davon geht auch die mehrheitliche schweizerische Literatur zum gegenwärtigen Zeitpunkt noch aus[1506]. Zu einer Rechtslage wie in den USA, wo mit Zustimmung der mehrheitlichen Literatur[1507] das USPTO bereits mehrere Geruchsmarken als eintragungsfähig anerkannt hat, wie z.B. den Duft von „Pflaumenblüten auf Nähfäden" mittels der Beschreibung „The mark is a high impact, fresh, floral fragrance reminiscent of plumeria blossoms"[1508], oder einen „Kirschduft" für „synthetic lubricants for high performance racing and recreational racing"[1509], wird es im europäischen bzw. deutschen Recht mithin nicht kommen.

Im übrigen scheinen auch die Anmeldestatistiken für nicht-visuelle/sensorische Marken bislang nicht gerade für eine große Nachfrage der Wirtschaft nach exklusivem Schutz entsprechender Zeichen zu sprechen. Anmeldungen wurden verschiedentlich auch eher aus akademischem Interesse oder Publicitygründen veranlasst (vgl. die Fälle „Siekmann", „Shield Mark"). Dies mag aber auf der Unsicherheit und Schwierigkeiten der bisherigen Rechtslage auf diesem Gebiet beruhen und nicht notwendig auf einem möglicherweise fehlenden Wunsch der Wirtschaft, die Möglichkeiten entsprechender Marken zu erforschen[1510].

Damit entspricht die heutige Rechtslage im Ergebnis derjenigen unter Geltung des WZG. Auch damals waren Geruchsmarken nicht schutzfähig. Neben einer fehlenden „Eintragungsfähigkeit" (i.S. einer grafischen Darstellbarkeit) und mangelnder „Bekanntmachungsmöglichkeit"[1511] wurde diese aber auch mit einer für einen warenzeichenmäßigen Gebrauch „nicht ausreichenden Beziehung der Marke zur Ware" begründet[1512].

Verfassungsrechtliche Bedenken bestehen an diesem Ergebnis nicht[1513]. Denn unter Berücksichtigung der Interessen des Amtes und der Mitbewerber an einer verlässlichen und bestimmten Form der Dokumentation geschützter Zeichen kann

1503 Handelsgericht Paris, MarkenR 2001, 258 (260) – Parfum Angel.
1504 Pohl/Mollet–Vieville, Mitt. 1996, 156, 157.
1505 a.A. Essl, ÖBl. 2001, 51ff und Schanda, § 1 Rdn. 1, 31.
1506 Vgl. Marbach, in v. Büren/David, 16; David, Art. 1, Rdn. 8.
1507 Hawes, 79 TMR 134 ff. (1989); Chai, 82 TMR 368 ff. (1990); Ewing, INTA Bulletin Vol. 56, No. 20, 2001, 1/11; wohl auch McCarthy, § 7:105; Adamo, 67; a.A. Elias, 82 TMR 475 ff. (1992).
1508 In re Celia Clark, 17 USPQ 2d 1238 (TTAB 1990) = GRUR Int. 1991, 243 – Pflaumenblütenduft (eingetragen am 26.1.1991 Reg.Nr. 1639128, PIO Serial 758,429), mittlerweile wegen fehlendem Benutzungsnachweis gelöscht.
1509 Reg.Nr. 2463044, Serial Nr. 74/720993; eingetragen am 26.6.2001; angemeldet und veröffentlicht, aber noch nicht bzw. aus anderen Gründen nicht eingetragen wurden auch ein „Limonenduft" für „Druckerpatronen" (No. 75/120036), sowie „Trauben"-, „Erdbeer"-, „Kaugummi"-, „Zitrus"-, „Tutti–Frutti"- und „Mandelduft" für „Synthetic Lubricants" und ähnliche Waren (Nr. 75/360102 – 06, Nr. 75/404020).
1510 Lawry/Dickerson, Trademark World # 164 (2004), 26, 29/30.
1511 Ausführlich Lüdecke, 94 ff. (m.w.N.); Fritz, 281 ff., 285.
1512 Baumbach/Hefermehl, § 1 WZG, Rdn. 67; vgl. auch Fezer, § 3, Rdn. 279 und WRP 1999, 575 (577) m.w.N.
1513 Vgl. dagegen Viefhues, MarkenR 1999, 249 ff. und Fezer, § 3, Rdn. 280.

lässlichen und bestimmten Form der Dokumentation geschützter Zeichen kann es keine verfassungsrechtlich verankerte Verpflichtung des Gesetzgebers zum Schutz von Unterscheidungszeichen „ohne Rücksicht auf deren grafische Darstellbarkeit" geben[1514]. Diesem Ergebnis steht nicht entgegen, dass möglicherweise irgendwann ein weithin akzeptiertes System grafischer Darstellung von Gerüchen, ähnlich der HKS-, RAL- oder PANTONE- Skala bei Farben, entwickelt wird[1515]. Bis zu diesem Zeitpunkt ist deren grafische Darstellbarkeit aber ebenso wie eine teleologische Reduktion des Erfordernisses zurückzuweisen[1516].

II. Geschmacksmarken und Tastmarken

Ähnlich wie bei Geruchsmarken stellt sich die Situation bei Geschmacks- und Tastmarken dar.

Geschmacksmarken sind sensorische Zeichen, die den Geschmackssinn ansprechen und ein Produkt gustatorisch identifizieren[1517]. Ein Beispiel wäre etwa eine Kuvertgummierung mit Himbeergeschmack, ein Lippenpflegestift mit Orangen– oder Kirschgeschmack[1518], oder ein den Gegenstand einer Wortbildmarke ausdrückenden, im übrigen aber willkürlich gewählten Geschmack der essbaren Verpackung eines Produkts[1519]. Bei einer "Tastmarke" handelt es sich dagegen um ein Zeichen, welches den Tastsinn anspricht[1520], bzw. ein Produkt „haptisch" identifiziert[1521]. Denkbarer Anwendungsbereich wäre hier etwa eine Markendarstellung für Blinde[1522] oder die Oberflächengestaltung von Fahrzeugen, Sportartikeln, modischer Kleidung, etc.

1. Markenfähigkeit

Für die Markenfähigkeit von Geschmacks– und Tastmarken gilt im wesentlichen das gleiche wie für Geruchsmarken. Sie werden vom offenen Markenbegriff des § 3 Abs. 1 MarkenG bzw. Art. 2 der Richtlinie mit umfasst, da es grundsätzlich keine Kategorie von aufgrund ihres Wesens oder ihrer Benutzung unterscheidungskräftigen Marken gibt, die nicht geeignet wären, Waren und Dienstleistungen i.S.d. Art. 2 der Richtlinie zu unterscheiden[1523]. Voraussetzung ist nur, dass das Zeichen abstrakt geeignet ist, Waren und Dienstleistungen eines Unternehmens von denjenigen anderer Unternehmen zu unterscheiden. Dass der Verkehr Zeichen, die durch Geschmack oder Tastsinn wahrnehmbar sind, als Herkunftshinweise versteht, ist grundsätzlich denkbar.

[1514] Kur, MarkenR 2000, 1 (2/3), Fn. 27.
[1515] Stone, 13, 14 f; Sandri/Rizzo, 128.
[1516] Vgl. Lawry/Dickerson, Trademark World # 164 (2004), 26, 29.
[1517] Fezer, § 3, Rdn. 284.
[1518] Fritz, 70; Marz, 71.
[1519] Fezer, § 3, Rdn. 286.
[1520] Fritz, 71; Marz, 72 ff.
[1521] Vgl. Fezer, § 3, Rdn. 287, der von Tastmarken als „haptische" oder „taktile" Marken spricht.
[1522] Vgl. Fezer, § 3, 288.
[1523] EuGH, C–299/99, Koninklijke Philips Electronics NV vs. Remington Consumer Products Ltd., MarkenR 2002, 231, 236, Ziff. 39.

Man nehme als Beispiel etwa den Klebstreifen eines Briefumschlags, der einen Vanillegeschmack trägt und beim Befeuchten der Lippen deutlich zu „schmecken" ist. Hier kann der Verbraucher den Geschmack wahrnehmen, individualisieren und – unter Umständen– grundsätzlich einer Herkunftsstätte zuordnen[1524]. Ein Zeichen kann aber grundsätzlich auch in der Lage sein, durch eine besondere, zu ertastende Oberflächenstruktur die betriebliche Herkunft von Waren oder Dienstleistungen zu kennzeichnen[1525]. Nach dem weiten Begriff der Markenfähigkeit nach § 3 Abs. 1 MarkenG und der Zulassung von Hörmarken kann jedenfalls mit der Begründung einer „fehlenden Beziehung der Marke zur Ware" –wie noch unter Geltung des WZG[1526]– die Schutzfähigkeit von Geschmacks– und Tastmarken als Form einer sensitiven Marke nicht mehr verneint werden[1527]. Im übrigen werden Duft und Geschmack von –teilweise– denselben Nerven unterschieden, mit der Konsequenz, dass die grundsätzliche Anerkennung der Markenfähigkeit von Duftmarken, die von Geschmacksmarken notwendig zur Folge hat[1528]. Dem entspricht, dass nach Rechtsprechung des EuGH auch „visuell nicht wahrnehmbare Zeichen" durchaus Marken sein können, sofern sie grafisch dargestellt werden können[1529]. Die Tastmarke muss allerdings in einer zumindest durch den Tastsinn wahrnehmbaren, dreidimensionalen Form gestaltet sein (also mindestens eine angeraute Oberfläche haben), damit sie überhaupt durch Ertasten wahrgenommen wird. Hierbei ist sie abzugrenzen von dreidimensionalen Marken, wo das Zeichen im Hinblick auf seine visuelle Wahrnehmung geschützt wird[1530]. Geschmacks– und Tastzeichen sind nach dem neuen Markenrecht unter dem Gesichtspunkt abstrakter Unterscheidungseignung daher grundsätzlich markenfähig[1531].

Neben den meisten deutschen Kommentatoren[1532] geht auch die Literatur zum Gemeinschaftsmarkenrecht von der grundsätzlichen Unterscheidungseignung von Geschmacksmarken aus[1533]. Und für das amerikanische Recht weist McCarthy darauf hin, dass das nächst mögliche Subjekt eines Markenschutzes in den USA der Geschmack sein könne[1534], während Verkade die Geschmacks– und Tastmarke im Benelux–Recht zu den „neuen Markenformen" zählt, die entsprechend der BenGH–Entscheidung zum konturlosen Farbenschutz[1535] generell schutzfähig sind[1536].

1524 Marz, 71 ff.; Ingerl/Rohnke, § 3, Rdn. 8, 33.
1525 Marz, 73.
1526 Vgl. Baumbach/Hefermehl, § 1 WZG, Rdn. 67; Fritz, 70.
1527 Fezer, § 3, Rdn. 283 ff.
1528 Johannes, MarkenR 2001, 46, 48.
1529 EuGH, C-273/00, Ralf Sieckmann/Deutsches Patent- und Markenamt, GRUR 2003, 145 (147), Erwägungsgründe 44 ff.
1530 Marz, 72 ff.; so bereits Fritz, 71 zum früheren Recht.
1531 In diesem Sinne auch Fezer, § 3, Rdn. 286, Marz, 73 und Ingerl/Rohnke, § 3, Rdn. 33; dasselbe gilt auch für das Gemeinschaftsmarkenrecht, vgl. insoweit Bender/Kapff, IIC Vol. 32, 6/2001, 625 (634) und Ingerl, 55/56.
1532 Fezer, § 3, Rdn. 283, 286 ff.; Marz, 71 ff.; Ingerl/Rohnke, § 3, Rdn. 8, 33; a.A. Steckler, 77.
1533 Bender/Kapff, IIC Vol. 32, 6/2001, 625 (634); v. Mühlendahl/Ohlgart/v. Bomhard, § 3, Rdn. 7.
1534 McCarthy, § 7:105 m.w.N.
1535 BenGH BIE 1977, 203 – Hellblaue Gasflasche.
1536 Verkade, GRUR Int. 2000, 304, 308.

2. Fehlende grafische Darstellbarkeit

Hauptproblem bei Geschmacks– und Tastmarken ist wie im Fall der Geruchsmarke aber deren "grafische Darstellbarkeit" i.S.d. § 8 Abs. 1 MarkenG bzw. Art. 2 der Richtlinie. Auch hier stellt sich die Frage, ob, bzw. wie eine Geschmacks– oder Tastmarke mit grafischen Mitteln zum Zwecke der Veröffentlichung und Einsichtnahme ausreichend wiedergegeben werden kann. Die Diskussion dreht sich auch hier im wesentlichen wieder um die Frage, ob eine „unmittelbare" Wiedergabe von Zeichen zu verlangen ist[1537], oder aber eine bloß „mittelbare" Wiedergabe ausreicht[1538], und falls ja, welche Form der Wiedergabe einer Geschmacksmarke oder Tastmarke dem Erfordernis der grafischen Darstellung genügt[1539].

Entsprechend der Entscheidung des EuGH zur Geruchsmarke in "Siekmann", wird man als Ergebnis einer richtlinienkonformen Auslegung mit derselben Argumentation, mit der die grafische Darstellbarkeit von Geruchsmarken verneint wurde, letztlich auch eine grafische Wiedergabe von Geschmacks– und Tastmarken ablehnen müssen. Zwar können danach auch „visuell nicht wahrnehmbare Zeichen" Marken sein. Im Interesse der Rechtssicherheit, der Recherchierbarkeit und einer ordnungsgemäßen Verwaltung als Telos des Erfordernisses der grafischen Darstellbarkeit müssen diese aber mit Hilfe von Figuren, Linien oder Schriftzeichen grafisch dargestellt werden können, wobei diese Darstellung klar, eindeutig, in sich abgeschlossen, leicht zugänglich, verständlich, dauerhaft und objektiv sein muss[1540]. Diesem Erfordernis werden die bisher bekannten Wiedergabemöglichkeiten von Geschmacks- und Tastmarken nicht gerecht:

a. Geschmacksmarke

Bei Geschmacksmarken kommt nach dem heutigen Stand der Technik lediglich eine Wiedergabe durch chemische Formel, Beschreibung des Geschmacks oder Hinterlegung von Geschmacksproben in Betracht.

Die Niederschrift der Analyse oder chemischen Formel eines Geschmacksträgers ist aber nicht die graphische Darstellung eines Geschmacks selbst, sondern lediglich die Beschreibung seiner chemischen Zusammensetzung. Eine solche ist nicht verständlich genug und gibt keine tatsächliche Auskunft über den jeweiligen Geschmack des Zeichens[1541]. Darüber hinaus fehlt es ihr an der nötigen Klarheit und Eindeutigkeit. Eine „wiederholbare" Darstellung des Geschmacks ist somit nicht möglich[1542]. Was die chemische Formel bei der Duftmarke nicht kann, vermag sie mithin auch nicht bei der Geschmacksmarke zu leisten. Die Beschreibung eines

---

[1537] Vgl. z.B. Meister, WRP 2000, 967 (968 ff.).
[1538] Ingerl/Rohnke, § 3, Rdn. 8, 33; Fezer, § 3, Rdn. 284; ders., WRP 1999, 575 ff. (578).
[1539] Siekmann, MarkenR 2002, 149, 153.
[1540] EuGH, C-273/00, Ralf Sieckmann/Deutsches Patent- und Markenamt, GRUR 2003, 145 (147), LS sowie Erwägungsgründe 45 ff. und 69 ff.
[1541] Marz, 97 ff.; grds. auch Althammer/Ströbele/Klaka, § 3, Rdn. 26 (problematisch und schwierig); v. Mühlendahl/Ohlgart/v. Bomhard, § 3, Rdn. 7.
[1542] Meister, WRP 2000, 967 (968 ff.); a.A. Ingerl/Rohnke, § 8, Rdn. 12/13, § 3, Rdn. 8, 33; ders., NJW 1994, 1247, 1249; Fezer, § 3, Rdn. 284; ders., WRP 1999, 575 ff. (578).

Geschmacks ist zwar eine grafische Darstellung. Sie ist jedoch nicht klar, eindeutig und objektiv genug. Schon geringfügige Nuancen können einen neuen Geschmack ausmachen und mangels Eindeutigkeit eine Kollisionsprüfung erschweren. Rein qualitative Beschreibungen sind im übrigen zu subjektiv[1543]. Dagegen stellt die Hinterlegung einer Geschmacksprobe schon keine grafische Darstellung i.S. von Art. 2 der Richtlinie dar. Auch fehlt es ihr wegen der flüchtigen Natur der Geschmacksstoffe an der nötigen Stabilität und Dauerhaftigkeit. Im übrigen ginge man bei einer Prüfung von Geschmacksstoffen bereits zum Verbrauch des Zeichens über. Chemische Formeln, Beschreibungen von Geschmackseindrücken oder Hinterlegungen von Geschmacksproben werden demnach allein oder in Kombination dem registerrechtlichen Bestimmtheitsgrundsatz und Dokumentationsbedürfnis, sowie dem Informationsinteresse Dritter nicht gerecht. Die Ablehnung der graphischen Darstellbarkeit von Duftmarken hat letztlich auch die von Geschmacksmarken zur Folge. Geschmacksmarken sind daher (insbesondere) wegen fehlender graphischer Darstellbarkeit nicht schutzfähig[1544].

Erstaunlicherweise scheiterte die Gemeinschaftsmarkenanmeldung „Geschmack von künstlichem Erdbeeraroma“ für pharmazeutische Erzeugnisse (die Anmeldung von Eli Lilly&Co. befindet sich derzeit noch unter Anmelde-Nr. 1452853 im Beschwerdeverfahren) aber nicht wegen mangelnder graphischer Darstellbarkeit: Der HABM-Prüfer akzeptierte die schriftliche Beschreibung des Erdbeergeschmacks, lehnte aber dessen Unterscheidungskraft wegen Üblichkeit für pharmazeutische Produkte ab[1545].

b. Tastmarke

Vereinzelt wird vorgeschlagen, ein Tastzeichen ähnlich wie bei den dreidimensionalen Marken durch Abbildung eines Teils des Produkts selber, nämlich die (eventuell vergrößerte) Darstellung der dreidimensionalen Struktur der konkret zu schützenden Oberfläche grafisch wiederzugeben[1546], da eine "unmittelbare" Wahrnehmung des Tastzeichens, bzw. des Tasterlebnisses nicht erforderlich sei[1547]. Dem kann im Lichte der Entscheidung des EuGH in „Siekmann“[1548] nicht gefolgt werden. Denn die graphische Darstellung des zu ertastenden Gegenstandes vermittelt nicht den sensorischen Eindruck des Tastzeichens[1549], sondern lediglich dessen Aussehen. Der Tast-Eindruck kann trotz identischer Oberfläche je nach verwendetem Material aber völlig unterschiedlich ausfallen. Die bloße Darstellung einer Oberfläche vermag daher noch nicht in klarer, eindeutiger verständlicher und objektiver Weise das

[1543] Vgl. insoweit Lüdecke, 94 ff. zum WZG; Ingerl/Rohnke, § 8, Rdn. 12/13.
[1544] Vgl. auch Sandri/Rizzo, 155-157.
[1545] Vgl. Sandri/Rizzo, 157; Siekmann, MarkenR 2002, 149, 153.
[1546] Vgl. Ingerl/Rohnke, § 8, Rdn. 12, 13; dies., NJW 1994, 1247, 1249; Sandri/Rizzo, 159 unter Hinweis auf HABM (Board of Appeals) v. 21.3.2001, case R-448/99-FIVE RIBS; ähnlich schon Fritz, 71 unter Verweis auf die frühere Literatur.
[1547] Fezer, § 3, 287; wohl auch Ingerl/Rohnke, § 3, Rdn. 33; a.A.: Siekmann, MarkenR 2002, 149, 153, 154.
[1548] EuGH, C-273/00, Ralf Sieckmann/Deutsches Patent- und Markenamt, GRUR 2003, 145.
[1549] Marz, 100 ff.; kritisch auch Althammer/Ströbele/Klaka, § 3, Rdn. 26.

Gefühl wiederzugeben, das ein Ertasten derselben hervorruft und von den Fingerspitzen an das Gehirn weitergeleitet wird[1550].

Beschreibungen des Tasterlebnisses dürften auch mit Ausführungen zur Oberflächenstruktur und des verwendeten Materials zu subjektiv ausfallen, um hinreichend eindeutig und klar das Tastzeichen bestimmen zu können[1551]. Und für die Einreichung von Oberflächenmustern zu „Tastzwecken" gilt dasselbe wie schon für die Hinterlegung von Geruchs- oder Geschmacksproben oben: Bei entsprechenden Mustern handelt es sich schon nicht um „grafische Darstellungen". Auch ist es einem interessierten Mitbewerber nicht zuzumuten, sich bei einer Recherche auf langwierige Beschaffungsmaßnahmen hinsichtlich entsprechender Oberflächenmuster einzulassen.

c. Keine teleologische Reduktion des Erfordernisses der grafischen Darstellbarkeit

Eine teleologische Reduktion des Begriffs der „grafischen Darstellung" dahingehend, die Wiedergabe der Zeichen durch „Reproduzierbarkeit" anhand einer Formel, eines Rezepts oder einer Lieferadresse zu ersetzen, um nicht-visuellen Zeichen wie Geschmacks- oder Tastmarken auch praktischen Wert zu verleihen[1552], ist abzulehnen. Dies liefe nicht nur dem oben dargestellten Zweck des Erfordernisses der grafischen Darstellbarkeit, insbesondere unter dem Gesichtspunkt der Rechtssicherheit und einer ordnungsgemäßen Verwaltung zuwider. Es dürfte auch an einem erforderlichen Schutzbedürfnis zur Vornahme einer entsprechenden teleologischen Reduktion fehlen. Denn trotz mangelnder grafischer Darstellbarkeit von Geschmacks- und Tastmarken ist der Verwender entsprechender -meist ohnehin nur in Verbindung mit Wort- oder Bildmarken verwendeten[1553]- Zeichen nicht schutzlos. In der Regel genügt seinem Schutzbedürfnis eine Benutzungsmarke nach § 4 Ziff. 2 MarkenG oder ein ergänzender lauterkeitsrechtlicher Leistungsschutz. Insbesondere letzterer bietet in § 1 UWG mit seinen Abwägungsmöglichkeiten im "beweglichen System" adäquate Abwehrmittel gegen Nachahmer[1554].

[1550] Im Ergebnis auch Siekmann, MarkenR 2002, 149, 153.
[1551] Ebenso Sandri/Rizzo, 159, wenn auch mit Ausnahmefällen.
[1552] Sessinghaus, WRP 2003, 478, 479 f., 481.
[1553] Lawry/Dickerson, Trademark World # 164 (2004), 26, 28.
[1554] Vgl. zu „beweglichen Systemen", Sack, in FS für Wilburg, 1986, 177 ff.; ders. WRP 1998, 1127 ff. (1132 m.w.N.); ders., WRP 1998, 264 ff. (269); ders., WRP 1985, 459 ff., 460 f.; ders., ZHR 1996, 493 ff. (497); WRP 2001, 1022, 1026.

J. Bewegungsmarken und sonstige neue Markenformen

I. Die Bewegungsmarke

Gegenstand einer „Bewegungsmarke" ist ein Bewegungsablauf, i.d.R. eine Folge bewegter Bilder. Dabei kann es sich sowohl um einen natürlichen Bewegungsvorgang (laufende Person, fliegendes Tier) handeln, als auch um einen künstlich animierten (Zeichentrick), häufig in Kombination mit Hör–, Wort– oder Buchstabenmarken. Beispiel hierfür wäre etwa der brüllende Löwe des MGM – Spielfilm-Trailers oder das Netscape–N im animierten Weltall. In Frage kommen aber auch kurze Fernsehspots zur Kennzeichnung von Fernsehanstalten (ARD– oder Eurovisions–Spot) oder einer bestimmten Sendung (z.B. Magazinsendungen oder der Trailer des „TATORT")[1555]. Gegenstand von Bewegungsmarken können ebenfalls multimediale, virtuelle[1556] Marken oder kennzeichnende animierte Programmteile in Software[1557] sein, die interessante Objekte für sog. e–Brandings darstellen können[1558]. In Frage kommen darüber hinaus auch Folgen bewegter dreidimensionaler Bilder, Hologramme[1559] oder typisierte Bewegungsabläufe, wie etwa eine „Geste"[1560].

1. Markenfähigkeit

Unter Geltung des WZG war die Markenform der Bewegungsmarke nicht bekannt oder jedenfalls kaum ernsthaft diskutiert und somit auch nicht als schutzfähig anerkannt[1561]. Der weite Markenbegriff des Art. 2 der Richtlinie, der zwingende Vorgabe der nach dem Markengesetz zulässigen Markenformen nach § 3 Abs. 1 MarkenG ist, rechtfertigt es jedoch nicht, die Markenfähigkeit entsprechender Markenformen von vornherein abzulehnen. Auch der EuGH erachtet, wie gesagt, die Beispielsliste des Art. 2 der Richtlinie als nicht abschließend und lässt sogar Markenformen zu, die keine visuelle Wahrnehmung ermöglichen[1562]. Der Unterschied zu herkömmlichen Markenformen ist auch nicht sonderlich groß, wenn man bedenkt, dass die Bewegungsmarke letztlich aus Einzelbildmarken besteht, nur dass diese in kurzer Form aufeinander folgen. Dass der Verkehr entsprechende Zeichen als Herkunftshinweise versteht, ist grundsätzlich denkbar[1563], was insbesondere durch die Tatsache unterstützt wird, dass diese Zeichen trotz Bewegung genau wie andere Marken funktionieren. Verschiedentlich wird sogar darauf hingewiesen, dass Bewegungszeichen

---

1555 Vgl. Fezer, § 3, Rdn. 289 ff.; Kunz–Hallstein, GRUR Int. 1990, 747, 751; ablehnend Lüdecke, 96 („motorische" Zeichen).

1556 Computergenerierte und computergesteuerte Gestaltungen, die aufgrund Computeranimation mit Bewegungsabläufen programmiert werden, vgl. Fezer, § 3, Rdn. 294 c; Grabrucker, MarkenR 2001, 95 (105).

1557 Ingerl/Rohnke, § 3, Rdn. 33.

1558 Grabrucker, MarkenR 2001, 95 (105).

1559 Althammer/Ströbele/Klaka, § 3, Rdn. 27.Sandri/Rizzo, 164 f.

1560 Vgl. Fezer, § 3, Rdn. 289 ff. (z. B. das Zeigen des stilisierten Buchstabens „L" mit dem Daumen und Zeigefinger einer Hand für LIPTON TEE); Sandri/Rizzo, 159 unter Hinweis auf die UK-Eintragung Nr. 2012603 „Gesture made by a person by tapping one side of his/her nose with an extended finger, ..."

1561 Vgl. Fezer, § 3, Rdn. 290.

1562 EuGH, C-273/00, Ralf Sieckmann/Deutsches Patent- und Markenamt, GRUR 2003, 145 (147), Erwägungsgründe 42-45.

1563 In diesem Sinne auch Ingerl/Rohnke, § 3, Rdn. 33, Rdn. 8, § 3.

viel besser geeignet seien, die Aufmerksamkeit von Verbrauchern auf sich zu ziehen, als herkömmliche „statische" Zeichen[1564].

2. Grafische Darstellbarkeit

Eine größere Hürde scheint auch bei der Bewegungsmarke die „grafische Wiedergabe" zu sein[1565]. Während sich nach einer Auffassung hier erhebliche Probleme deshalb ergeben, weil Schutz nicht für die einzelne Darstellung, sondern für den Bewegungsablauf beansprucht wird[1566], bestehen nach richtiger Ansicht keine Bedenken gegen deren grafische Darstellbarkeit, da sich die Bewegungsmarke denknotwendig aus einer Folge von Einzelbildern zusammensetzt, die sich im einzelnen grafisch dokumentieren lassen[1567]. Der Tonfolge einer Hörmarke vergleichbar, kennzeichnet die Bewegungsmarke lediglich eine im einzelnen dokumentierbare Bildfolge[1568]. Insoweit sollten keine höheren Anforderungen an die Wiedergabe gestellt werden, denn bei Hörmarken besteht die Veröffentlichung auch aus der Notenschrift und nicht aus dem unmittelbaren Klang. Eine entsprechende „mittelbare" Wiedergabe reicht auch im Fall der Bewegungsmarke, wobei eine Umsetzung der Bildreihenfolge im Kopf in zumutbarer Weise möglich ist. Gleiches sollte für die Eintragung einer Geste zutreffen, sofern man nicht bereits deren Beschreibung als ausreichend erachtet.

Entsprechend publizierte das HABM durch Wiedergabe von 6 Einzelbildern die Animation eines Vogels im Flug[1569]. Ebenso wurde der Bewegungsablauf von nach oben schwenkenden Türen eines Lamborghinis in 4 fortlaufenden Bildern angemeldet. Letzteren behandelte die Beschwerdekammer aber als dreidimensionale Marke und sprach ihr wegen technischer Funktionalität die Markenfähigkeit nach Art. 7 Abs. 1 lit. e, 2. Fall GMV ab[1570]. Auch das DPMA hat mittlerweile Bewegungsmarken eingetragen, wobei es sich stets um die Abfolge einer geringen Anzahl von Einzelbildern handelte[1571].

3. Einschränkung durch Selbständigkeit, Einheitlichkeit, Schutzbedürfnis?

Teilweise wird verlangt, dass die Bewegungsmarke im Rahmen der allgemeinen Kriterien der Markenfähigkeit die Erfordernisse der „Selbständigkeit der Marke von der Ware" und die „Einheitlichkeit der Marke" erfüllen muss[1572]. Hier geht es insbesondere um Zeichen, bei denen bereits die Ware selbst aus animierten, meist längeren Bildfolgen besteht, wie z.B. Fernsehsendungen oder Werbesendungen. Erwogen

---

[1564] Sandri/Rizzo, 161.
[1565] Vgl. Bender/Kapff, IIC Vol. 32, 6/2001, 625 (634).
[1566] Althammer/Ströbele/Klaka, § 3, Rdn. 27, 14; Kunz–Hallstein, GRUR Int. 1990, 747, 751 (zu Art. 2 der Richtlinie); entsprechend zur früheren Rechtslage Lüdecke, 96.
[1567] Vgl. Fezer, § 3, Rdn. 290. Sandri/Rizzo, 161 "...no particular problem concerning graphical representation".
[1568] Vgl. Fezer, § 3, Rdn. 289 ff.
[1569] CTM–Nr. 1.864.610 – Vogelflug.
[1570] HABM (1.BK), GRUR 2004, 63 – Lamborghini-Türbewegungsablauf.
[1571] Es handelt sich um die Marken Nr. 303 13 906, 303 13 907, 303 57 686.
[1572] Vgl. Fezer, § 3, Rdn. 290 i.V.m. Rdn. 197 ff.

wird, ob hier die Bildfolge nicht schon „das Produkt selbst" darstellt und damit für die mit der Marke beanspruchte Ware „wesensbedingt" ist, bzw. aufgrund ihrer Länge nicht als „einheitliches" markenfähiges Zeichen auftreten kann. Insbesondere die Tatsache, dass Bewegungsmarken aus visuellen Spots bestehen (können), vermag den Unterschied zwischen Marke und Werbung bzw. Werbeidee in einzelnen Fällen undeutlich erscheinen lassen.

Im Falle tatsächlicher Kennzeichnungskraft und grafischer Darstellbarkeit entsprechender Spots sollte die Problematik der Unterscheidung von Ware/Werbung und Bewegungsmarke aber differenzierter betrachtet werden und darf nicht automatisch zu einem absoluten Schutzausschluss via dem „Wesen der Ware" unter Verweisung auf einen Lauterkeitsschutz führen. Denn dem Erfordernis einer gewissen Geschlossenheit und der Fähigkeit zur Produktkennzeichnung werden bei Bewegungsmarken bereits die Kriterien der grafischen Darstellbarkeit und der Unterscheidungseignung/-kraft gerecht, die zu langen Bewegungszeichen den Schutz verwehren. In diesem Kontext verlangt die „grafische Darstellbarkeit" nur eine grafische Wiedergabe der Marke, die den Gegenstand des Markenschutzes eindeutig festlegt. Bewegungsmarken, die einen ausgedehnten mehrteiligen Bewegungsvorgang beinhalten, wird diese schon abzusprechen sein[1573]. Gleichzeitig kann die Bildfolge im einzelnen zu lang sein, um vom Verkehr noch als Zeichen zur Unterscheidung konkreter Unternehmensprodukte erfasst werden zu können. Statt einem absoluten Schutzausschluss erscheint daher eine Abgrenzung im Rahmen des § 8 Abs. 2 Ziff. 1–3 MarkenG mit der Möglichkeit einer Schutzgewährung aufgrund Verkehrsdurchsetzung notwendig und auch sinnvoller. Sind diese Vorraussetzungen erfüllt, ist der Verwender nicht auf einen alleinigen (ergänzenden) Leistungsschutz zu verweisen, der –bei Vorliegen der jeweiligen Voraussetzungen- unabhängig vom Markenschutz bestehen kann. Denn insoweit besteht wegen unterschiedlicher Normzwecke eine kumulative Normenkonkurrenz[1574].

4. Unterscheidungskraft und Freihaltebedürfnis

Nach § 8 Abs. 2 Nr. 1 MarkenG ist die Bewegungsmarke –wie jede sonstige Markenform– nur dann eintragungsfähig, wenn sie für die angemeldeten Waren oder Dienstleistungen unterscheidungskräftig ist, also diese ihrer betrieblichen Herkunft nach unterscheiden kann. Denn die Eintragungshindernisse sehen für die verschiedenen Markenkategorien keine unterschiedlichen Maßstäbe vor[1575]. Dies dürfte bei Bewegungsmarken in den meisten Fällen gegeben sein, da nicht nur einzelne Bilder, sondern auch einfache Bildfolgen oder ggf. auch Gesten[1576] vom Verbraucher als betrieblicher Herkunftshinweis aufgefasst werden können und mit einem Unternehmen assoziiert werden können, sofern sie auch nur ansatzweise eingängig und individuell sind. Die unzähligen Variations– und Gestaltungsmöglichkeiten bei zwei–

[1573] Althammer/Ströbele/Klaka, § 3, Rdn. 27, 14.
[1574] Vgl. Fuchs-Wissemann in Ekey/Klippel, § 2, Rdn. 7, 8.
[1575] Vgl. EuGH, Case C–299/99, Koninklijke Philips Electronics NV vs. Remington Consumer Products Ltd., MarkenR 2002, 231, 236, Ziff. 48; EuG, MarkenR 2001, 481, 485, Rdn. 48 – Waschmitteltablette als Bildmarke; EuG, MarkenR 2001, 418, 422, Rdn. 50 – Wachmitteltablette (dreidimensional).
[1576] Sandri/Rizzo, 159 f.

oder dreidimensionalen Bildern ermöglichen eine Vielzahl origineller Bildsequenzen, die Unterscheidungskraft aufweisen können. Dabei kann die Eigentümlichkeit nicht nur in einem Gegensatz zwischen Bildfolge und dem jeweiligen Produkt, sondern auch in der originellen, bestätigenden Untermalung eines Produkts durch einen „Spot" zum Ausdruck kommen. Als Beispiel können hier zahlreiche Erkennungsspots von Fernsehsendungen und Filmproduktionen (z.B. der brüllende MGM-Löwe), aber auch Werbespots dienen. Insbesondere Bildsequenzen, deren Inhalt für bestimmte Waren oder Dienstleistungen „unüblich" oder „eigentümlich" erscheint, können insoweit unterscheidungskräftig sein, wie z.B. das Netscape –„N" im animierten Weltall für Produkte wie Internetbrowser, Computerprogramme oder Software (Int. Kl. 9).

An Unterscheidungskraft wird es einer Bewegungsmarke aber immer dann mangeln, wenn –vergleichbar mit anderen Markenformen– den Bildfolgen ein für die in Frage stehenden Waren im Vordergrund stehender beschreibender Begriffsgehalt zugeordnet werden kann oder es sich um so gebräuchliche Bildsequenzen handelt, dass sie vom Verkehr stets nur als solche und nicht als Unterscheidungsmittel verstanden werden (z.B. das Schälen einer Banane für Waren der Klasse 31, nämlich Bananen/Südfrüchte). Damit können auch Bildfolgen gemeint sein, die im Alltag oder in der Werbung in Verbindung mit den beanspruchten Waren so „üblich" geworden sind, dass sie nur noch als werbende oder nichts sagende Bildfolge vom Verkehr aufgefasst werden. Dazu können auch Spots zählen, die sich in der hier wohl überwiegenden Fernsehwerbung als Symbol für eine bestimmte Ware oder Dienstleistung etabliert haben, wie ein knallender Sektkorken für Schaumwein oder das Einschenken eines Bieres für Bier. Dieselben Zweifel bestehen bei sachbezogenen Bildfolgen, die eine Ware oder Dienstleistung unmittelbar betreffen, wie z.B. das „Anzünden einer Kerze" für Christbaumschmuck oder ein „schraubender Mechaniker" für Dienstleistungen einer Werkstatt. Schwieriger zu entscheiden ist die weitere Frage, welchen Grad der Originalität und Einprägsamkeit „Kurzspots" oder „einfachste Bildfolgen" haben müssen, um das Mindestmaß der Unterscheidungskraft zu erfüllen: Zwar dürfen hier keine hohen künstlerische und ästhetischen Anforderungen gestellt werden, gleichwohl ist die Frage zu stellen, ob eine hinreichende Erkennbarkeit und „Merkfähigkeit" gewährleistet ist, was u.a. von der jeweiligen Branchenübung oder Werbegepflogenheit auf dem einschlägigen Waren– und Dienstleistungsgebiet abhängt. Entsprechendes gilt für „lange, umfangreiche" Bildsequenzen. Die Entscheidung über die konkrete Unterscheidungskraft von Hörmarken ist naturgemäß aber immer eine Einzelfallentscheidung unter Berücksichtigung der konkreten Umstände.

Zusätzlich kann auch ein Freihaltebedürfnis nach § 8 Abs. 2 Nr. 2 MarkenG zu bejahen sein, so z.B. bei der ausschließlich beschreibenden Darstellung konkreter Dienstleistungen oder Produkte durch Bildanimationen, welche die beanspruchten Waren oder Dienstleistungen unmittelbar betreffen (z.B. die Bildsequenz des „Schälens einer Banane" für Waren der Klasse 31). Bei der Prüfung des Freihaltebedürfnisses wird Ausgangspunkt die Frage sein, inwieweit die Bildfolgen unmittelbar beschreibend für die Waren oder Dienstleistungen sein können und ob die Wettbewerber andere Möglichkeiten haben[1577], die Bildsequenz in Varianten wiederzugeben, wobei warenbezogene Differenzierungen vorzunehmen sind. Da breit gefächerte Möglichkeiten einer visuellen Abwandlung bestehen können, ist im übrigen ein „konkretes" Freihaltebedürfnis zu verlangen, das gerade die besondere filmische oder animierte Gestaltung der konkreten Bewegungsmarke betreffen muss und nicht gegeben ist, falls noch hinreichende Alternativen bestehen, schutzfähige Abwandlungen der beschreibenden Bewegungsmarke zu gestalten. Als Faustregel müssen die animierten Zeichen aus ihrem „normalen" Umfeld in ein anderes übertragen werden, um nicht freihaltebedürftig zu sein (bzw. um kennzeichnend wirken zu können). Mithin wäre ein brüllender Löwe als Zeichen für Dienstleistungen eines Zoos nicht schutzfähig, wohl aber für Filmproduktionen.

5. Gemeinschaftskonformität und Rechtsvergleichung

Auch nach gemeinschaftskonformer Auslegung sind Bewegungsmarken anhand entsprechender Kriterien im Rahmen der Art. 4 und 7 Abs. 1 b bis d GMV grundsätzlich schutzfähig[1578]. Eintragungen von Bewegungsmarken als Gemeinschaftsmarke sind bisher keine bekannt, befinden sich aber z.T. im Anmeldestadium[1579]. Die erste Beschwerdekammer des HABM behandelte, wie gesagt, die Anmeldung des Türbewegungsablaufs eines Sportwagens allerdings als dreidimensionale Marke, der wegen technischer Funktionalität die Markenfähigkeit nach Art. 7 Abs. 1 lit. e, 2. Fall GMV abgesprochen wurde[1580].

Auch in ausländischen Rechtsordnungen findet sich die Bewegungsmarke bislang nur vereinzelt. Das liegt nicht zuletzt daran, dass die meisten nationalen Markenämter bislang noch keine Gelegenheit hatten, darüber zu entscheiden, ob Bewegung als Marke fungieren kann. Grund dafür ist entweder die geringere Aggressivität, mit denen Markeninhaber eine Registrierung ihrer Bewegungsmarken in vielen Ländern verfolgen, oder dass sich nur langsam ändernde Rechtsklima in vielen Ländern[1581]. Mit dem wachsenden Interesse an nicht–traditionellen Marken und der fortschreitenden Technologie, die immer kleinere und schmalere Videomonitore oder Bildoberflächen (vgl. z.B. die neuen Handys mit Display) erlaubt, mag es aber nur eine Frage der Zeit sein, bevor eine größere Anzahl von Ländern zu akzeptieren beginnt, dass bewegende Bilder den Schutz des Markenrechts verdienen. In diese Richtung haben sich zumindest schon einzelne nationale Markenämter, Gerichte oder Kommentatoren ausgesprochen. So zählt Verkade für das Benelux–Recht auch die Bewegungsmarke zu den „neuen Markenformen", welche entsprechend der Kriterien der frühen BenGH–Entscheidung zum konturlosen Farbenschutz[1582] generell schutzfähig und grafisch darstellbar sein soll, was er am Beispiel eines „Blinklichts" verdeutlicht[1583]. In diesem Zusammenhang werden in der österreichischen[1584] und briti-

[1577] Auf Grundlage der Rechtsprechung des EuGH GRUR 1999, 723, 726 – Chiemsee.
[1578] Bender/Kapff, IIC Vol. 32, 6/2001, 625, 634.
[1579] Siekmann MarkenR 2001, 236 (246) unter Verweis auf entsprechende Auskünfte beim HABM.
[1580] HABM (1.BK), GRUR 2004, 63 – Lamborghini-Türbewegungsablauf.
[1581] Kelly, INTA Bulletin 2001, Vol. 56, No. 17, 1, 2.
[1582] BenGH BIE 1977, 203 – Hellblaue Gasflasche.
[1583] Verkade, GRUR Int. 2000, 304, 308.
[1584] Schanda, § 1, Rdn. 1.

schen Literatur auch „Hologramme“ [1585] und sogar die erfolgreiche Eintragung von „Gesten“ genannt[1586]. Das amerikanische USPTO ist eines der wenigen Ämter, wo Markeninhaber die Registrierung von Bewegungsmarken bereits verwirklicht haben. Diese beinhalten z.B. einen sich drehenden Globus, Lichtstrahlen gegen den Himmel und -ebenfalls- ein Blinklicht. Oft kombinieren diese Marken Bewegung mit Worten, Buchstaben oder Bildern, wie z.B. das Netscape "N" mit den sich dahinter bewegenden Sternschnuppen[1587]. Als grafische Darstellung dient bzw. dienen -wie oben vorgeschlagen- eines oder mehrere Einzelbilder der Bildsequenz[1588]. Auch im amerikanischen Schrifttum wird die Zulassung von Bewegungsmarken mit dem Argument unterstützt, dass diese Marken, trotz Bewegung, genau wie andere Marken funktionieren[1589]. Erwähnt sei bei dieser Gelegenheit, dass auch das neuseeländische Markenamt mittlerweile seine erste Bewegungsmarke registrierte, nämlich eine animierte 8–teilige Bildfolge, die denn Begriff „Y–E–L–L“ (Buchstabe für Buchstabe) zeigt[1590]. Und ein erstinstanzliches australisches Gericht entschied in Sachen „Shell Co. Ltd. v. Esso Standard Oil Ltd.“, dass eine bestimmte Bildfolge eine registrierte (Bild–)Marke verletzte, woraus sich schließen lässt, dass die Bildfolge ebenfalls als Marke dienen konnte[1591]. Dagegen wies das kanadische Markenamt eine Anmeldung für ein „Hologramm“ mit der Begründung zurück, dass die angemeldete Marke tatsächlich eine Mehrzahl von Marken ohne definierte Markenform sei[1592].

II. Schutzfähigkeit sonstiger neuer Markenformen

Die Verwendung von Farbe, Klang oder Geruch zur Unterscheidung spezifischer Waren und Dienstleistungen passt in die heutige Welt fortschreitender Technologisierung. Es ist daher kein Wunder, dass das Verlangen nach weiteren nicht–traditionellen Markenformen[1593], wie Bewegungsmarken, Hologrammen, software–spezifischen Zeichenformen, "Lichtmarken" oder anderen exotischen Markenformen ansteigt. Der Vorstellung möglicher Zeichenformen sind hierbei weniger durch die Markenfähigkeit, als durch die Realität und das Registerrecht Grenzen gesetzt, da nach Rechtsprechung des EuGH die Beispielsliste des Art. 2 der Richtlinie nicht abschließend ist[1594], grundsätzlich auch „visuell nicht wahrnehmbare Zeichen“ Marken sein können[1595]und es folglich keine Kategorie von Zeichen gibt, die von vornherein ungeeignet wäre, Waren und Dienstleistungen i.S.d. Art. 2 der Richtlinie zu unterscheiden.

[1585] Vgl. Kerly's, 2–26; weitere Nachweise bei Siekmann, MarkenR 2002, 149, 152.
[1586] Vgl. Sandri/Rizzo, 159 unter Hinweis auf die UK-Eintragung Nr. 2012603 „Gesture made by a person by tapping one side of his/her nose with an extended finger, ...“; auch Abnett, zitiert von Pohl, Mitt. 1996, 156, 157, weist auf die erfolgreiche Eintragung einer „Geste“ in England hin.
[1587] Kelly, INTA Bulletin 2001, Vol. 56, No. 17, 1, 2.
[1588] Siekmann MarkenR 2001, 236 (245).
[1589] Kelly, INTA Bulletin 2001, Vol. 56, No. 17, 1, 2.
[1590] Eingetragen am 10. 01.2002 für eine Reihe von Waren und Dienstleistungen in ca. 10 Klassen im Namen der British Telecommunications PLC, vgl. Nachweis bei Blumsky, INTA Bulletin, 2002, Vol. 57, S. 5.
[1591] Vgl. Kelly, INTA Bulletin 2001, Vol. 56, No. 17, 1 (2).
[1592] Kelly, INTA Bulletin 2001, Vol. 56, No. 17, 1 (2).
[1593] Vgl. insoweit Fezer, § 3, Rdn. 189 ff.; Sandri/Rizzo, 162 f.
[1594] EuGH, C-273/00, Ralf Sieckmann/Deutsches Patent- und Markenamt, GRUR 2003, 145 (147), Erwägungsgründe 44.
[1595] EuGH, C-273/00, Ralf Sieckmann/Deutsches Patent- und Markenamt, GRUR 2003, 145 (147), Erwägungsgründe 45 ff.

Als wichtigste Hürde dürfte aber regelmäßig die „grafische Wiedergabe“ gelten[1596], welche für registrierte Marken Rechtssicherheit, Recherchierbarkeit und eine ordnungsgemäße Verwaltung garantieren soll. Diese Darstellung muss es ermöglichen, entsprechende Zeichen mit Hilfe von Figuren, Linien oder Schriftzeichen sichtbar wiederzugeben, wobei die Darstellung klar, eindeutig, in sich abgeschlossen, leicht zugänglich, verständlich, dauerhaft und objektiv sein muss[1597]. "Visuellen" Marken dürften diese Anforderungen weniger Probleme bereiten. Inwieweit mittelbare Darstellungen „nicht-visueller“ Marken diesem Erfordernis gerecht werden, ist im Einzelfall jeweils unter Beachtung der technischen Entwicklung zu beurteilen.

Insbesondere mit Blick auf die Neuartigkeit der Markenform ist im übrigen im Wege einer Prognose und unabhängig von der tatsächlichen Benutzung des Zeichens im Markt zu beurteilen, ob es ausgeschlossen erscheint, dass das fragliche Zeichen geeignet ist, in den Augen der angesprochenen Verkehrskreise die betreffenden Waren von denen anderer Herkunft zu unterscheiden[1598]. Denn die deutschen oder europäischen Markengesetze sehen nicht vor, dass Marken bereits vor ihrer Anmeldung benutzt werden müssen[1599]. Bei der Prüfung der Eintragungsfähigkeit neuartiger Markenformen nach § 8 Abs. 2 Nr. 1 bis 3 MarkenG kann die herkunftsidentifizierende Funktion für konkrete Waren oder Dienstleistungen daher nicht schon pauschal mit dem Argument abgelehnt werden, dass der Verkehr noch nicht gewöhnt sei, in dem Zeichen einen Hinweis auf die betriebliche Herkunft von Waren oder Dienstleistungen zu sehen[1600]. Stattdessen wird die Bejahung oder Verneinung ihrer Unterscheidungskraft vor allem davon abhängen, ob bei dem Vertrieb des konkreten Produkts bzw. bei der Erbringung der fraglichen Leistung die Verwendung des Zeichens vom Verkehr ohne weiteres mit der betreffenden Warengruppe wahrgenommen werden kann, bzw. dies vernünftigerweise für die Zukunft zu erwarten ist und insoweit als betrieblicher Herkunftshinweis nachvollziehbar ist. Hierbei ist jeweils auf die mutmaßliche Erwartung des durchschnittlich informierten, aufmerksamen und verständigen Durchschnittsverbrauchers abzustellen[1601].

[1596] Vgl. Bender/Kapff, IIC Vol. 32, 6/2001, 625 (634).

[1597] EuGH, C-273/00, Ralf Sieckmann/Deutsches Patent- und Markenamt, GRUR 2003, 145 (147), Erwägungsgründe 45 ff.

[1598] EuG MarkenR 2001, 481, 485/486, Rdn. 47/61 – Waschmitteltablette als Bildmarke; EuG MarkenR 2001, 418, 422/423, Rdn. 49/64 – Wachmitteltablette (dreidimensional).

[1599] Vgl. HABM (3.BK), GRUR 2002, 348, 350 – Der Duft von Himbeeren: Die Gewöhnung des Verbrauchers an ein bestimmtes Zeichen ist vielmehr nur unter dem Gesichtspunkt einer möglichen Verkehrsdurchsetzung gem. Art. 7 Abs. 3 GMV zu berücksichtigen.

[1600] Vgl. insoweit Fezer, WRP 1999, 575, 578 und das BPatG GRUR 2000 1044, 1046 zur Riechmarke.

[1601] HABM (3.BK), GRUR 2002, 348, 350 – Der Duft von Himbeeren.

K. Zusammenfassung

Die Vorschrift des § 3 MarkenG, die entsprechend ihrer Gesetzesüberschrift „als Marke schutzfähige Zeichen" regelt, ist richtlinienkonform und unter Zuhilfenahme der Rechtsvergleichung auszulegen. Bei der richtlinienkonformen Auslegung kann auf herkömmliche Auslegungsmaßstäbe, insbesondere die teleologische Interpretation zurückgegriffen werden. Eine Rolle spielt hier auch die Konformität mit der Auslegung der Gemeinschaftsmarkenverordnung, sowie eine Rechtsvergleichung innerhalb der Mitgliedsländer. Ein Vergleich mit Nichtmitgliedsstaaten, in denen neuartige Markenformen bereits eine gewisse Tradition besitzen (USA), oder die sich der europäischen Markenrichtlinie angeglichen haben (Schweiz), kann das Ergebnis der richtlinienkonformen Auslegung hier zusätzlich bestätigen oder erklären. Unter Zugrundelegung dieser Kriterien gilt für die Schutzfähigkeit von Marken nach dem neuen Markengesetz folgendes:

1. § 3 Abs. 1 MarkenG geht im Einklang mit Art. 2 der Richtlinie von einem „weiten" Markenbegriff aus, wonach grundsätzlich alle unterscheidungsfähigen Zeichen markenfähig sind. Einschränkungen aufgrund eines Grundsatzes der „Selbständigkeit" oder „Einheitlichkeit" der Marke sind abzulehnen. Die „grafische Darstellbarkeit" von Zeichen gilt im Einklang mit der Richtlinie nur für angemeldete beziehungsweise registrierte Marken, ist daher kein allgemeines Erfordernis der Markenfähigkeit und gilt damit nicht auch für Benutzungsmarken. Die Wiedergabe muss im Interesse der Rechtssicherheit ermöglichen, das Zeichen insbesondere mit Hilfe von Figuren, Linien oder Schriftzeichen sichtbar so wiederzugeben, dass es genau identifiziert werden kann. Zu diesem Zweck muss die Wiedergabe der Marke „klar, eindeutig, in sich abgeschlossen, leicht zugänglich, verständlich, dauerhaft und objektiv" sein, was bei Wort-, Bild- und dreidimensionalen Marken i.d.R. gegeben ist, bei neueren Markenformen aber meist Probleme bereitet.
Grundvoraussetzung der Markenfähigkeit ist nach § 3 Abs. 1 MarkenG die „Unterscheidungseignung". Diese ist abstrakt danach zu bestimmen, ob das Zeichen geeignet ist, irgendwelche Waren oder Dienstleistungen eines Unternehmens von denen eines anderen Unternehmens zu unterscheiden. Entscheidend ist hierbei die Fähigkeit, als Hinweis auf die betriebliche/kommerzielle Herkunft der Produkte oder Dienstleistungen dienen zu können. Es gibt kaum Zeichen, denen eine entsprechende Unterscheidungseignung nicht zukommt. Abzugrenzen ist die abstrakte Unterscheidungseignung des Zeichens nach § 3 Abs. 1 MarkenG von der konkreten Unterscheidungskraft der Marke für die beanspruchten Waren oder Dienstleistungen nach § 8 Abs. 2 Nr. 1 MarkenG, die Eintragungsvoraussetzung, aber kein Kriterium der Markenfähigkeit ist. Markenfähigkeit und Eintragungsfähigkeit sind wegen der Möglichkeit einer Verkehrsdurchsetzung nach § 8 Abs. 3 MarkenG streng voneinander zu trennen. Nur die Eintragungshindernisse nach § 8 Abs. 3 Nr. 1–3 MarkenG können über die Möglichkeit einer Verkehrsdurchsetzung überwunden werden, nicht aber eine mangelnde Markenfähigkeit.

2. Durch das neue Markengesetz mit seinem weiten Markenbegriff ergeben sich für die herkömmlichen Markenformen der Wort– und Bildmarke grundsätzlich keine Änderungen. Auch Produktabbildungen fehlt in der Regel nicht die Markenfähigkeit. Deren Schutzschranken orientieren sich vielmehr an den Hindernissen der § 3 Abs. 2 MarkenG und § 8 Abs. 2 Nr. 1 und 2 MarkenG. Die Markenfähigkeit von Buchsta-

ben und Zahlen war auch schon früher anerkannt. Neu ist, dass ihnen nunmehr auch ohne Verkehrsdurchsetzung Unterscheidungskraft zukommen kann. Strengere Maßstäbe gelten aber für Einzelbuchstaben oder Grundzahlen, denen im Einzelfall die Unterscheidungskraft fehlen kann (§ 8 Abs. 2 Nr. 1 MarkenG) oder die als Mengen–, Maß– oder Typangaben freihaltebedürftig sein können (§ 8 Abs. 2 Nr. 2 MarkenG).

3. § 3 Abs. 1 MarkenG nennt auch dreidimensionale Gestaltungen einschließlich der Form einer Ware oder ihrer Verpackung. Dreidimensionale Gestaltungen sind räumliche Formen außerhalb des Bereichs des rein Flächenhaften. Es können drei verschiedene Ausprägungen dreidimensionaler Gestaltungen unterschieden werden: Warenunabhängige Gestaltungen, Warenformen und Verpackungsformen. Problematisch ist insbesondere die Marken– bzw. Schutzfähigkeit von Warenformen, die auch als „Formmarke" bezeichnet werden. Formmarken sind grundsätzlich nach § 3 Abs. 1 MarkenG markenfähig, es sei denn, es kann unter allen Umständen ausgeschlossen werden, dass die Warenform in der Lage ist, als Hinweis auf die betriebliche Herkunft von Waren oder Dienstleistungen zu dienen.

Weitere Anforderungen der Markenfähigkeit von Formmarken stellen die drei gleichrangigen Schutzausschlussgründe des § 3 Abs. 2 MarkenG. Um eine Umgehung der Vorschrift zu vermeiden, sind auch Produktbildmarken an diesen zu messen und –aufgrund ihrer Nähe zur Warenform– auch Warenverpackungen. Telos der Schutzausschlüsse sind Freihaltebedürfnisse an der konkreten (Waren– oder Verpackungs–) Form, die dem Wettbewerb nicht zugunsten eines Unternehmers auf unbestimmte Zeit entzogen werden darf:
Eine Form ist nach § 3 Abs. 2 Nr. 1 MarkenG durch die „Art der Ware" bedingt, wenn sie ausschließlich als übliche oder notwendige Grundform, bzw. Form der Warengattung anzusehen ist. Letztere ist zu bestimmen nach dem Verwendungszweck, ihrer Üblichkeit und dem Vorhandensein von Alternativgestaltungen. Hierbei ist angesichts des zu schützenden Freihaltebedürfnisses den aktuellen Gepflogenheiten des Handelsverkehrs und zeitgenössischen Verbrauchergewohnheiten Rechnung zu tragen. Maßgeblich für die Einordnung einer Gestaltung als „Grundform" ist grundsätzlich ein objektiver Maßstab, wobei jedoch Änderungen des Gebrauchszwecks zu beachten sind.
Nach § 3 Abs. 2 Nr. 2 MarkenG sind weiterhin alle Markenformen von Markenschutz ausgeschlossen, die ausschließlich zur Erreichung einer technischen Wirkung erforderlich sind. Dies ist bereits dann anzunehmen, wenn es sich um eine technisch vorteilhafte Gestaltung handelt. Die Erreichbarkeit des technischen Resultats mit Alternativformen spielt angesichts des zu schützenden Freihaltebedürfnisses keine Rolle. Auch hier ist ein objektiver Maßstab anzulegen. Funktionale Formen lassen sich daher allenfalls mittels eines befristeten Muster- oder Patentschutzes monopolisieren.
§ 3 Abs. 2 Nr. 3 MarkenG spricht allen Warenformen die Markenfähigkeit ab, die ausschließlich den wesentlichen Wert der Ware ausmachen. Hierbei handelt es sich um Formgestaltungen, die –bei Ermangelung gleichwertiger Ausweichmöglichkeiten– maßgeblich wegen ihrer ästhetischen Anziehungskraft gekauft werden. Anzuwenden ist hierbei ein subjektiv/objektiver Maßstab.

Aufgrund des Ausschließlichkeitserfordernisses scheidet eine Anwendung der drei Ausschlussgründe aus, wenn die Gesamtform (der Ware) noch andere, zusätzliche Gestaltungselemente enthält.

Auch Formmarken kann grundsätzlich Unterscheidungskraft nach § 8 Abs. 2 Nr. 1 MarkenG zukommen, wenn die Warenform nach Auffassung des Verkehrs als Herkunftsunterscheidung dient. Ein rechtliches Erfordernis bestimmter Originalität ist nicht zu verlangen. Indizien für deren Vorliegen im konkreten Fall können in tatsächlicher Hinsicht aber die Eigentümlichkeit der Form und eine Gewöhnung des Verkehrs an die kennzeichnende Funktion von Warenformen auf dem beanspruchten Warengebiet sein. Die diesbezüglich erforderliche Wahrnehmung des Verkehrs dürfte bei Waren des täglichen Gebrauchs aber nicht sonderlich hoch sein und eine Unterscheidungskraft in diesen Fällen häufig zu verneinen sein. Da § 3 Abs. 2 MarkenG nicht alle Fälle von Freihaltebedürfnissen abdeckt, können weitere Freihalteinteressen (auch technischer Art) zu einem Eintragungsausschluss nach § 8 Abs. 2 Nr. 2 MarkenG führen. Insgesamt ergeben sich damit eher hohe Anforderungen an die absolute Schutzfähigkeit dreidimensionaler Marken im Falle herkömmlicher Warenformen des täglichen Gebrauchs.

4. Unter „sonstigen Aufmachungen" im Sinne des § 3 Abs. 1 MarkenG ist als weitere Markenform das äußere Erscheinungsbild von Waren zu verstehen, aber auch jedes andere Produktbeiwerk, welches von der Ware völlig losgelöst sein kann. Der Aufmachungsbegriff überschneidet sich zum Teil mit anderen Warenformen (dreidimensionale Marken, Verpackungen, Farben etc.) bzw. beinhaltet diese und kann auch Dienstleistungen kennzeichnen. In der Praxis werden Aufmachungen meist als Bild– oder dreidimensionale Marken behandelt. § 3 Abs. 2 MarkenG findet auf dreidimensionale Aufmachungen Anwendung. Eine besondere Form der Aufmachung ist die „Positionsmarke", deren Gegenstand die besondere Art und Weise der Anbringung oder Anordnung eines Zeichens auf einem Produkt ist.

5. Bei Farbmarken sind abstrakte Farbmarken und konkrete Aufmachungsfarbmarken zu unterscheiden. Bei letzterer soll die konkrete Aufmachung einer Ware konturgebunden in einer oder mehreren Farben geschützt werden. Deren grundsätzliche Schutzfähigkeit ist relativ problemlos zu bejahen.
Die abstrakte Farbmarke, durch die Schutz für die konturunbestimmte Farbe an sich begehrt wird, ist ebenfalls grundsätzlich markenfähig, da sich auch Farben hervorragend als Unterscheidungsmittel zur Identifikation von Produkten oder Dienstleistungen verwenden lassen. Das Erfordernis der grafischen Darstellbarkeit wird durch Angabe der Farbskalennummer anhand eines internationalen Farbklassifikationssystems erfüllt. Auf Farben mit für die von ihnen gekennzeichneten Waren funktionellem Charakter ist 3 Abs. 2 MarkenG analog anzuwenden. Eine Unterscheidungskraft abstrakter Farben ist aber nur unter bestimmten Umständen gegeben. Aufgrund der unterschiedlichen Wahrnehmung von Zeichen, die aus einer Farbe als solcher bestehen, wird diese vom maßgeblichen Publikum nicht in der gleichen Weise wahrgenommen wie eine Wort- oder Bildmarke, die vom Erscheinungsbild der Ware, die die Marke kennzeichnet, unabhängig ist. Ein enges Warenverzeichnis und ein „spezifischer" Markt können eine solche Unterscheidungskraft begründen. Fehlende Unterscheidungskraft ist dagegen mangels ausreichender Bestimmtheit meist bei abstrakten Mehrfarbenmarken anzunehmen. Bestehende Freihaltebe-

dürfnisse an Grund- und Primärfarben können ebenfalls ein Fehlen von Unterscheidungskraft begründen. Für die konkreten Waren bzw. Dienstleistungen „beschreibende" oder „übliche" Farben sind darüber hinaus nach § 8 Abs. 2 Nr. 2 und 3 MarkenG freihaltebedürftig. Eine absolute Schutzfähigkeit abstrakter Farben kommt daher nur in seltenen Fällen und meist nur im Wege der Verkehrsdurchsetzung nach § 8 Abs. 3 MarkenG in Betracht. Im Falle ihrer Eintragung sind Freihaltebedürfnisse der Mitbewerber im Verletzungsfall mittels eines engen Schutzbereiches zu berücksichtigen.

6. Hörmarken sind Zeichen, die vom Gehör wahrgenommen werden können, ohne Sprache zu sein. Infolge des weiten Markenbegriffs von Markengesetz und Richtlinie ist auch von ihrer Markenfähigkeit auszugehen, da Marken nicht visuell wahrnehmbar sein müssen. Soweit ein Entstehen von Verkehrsdurchsetzung nach § 8 Abs. 3 MarkenG zumindest denkbar ist, ist eine Unterscheidungseignung von Tönen gegeben. Als grafische Darstellung ist zur Begründung eines Anmeldetages die Einreichung von Notenschrift ausreichend aber auch erforderlich. Sonagramme werden dem Erfordernis registerrechtlicher Bestimmtheit dagegen nicht gerecht. Durch Notenschrift nicht darstellbare („nicht musikalische") Geräusche sind daher nicht eintragbar. Die Einreichung einer Beschreibung des Klangs und einer klanglichen Wiedergabe reichen nicht zur Prioritätsbegründung, sind aber zur näheren Bestimmung des Schutzumfangs, der Unterscheidungskraft, der Verwechselbarkeit und der rechtserheblichen Benutzung als „weitere Anmeldeerfordernisse" zu verlangen. Eigentümlichen Tonfolgen kann grundsätzlich Unterscheidungskraft zukommen, es sei denn, es handelt sich um (zu) lange Klangsequenzen, Töne mit einem für die beanspruchten Waren/Dienstleistungen beschreibendem bzw. üblichen Inhalt oder um Tonzeichen für Waren– oder Dienstleistungsbereiche, in denen die Wahrnehmung der Töne als betriebskennzeichnende Herkunftshinweise infolge fehlender Gewöhnung nicht sonderlich hoch ist. Für die beanspruchten Waren oder Dienstleistungen beschreibende bzw. übliche Töne dürften auch Freihaltebedürfnissen nach § 8 Abs. 2 Nr. 2 MarkenG unterliegen.

7. Sensorische Marken sind Zeichen, bei denen der Geruchs–, Geschmacks– oder Tastsinn angesprochen wird. Die Markenfähigkeit entsprechender Geruchs–, Geschmacks– oder Tastmarken kann unter dem Gesichtspunkt abstrakter Unterscheidungseignung nicht in Frage gestellt werden. Der weite Markenbegriff des § 3 Abs. 1 MarkenG bzw. Art. 2 der Richtlinie wollte das Markenrecht generell und unabhängig von der Dimension der jeweiligen Wahrnehmung des Zeichens für neue Markenformen öffnen und umfasst auch nicht-visuelle Zeichen. Im übrigen wirken Marken als Kommunikationszeichen in verschiedenen Arten auf die Sinnesorgane des Menschen. Auch ein Duft, ein Geschmack oder eine (zu ertastende) Oberflächenstruktur ist daher grundsätzlich geeignet, Produkte oder Dienstleistungen ihrer Herkunft nach zu unterscheiden. Geruchs–, Geschmacks– oder Tastmarken fehlt es jedoch an grafischer Darstellbarkeit, solange es keine weithin akzeptierte Form ihrer zweidimensionalen Wiedergabe gibt. Chemische Formeln sind kaum verständlich und beschreiben nicht den Geruch oder den Geschmack eines Zeichens, sondern lediglich dessen Zusammensetzung. Genau so wenig kann die dreidimensionale Zeichnung einer Produktoberfläche ein Tasterlebnis verständlich und genau vermitteln. Etwaigen Schutzbedürfnissen genügt i.d.R. aber eine Benutzungsmarke nach § 4 Ziff. 2 MarkenG oder ein ergänzender lauterkeitsrechtlicher Leistungsschutz.

8. Gegenstand einer „Bewegungsmarke" ist ein Bewegungsablauf, der in der Regel aus einer Folge aus Bildern besteht. Ihre Markenfähigkeit ist genauso zu bejahen, wie die von Einzelbildern. Auch ihre grafische Darstellbarkeit ist ähnlich zu beurteilen. Der Bewegungsablauf ist mittelbar durch die grafische Darstellung der verschiedenen Einzelbilder wiederzugeben, die sodann eine Umsetzung der Bildreihenfolge „im Kopf" ermöglicht. Längeren Bildfolgen dürfte allerdings die Unterscheidungskraft fehlen, ebenso wie Bildsequenzen, die das beanspruchte Produkt oder die beanspruchte Dienstleistung in herkömmlicher Weise beschreiben. Letzterenfalls kommt wiederum auch ein Schutzausschluss nach § 8 Abs. 2 Nr. 2 MarkenG in Betracht.

9. Entsprechende Grundsätze gelten auch für andere neue bzw. zukünftige Markenformen, die insbesondere durch die fortschreitende Technologisierung ermöglicht und in Zukunft durch immer innovativere Marketingstrategien Einsatz finden dürften. Grenzen setzt hier –wegen des weiten Markenbegriffs– nicht die Phantasie, sondern vielmehr die grafische Darstellbarkeit, die mangelnde Wahrnehmung der betriebskennzeichnenden Funktion neuer Kommunikationszeichen durch den jeweiligen Verkehr und die Freihaltebedürfnisse der Wettbewerber. Wie im Falle der zuletzt anhängigen Vorlagefragen zur abstrakten Farb–, Form– und Riechmarke, wird auch hier der EuGH im Endeffekt den offenen Markenbegriff der Richtlinie mit den oben genannten Grenzen abzuwägen haben. Im übrigen wird die Analyse aber -wie schon bisher- von den konkreten Tatsachen des Falls abhängen.

Abzuwarten sind zum gegenwärtigen Zeitpunkt noch Entscheidungen nationaler Gerichte und des EuGH insbesondere zum Schutzumfang der neuen Markenformen, was im Rahmen von Verletzungsfällen zu entscheiden wäre. Eigentümer nichttraditioneller Marken werden dann möglicherweise aber feststellen müssen, dass das ihnen gewährte Monopol sehr beschränkt und nicht einmal die Registrierungskosten wert ist. Auch im übrigen befindet sich die Rechtsentwicklung zu neuen Markenformen noch im Fluss. Vorliegende Arbeit vermag in Teilbereichen daher nur eine analysierende Momentaufnahme mit Ausblick auf die Zukunft darzustellen.

L. ANNEX

I. Harmonisierte Gesetzestexte / entsprechende Regelungen Schweiz, USA

1. Umsetzung des Art. 2 der Richtlinie / Regelung Schweiz, USA

Benelux–Länder[1602]
„Als Individualmarken gelten Bezeichnungen, Abbildungen, Abdrucke, Stempel, Buchstaben, Ziffern, Formen von Waren oder der Verpackung und alle anderen Zeichen, die zur Unterscheidung der Waren eines Unternehmens dienen".

Österreich[1603]
„Marken können alle Zeichen sein, die sich grafisch darstellen lassen, insbesondere Wörter einschließlich Personennamen, Abbildungen, Buchstaben, Zahlen und die Form oder Aufmachung der Ware, soweit solche Zeichen geeignet sind, Waren und Dienstleistungen eines Unternehmens von denjenigen anderer Unternehmen zu unterscheiden".

Finnland[1604]
„ (2) Eine Marke kann aus jedem Zeichen bestehen, das grafisch wiedergegeben werden kann und das dazu geeignet ist, waren, die in einem Geschäftsbereich feilgehalten werden, voneinander zu unterscheiden.
(3) Eine Marke kann insbesondere aus Worten einschließlich Personennamen, Abbildungen, Buchstaben, Zahlen oder der Form einer Ware oder ihrer Verpackung bestehen.
(4) Was in diesem Gesetz über Waren bestimmt wird, gilt entsprechend für Dienstleistungen."

Dänemark[1605]
„Eine Marke kann aus allen Arten von Zeichen bestehen, die geeignet sind, die Waren oder Dienstleistungen eines Unternehmens von denjenigen anderer Unternehmen zu unterscheiden und die sich grafisch darstellen lassen, insbesondere
1. Worte und Wortverbindungen, einschließlich Slogans, Personennamen, Firmennamen oder Bezeichnungen von Grundstücken oder Gebäuden,
2. Buchstaben und Zahlen,
3. Figuren und Abbildungen oder
4. Die Form, Aufmachung oder Verpackung der Ware."

[1602] Art. 1 Abs. 1 des Benelux Merkenwet (BMW) vom 7.8.1996 (identisch mit der Fassung des Einheitlichen Benelux–Warenzeichengesetzes von 1971, BlPMZ 1970, 218 ff.) in: Schricker/Bastian/Albert, 199.
[1603] § 1 Markenschutzgesetz in der Fassung der Markenrechtsnovelle vom 06. 09. 1999, abgedruckt in Schanda, S. 19.
[1604] § 1 Abs. 2 bis 4 des finnisches Markengesetz vom 22. Dezember 1995, Schricker/Bastian/Albert, 306 ff.
[1605] § 2 Abs. 1 des dänischen Markengesetzes vom 6. Juni 1991, in Schricker/Bastian/Albert, 220 ff.

Schweden[1606]

„(1) Durch Eintragung nach diesem Gesetz wird in ausschließliches Recht an einer Marke als besonderem Kennzeichen für Waren erworben, die in einem Geschäftsbetrieb feilgehalten werden. Eine Marke kann aus allen Zeichen bestehen, die grafisch wiedergegeben werden können, insbesondere Worten einschließlich Personennamen sowie bildlichen Darstellungen, Buchstaben, Zahlen und der Form oder Aufmachung einer Ware oder ihrer Verpackung, vorausgesetzt, dass das Zeichen Waren, die in einem Geschäftsbetrieb feilgehalten werden, von denjenigen unterscheiden kann, die in einem anderen feilgehalten werden.

(2) Was in diesem Gesetz über Waren ausgeführt wird, gilt auch für Dienstleistungen."

Großbritannien[1607]

„In this Act „trade mark" means any sign capable of being represented graphically which is capable of distinguishing goods or services of one undertaking from those of other undertakings.

A trade mark may, in particular, consist of words (including personal names), designs, letters, numerals or the shape of goods or the packaging."

Irland[1608]

„(1) In this Act „trade mark" means any sign capable of being represented graphically which is capable of distinguishing goods or services of one undertaking from those of other undertakings.

(2) Without prejudice to subsection (1), a trade mark may, in particular, consist of words (including personal names), designs, letters, numerals or the shape of goods or of the packaging."

Portugal[1609]

„(1) Eine Marke kann aus einem Zeichen oder einer Kombination von Zeichen bestehen, die sich grafisch darstellen lassen, nämlich Wörtern, einschließlich Namen von Personen, Zeichnungen, Buchstaben, Nummern, Tönen, der Form von Produkten oder deren Umhüllung, soweit diese hinreichend geeignet sind, die Waren oder Dienstleistungen eines Unternehmens von denen anderer Unternehmen zu unterscheiden.

(2) Eine Marke kann ebenfalls aus Werbesprüchen für Waren oder Dienstleistungen bestehen, soweit diese unbeschadet der Urheberrechte hieran unterscheidenden Charakter besitzen."

1606 § 1 Abs. 1 und 2 des schwedischen Markengesetzes vom 15. Dezember 1995, in: Schricker/Bastian/Albert, 504 ff.

1607 Section 1 Abs. 1 Trade Marcs Act 1994 (TMA 1994) vom 21.7.1994, in Schricker/Bastian/Albert, 558 ff.

1608 Section 6 Abs. 1 und 2 Trade Marks Act von 1996 (TMA 1996), in Schricker/Bastian/Albert, 364 ff.

1609 Art. 165 Abs. 1 und 2 des Gesetzes über gewerbliche Schutzrechte („Codigo da propriedade industrial") von 1995, Schricker/Bastian/Albert, 459 ff.

Frankreich[1610]

„Die Produktions–, Handels– oder Dienstleistungsmarke ist ein Zeichen, das sich grafisch darstellen lässt und dazu dient, die waren Dienstleistungen einer natürlichen oder juristischen Person zu unterscheiden.

Ein solches Zeichen können insbesondere bilden:

a) Bezeichnungen in jeder Form, wie z.B.: Wörter, Wortverbindungen, Eigennamen und geografische Bezeichnungen, Pseudonyme, Buchstaben, Zahlen, Abkürzungen;

b) Hörzeichen, wie: Töne, musikalische Phrasen;

c) Bildzeichen wie: Zeichnungen, Etiketten, Siegel, Randstreifen, Reliefs, Hologramme, Logos, synthetische Bilder; Formen, insbesondere diejenigen der Ware oder ihrer Aufmachung oder diejenigen, die eine Dienstleistung kennzeichnen; Anordnungen, Kombinationen, oder Nuancen von Farben."

Spanien[1611]

"1. Se entiende por marca todo signo susceptible de representación gráfica que sirva para distinguir en el mercado los productos o servicios de una empresa de los de otras.

2. Tales signos podrán, en particular, ser:

a) Las palabras o combinaciones de palabras, incluidas las que sirven para identificar a las personas.

b) Las imágenes, figuras, símbolos y dibujos.

c) Las letras, las cifras y sus combinaciones.

d) Las formas tridimensionales entre las que se incluyen los envoltorios, los envases y la forma del producto o de su presentación.

e) Los sonoros.

f) Cualquier combinación de los signos que, con carácter enunciativo, se mencionan en los apartados anteriores".

Italien[1612]

„Gegenstand einer Eintragung als Marke können vorbehaltlich der Vorschriften der Art. 18 bis 21 alle neuen Zeichen sein, die sich grafisch darstellen lassen, insbesondere Wörter einschließlich von Personennamen, Abbildungen, Buchstaben, Zahlen, Töne, die Form oder die Aufmachung von Waren, Farbkombinationen oder Farbtöne, soweit sie geeignet sind, die Waren oder Dienstleistungen eines Unternehmens von denjenigen anderer Unternehmen zu unterscheiden".

Griechenland[1613]

„(1) Als Marke ist jedes Zeichen anzusehen, dass sich grafisch darstellen lässt und geeignet ist Waren oder Dienstleistungen eines Unternehmens von denjenigen anderer zu unterscheiden. Marken können insbesondere Wörter, Namen von natürlichen oder juristischen Personen, Pseudonyme, Abbildungen, Muster, Buchstaben, Zahlen, Klänge einschließlich der Tonfolgen, sowie die Form einer Ware oder ihre Verpackung sein.

(2) Als Marke ist auch ein Zeitungs– oder Zeitschriftentitel anzusehen."

[1610] Art. L 711– 1 des „Lois des marques" (Cpi), 1991, Schricker/Bastian/Albert, 329 ff.

[1611] Art. 4 des neuen spanischen Markengesetzes vom 7.12. 2001, Quelle: http://www.oepm.es/internet......

[1612] Art. 16 des italienischen Markengesetzes („lm") von 1992, Schricker/Bastian/Albert, S. 416 ff.

[1613] Art. 1 Abs. 1 und 2 des griechischen Markengesetzes von 1994, Schricker/Bastian/Albert, 343 ff.

Schweiz[1614]
„Die Marke ist ein Zeichen, das geeignet ist, Waren oder Dienstleistungen eines Unternehmens von solchen anderer Unternehmen zu unterscheiden. Marken können insbesondere Wörter, Buchstaben, Zahlen, bildliche Darstellungen, dreidimensionale Formen oder Verbindungen solcher Elemente untereinander oder mit Farben sein".

USA[1615]
Die USA gehen nach Sect. 2 Lanham Act grundsätzlich von einem weiten Markenbegriff aus, wonach vorbehaltlich der Schutzausschlüsse der Absätze (a) bis (e) gilt: „No mark by which the goods of the applicant may be distinguished from the goods of others shall be refused registration on the principal register on account of its nature unless it ....[Absätze a bis e]".

2. Umsetzung des Art. 3 Abs. 1 lit. e der Richtlinie / Regelung Schweiz, USA

Benelux-Länder
Die dem § 3 Abs. 2 MarkenG bzw. Art. 3 Abs. 1 lit. e der Richtlinie entsprechende Vorschrift in Art. 1 Abs. 2 des Benelux Merkenwet (BMW) von 1971[1616] blieb trotz Umsetzung der Markenrechtsrichtlinie in den Benelux – Ländern am 1.1.1996 ihrem Wortlaut nach unverändert. Sie lautet nach wie vor:
„Abs. 2: Nicht als Marken können jedoch diejenigen Formen angesehen werden, die durch das Wesen der Ware selbst bedingt sind, den wesentlichen Wert der Ware beeinflussen oder gewerbliche Ergebnisse hervorbringen."[1617]

Österreich
Erst durch die Markenrechtsnovelle von 1999 wurde Art. 3 Abs. 1 lit. e der Richtlinie in Österreich durch § 4 Abs. 1 Nr. 6 des österreichischen Markenschutzgesetzes wie folgt umgesetzt[1618]:
„Von der Registrierung ausgeschlossen sind Zeichen, die ..... ausschließlich aus der Form bestehen, die durch die Art der Ware selbst bedingt ist, oder aus der Form der Ware, die zur Herstellung einer technischen Wirkung erforderlich ist, oder aus der Form, die der Ware einen wesentlichen Wert verleiht".

Finnland
Finnland setzte die Richtlinie 1996 durch partielle Abänderung des Markengesetzes von 1964 um, wobei die entsprechende Vorschrift des § 5 finnischen VML folgendermaßen lautet[1619]:

[1614] Art. 1 Abs. 1 und 2 MSchG des Bundesgesetzes über den Schutz von Marken und Herkunftsangaben (Markenschutzgesetz, MSchG) vom 28.8.1992, SR 232.11.
[1615] Sect. 2 Fed. Trademark Act of 1946 (Lanham Act), 15 U.S.C.A. 1052, abgedruckt in McCarthy, App. A1– 1ff. (9), vgl. auch die -in diesem Zusammenhang- entsprechend weitgefasste Anspruchsnorm des Sect. 43 (a).
[1616] Vgl. den am 1.1.1971 in Kraft getretenen alten Gesetzestext des Einheitlichen Benelux – Warenzeichengesetzes, BlPMZ 1970, 218 ff.
[1617] Schricker/Bastian/Albert, 199 ff.
[1618] § 1 Markenschutzgesetz in der Fassung der Markenrechtsnovelle vom 06. 09. 1999, abgedruckt in Schanda, MSchG, 1999, S. 19.

„Das ausschließliche Recht an einer Marke umfasst nicht solche Teile des Kennzeichens, die im wesentlichen dazu dienen, die Ware oder ihre Verpackung für ihren Verwendungszweck tauglicher zu machen oder die sonst eine andere Aufgabe erfüllen als diejenige, ein Kennzeichen zu sein".

Dänemark
Der Schutzausschluss für Formen wurde 1992 in Dänemark durch § 2 Abs. 2 des dänischen Markengesetzes in nationales Recht umgesetzt. Er lautet[1620]:
„Es kann kein Markenrecht an einem Zeichen erworben werden, das ausschließlich aus einer Form besteht, die durch die Art der Ware selbst bedingt ist, oder aus der Form der Ware, die zur Erzielung einer technischen Wirkung erforderlich ist, oder aus der Form, die der Ware einen wesentlichen Wert verleiht".

Schweden
Der Art. 3 Abs. 1 lit. e der Richtlinie wurde in Schweden 1996 durch § 13 Abs. 2 des schwedischen Markengesetzes wie folgt umgesetzt[1621]:
„Als Marke können keine Kennzeichen eingetragen werden, die ausschließlich aus einer Form bestehen, die sich aus der Art der Ware ergibt, oder einer Form, die zur Erzielung eines technischen Ergebnisses erforderlich ist oder einer Form, die der Ware einen bedeutenden Wert verleiht".

Großbritannien
Die Vorschrift des Art. 3 Abs. 1 lit. e der Richtlinie wurde in Großbritannien im Jahre 1994 durch Section 3 Abs. 2 des Trade Marks Act (TMA 1994) folgendermaßen umgesetzt[1622]:
„A sign shall not be registered as a trade mark if it consists exclusively of:
(1) the shape which results from the nature of the goods themselves;
(2) the shape of goods which is necessary to obtain a technical result; or
(3) the shape which gives substantial value to the goods."

Irland
Irland setzte den Schutzausschluss der Richtlinie mittels Section 8 Abs. 2 des Trade Marks Act von 1996 (TMA 1996) um, der fast identisch wie die entsprechende britische Vorschrift lautet[1623]:
„A sign shall not be registered as a trade mark if it consists exclusively of–
(1) the shape which results from the nature of the goods themselves; or
(2) the shape of goods which is necessary to obtain a technical result; or
(3) the shape which gives substantial value to the goods."

[1619] Finnisches Markengesetz in der Version der Änderung durch Gesetz vom 22. Dezember 1995/1715, in Kraft seit 1.4.1996, vgl. GRUR Int. 1996, 1017 ff. (1017/1018) und Schricker/Bastian/Albert, 306 ff.; die Änderung vom 21.1.2000 lies die Vorschrift unberührt, vgl. Heitto, GRUR Int. 2000, 488 (492, 493); früher: § 5 SU–WZG, vgl. Fritz, 148.

[1620] Dänisches Markengesetz vom 6. Juni 1991, in Kraft seit 1.1.1992; in der Fassung der Gesetzesbekanntmachung Nr. 162 vom 21.2.1997, in: Schricker/Bastian/Albert, 220 ff.; früher § 5 DK–WZG, vgl. Fritz, 108.

[1621] Markengesetz 1960, geändert durch die Änderungsgesetze vom 15. Dezember 1995, in Kraft seit 1.4.1996, deutsche Fassung abgedruckt in: Schricker/Bastian/Albert, 504 ff.; früher § 5 schw. VML, vgl. Fritz, 162.

[1622] Trade Marcs Act 1994 (TMA 1994) vom 21.7.1994, in Kraft seit 31.10.1994; vgl. den Text in englischer Fassung bei Schricker/Bastian/Albert, 558 ff.; Morcom, S. 17 und Gyngell/Poulter, Ziff. 2.10, S. 24.

[1623] Trade Marcs Act 1996 vom 16.3.1996, abgedruckt in deutscher Sprache in Schricker/Bastian/Albert, 364 ff.

Portugal

Der die Schutzausschlüsse für Formen umschreibende Art. 3 Abs. 1 Lit. e der Richtlinie wurde in Portugal 1995 durch Art. 166 Abs. 1 a) des Gesetzes über gewerbliche Schutzrechte („Codigo da propriedade industrial") wie folgt umgesetzt[1624]:

„(1) Den Anforderungen an die vorangegangene Vorschrift genügen nicht:

(a) Zeichen, deren Form sich aus der Natur des Produktes selbst ergibt oder für die Erreichung eines bestimmten technischen Zwecks unbedingt erforderlich ist oder soweit die Form den Wert des Produkts im wesentlichen ausmacht."

Frankreich

Frankreich hat im Jahre 1991 den Art. 3 Abs. 1 lit. e der Richtlinie durch Art. Art. L 711–2 (c) des „Lois des marques" wie folgt umgesetzt[1625]:

„Keine Unterscheidungskraft besitzen:

c. „Zeichen, die ausschließlich aus der Form bestehen, die durch die Art oder die Funktion der Ware bedingt ist oder die der Ware ihren wesentlichen Wert verleiht"

Spanien

Spanien hatte im Rahmen der Novellierung des Markensystems bereits 1988 die Grundzüge der Richtlinie von 1989 übernommen. Dennoch gab es zu dieser noch wesentliche Unterschiede[1626]. Art. 5 Abs. 1 lit. e des neuen spanischen Markengesetzes vom 7.12. 2001 definiert den Schutzausschluss für Formen nunmehr in größerer Übereinstimmung mit Art. 3 Abs. 1 lit. e der Richtlinie [1627]:

"No podrán registrarse como marca los signos siguientes:

e) Los constituidos exclusivamente por la forma impuesta por la naturaleza del propio producto o por la forma del producto necesaria para obtener un resultado técnico, o por la forma que da un valor sustancial al producto".

Italien

Der Art. 3 Abs. 1 lit. e der Richtlinie wurde 1992 durch Art. 18 Abs. 1 lit. c) des italienischen Markengesetzes „Legge marchi" folgendermaßen umgesetzt[1628]:

".. Zeichen, ... können nicht Gegenstand einer Eintragung sein:

c) Zeichen, die ausschließlich aus der Form, die durch die Ware selbst bedingt ist, aus der Form der Ware, die zur Herstellung einer technischen Wirkung erforderlich ist, oder aus der Form, die der Ware einen wesentlichen Wert verleiht, bestehen"

Griechenland

Art. 3 Abs. 1 lit. e der Richtlinie wurde in Griechenland 1994 durch Art. 3 Abs. 1 e) des griechischen Markengesetzes wie folgt umgesetzt[1629]:

[1624] Gesetz über gewerbliche Schutzrechte (port cpi) vom 24.1.1995, in Kraft seit 1.6.1995, abgedruckt in deutscher Sprache in Schricker/Bastian/Albert, 459 ff., sowie in GRUR Int. 1997, 698 ff. (719).

[1625] Loi des marques (frz. Cpi) vom 4.1.1991, in Kraft seit 28.12. 1991; jetzt Buch VII des Code de la propriété intellectuelle vom 1.7.1992. Deutsche Übersetzung in Schricker/Bastian/Albert, 329 ff. und GRUR Int. 1991, 630 ff.; französische/deutsche Fassung in Dreier/Krasser, 259 ff.

[1626] Ehemaliger Text des Art. 11 I d) abgedruckt in GRUR Int. 1989, 552 ff.

[1627] Quelle: Homepage des spanischen Markenamtes (http://www.oepm.es/internet/legisla/primera.htm).

[1628] Italienisches Markengesetz in der Fassung der Verordnung vom 4. Dezember 1992 und der Verordnung vom 13.3.1996 zur Anpassung der italienischen Gesetzgebung an das Übereinkommen über handelsbezogene Aspekte der Rechte des geistigen Eigentums, deutsche Fassung in Schricker/Bastian/Albert, S. 416 ff. und GRUR Int. 1994, 218 ff. (221).

„Von der Eintragung als Marken sind Zeichen ausgeschlossen,
e) die ausschließlich aus einer Form bestehen, die durch die Art der Ware selbst bedingt ist oder zur Erreichung einer technischen Wirkung erforderlich ist oder der Ware einen wesentlichen Wert verleiht".

Schweiz
Das schweizerische Markenschutzgesetz enthält in Art. 2 a und b MSchG folgende Schutzausschlussgründe für Formmarken[1630]:
„Vom Markenschutz ausgeschlossen sind:
a. Zeichen, die Gemeingut sind, es sei denn, dass sie sich als Marke für die Ware oder Dienstleistung durchgesetzt haben, für die sie beansprucht werden.
b. Formen, die das Wesen der Ware ausmachen, und Formen der Ware oder Verpackung, die technisch notwendig sind".

USA
In den USA wurden ähnliche Ausschlussgründe für Formmarken hauptsächlich richterrechtlich unter dem Thema „doctrine of functionality" entwickelt, wenngleich im Jahre 1998 schließlich auch Sect. 2 (e) des Lanham Act um die Ziffer (5) ergänzt wurde, wonach eine Marke nicht eingetragen werden kann, wenn sie „as a whole, comprises any matter that is functional"[1631]. Die „doctrine of functionality" besagt im wesentlichen, dass (technisch oder ästhetisch) funktionale Gestaltungen nicht dem Markenschutz zugänglich sind[1632].

1629 Griechisches Markengesetz vom 16.9.1994, abgedruckt in deutscher Sprache in Schricker/Bastian/Albert, 343 ff.
1630 Bundesgesetz über den Schutz von Marken und Herkunftsangaben (Markenschutzgesetz, MSchG) v. 28.8.1992.
1631 Sect. 2 (e) (5) Federal Trademark Act of 1946, as amended (Lanham Act), vgl. McCarthy, App. A1– 1ff. (11).
1632 Vgl. McCarthy, § 7:63 ff.

II. Literaturverzeichnis

Adamo, Kenneth R.	U.S. Initiatives in Combatting Trade Mark Infringement: New Challenges, New Tools, London 1997
Albert, Florian / und andere	Die Neuordnung des Markenrechts, Bericht über das 10. Ringberg–Symposium des Max–Planck–Instituts vom 16. bis 21. September, GRUR Int. 1997, 449
Albrecht, Friedrich	Buchstaben und Zahlen im Kollisionsfall, GRUR 1996, 246
Albrecht, Friedrich	Farbe und Markenrecht?, WRP 2002, 876
Alexandridou, Elisa	Länderbericht Griechenland, in: Schricker, Gerhard / Stauder, Dieter, Handbuch des Ausstattungsrechts, Festgabe für Friedrich–Karl Beier zum 60. Geburtstag, Weinheim 1986, 369
Althammer, Werner	Warenzeichengesetz, 4. Auflage 1989
Althammer, Werner / Klaka, Rainer / Ströbele, Paul	Markengesetz, 6. Auflage, Köln, Berlin, Bonn, München 2000
Anders, Wilfried / Hacker, Franz	Aus der Rechtsprechung des Bundespatentgerichts im Jahre 1996, GRUR 1997, 487
Arnet, Ruth	Die Formmarke, Zürich 1993
Bainbridge, David	Intellectual Property, Second Edition, London 1994
Bakke, Henry / Martinsen, Per A. / Stensland, Helge	AIPPI–Kongess Amsterdam 1988, Frage 96: Woraus kann eine eintragbare Marke bestehen? Bericht der Landesgruppe Norwegen, 126 ff., AIPPI Zürich 1988 Baronikians, Patrick Buchstabenkombinationen als Unternehmenskennzeichen – Anmerkungen zu und im Zusammenhang mit BGH, GRUR 2001, 344–DB Immobilienfonds, GRUR 2001, 795
Bauer, Robert	Die Ware als Marke – Gedanken zur BGH–Entscheidung "Füllkörper", GRUR 1996, 319
Baumbach, Adolf / Hefermehl, Wolfgang	Warenzeichenrecht und Internationales Wettbewerbs– und Zeichenrecht, 12. Auflage, München 1985
Becker, Roman A.	Kennzeichenschutz der Hörmarke, WRP 2000, 56
Beier, Friedrich–Karl	Ausstattungsschutz für Farben, GRUR 1980, 600
Beier, Friedrich–Karl / Reimer, Arnold	Vorbereitende Studie zur Schaffung eines einheitlichen internationalen Markenbegriffs, GRUR 1955, 266
Bellomo, B. /	AIPPI–Kongess Amsterdam 1988, Frage 92 C:

Cavanotti, D. / De Simone, D. / Fiammenghi, D. / Sandri, S	Absolute Gründe für die Versagung der Markeneintragung, Bericht der Landesgruppe Italien, 207 ff., AIPPI Zürich 1988
Bender, Achim	Die Gemeinschaftsmarke, Neueste Entwicklungen in Rechtsprechung und Praxis, MarkenR 2002, 37
Bender, Achim	Neue Markenformen in Alicante, MarkenR 1999, 117
Bender, Achim	Die absoluten Schutzversagungsgründe für die Gemeinschaftsmarke, MarkenR 2000, 118
Bender, Achim / von Kapff, Philipp	Born to be free – The Community Trademark in Practice, IIC 2001, 605
Berlit, Wolfgang	Das neue Markenrecht, 3. Auflage, München 1999
Bezzenberger, Gerold	Der Begriff der Ausstattung im Sinne des § 25 WZG, WRP 1956, 33
Bleckmann, Albert	Europarecht, Das Recht der Europäischen Gemeinschaft, 6. Auflage, Köln, Berlin, Bonn, München 1997
Bleckmann, Albert	Zu den Auslegungsmethoden des Europäischen Gerichtshofs NJW 1982, 1177
Bleckmann, Albert	Probleme der Auslegung von EWG–Richtlinien, RIW 1987, 929
Blumsky, Corinne	New Zealand, Recognition of Moving Marks, INTA Bulletin, 2002, Vol. 57/ Nr. 8, S. 5
Bodewig, Frauke	Anmerkung zum Urteil des Benelux–Gerichtshofes – Farben einer Gasflasche, GRUR Int. 1979, 119
Böhmann, Dirk	Ein Kessel Buntes – Anmerkung zur Schutzfähigkeit der Farbmarke, GRUR 2002, 658
Boitani, M.E. / Dragotti, M.G.F. / Pellegrino, M.G. / Perani, M.A.	AIPPI–Kongess Amsterdam 1988, Frage 96: Woraus kann eine eintragbare Marke bestehen? Bericht der Landesgruppe Italien, 114 ff., AIPPI Zürich 1988
Botana Agra, Manuel Jose	Das spanische Markengesetz von 1988 im Überblick, GRUR Int. 1991, 527
Brandi–Dohrn, Matthias	Die kommende Neuordnung des Kennzeichenrechts: Das Markenrechtsreformgesetz, BB 1994, Beilage 16
Bredow, Günther	Das spanische Markenrecht, München 1993

Busse, Rudolf / Starck, Joachim	Warenzeichengesetz nebst Pariser Verbandsübereinkunft und Madrider Markenabkommen, 6. Auflage, Berlin, New York 1990
Caldarola, Maria Cristina	Markenrechtlicher Farbenschutz in den USA, GRUR Int. 2002, 112
Caldarola, Maria Cristina	Farbenschutz in Deutschland, den Vereinigten Staaten und Japan, Köln, Berlin, Bonn, München 2001
Casado Cervino, Alberto	Das neue Markenrecht Spaniens und der Europäischen Gemeinschaften, GRUR Int. 1992, 107
Chai, Moon-Ki	Protection Of Fragrances Under The Post-Sale Confusion Doctrine, Vol. 80 TMR 368 ff. (1990)
Chavanne, Albert / Burst, Jean-Jacques	Droit de la proprieté industrielle, 4. édition, Paris 1993
Cornish, W.R.	Intellectual Property, Patents, Copyright, Trade Marks and Allied Rights, Third Edition, London 1996
David, Lucas	Kommentar zum Schweizerischen Privatrecht, Markenschutzgesetz, Muster- und Modellgesetz, 2. Auflage, Basel, Genf, München 1999
Dierksen, Rüdiger	Die abstrakte Farbmarke, München 2001
Draheim, Yvonne	Colours as Community Trademarks, Two recent Judgements of the Court of Fisrt Instance, ECTA Newsletter No. 47, May 2003, 27
Dreier, Thomas / Krasser, Rudolf	Das französische Gesetzbuch des geistigen Eigentums, Weinheim, New York, Basel, Cambridge, Tokyo 1994
Dreiss, Uwe / Klaka, Rainer	Das neue Markengesetz, Entstehung und Erlöschen, Verfahren, Kollision und gerichtliche Durchsetzung, Bonn 1995
Ebert, Lawrence B.	The Supreme Court Decision in Qualitex v. Jacobson – A Comment, Vol. 85 TMR (1995), 100
Eichmann, Helmut	Gemeinschaftsgeschmacksmuster und Gemeinschaftsmarken: Eine Abgrenzung, MarkenR 2003, 10
Eichmann, Helmut	Technizität von Erfindungen – Technische Bedingtheit von Marken und Mustern, GRUR 2000, 751
Eichmann, Helmut	Die dreidimensionale Marke, in: Festschrift für Ralf Vieregge, Berlin, New York, 1995, 125

Eichmann, Helmut	Das Verhältnis von Marken zu Mustern, in: Festschrift für Rudolf Nirk, 1992, 165
Eichmann, Helmut	Die dreidimensionale Marke im Verfahren vor dem DPA und dem BPatG, GRUR 1995, 184
Eichmann, Helmut	Schutzvoraussetzung und Schutzwirkungen von Abbildungsmarken, GRUR Int. 2000, 483
Eisenführ, Günther	Schutzfähigkeit und Schutzumfang nach dem neuen Markenrecht, in: Festschrift DPA 100 Jahre Markenamt, München 1994, 69
Eisenführ, Günther	Begriff und Schutzfähigkeit von Marke und Ausstattung, in: Gewerblicher Rechtschutz und Urheberrecht in Deutschland, Festschrift zum hundertjährigen Bestehen der Deutschen Vereinigung für gewerblichen Rechtsschutz und Urheberrecht und ihrer Zeitschrift, Band 2, Weinheim, 1991, 765
Eisenreich, Klaus	Die neuere Entwicklung des Ausstattungsrechts, Köln, Berlin, Bonn, München 1987
Ekey, Friedrich L. / Klippel, Diethelm (Hrsg.)	Heidelberger Kommentar zum Markenrecht, Heidelberg 2003 (versch. Bearbeiter)
Elias, Bettina	Do scents signify source? – An argument against trademark protection for fragrances, Vol. 82 TMR 475 (1992)
Elmslie, Mark	The New UK Trade Marks Bill, EIPR 1994, 119
Erdmann, Willi	Schutz von Werbeslogans, GRUR 1996, 550
Erdmann, Willi	Der Schutz von Farbmarken, HABM.ABl. 2001, 22
Essl, Marcus	Die Registrierbarkeit von Geruchsmarken, ÖBl 2001, 51
Ewing, Bruce	Smell Marks, INTA Bulletin 2001, Vol. 56, Nr. 20, 1
Fetterley, Daniel D.	AIPPI–Kongess Amsterdam 1988, Frage 96: Woraus kann eine eintragbare Marke bestehen? Bericht der Landesgruppe der Vereinigten Staaten von Amerika, 66 ff., AIPPI Zürich 1988
Fezer, Karl–Heinz	Markenrecht, 3. Auflage, München 2001
Fezer, Karl–Heinz	Die Markenfähigkeit nach § 3 MarkenG, in: Festschrift für Henning Piper, München 1996, 525
Fezer, Karl–Heinz	Markenrechtliche Produktabgrenzung zwischen Ware und Dienstleistung, GRUR 1996, 445
Fezer, Karl–Heinz	Farbmarkenschutz, MarkenR 1999, 73

Fezer, Karl–Heinz	Grundprinzipien und Entwicklungslinien im europäischen und internationalen Markenrecht, WRP 1998, 1
Fezer, Karl–Heinz	Olfaktorische, gustatorische und haptische Marken, WRP 1999, 575
Firth, Alison / Gredley, Ellen / Maniatis, Spyros M.	Shapes as Trade Marks: Public Policy, Functional Considerations and Consumer Perception, [2001] EIPR 86
Fischer, Daniel	Besondere Fälle der Beurteilung des Markenbegriffs und der Unterscheidungskraft im französischen Markenrecht, GRUR Int. 1989, 522
Franzosi / und andere	European Community Trade Mark, Commentary to the European Community Regulations, The Hague, London, Boston 1997 (mit Beiträgen von Mollet–Viéville, u.a.)
Fritz, Claus–Peter	Gegenwart und Zukunft von Markenformen unter besonderer Berücksichtigung akustischer Zeichen, Tübingen 1992
Fuchs–Wissemann, Georg	Tendenzen in der neueren markenrechtlichen Rechtsprechung des Bundespatentgerichts, MarkenR 1999, 183
Fuchs–Wissemann, Georg	Der Schutzumfang von Buchstabenmarken in der neueren Rechtsprechung, GRUR 1999, 855
Geiger, Rudolf	EG –Vertrag, 2. Auflage, 1995
Giefers, Hans–Werner	Marken– und Firmenschutz, Aktueller Leitfaden zum neuen Markenrecht mit vielen Beispielen und Mustern, Planegg 1995
Gielen, Charles	European Trade Mark Legislation: The Statements, EIPR 1996, 83
Gielen, Charles / Strowel, Benoit	Guide to the New Trade Mark Law in Europe, Mitt. 1995,198
Gloy, Wolfgang	Zum Schutzumfang von Marken nach dem neuen Markengesetz, in: Festschrift für Heinz Rowedder, 1994, 77 ff.
Gold, Timor / Abnett, Richard / Farwell, Keith	The Community Trade Mark Handbook, London 2001
Gomez Segade, Jose Antonio	Unterscheidungskraft und "Secondary Meaning" im Kennzeichenrecht, GRUR Int. 1995, 944

Götting, Horst–Peter — Länderbericht Deutschland, in: Schricker, Gerhard / Stauder, Dieter, Handbuch des Ausstattungsrechts, Festgabe für Friedrich–Karl Beier zum 60. Geburtstag, Weinheim 1986, 199

Grabrucker, Marianne — Aus der Rechtsprechung des Bundespatentgerichts im Jahr 1997, GRUR 1998, 625

Grabrucker, Marianne — Aus der Rechtsprechung des Bundespatentgerichts im Jahr 1998, GRUR 1999, 605

Grabrucker, Marianne — Der Schutzgegenstand der Farbmarke, GRUR 1999, 850

Grabrucker, Marianne — Aus der Rechtsprechung des Bundespatentgerichts, GRUR 2000, 366

Grabrucker, Marianne — Aus der Rechtsprechung des Bundespatentgerichts im Jahre 2000, GRUR 2001, 373

Grabrucker, Marianne — Aus der Rechtsprechung des Bundespatentgerichts im Jahre 2001, GRUR 2002, 377

Grabrucker, Marianne — Neue Markenformen, MarkenR 2001, 95

Grabrucker, Marianne — Offene Rechtsfragen zur Praxis der abstrakten Farbmarke, WRP 2000, 1331

Gyngell, Julian / Poulter, Allan — The Community Trade Mark: Regulations, Practice and Procedures, Second Edition, London 1999

Gyngell, Julian / Poulter, Allan — A User´s Guide to Trade Marks: The New Law, London, Dublin & Edinburgh 1994

Hacker, Franz — Eintragungsvorraussetzungen und Schutzumfang von nicht-konventionellen Marken, GRUR Int. 2004, 215

Hackbarth, Ralf — Freihaltebedürfnis und Verkehrsdurchsetzung in der Rechtsprechung des EuGH, MarkenR 1999, 329

Harriman, Erin M. — Aesthetic Functionality: The Disarray Among Modern Courts, Vol. 86 TMR [1996] 276

Harris, Ray K. / Winkelman, Stephen R. — Why Product Configurations Cannot Be Inherently Distinctive, Vol. 91 TMR [2001] 988

Hawes, James E., — Fragrances As Trademarks, Vol. 79 TMR [1989] 134

Heitto, Jouni V. T. — Eintragbarkeit abstrakter Farbmarken – Die Rechtslage in Finnland, GRUR Int. 2000, 488

Henning–Bodewig Frauke / Bastian, Eva–Marina — Länderbericht Benelux–Staaten, in Schricker, Gerhard / Stauder, Dieter, Handbuch des Ausstattungsrechts, Festgabe für Friedrich–Karl Beier zum 60. Geburtstag, Weinheim 1986, 105

Henning–Bodewig, Frauke — Die Qualitätsfunktion der Marke im amerikanischen Recht, GRUR Int. 1985, 445

Henning–Bodewig, Frauke / Ruijsenaars, Heijo E. — Designschutz qua Markenrecht? Das "Burberrys"–Urteil des Benelux–Gerechtshof im Rechtsvergleich, GRUR Int. 1990, 821

Heydt, Ludwig — Anmerkung zu BGH – „Trainingsanzug", GRUR 1972, 48

Hildebrandt, Ulrich — Zum Begriff der grafischen Darstellbarkeit des Art. 2 der Markenrechtsrichtlinie, MarkenR 2002, 1

Ilzhöfer, Volker — Patent–, Marken– und Urheberrecht, 2. Auflage, München 1995

Ineichen, Markus — Die Formmarke im Licht der absoluten Ausschlussgründe nach dem schweizerischen Markenschutzgesetz, GRUR Int. 2003, 193

Ingerl, Reinhard — Die Gemeinschaftsmarke, Stuttgart, München, Hannover, Berlin, Weimar, Dresden 1996

Ingerl, Reinhard / Rohnke, Christian — Markengesetz, München 1998

Ingerl Reinhard / Rohnke, Christian — Hilfe für das Bundespatentgericht vom EuGH, MarkenR 2001, 12

Ingerl, Reinhard / Rohnke, Christian — Die Umsetzung der Markenrechts–Richtlinie durch das deutsche Markengesetz, NJW 1994, 1247

Jaeger–Lenz, Andrea — Neues zum Farbenschutz, WRP 1999, 290

Johannes, Hartmut — Gelb/Schwarz – Die monopolisierten kaiserlich-habsburgischen Nationalfarben, MarkenR 1999, 377

Johannes, Hartmut — Welche Zeichen können Marken nach der Richtlinie 89/104 in den einzelnen Mitgliedstaaten der EU sein, MarkenR 2001, 46

Johannes, Hartmut / Zurkinden, Philipp — Gelb/schwarz – Bundespatentgericht ./. Bundesgerichtshof, MarkenR 2000, 153

Jordan, Kevin M. / Jordan, Lynn M. — Qualitex Co. V. Jacobson Products Co., The Unanswered Question – Can Color Ever Be Inherently Distinctive, 85 TMR 371 (1995)

Kamperman Sanders, Anselm	Some Frequently Asked Questions About The 1994 UK Trade Marks Act, EIPR 1995, 67
Kane, Sigrun D.	Trademark Law, A Practitioner's Guide, USA 1987
Kaufman, Jay	AIPPI–Kongess Amsterdam 1988, Frage 92 C: Absolute Gründe für die Versagung der Markeneintragung, Bericht der Landesgruppe der Vereinigten Staaten von Amerika, 119 ff., AIPPI Zürich 1988
Kelly, Ami C.	Trademarks On The Move, INTA Bulletin 2001, Vol. 56/Nr.17, 1
Kerly's	Law of Trademarks and Trade Names, Thirteenth Edition, London 2001 (versch. Autoren)
Khan, Adam	Washed up? A Case comment, Trademark World # 165, March 2004, 18
Kiethe, Kurt / Groeschke, Peer	Der Designschutz dreidimensionaler Marken nach dem Markengesetz, WRP 1998, 541
Klaka, Rainer	Schutz der dreidimensionalen Benutzungsmarke nach § 4 Nr. 2 MarkenG, GRUR 1996, 613
Klaka Rainer / Schulz, Andreas	Die Europäische Gemeinschaftsmarke, Bonn 1996
Koppensteiner, Hans–Georg	Österreichisches und Europäisches Wettbewerbsrecht, 3. Auflage, Wien 1997
Körner, Eberhard / Gründig–Schnelle, Kerstin	Markenrecht und Produktschutz durch die dreidimensionale Marke, GRUR 1999, 535
Koschtial, Ulrike	Die Freihaltebedürftigkeit wegen besonderer Form im europäischen und deutschen Markenrecht, GRUR Int. 2004, 106
Kunz–Hallstein, Hans–Peter	Ähnlichkeit und Verwechslungsgefahr, GRUR 1996, 6
Kunz–Hallstein, Hans–Peter	Europäisierung und Modernisierung des deutschen Warenzeichenrechts, GRUR Int. 1990, 747
Kunz–Hallstein, Hans–Peter	Die Funktion der Marke nach dem europäischem und künftigem deutschen Markenrecht, in: Festschrift DPA 100 Jahre Markenamt, 1994, 147
Kunz–Hallstein, Hans–Peter	Perspektiven der Angleichung des nationalen Markenrechts in der EWG, GRUR Int. 1992, 81
Kur, Annette	Anmerkung zum Urteil des kanadischen Federal Court of Appeal– Rasierapparatkopf, GRUR Int. 1997, 1026

Kur, Annette — Formalschutz dreidimensionaler Marken – neue Aufgaben für die Markenabteilung des Deutschen Patentamts, in: Festschrift DPA 100 Jahre Markenamt, 1994, 175

Kur, Annette — Die Harmonisierung der europäischen Markengesetze, Resultate – offene Fragen – Harmonisierungslücken, GRUR 1997, 241

Kur, Annette — Einführung, in: Schricker, Gerhard / Bastian, Eva–Marina / Albert, Florian, Die Neuordnung des Markenrechts in Europa, 1998, 7

Kur, Annette — Was macht ein Zeichen zur Marke, MarkenR 2000, 1

Larenz, Karl — Methodenlehre der Rechtswissenschaft, 6. Auflage, Berlin, Heidelberg, New York, London, Paris, Tokyo, Hong Kong, Barcelona, Budapest 1991

Lawry, Mark / Dickerson, Jeremy — The curse of invisibility, Trademark World, # 164, Feb. 2004, 26

Leguizamon, Osvaldo — Die Hörmarke in den Ländern des Mercosur, GRUR Int. 2003, 397

Lehmann, Michael — Länderbericht Italien, in: Schricker, Gerhard / Stauder, Dieter, Handbuch des Ausstattungsrechts, Festgabe für Friedrich–Karl Beier zum 60. Geburtstag, Weinheim 1986, 441

Lehmann, M. / Schönfeld, Th. — Die neue europäische und deutsche Marke; Positive Handlungsrechte im Dienste der Informationsökonomie, GRUR 1994, 481

Levin, Marianne — Anmerkung zum Urteil des schwedischen Obersten Gerichtshofs –"Lego", GRUR Int. 1988, 701

Lewin, Russell — The New UK Trade Mark Law – A Godsend for Trade Mark Owners or a Goldmine for their Lawyers?, EIPR 1994, 91

Lüdecke, Horst — Nichtflächenhafte Kennzeichnungen als Warenzeichen, Frankfurt 1974

Lutter, Marcus — Die Auslegung angeglichenen Rechts, JZ 1992, 593

Mansel, Heinz–Peter — Rechtsvergleichung und europäische Rechtseinheit, JZ 1991, 529

Marbach, Eugen — Die eintragungsfähige Marke, Bern 1984

Marbach, Eugen	in: von Büren, Roland / David, Lucas, Schweizerisches Immaterialgüter– und Wettbewerbsrecht, Band 3, Kennzeichenrecht, Markenrecht, S. 1 ff., Basel und Frankfurt am Main 1996
Marshall, Jeanne–Marie	Traffix Devices, Inc. v. Marketing Displays, Inc.: A Step In The Right Direction, TMR Vol. 91 [2001], 632
Marz, Martin	Der Schutz von eintragungsfähigen Marken nach dem neuen Markengesetz, München 1997
McCarthy, J. Thomas	McCarthy on Trademarks and Unfair Competition, Fourth Edition, July 2002 Release
Meinelt, Maresa / Bonn, Volkmar	Das Libertel-Urteil und seine Auswirkungen auf die deutsche Rechtsprechung, MarkenR 2004, 1
Meisser, J. David / Bohren, Daniel	Perpetuierter Patentschutz durch Formmarken, SMI 1995, 225
Meister, Herbert E.	Praktische Erfahrungen mit dem neuen Markengesetz, WRP 1995, 1005
Meister, Herbert E.	Die Verteidigung von Marken: Eine Skizze zum neuen Recht, WRP 1995, 366
Meister, Herbert E.	Markenfähigkeit und per se–Ausnahmen im Gemeinschaftsmarkenrecht, WRP 2000, 967
Meyer, Andreas	Das deutsche und französische Markenrecht nach der Umsetzung der Ersten Markenrichtlinie, GRUR 1996, 592
Mitchell, Glenn / Auslander, Rose	Trade Dress Protection: Will A Statutorily Unified Standard Result In A Functionally Superior Solution, 88 TMR 472 (1998)
Morcom, Christopher	A Guide To The Trade Marks Act 1994, London, Dublin, Edinburgh
Mountstephens, Andrew	Der markenrechtliche Schutz technisch bedingter Warenformen und naturgetreuer Warenabbildungen nach der Ersten Markenrichtlinie 89/104/EWG, GRUR Int. 2000, 393
Mountstephens, Andrew	Bedürfen nach europäischem Recht Warengestaltungen zur Erlangung eines markenrechtlichen Schutzes der Verkehrsdurchsetzung?, GRUR 2000, 694
Neu, Christian O.	Länderbericht USA, in: Schricker, Gerhard / Stauder, Dieter, Handbuch des Ausstattungsrechts, Festgabe für Friedrich–Karl Beier zum 60. Geburtstag, Weinheim 1986, 802

Nordemann, Wilhelm / Nordemann, Axel / Nordemann, Jan Bernd — Wettbewerbs– und Markenrecht, 8. Auflage, Baden–Baden 1996

Nordemann, Wilhelm — Mona Lisa als Marke, WRP 1997, 389

Oppermann, Thomas — Europarecht, München 1991

Osenberg, Ralph — Markenschutz für urheberrechtlich gemeinfreie Werkteile, GRUR 1996, 101

Pluta, Jörg — Ausstattungschutz und Freihaltebedürfnis bei Warengestaltungen, in: Gewerblicher Rechtsschutz, Urheberrecht, Wirtschaftsrecht, Mitarbeiterfestschrift für Eugen Ulmer, Köln, Berlin, Bonn, München, 1973, 257

Pöchhacker, Christof — in: Koppensteiner, Hans–Georg (Hrsg.), Österreichisches und Europäisches Wirtschaftsprivatrecht, Teil 2, Geistiges Eigentum, Wien 1996

Pohl, Christian / versch. — Warenzeichen im europäischen Binnenmarkt, Tagung der europäischen Rechtsakademie Trier am 12. und 13. Oktober in Köln (mit Beiträgen/Kommentaren von: Abnett, Richard C. / Gielen, Charles / Kur, Annette / Mollet–Viéville, Thierry) Mitt. 1996, 156

Reimann, Mathias — Einführung in das US–amerikanische Privatrecht, 1997

Reimer, Eduard — Wettbewerbs- und Warenzeichenrecht, Systematischer Kommentar, 3. A., Köln, Berlin, Bonn, München,1954

Reimer, Dietrich — Anmerkung zu BGH-Buntstreifensatin I, GRUR 1962, 151

Renck, Andreas / Petersenn, Morten — Das Ende dreidimensionaler Marken in der EU?, WRP 2004, 440 ff.

Renke, Robert P. — Traffix Devices, Inc. v. Marketing Dsplays, Inc.: The Shrinking Scope Of Product Configuration Trade Dress, Vol. 91 TMR 624 (2001)

Ritscher, Michael — Anmerkung zum Urteil des Schweizerischen Bundesgericht "LEGO III", sic! 2003, 899

Robertson, Aidan / Horton, Audrey — Does the United Kingdom or the European Community Need an Unfair Competition Law?, EIPR 1995, 568

Rohnke, Christian — Zum Prüfungsmaßstab bei Formmarken, MarkenR 2001, 199

Ruijsenaars, Heijo E.	Neue Entwicklungen im Muster- und Markenrecht der Benelux-Länder, GRUR Int. 1992, 505
Sack, Rolf	Bewegliche Systeme im Wettbewerbs- und Warenzeichenrecht, in: Festschrift für Wilburg, Wien, New York 1986, 177
Sack, Rolf	Sonderschutz bekannter Marken, GRUR 1995, 81
Sack, Rolf	„Doppelidentität“ und „gedankliches Inverbindungbringen“ im neuen deutschen und europäischen Markenrecht, GRUR 1996, 663
Sack, Rolf	Zeichenrechtliche Grenzen des Umverpackens fremder Ware, GRUR 1997, 1
Sack, Rolf	Wettbewerbsrechtliche Folgen von Richtlinien der Europäischen Union, VersR 1994, 1383
Sack, Rolf	Die "Verwässerung" bekannter Marken und Unternehmenskennzeichen, WRP 1985, 459
Sack, Rolf	Probleme des Markenschutzes im Ähnlichkeitsbereich, WRP 1998, 1127
Sack, Rolf	Das Verbraucherleitbild und das Unternehmerleitbild im europäischen und deutschen Wettbewerbsrecht, WRP 1998, 264
Sack, Rolf	Die Verletzung abstrakter Farbmarken, WRP 2001, 1022
Sack, Rolf	Nachahmen im Wettbewerb, ZHR 1996, 493
Sambuc, Thomas	Ware oder Zeichen?, GRUR 1989, 547
Sambuc, Thomas	Das Freihaltebedürfnis an beschreibenden Angaben und der Ware selbst nach dem Markengesetz, GRUR 1997, 403
Sambuc, Thomas	Was soll das neue Markenrecht?, WRP 2000, 985
Sandel Trademarks	Sandel Trademark & Law Firm, Copenhagen, Denmark, Information Letter December 1999
Sandri, Stefano / Rizzo, Sergio	Non-traditional Trade Marks and Community Law, MARQUES-Publikation, Leicester 2003
Schanda, Reinhard	Markenschutzgesetz i.d.F. der Markenrechtsnovelle 1999, Praxiskommentar, Wien 1999
Schluep, Walter	Das Markenrecht als subjektives Recht, Basel 1964

Schmidt–Szalewski Joanna / Pierre, Jean–Luc	Droit De La Propriété Industrielle, Paris 1996
Schmieder, Hans–Heinrich	Neues deutsches Markenrecht nach europäischem Standard, NJW 1994, 1241
Schmieder, Hans–Heinrich	Erste Erfahrungen mit dem neuen Markengesetz, NJW 1997, 2908
Schmieder, Hans–Heinrich	Die Entwicklung des Markenrechts seit Ende 1997, NJW 1999, 3088
Schmitz, Harald	Warenzeichen–, Patent–, Gebrauchsmuster– und Geschmacksmusterrecht, 1988
Schönherr, Fritz / Thaler, Gottfried H.	Entscheidungen zum Markenrecht, Wien 1985
Schricker, Gerhard	in: Jacobs, Reiner / Lindacher, Walter F. / Teplitzky, Otto, UWG–Großkommentar, Berlin, New York, 9. Lieferung, Stand 1994
Schricker, Gerhard / Bastian, Eva–Maria / Albert, Florian	Die Neuordnung des Markenrechts in Europa, Textsammlung; Europäische und internationales Markenrecht, Markengesetze der Mitgliedstaaten der EU, Baden–Baden, 1998
Schröter, Helmuth	in: von der Groeben, Hans / Thiesing, Jochen / Ehlermann, Claus–Dieter, Kommentar zum EWG – Vertrag, Bd. 2, Art. 85 – 109, 4. Auflage, Baden–Baden, 1991
Schulze zur Wiesche, Jörg	Der Schutz der Farbe oder farbigen Aufmachung durch den § 25 WZG, GRUR 1965, 129
Sessinghaus, Karel	Die graphische Darstellbarkeit von Geruchsmarken vor dem Hintergrund des deutschen Rechts, WRP 2002, 650
Sessinghaus, Karel	"Siekmann" – konsequent und Konsequenzen, WRP 2003, 478
Sieckmann, Ralf	Erste Entscheidung zur Eintragung einer Geruchsmarken nach der Gemeinschaftsmarkenverordnung, WRP 1999, 618
Siekmann, Ralf	Die Eintragungspraxis und –möglichkeiten von nicht–traditionellen Marken innerhalb und außerhalb der EU, MarkenR 2001, 236
Siekmann, Ralf	Zum Begriff der grafischen Darstellbarkeit von Marken, MarkenR 2002, 149

Simon, Jürg — Formmarke und Design, in: Neueste Entwicklungen im europäischen und internationalen Immaterialgüterrecht, Drittes St. Galler Internationales Immaterialgüterrechtsforum 1999, Basel, Genf, München 2000, 145

Starck, Joachim — Rechtsprechung des Bundesgerichtshof zum neuen Markenrecht, WRP 1996, 269

Stauder, Dieter — Amtsprüfung und Farbenschutz im französischen Markenrecht, GRUR Int. 1976, 116

Steckler, Brunhilde — Grundzüge des Gewerblichen Rechtsschutzes, Lizenzen, Marken, Muster und Patente, 2. Auflage, München 1996

Steinbeck, Anja — Der EuGH muss Farbe bekennen, MarkenR 2002, 273

Stone, David — The Registration of Non-traditional Trade Marks in the European Union: Seven recent Decisions of the European Court of Justice (Including the Court of First Instance), ECTA Newsletter No. 47, May 2003, 13

Streuli-Youssef, Magda — Zur Schutzfähigkeit von Formmarken, sic! 2002, 794

Ströbele, Paul — Die Eintragungsfähigkeit neuer Markenformen, GRUR 1999, 1041

Ströbele, Paul — The Registration of New Trademark Forms, IIC 2001, 161

Ströbele, Paul — Absolute Eintragungshindernisee im Markenrecht, GRUR 2001, 658

Strowel, Benoit — Benelux: A Guide to the Validity of Three–dimensional Trade Marks in Europe, EIPR 1995, 154

Taschner, Hans Claudius — in: von der Groeben, Hans / Thiesing, Jochen / Ehlermann, Claus–Dieter, Kommentar zum EWG – Vertrag, Bd. 2, Art. 85 – 109, 4. Auflage, Baden–Baden, 1991

Tetzner, Heinrich — Neue Markenformen, GRUR 1951, 66

Thewes, Stephanie — Der Schutz der dreidimensionalen Marke nach dem Markengesetz, Starnberg 1999

Thewes, Stephanie — Rado-Uhren für den BGH, WRP 2004, 168

Thrierr, Alain — Das französische Markengesetz Nr. 91–7 vom 4. Januar 1991, GRUR Int. 1991, 516

Troller, Alois — Immaterialgüterrecht, Bd. I, 3. Auflage, Basel und Frankfurt am Main 1983

Troller, Kamen	Grundzüge des schweizerischen Immaterialgüterrechts, Basel, Genf, München 2001
Ullmann, Eike	Die Form einer Ware als Marke – Illusion oder Chance?, NJW-Sonderheft 100 Jahre Markenverband-Marken im Wettbewerb, 2003, 83
Verkade, D.W. Feer	Neue Markenformen, GRUR Int. 2000, 304
Viefhues, Martin	Geruchsmarken als neue Markenform, MarkenR 1999, 249
Vierheilig, Wilfried	Grenzen der Maßgeblichkeit der Verkehrsauffassung im Warenzeichenrecht, München 1997
Völker, Stefan	Der Konflikt um die Farbmarke, WRP 2002, 639
Völker, Stefan	Das Ende der Farbmarke?, MarkenR 2003, 49
Völker, Stefan / Schuster, Silke	Gemeinschaftsmarken und absolute Eintragungshindernisse, MarkenR 2000, 10
Völker, Stefan / Semmler, Jörg	Markenschutz für Farben und Farbkombinationen, GRUR 1998, 93
von Bechtolsheim, Sebastian / Gantenberg, Philipp	Die konturlose Farbmarke, GRUR 2001, 705
von Bomhard, Verena	Die Entscheidungspraxis des Gerichts erster Instanz in Markensachen und ihre Umsetzung durch das Harmonisierungsamt, MarkenR 2002, 374
von Gamm, Otto–Friedrich Frhr.	Schwerpunkte des neuen Markenrechts, Referat anläßlich der GRUR–Jahrestagung am 3.6.1994, GRUR 1994, 775
von Gamm, Otto–Friedrich Frhr.	Zur Warenzeichenrechtsreform, WRP 1993, 793
von Gierke, Cornelia	Buchstabenkombinationen als Unternehmenszeichen, WRP 2000, 877
von Mühlendahl, Alexander	Deutsches Markenrecht, Texte und Materialien, München 1995
von Mühlendahl, Alexander	Das künftige Markenrecht der Europäischen Gemeinschaften, GRUR Int. 1989, 353
von Mühlendahl, Alexander / Ohlgart, Dietrich, C. / v. Bomhard, Verena	Die Gemeinschaftsmarke, München 1998
von Schultz, Detlef	Die Farbmarke: ein Sündenfall?, GRUR 1997, 714

von Wahlert, Jobst — Markenartikel und Kennzeichenschutz, MA 1994, 568

Vierheilig, Wilfried — Grenzen der Maßgeblichkeit der Verkehrsauffassung im Warenzeichenrecht, München 1977

Wang, Markus — Die schutzfähige Formgebung, Bern, Stuttgart, Wien 1998

Weberndörfer, Jörg — Rechtsvergleich Deutschland–Vereinigtes Königreich: Auswirkungen der Umsetzung der EG–Markenrichtlinie auf den erweiterten Schutz „bekannter" Marken, Berlin 1997

Winkel, Frank — Formalschutz dreidimensionaler Marken, Köln, Berlin, Bonn, München 1979

Winkler, Matthias — Erfahrungen des DPA mit dem erweiterten Markenbegriff, MA 1996, 515

Winkler, Matthias — Das neue Markenrecht als Herausforderung für das Deutsche Patentamt, Mitt. 1995, 45

Wittenzellner, Ursula — Schutzfähigkeit von Farben als Marken nach dem neuen Markengesetz, in: Strauss, Joseph (Hrsg.), Festgabe für Friedrich–Karl Beier zum 70. Geburtstag, Aktuelle Herausforderungen des geistigen Eigentums, Köln, Berlin, Bonn, München,1996

Wood, Aaron — Siekmann v. Deutsches Patent- und Markenamt (Kommentar), ITMA News&Information, No. 298, Feb. 2003, 14

Würtenberger, Gert — Waren als Marken, GRUR 2003, 912

FSC
www.fsc.org
MIX
Papier | Fördert
gute Waldnutzung
FSC® C083411

Kolibri 360 GmbH
Ferdinand-Jühlke-Straße 7
99095 Erfurt, Deutschland
produktsicherheit@kolibri360.de

Druck:
CPI Druckdienstleistungen GmbH
im Auftrag der
Kolibri 360 GmbH
Ferdinand-Jühlke-Str. 7
99095 Erfurt